教育部哲学社会科学系列发展报告
MOE Serial Reports on Developments in Humanities and Social Sciences

# 中国文化产业年度发展报告2014

## The Annual Development Report of Chinese Cultural Industries 2014

叶朗 主编

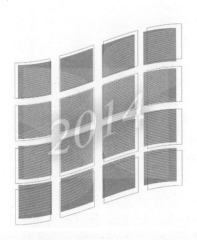

北京大学出版社
PEKING UNIVERSITY PRESS

**图书在版编目（CIP）数据**

中国文化产业年度发展报告.2014/叶朗主编.—北京:北京大学出版社,2014.12
ISBN 978 - 7 - 301 - 25163 - 8

Ⅰ.①中…　Ⅱ.①叶…　Ⅲ.①文化产业—研究报告—中国—2014　Ⅳ.①G124

中国版本图书馆 CIP 数据核字(2014)第 282061 号

书　　　　名：中国文化产业年度发展报告(2014)
著作责任者：叶　朗　主编
责 任 编 辑：胡利国
标 准 书 号：ISBN 978 - 7 - 301 - 25163 - 8/G · 3923
出 版 发 行：北京大学出版社
地　　　　址：北京市海淀区成府路 205 号　　100871
网　　　　址：http://www.pup.cn
新 浪 微 博：@北京大学出版社
电 子 信 箱：ss@pup.pku.edu.cn
电　　　　话：邮购部 62752015　发行部 62750672　编辑部 62753121
　　　　　　　出版部 62754962
印　刷　者：北京大学印刷厂
经　销　者：新华书店
　　　　　　　730 毫米×980 毫米　16 开本　28.5 印张　497 千字
　　　　　　　2014 年 12 月第 1 版　2014 年 12 月第 1 次印刷
定　　　　价：68.00 元

# 总　　序

　　哲学社会科学的发展水平,体现着一个国家和民族的思维能力、精神状态和文明素质,反映了一个国家的综合国力和国际竞争力。在社会发展历史进程中,哲学社会科学往往是社会变革、制度创新的理论先导,特别是在社会发展的关键时期,哲学社会科学的地位和作用就更加突出。在我国从大国走向强国的过程中,繁荣发展哲学社会科学,不仅关系到我国经济、政治、文化、社会建设以及生态文明建设的全面协调发展,而且关系到社会主义核心价值体系的构建,关系到全民族的思想道德素质和科学文化素质的提高,关系到国家文化软实力的增强。

　　党的十六大以来,以胡锦涛同志为总书记的党中央高度重视哲学社会科学,从中国特色社会主义发展全局的战略高度,把繁荣发展哲学社会科学作为重大而紧迫的任务进行谋划部署。2004年,中共中央下发《关于进一步繁荣发展哲学社会科学的意见》,明确了新世纪繁荣发展哲学社会科学的指导方针、总体目标和主要任务。党的十七大报告明确指出:"繁荣发展哲学社会科学,推进学科体系、学术观点、科研方法创新,鼓励哲学社会科学界为党和人民事业发挥思想库作用,推动我国哲学社会科学优秀成果和优秀人才走向世界。"2011年,党的十七届六中全会审议通过的《中共中央关于深化文化体制改革、推动社会主义文化大发展大繁荣若干重大问题的决定》,把繁荣发展哲学社会科学作为推动社会主义文化大发展大繁荣、建设社会主义文化强国的一项重要内容,深刻阐述了繁荣发展哲学社会科学一系列带有方向性、根本性、战略性的问题。这些重要思想和论断,集中体现了我们党对哲学社会科学工作的高度重视,为哲学社会科学的繁荣发展指明了方向,提供了根本保证和强大动力。

　　为学习贯彻党的十七届六中全会精神,教育部于2011年11月17日在北京召开全国高等学校哲学社会科学工作会议。中共中央办公厅、国务院办公厅转发《教育部关于深入推进高等学校哲学社会科学繁荣发展的意见》,明确提出到2020年基本建成高校哲学社会科学创新体系的奋斗目标。教育部、财政部联合印发《高等学校哲学社会科学繁荣计划(2011—2020年)》,教育部下发《关于进一步改进高等学校哲学社会科学研究评价的意见》《高等学校哲学社会科学"走出去"计划》《高等学校人文社会科学重点研究基地建设计划》等系列文件,启动了新一轮"高校哲学社会科学繁荣计划"。未来十年，高校哲学社会科学将着力构建九大体系，即学科和教材体系、创新平台体系、科研项目体系、社会服务体系、条件支撑体系、人才队伍体系、现代科研管理体系和学风建设工作体系，同时，大力实施高校哲学社会科学"走出去"计划，提升国际学术影响力和话语权。

当今世界正处在大发展大变革大调整时期，我国已进入全面建设小康社会的关键时期和深化改革开放、加快转变经济发展方式的攻坚时期。站在新的历史起点上，高校哲学社会科学面临着难得的发展机遇和有利的发展条件。高等学校作为我国哲学社会科学事业的主力军，必须充分发挥人才密集、力量雄厚、学科齐全等优势，坚持马克思主义立场观点方法，以重大理论和实际问题为主攻方向，立足中国特色社会主义伟大实践进行新的理论创造，形成中国方案和中国建议，为国家发展提供战略性、前瞻性、全局性的政策咨询、理论依据和精神动力。

自 2010 年始，教育部启动哲学社会科学研究发展报告资助项目。发展报告项目以服务国家战略、满足社会需求为导向，以数据库建设为支撑，以推进协同创新为手段，通过组建跨学科研究团队，与各级政府部门、企事业单位、校内外科研机构等建立学术战略联盟，围绕改革开放和社会主义现代化建设的重点领域和重大问题开展长期跟踪研究，努力推出一批具有重要咨询作用的对策性、前瞻性研究成果。发展报告必须扎根社会实践、立足实际问题，对所研究对象的发展状况、发展趋势等进行持续研究，强化数据采集分析，重视定量研究，力求有总结、有分析、有预测。发展报告按照"统一标识、统一封面、统一版式、统一标准"纳入"教育部哲学社会科学发展报告文库"集中出版。计划经过五年左右，最终稳定支持百余种发展报告，有力支撑"高校哲学社会科学社会服务体系"建设。

展望未来，夺取全面建设小康社会新胜利、谱写人民美好生活新篇章的宏伟目标和崇高使命，呼唤着每一位高校哲学社会科学工作者的热情和智慧。我们要不断增强使命感和责任感，立足新实践，适应新要求，以建设具有中国特色、中国风格、中国气派的哲学社会科学为根本任务，大力推进学科体系、学术观点、科研方法创新，加快建设高校哲学社会科学创新体系，更好地发挥哲学社会科学认识世界、传承文明、创新理论、咨政育人、服务社会的重要功能，为全面建设小康社会、推进社会主义现代化、实现中华民族伟大复兴作出新的更大的贡献。

教育部社会科学司

2012 年 7 月

# 《中国文化产业年度报告（2014）》编委会

## 一、指导单位

文化部文化产业司

教育部社会科学司

北京大学社会科学部

## 二、编撰单位

北京大学文化产业研究院

国家文化产业创新与发展研究基地

## 三、顾问团队

项兆伦（中华人民共和国文化部副部长）

刘玉珠（中华人民共和国文化部部长助理）

刘　伟（北京大学党委常委、常务副校长）

叶　朗（北京大学文化产业研究院院长、文科资深教授）

王　博（北京大学社会科学部部长、哲学系教授）

## 四、专家委员会

王一川（北京大学）

陈少峰（北京大学）

向　勇（北京大学）

熊澄宇（清华大学）

金元浦（中国人民大学）

花　建（上海社会科学院）

肖永亮（北京师范大学）

胡惠林（上海交通大学）

张胜冰（中国海洋大学）

范　周（中国传媒大学）

魏鹏举（中央财经大学）

王育济（山东大学）

李　炎（云南大学）

李向民（南京艺术学院）

顾　江（南京大学）

张晓明（中国社会科学院）

祁述裕（国家行政学院）

王向华（香港大学）

李天铎（台湾实践大学）

佘日新（台湾暨南国际大学）

李永求（Hankuk University of Foreign Studies，Korea）

## 五、编委会

**主编：**

叶　朗

**副主编：**

陈少峰　向　勇

**执行主编：**

向　勇　李晓唱

**编委（按姓氏笔划排序）：**

王　欣　王齐国　王莫柔　邓丽丽　刘结成　肖东发　汪　卷　沈望舒
陈　刚　范　颖　林　一　周庆山　周城雄　钮沭联　唐金楠　彭　锋
薛　旻　魏鹏举

**撰稿（按姓氏笔划排序）：**

王欣怡　王　娜　王铁山　　王　爽　王　晨　田文聪　付　冰　安　铮
阳　烁　花　建　苏晓芳　　李育菁　李美智　李晓唱　杨　鹏　吴忠谚
吴昱萱　吴晶琦　邱志勇　　何　群　张　伟　张奕淳　周正兵　胡金妍
赵　晴　柏定国　皇甫晓涛　洪　波　秦　晴　贾　莹　徐思颖　徐　堃
彭亚希　谢亦晴　谢学芳　　谢雅卉　廖中圣　谭　坤　董婧嘉

# 目 录
## Contents

# 总报告

2013 年,党中央、国务院继续深入贯彻落实党的十八大精神,坚持稳中求进的工作总基调,统筹稳增长、调结构、促改革,探索创新宏观调控方式,经济社会发展稳中有进、稳中向好。在文化领域,进一步明确了文化建设在现代化建设中的重要地位,继续鼓励和支持文化产业发展,推动社会主义文化大发展大繁荣。

## 一、产业数据

根据年度宏观环境与市场发展现状,结合 2004 年至 2012 年我国文化产业增加值的测算情况,本研究对 2013 年我国文化产业增加值做出以下预测:预计本年度文化产业增加值将达到 2.1 万亿元,约占 GDP 比重的 3.77%,比 2012 年增加 0.3 个百分点,文化产业在社会经济发展中的作用将越来越大。

**2004—2013 年中国文化产业增加值测算情况**

数据来源:国家统计局网站,http://www.stats.gov.cn。

注:2004—2008 年的测算范围包括法人单位、产业活动单位和个体户,从 2009 年以后只测算文化产业法人单位增加值。

从近 10 年的测算结果来看,我国文化产业增加值呈现出持续上升的趋势,且发展较为平稳。相较于 2004—2010 年各年的增加值,2011 年的增加值有较大幅度的上升,原因在于统计口径的改变:2012 年,我国颁布了新的《文化及相关产业分类(2012)》方法,根据新的口径,国家统计局将 2011 年文化及相关产业增加值由原来的 13479 亿元修订为 15516 亿元,将当年 GDP 之比由 2.85% 修正为 3.28%。在新的口径之下,我国文化产业增加值占 GDP 的比重首次突破 3%,并在 2012 年又提高了 0.2 个百分点,在这种趋势下,2013 年的文化产业增加值将进一步增加,所占 GDP 比重也将进一步提升。

2013 年全国文化系统共有艺术表演团体 2055 个,博物馆 2638 个。全国共有公共图书馆 3073 个,文化馆 3298 个。有线电视用户 2.24 亿户,有线数字电视用户 1.69 亿户。年末广播节目综合人口覆盖率为 97.8%;电视节目综合人口覆盖率为 98.4%。全年生产电视剧 441 部 15783 集,电视动画片 199132 分钟。全年生产故事影片 638 部,科教、纪录、动画和特种影片 186 部。出版各类报纸 478 亿份,各类期刊 34 亿册,图书 83 亿册(张)。年末全国共有档案馆 4122 个,已开放各类档案 12059 万卷(件)。①

而从具体行业的发展情况来看,各行业均有不同程度的增长态势,同时也呈现出各自不同的特点。

(一) 文化旅游业仍居于文化产业整体市场规模的主导地位,同时也呈现出与新兴平台相结合的新趋势。

首先,从 2013 年的整体发展状况来看,以旅游业为代表的传统文化产业仍然是民众进行文化消费的主要方式和对象。2013 年中国旅游市场呈现出“三升一降”的特点。根据国家统计局发布的《2013 年国民经济和社会发展统计公报》显示,2013 年我国旅游业保持健康较快发展,全年实现旅游总收入 29475 亿元,比上年增长 14%。国内旅游市场方面,2013 年国内旅游人数 32.62 亿人次,比上年增长 10.3%;国内旅游收入 26276 亿元,同比增长 15.7%。入境游方面,2013 年入境旅游人数 1.29 亿人次,比上年下降 2.5%。其中,外国人 2629 万人次,下降 3.3%;香港、澳门和台湾同胞 10279 万人次,下降 2.3%。在入境游客中,入境过夜游客人数 5569 万人次,同比下降 3.5%;旅游外汇收入 517 亿美元,增长 3.3%。出境旅游方面,中国公民 2013 年出境总人数 9819 万人次,比上年增长 18%。其中,因私出境 9197 万人次,增长 19.3%。赴台人数 292 万人次,同比增长 11%。

其次,传统行业受网络新媒体等新兴产业的影响越来越大,积极实现二者结合是未来发展的主要趋势。在线旅游方面,据艾瑞咨询数据显示,2013 年中国在线旅游市场交易规模 2204.6 亿元,同比增长 29%;中国在线旅游 OTA(空中下载)市场营收规模 117.6 亿元,同比增长 26.2%。

① 国家统计局:《2013 年国民经济和社会发展统计公报》,http://www.stats.gov.cn/tjsj/zxfb/201402/t20140224_514970.html。

（二）以网络新媒体和游戏为代表的新兴产业发展迅猛,技术和平台两种因素在文化产业发展中的作用越来越重要。

首先,随着智能手机和无线网络的持续发展和普及,手机继续保持上网第一大终端的地位,网络平台在文化产业发展中的作用显著。根据中国互联网络信息中心(CNNIC)发布的第33次《中国互联网络发展状况统计报告》(以下简称《报告》)显示,截至2013年12月,中国网民规模达6.18亿,其中手机网民达到5亿,互联网普及率为45.8%。《报告》显示,我国手机网民数量的持续增长和高流量手机新应用成为一大亮点。截至2013年12月,中国手机网民规模达到5亿,年增长率为19.1%,继续保持上网第一大终端的地位。在3G网络进一步普及、智能手机和无线网络持续发展的背景下,视频、音乐等高流量手机应用拥有越来越多的用户。截至2013年12月,我国手机端在线收看或下载视频的用户数为2.47亿,增长率高达83.8%。此外,2013年微博、社交网站、论坛等互联网应用的使用率较2012年有所下降。①

其次,游戏产业一方面具有内容、科技产业的特点,另一方面,由于一款知名游戏往往拥有大量的付费用户,也赋予了其"平台"的特点,因此科技和平台的双轮驱动使得游戏产业得以持续繁荣发展。根据中国版协游戏工委(GPC)与国际数据公司(IDC)、中新游戏(伽马新媒 CNG)联合发布的《中国游戏产业报告(2013)》显示,2013年中国游戏产业继续保持快速增长,整个游戏市场出现网络客户端游戏、网页游戏游、移动游戏等多形态共同繁荣的局面。2013年中国游戏市场实际销售收入831.7亿元,较2012年增长38%,其中客户端游戏仍是市场主力,市场销售收入为536.6亿元,占市场总额的64.5%。网页游戏销售收入127.7亿元,移动游戏、社交游戏和单机游戏收入分别为112.4亿元、54.1亿元和0.89亿元。同时,2013年整体用户规模持续扩大,达4.9亿人,同比增长20.6%,游戏越来越成为国民生活不可或缺的组成部分。

（三）以电影、动漫、艺术品为代表的内容产业在保持持续发展的同时,呈现出理性回归的发展趋势。

首先,2013年电影产业取得了突破性进展,全年票房高达217.69亿,其中,国产影片票房收入127.67亿元,进口影片票房收入90.02亿元。除票房之外,2013年院线和银幕增长势头更加强劲,电影类型尝试增多,更加多元化,发

---

① 中国互联网络信息中心:《中国互联网络发展状况统计报告》,http://www.cnnic.net.cn/hlwfzyj/hl-wxzbg/。

行营销也与新媒体更加紧密结合，二、三线甚至四线城市成为助推国产影片的主力。

其次，根据商务部和中国拍卖行业协会发布的《2013年中国拍卖行业经营状况分析及2014年展望》蓝皮书显示，2013年拍卖业年拍卖成交金额首次突破7000亿元，较2012年增长22.23%。数据显示，2013年文物艺术品拍卖市场在调整中企稳。全年共举办文物艺术品拍卖会2450场，成交额313.83亿元，较2012年增长11.67%。

再次，2013年的中国动漫产业在保持持续发展的同时，也呈现出回归理性的发展趋势。结合2013年中国动漫产业的整体发展态势，预测2013年的中国动漫产业总产值为906.15亿元，同比增长19.24%。在动画电影方面，2013年国产动画电影票房快速增长，2013年内地院线共上映33部动画电影，国产动画电影24部（包含2部合拍），进口动画电影9部（好莱坞动画电影6部）。全年动画电影总票房约为16.4亿元，国产动画电影约为6.28亿元，占动画电影总票房的38%，所占份额比2012年提高了9个百分点。好莱坞动画电影约为9.28亿元，占动画电影总票房的57%，其他进口动画电影约为0.84亿元，占动画电影总票房的5%。在电视动画方面，2012年，国产动画产量首次出现了负增长，表明中国国产电视动画片的生产状态有回归理性的迹象。2013年，我国国产电视动画片的生产制作有望延续这一状态，制作量将继续减少，预计国产电视动画片产量约19万分钟，比2012年下降14.7%。逐渐告别"以量取胜，量多质差"的畸形发展状态，注重品质、创制精品已然成为中国国产电视动画片发展的当务之急。

（四）2013年我国对外文化贸易成绩斐然，在促进对外文化交流、推动中华文化走出去、提升国家文化软实力、提升开放型经济水平等方面发挥越来越大的作用。

党的十六大以来，党中央、国务院高度重视发展对外文化贸易，作出了一系列重要决策部署，有力地推动了对外文化贸易工作，我国对外文化贸易规模不断扩大，结构逐步优化，文化出口企业数量不断增加，文化领域境外投资步伐不断加快。2003年至2013年，我国文化产品进出口从60.9亿美元攀升至274.1亿美元，年均增长16.2%；文化服务进出口从10.5亿美元增长到95.6亿美元，年均增长24.7%。同时，我国对外文化贸易在对外贸易中的比重偏低，核心的文化产品和服务贸易逆差仍然存在，文化企业参与国际竞争的能力还较弱，有待进一步改善和加强。①

## 二、宏观环境

（一）政治环境

2013年,针对我国文化产业发展的新情况新问题,国家各部门深入贯彻落实党的十八大精神,坚持稳中求进工作总基调。在进一步深化文化体制改革、加快转变文化行政部门、加强对文化产品创作生产的引导等方面,从宏观部署和微观调整等层次提出各项措施,推动文化产业健康快速发展。

第一,十八届三中全会胜利召开,为全面深化文化体制改革做出总体部署。

2013年11月12日,十八届三中全会闭幕,全会审议通过了《中共中央关于全面深化改革若干问题的决定》(以下简称《公报》),《公报》指出"要紧紧围绕建设社会主义核心价值体系、社会主义文化强国深化文化体制改革,加快完善文化管理体制和文化生产经营机制,建立健全现代公共文化服务体系、现代文化市场体系,推动社会主义文化大发展大繁荣。"全会为全面深化改革提出了总体目标,做出了系统部署,进一步论述了文化建设在现代化建设中的重要地位。全会提出,文化建设要以激发全民族的文化创造活力为中心环节,其中中心环节的提出,反映了文化事业和文化产业的关系。文化事业是文化产业发展的源泉,文化产业是文化事业发展的动力,二者共同构成了文化建设的全面发展。此外,《公报》从完善文化管理体制、建立健全现代化文化市场体系、构建现代化公共文化体系等方面对今后的文化体制改革提出了总体指导方针,文化产业的未来发展值得期待。

第二,国家新闻出版广电总局成立,大部制改革弱化文化产业条块分割问题,权力下放促进文化行政部门的职能转变。

2013年3月18日,国家将原来的"国家新闻出版总署"和"国家广播电影电视总局"撤销,成立新的国务院直属的"国家新闻出版广播电影电视总局"(随后更名为"国家新闻出版广电总局"),职能的强化和统一将加快文化产业的整体发展。两部委的整合,预示着文化领域的行业分割问题将显著弱化,原先图书、报纸、有线、影视等行业将逐步实现统一监管,有利于减少职责交叉,提高管理效率,有利于统筹新闻出版广播影视资源,促进新闻出版广播影视业繁荣发展。2013

---

① 《商务部解读〈加快发展对外文化贸易意见〉》,http://www.chinairn.com/news/20140320/153642118.html。

年 7 月,国务院办公厅发布《国务院办公厅关于印发国家新闻出版广电总局主要职责内设机构和人员编制规定的通知》(以下称"三定方案")。新的"三定方案"取消和下放了国家新闻出版广电总局的 27 项审批权限,进一步明确和加强了在提供公共服务、著作权保护等方面的职责,积极推动数字出版,三网融合,新媒体、文化与科技融合方面的发展。2013 年 8 月,文化部出台《网络文化经营单位内容自审管理办法》规定,网络文化经营单位应当建立内容审核制度,对拟上网运营的文化产品及服务内容进行事前审核。文化部计划首先将网络音乐、移动游戏行业的审查备案工作交由企业自审,在总结经验的基础上再扩大自审范围,逐步减少政府审查事项,降低审查层级,提高工作效率。根据这一办法,原来主要由政府部门承担的网络文化产品内容审核和管理责任将更多地"放权"交由企业承担。一方面,有利于建立自我约束机制,提升企业自我管理能力;另一方面,加强了政府对企业的服务和后续监管,推动政府由办文化向管文化转变。

但是,在当今互联网快速发展的情况下,合并后的国家新闻出版广电总局与文化部、国务院信息化办公室之间的关系如何处理,都是下一步需要关注的重点。

第三,国家颁布多项限制措施,加强对文化产品创作生产的引导。

2013 年 7 月,针对歌唱类选拔节目总量不断增多的现象,为避免电视节目形态单一雷同,为观众提供更多收视选择,满足人民群众多样化的电视文化需求,国家新闻出版广电总局对歌唱类选拔节目实施总量控制、分散播出的调控措施,即各上星综合频道在调控期内不再投入制作新的歌唱类选拔节目;尚未开播的节目将推迟播出,合理安排,避开暑期播出高峰;已开播的节目将调整播出时间,错时安排播出,避免同类节目扎堆播出。10 月,国家新闻出版广电总局再次下发通知,确定了 2014 年的上星综合频道调控政策,要求每年播出的新引进境外版权模式节目不得超过 1 个;每季度总局通过评议会择优选择一档歌唱类选拔节目安排在黄金时段播出。此外对各类电视节目的播出时间也做出规定,2014 年上星综合频道,新闻、经济、文化、科教、生活服务、动画和少儿、纪录片、对农等公益性节目播出时长每周平均不少于 30%。其中,平均每天 6 时至次日 1 时之间至少播出 30 分钟的国产纪录片;平均每天 8 时至 21 时 30 分之间至少播出 30 分钟的国产动画或少儿节目;道德建设类节目需安排在 6 时至 24 时之间播出。

2013 年 8 月,为落实中央关于改进工作作风、密切联系群众的八项规定的重要举措,针对文艺晚会、节庆活动等奢华浪费的现象,中宣部、财政部、文化部、审计署、国家新闻出版广电总局联合发出通知,要求各地各部门要制止豪华铺张,提倡节俭办晚会和节庆演出。坚持少而精的原则,切实在丰富思想内涵、引领价值追求、增强文化底蕴上下工夫,提倡勤俭节约、反对铺张浪费,提倡简朴大方、反对豪华奢侈,提倡因地制宜、反对大操大办,防止拼明星、比阔气、讲排场。

(二)经济环境

2013年,全球工业生产和贸易疲弱,价格水平回落,国际金融市场持续波动,世界经济增速继续小幅回落。在错综复杂的世界经济大背景下,中国国民经济保持平稳较快增长。同时,政府颁布多项经济措施助推中国文化产业发展。

第一,2013年中国国民经济保持平稳较快增长,城乡居民收入持续增加,居民消费价格基本稳定。

根据国家统计局公布的《2013年国民经济和社会发展统计公报》显示,2013年全年国内生产总值568845亿元,比上年增长7.7%。其中,第一产业增加值56957亿元,增长4%;第二产业增加值249684亿元,增长7.8%;第三产业增加值262204亿元,增长8.3%。第一产业增加值占国内生产总值的比重为10%,第二产业增加值比重为43.9%,第三产业增加值比重为46.1%,第三产业增加值占比首次超过第二产业。[①] 以上数据表明我国第三产业发展迅速,加快了转变经济增长方式的进程,第三产业在我国的经济发展中将发挥越来越重要的作用。

2013年,我国城乡居民收入持续增加。全年农村居民人均纯收入8896元,比上年增长12.4%,扣除价格因素,实际增长9.3%;农村居民人均纯收入中位数为7907元,增长12.7%。城镇居民人均可支配收入26955元,比上年增长9.7%,扣除价格因素,实际增长7%;城镇居民人均可支配收入中位数为24200元,增长10.1%。根据从2012年四季度起实施的城乡一体化住户调查,全国居民人均可支配收入18311元,比上年增长10.9%,扣除价格因素,实际增长8.1%。农村居民食品消费支出占消费总支出的比重为37.7%,比上年下降1.6个百分点;城镇为35.0%,下降1.2个百分点。[②] 居民收入的持续增加,以及恩格尔系数的下降,我国居民在文化消费领域的可支配收入将持续增大,文化市场的潜力巨大。

2013年,居民消费品价格基本稳定。全国居民娱乐教育文化用品及服务消费价格上涨1.8%,城市居民娱乐教育文化用品及服务消费价格上涨1.7%,农村居民娱乐教育文化用品及服务消费品价格上涨1.8%。

第二,中央财政在支持文化体制改革和促进文化产业发展方面取得突破性进展。

① 国家统计局:《2013年国民经济和社会发展统计公报》,http://www.stats.gov.cn/tjsj/zxfb/201402/t20140224_514970.html。

② 同上。

　　2013 年，中央财政积极贯彻落实党的十八大关于"扎实推进社会主义文化强国建设"的战略部署和十七届六中全会通过的《中共中央关于深化文化体制改革推动社会主义文化大发展大繁荣若干重大问题的决定》，充分发挥公共财政职能作用，在支持文化体制改革方面取得突破性进展。一是推动非时政类报刊出版单位转企改制，研究制定相关配套政策，推动出台财政税收、投资融资、资产管理、收入分配、社会保障和人员分流安置等方面的具体措施。二是会同文化部等部门研究出台支持转企改制国有文艺院团改革发展的指导意见，支持转制院团发展，提升我国演艺事业发展水平。三是支持文化事业单位改革发展，加大图书馆、博物馆等公益性文化事业单位经费保障力度，支持党报党刊、电台电视台等重要新闻媒体完善管理和运行机制。四是积极推进政企、政事分开和管办分离，建立新型国有文化资产管理体制。切实增加财政文化投入为建立健全稳定增长的经费保障机制，提高经费保障水平，调整优化支出结构，支持文化改革和发展，对促进社会主义文化大发展大繁荣具有重要的意义。

　　此外，为贯彻落实中央关于文化改革发展的战略部署，加快推动文化产业成为国民经济支柱性产业，中央财政下拨 2013 年度文化产业发展专项资金高达 48亿元，比 2012 年增加 41.18%，有力地支持了文化体制改革和文化产业发展，对推动全国文化领域结构调整、合理配置文化资源、优化产业发展整体布局发挥了重要作用。2013 年的专项资金分配工作紧紧围绕国家"十二五"时期文化改革发展规划纲要，重点支持文化体制改革、骨干文化企业培育、现代文化产业体系建设、金融资本和文化资源对接、文化科技创新和文化传播体系建设、文化企业"走出去"等六大方面；同时充分考虑了我国文化产业发展的不平衡性，在坚持扶优扶强的基础上，向中西部地区、特色文化产业和新兴文化业态适当倾斜。在继续实施一般项目的基础上，扩大重大项目实施范围，新增文化金融扶持计划、实体书店扶持试点、环保印刷设备升级改造工程、重点新闻网站软硬件技术平台建设等 4 个重大项目，着重解决我国文化产业发展面临的关键性、瓶颈性问题。

　　第三，广播影视作品的制作、播映、发行等纳入营业税改征增值税试点，广播影视行业机遇与挑战并存。

　　2013 年 5 月，财政部和国家税务总局联合下发《关于在全国开展交通运输业和部分现代服务业营业税改征增值税试点税收政策的通知》（财税〔2013〕37号），从 8 月 1 日起，广播影视节目（作品）的制作、发行、播映（放映）服务（以下简称广播影视服务）将纳入营改增扩大试点范围。具体征收范围包括：研发和技术服务、信息技术服务、文化创意服务、物流辅助服务、有形动产租赁服务、鉴证咨询服务、广播影视服务。新增的"广播影视服务"适用增值税税率为6%。应该说，一方面，把广播影视业作为重要的现代服务业纳入营改增范围，对于促进企业进一步细化分工和调整产业结构具有重要的作用，以前一部影视作品的创作、拍摄、剪辑、制作、发行、放映可能都包含在一个公司里。实施营改增后，因为产业链条上的每个环节都可以抵扣税款，企业就可以将自己并不专业的环节外包出去，让更有条件的企业去做。① 另一方面，从2012年的情况看，纳入试点的文化企业，税负减少或税负不减反增的情况都有。但是从长远看，"营改增"对广播影视业的影响利大于弊。为了避免在短期内对行业造成的震荡，政府宜制定一系列缓冲政策，并不断完善此税收制度。

（三）社会环境

我国积极建立健全公共文化服务体系，提升公共文化服务能力，不断满足人民群众的精神文化需求。

公共文化服务体系是以公共财政为支撑，以公益性文化单位为骨干，以全体人民为服务对象，现阶段以保障人民群众看电视、听广播、读书看报、进行公共文化鉴赏、参与公共文化活动等基本文化权益为主要内容，向社会提供的公共文化设施、产品、服务及制度体系的总称。构建覆盖城乡、结构合理、功能健全、实用高效的公共文化服务体系，是满足人民群众基本文化需求、保障人民群众基本文化权益的主要途径。2013年1月，文化部公布《"十二五"时期公共文化服务体系实施纲要》（以下简称《纲要》），提出构建公共文化服务体系要以"政府主导、坚持公益；保障基本，促进公平；统筹城乡、突出基层；创新机制、强化服务"为指导原则，实现"到2015年，初步建立覆盖城乡、结构合理、功能健全、实用高效的公共文化服务体系，公共文化设施网络更加完善，服务运行机制进一步健全，服务效能明显提高"的总体目标。同时《纲要》为"十二五"时期的公共文化服务体系建设提出了具体的国家基本标准，并要求提高文化支出在财政支出中的比例，对于提升公共文化服务能力具有重要意义。

（四）技术环境

随着互联网技术的发展以及移动终端设备功能的不断完善，我国网民规模持续增加，互联网与传统经济的结合越来越紧密，网络新媒体的平台优势日益凸显。在智能终端快速普及、电信运营商网络资费下调和Wi-Fi覆盖逐渐全面的情况下，手机上网成为互联网发展的主要动力。此外，国家颁布多项措施加强知识产

① 吴秋余：《广播影视业营改增促产业分工精细化》，《人民日报》2013年7月29日。

权保护力度,推动文化产业健康发展。

第一,网民规模不断扩大,互联网普及率不断上升,手机上网带来互联网发展新机遇。

截至 2013 年 12 月,我国网民规模达 6.18 亿,全年共计新增网民 5358 万人。互联网普及率为 45.8%,较 2012 年年底提升 3.7 个百分点,整体网民规模增速保持放缓的态势。手机上网成为互联网发展的主要动力。我国手机网民规模达 5亿,较 2012 年底增加 8009 万人,网民中使用手机上网的人群占比由 2012 年底的74.5% 提升至 81%,手机网民规模继续保持稳定增长。手机上网不仅推动了中国互联网的普及,更催生出更多新的应用模式,重构了传统行业的业务模式,带来互联网经济规模的迅猛增长。①

第二,版权保护力度进一步加强,推动文化产业健康快速发展。

2013 年 2 月,国务院对《中华人民共和国著作权法实施条例》做出修改,规定“有《著作权法》第四十八条所列侵权行为,②同时损害社会公共利益,非法经营额5 万元以上的,著作权行政管理部门可处非法经营额 1 倍以上 5 倍以下的罚款;没有非法经营额或者非法经营额 5 万元以下的,著作权行政管理部门根据情节轻重,可处 25 万元以下的罚款。”2013 年 8 月,国务院下发了《关于贯彻落实国务院决定加强文化产权交易和艺术品交易管理的意见》,进一步明确了设立文化产权交易所的基本条件,加强了各类文化产业交易所的整顿规范。加大对侵权行为的惩罚力度,加大文化艺术品的交易管理,有利于保障著作权所有者的合法利益,对于推动文化产权交易的健康发展和规范市场秩序也具有重要的作用。

### 三、年度要点

2013 年,我国文化产业发展仍处于建设文化强国的重要战略机遇期和攻坚期,如何进一步营造文化氛围、凝聚文化共识、激发文化潜力、增强文化创意、传承并发展中华文化的时代重任,以文化的力量书写更为磅礴的篇章,是时代给出的待解之题。

第一,2013 年中国文化产业增加值预计 2.1 万亿元人民币,预计约占 GDP 比

---

① 中国互联网络信息中心:《第 33 次中国互联网络发展状况统计报告》》,http://www.cnnic.net.cn。

② 《著作权法》第四十八条所列侵权行为包括:未经著作权人许可,复制、发行、表演、放映、广播、汇编、通过信息网络向公众传播其作品的,本法另有规定的除外;出版他人享有专有出版权的图书的;未经表演者许可,复制、发行录有其表演的录音录像制品,或者通过信息网络向公众传播其表演的,本法另有规定的除外;制作、出售假冒他人署名的作品的等。

重的 3.77%,对社会经济的拉动作用进一步加强。

党的十八大报告提出,要推动文化产业快速发展,到 2020 年全面建成小康社会,文化产业成为国民经济支柱性产业。这描绘了文化产业新的发展蓝图。近年来,随着文化体制改革的深入推进,合格文化市场主体数量不断增多,社会各方面投入文化产业的热情高涨,各项扶持政策不断出台,我国文化产业增加值逐年稳定提升,占 GDP 的比重也越来越大。这表明我国文化产业正在进入稳定发展的时期,未来文化产业将在我国的经济发展中发挥越来越重要的作用。

第二,党的十八届三中全会召开,文化板块被单列为十五项改革之一,文化改革仍然是国家力推的重点,产业地位再次明确。

2013 年是中国文化产业飞速发展的一年,同时也是进入发展拐点的一年。2013 年 11 月,党的十八届三中全会在京召开,《公报》指出"要紧紧围绕建设社会主义核心价值体系、社会主义文化强国深化文化体制改革,加快完善文化管理体制和文化生产经营机制,建立健全现代公共文化服务体系、现代文化市场体系,推动社会主义文化大发展大繁荣。"三中全会将文化板块单列为十五项改革之一,着重了国家对于文化软实力的重视,所以可以预见未来国家对于相关板块和行业的投入将会持续加强,行业的长期向好趋势可以继续确立。文化产业作为国家战略早在十七届六中全会就已经明确,此次会议与前期提议内容基本一致,再次向市场明确了产业的地位,行业未来继续向好的预期再次明确。

文化相关内容核心提到了三点:完善文化管理体制,建立健全现代化文化市场体系,构建现代化公共文化体系。这反映出文化行业的改革核心仍然是体制机制,目前文化企业的转企改制基本完成,市场化运营的机制也在逐步深入中。未来能否继续深入和推进才是文化改革的关键,尤其是市场化的运行法则和决定作用能否充分实现才是实现改革目标的关键。此次会议只是纲领性文件,具体的细化规则还有待相关部门出台,届时才是我们观测改革实际内容的重点。基于2013 年的政策导向,2014 年是文化产业非常值得期待的一年。

第三,在科技发展的驱动之下,传统的文化产业形态面临深刻危机,亟需在数字互联网时代寻求商业模式的创新和转型。

2013 年,随着科技的不断变革,新的产业形态不断涌现,传统的文化产业形态面临深刻的危机。从技术创新来看,云电视、网络视频技术和多屏智能终端等颠覆性的新技术给传统的广播电视产业带来了挑战。在这种情况下,传统的广播电视产业亟需主动地向新媒体领域拓展,并积极寻求商业模式的创新,如从广告为主到多元化创收、从少量大额到大量小额等。同时,跟随着技术的革新,传媒观念也在发生着变革,视频网络公司与电视台的合作,以及中国电信集团公司与电视传媒公司的 IPTV 业务合作等,都是传媒观念变化的表现。

充分利用传统文化产业的内容生产能力,结合数字媒体的发展理念和技术手段,开发互联、共享、开放、融合的传播平台,不断创新有效的商业管理模式,是未来传统媒体产业的不可逆转的大趋势。

第四,文化企业并购、整合惹关注。

2013 年文化传媒产业内企业并购频繁,尤其影视行业并购异常活跃;新闻出版业呈现内部整合以及外部跨媒体融合趋势。

据不完全统计,2013 年文化传媒板块已发生 55 起并购事件,涉及电影、电视剧、出版、广告、游戏等子行业,累计资金近 400 亿元。而影视娱乐板块异常活跃,资本整合案例高密度出现,并购潮风起云涌。其中,大连万达并购全球排名第二的美国 AMC 影院公司,总交易金额高达 26 亿美元,成为迄今为止中国在美国娱乐业中最大的一起并购案,这也使得大连万达集团成为全球规模最大的电影院线运营商。此外还包括多项极具影响力的收购、并购行为,如华策影视 16.52 亿元收购上海克顿文化传媒有限公司以完善其产业链;乐视网 15.98 亿元同时收购花儿影视文化有限公司和乐视新媒体文化(天津)有限公司,此举使乐视既加强了上游电影和电视版权生产资源的控制又将影视剧网络版权交易纳入麾下;光线传媒 8.3 亿元入股新丽传媒股份有限公司,光线传媒以此加强在电视剧领域的战略布局,进一步完善产业布局;华谊兄弟 6.7 亿元并购广州银汉科技,这是今年内最具产业整合特征的并购,并购游戏公司是传媒公司延伸产业链、打造综合性传媒集团的一个重要方式。除影视产业外,为了应对新媒体的挑战,上海两大报业集团解放日报报业集团和文汇新民联合报业集团,于 2013 年 10 月 28 日整合成立了上海报业集团。据初步估算,上海报业集团成立后,资产达到 208.71 亿元,净资产为 76.26 亿元,总体经济规模居全国报业集团前列。除了新闻出版业内的集团整合外,跨媒体融合亦是另一趋势。例如,中南出版传媒集团股份有限公司于 2013 年 8 月 2 日晚发布公告称,公司与湖南教育电视台签署合作协议,双方拟合资创立湖南教育电视传媒有限公司,作为湖南教育电视台市场营运主体。

文化企业产业内部以及跨产业的并购、整合和融合是企业获得融资、完善产业链和增强优势的有效方式,在未来三到五年内文化产业的并购之路仍将延续并获得进一步发展。

第五,各路资金进入文化产业领域的热情依然高涨,同时,众筹融资模式的出现推动文化产业向规模化、集约化发展。

2013 年我国金融市场为文化产业的发展提供了更多资金和融资渠道,企业兼并重组是重要渠道之一。在传统融资渠道之外,众筹模式在今年也引起了关注。动画电影《大鱼海棠》通过众筹融资近 160 万元,动漫电影《十万个冷笑话》募资超过 137 万元,《快乐男声》主题电影在 20 天内成功在众筹网上筹得 501 万元,创中国电影众筹融资金额纪录,且业内人士表示,此次众筹网与天娱传媒的跨领域合作是国内互联网金融与商业娱乐的一次成功跨界联姻,说明商业娱乐产业可以利用传统生态领域中已建立的粉丝基础,尝试多样化的融资模式。电影众筹对于正在起步阶段的小型电影公司来说,也许是一种能为电影募集资金的有效途径,然而对于大型的传媒企业、影视公司来说,众筹的目的主要是为了做营销宣传和市场调研。所以众筹模式并不能给中国电影产业带来巨大的影响。12 月 18 日原盛世华锐电影投资管理有限公司在北京举行更名仪式,正式宣布由北京市国资公司注资,在原有基础上组建了国盛影业(北京)有限公司。这一举措正式宣告国有资本进军影视文化产业的产业格局开始形成。

  众筹模式对影视投融资的影响不大,但是国有资本首次入注影视行业,此举或将预示产业格局变革的启动,值得关注。

  第六,以出版业为代表的文化产业各行业跨越门槛完善产业链、丰富产品类型,产业成熟度得以提升。

  数字时代的来临,对于 500 年来出版产业链上的各环节都起了变革的作用。从原创端、出版端,到最终的接触顾客的零售端在数字时代皆不得不转变以因应数字时代的冲击来调整自身的定位及营利模式,甚至是跳脱出版产业链,延伸产业链价值。首先,自出版时代来临。“每个人都是生活的作者。”这是“出书吧”官网上的口号。这家看起来新锐的网站,是上海方正数字出版技术有限公司的一个尝试,由方正集团与上海张江集团共同投资 2.85 亿元成立。“出书吧”是一种打破出版门槛及传统产业链的未来可能性。

  另一项产业链变革即是出版产业链由纸媒到影视媒体的延伸。郭敬明的“小时代”效应以及盛大网络文学皆是经典案例。郭敬明“小时代”系列作为近年来畅销小说排行榜冠军,又被高价卖出影视改编权,改编的电影首部票房达 5 亿,更是引起了诸多社会话题,不管关注人群吐槽也好,喜欢也罢,都形成了一种“小时代”效应。而盛大网络文学则是另一个阅读品产业链延伸的案例,陈凯歌导演的《搜索》、蝉联收视冠军的湖南卫视开年大戏《小儿难养》等作品自播出后业绩不俗,近期收视率新科状元《盛夏晚晴天》票房已破 3 亿,由赵薇导演的《致我们终将逝去的青春》都出自盛大文学的改编作品。

由此趋势可见，在数字时代下，虽然阅读出版品受到网络及盗版的冲击，然而，从另一角度思考，网络却是让阅读作品树立口碑、延伸产业链的最佳利器。而贩售改编权成了出版业未来的新趋势，惟有改编权是无法盗版的出版核心价值。

第七，从全局来看，文化产业开始以"社会设计"的方式表现公共创意，文化的力量得以弘扬。

文化是一个民族的精神脊梁，是一个国家经济发展的力量本源。文化以其对社会的巨大作用力，贯穿、渗透在社会实践中每一个具体而细微的环节，在潜移默化中释放着无穷而巨大的能量。进入 21 世纪以来，一方面，中华文化以其深厚的文化底蕴显示了强大的内驱力和巨大的创造力，文化产业从新兴产业逐步成长为现代经济中最活跃、增长最快、最具发展潜力的产业；另一方面，建设文化强国已成为全民共识，加强和创新社会管理是我国新形势下一项重大而紧迫的任务，日益强烈的公众文化自觉意识将激发更多的公众创意参与文化社会的构建。

以新闻出版业为例，随着移动互联网的不断发展、社交网络的日渐成熟以及个性化推荐技术的快速提升，2013 年，以读者为核心，强调分享、互动、传播、社交和可移动的全新阅读模式——社会化阅读逐渐兴起。社会化阅读成为以社会化为前提、以阅读为基础、以用户为核心的全新阅读模式。其中社会化就是强调互动与分享，即阅读内容由互动而来，传播行为因互动而生，不同个体与群体之间在技术手段支持下形成多层次互动阅读，而这一切又都是以用户阅读体验为核心的。社会化阅读可以从阅读方式、用户体验、阅读结果以及技术支持几个方面来认识和理解。基于这四点，我们可以发现目前中国出版业中的豆瓣阅读的成功就是社会化阅读最好的例证。而京东、当当以及亚马逊也透过社会化阅读的模式来推荐其书籍，透过社会化阅读将读者的喜好进行分类与推荐，让读者能在茫茫书海中找到所需求的书籍。另一方面，网络书商也以此作为其营销手段，让读者无意间添购更多书籍。

第八，物联网、云计算等新媒体技术广泛应用，大数据时代到来。

互联网主导的第三次科技革命以来，新媒体的发展、社会网络、物联网、云计算的广泛应用，使得每一个人都能在很短的时间内接触、发布和获取大量的数据和信息。数据规模、数据种类正在以指数的形式爆炸增长。根据国际数据公司 IDC 的检测统计，2011 年全球数据总量已经达到 1.8ZB（1ZB 等于一万亿 GB），并且以每两年翻番的速度在增加。预计到 2020 年，地球上人均数据将达 5247GB。其中，采用传统数据处理手段难以处理的非结构化数据已经接近数据总量的 75%。

大数据在这样的新任务和压力下应运而生。为了应对这样的新任务,大数据技术、大数据科学等领域迅速成为信息科学领域的热点问题,该领域的发展甚至得到了国家层面的支持,美国是这次新浪潮中的领航者。2013 年奥巴马宣布美国政府五大征募部门投资 2 亿美元启动"大数据研究和发展计划(Big Data Research and Development Initiative)"。IBM、Intel、Google 等商业巨头也在积极地推出大数据处理技术。

　　以电影行业为例,2013 年 7 月 29 日,国内大型上市公司华策影视宣布收购一家名为克顿传媒的影视机构的全部股份,现金加股权交易金额超过 16 亿元。华策影视总经理赵依芳表示"我们看中了对方在数据挖掘方面有潜力,还有一个庞大的数据'金',在收购完成后,华策影视将首次在电视剧市场超过 10% 的份额,年产剧集在 1000 集以上。而有了成熟的数据分析做基础,我们的电视剧无疑将更受观众欢迎。"

　　2013 年上映的《小时代》无疑是中国电影对大数据运用的极致案例。团队将社交媒体的价值挖掘得淋漓尽致。影片发行方的统计数据显示,《小时代》在上映之前,仅新浪微博的搜索量就达到 3300 多万。团队通过数据分析了解对电影感兴趣的受众,发现喜爱"小时代""郭敬明"的用户中女性的比例占了 70% 以上。对《小时代》的正面评价中,90 后则为主力军。这为影片发行方适时调整营销策略提供了真实可靠的依据,接下来针对 90 后女性发布了一系列线上线下活动。同时,《小时代》通过了解在文学网站上有多少点击量、是什么人在点击来确定这个电影可能存在的核心以及第二圈、第三圈观众在哪里。由于《小时代》定在暑期上映,它还利用大数据分析同档期竞争对手,分析过去一年消费者看过的同类型或相似的影片,是否形成了差异化定位等。《小时代》的运作,是一种典型的以数据为支撑、以市场和观众为导向的电影开发行为。事实也证明了它的成功,最终《小时代》及《小时代 2:青木时代》两集票房超过 7 亿。

　　第九,2013 年全国各区域和直辖市依托各自的资源优势,在相关政策的扶持和推动之下,文化产业保持强劲发展势头,且各具特色。

　　2013 年,华北五省、自治区和直辖市在平稳发展中继续探索适合自己的文化产业发展模式,其文化产业不论是在质上,还是在量上都有较大的增长和发展。其中,北京市文化产业发展成就显著,从长远发展态势来看,北京市文化创意产业具有超过金融业而跃居首位的巨大潜力。

　　华东地区文化产业发展总体保持快速发展势头。上海在推动国际文化大都市与设计之都建设的大战略背景下,深入实践"创新驱动,转型发展"的战略规划,文化产业发展继续保持了稳健增长的态势,新兴文化产业领域优势日益明显,龙头文化企业的示范性效应开始释放,文化与科技实现了深度融合,文化产业发展的贸易环境日益优化。

东北三省文化产业的发展无论在规模、体系、政策制度、人才储备和品牌竞争力等方面都取得了长足的发展。东北地区文化产业发展不盲目追求增长速度,而是注重文化产业发展的实效,切实解决文化产业发展中的瓶颈问题,提高文化产业规模化、集约化、专业化水平,推动文化产业与其他产业的融合,建立文化＋创意、文化＋科技、文化＋金融、文化＋旅游、文化＋信息等融合发展模式,实现文化产业的跨越发展。

华南地区和西北地区都是中国文化产业发展特色突出、发展前景广阔的区域,两地区利用丰富的历史文化资源和民族文化资源,文化产业发展实现了新的突破。

港澳台三地在2013年的文化产业发展方面同样显著,除了政府制定辅助政策再次刺激了产业的发展之外,多方面资源的开发和利用以及人才的培育也成为本年度发展的重要基础。

# 发展并完善文化市场,促进文化创意产业发展

厉无畏 *

文化创意产业属于消费驱动型产业,其健康发展取决于文化市场的健全和完善,十八届三中全会提出了"建立健全现代文化市场体系"的系统论述,为我国文化创意产业的创新发展提供了坚实的理论基础。

目前,我国文化创意产业发展正处于升级转型的关键时刻,我们必须要实现三个转变:其一,从以政府主导向以市场主导的转变,三中全会关于文化产业提出的决议也是要考虑到市场配置资源;其二,从以规模增长为目标向以质量效益为目标的转变;其三,从文化产业自身发展小循环向国民经济体系整体发展大循环的转变,文化产业可以渗透到各行各业,带动各行各业的升级与发展。所以我们在文化市场方面要考虑"五力",即活力、动力、魅力、潜力、合力的推动。

## 一、激发文化市场活力,夯实文化创意产业发展的基础

一个活力迸发的市场是文化产业健康发展的基础。文化市场的活力来自市场主体,企业是市场当仁不让的主体,换句话说,激发文化市场的活力就是要激发企业的活力,要从根本上认识到企业主体在文化市场上的重要功能和不可替代的作用,要切实把企业作为市场主体予以培育和扶持。

文化创意产业区别于一般产业的显著特征是中小企业构成了产业的主体,是产业的主要支撑点。以上海为例,目前6万多家文化创意产业的平均就业人数是21人。而在英国,有关统计数据表明,英国创意产业当中规模在10个人以下的企业占到94%,200人以上的企业大约只占1%。所以文化创意产业的生力军是中小微企业,因为许多大企业也都是由中小微企业发展壮大和兼并重组而成的。

特别强调的是,一个健全的文化市场是大中小企业齐头并进的格局,在文化

---

* 作者系第十一届全国政协副主席。

市场的培育当中,我们不能只是着眼于大企业,要形成合理的产业结构和产业体系,为大量的中小微文创企业提供更多的资源和支持:其一,要通过创新、创意、创业,让大量的个体、中小微企业冒出来;其二是要创造良好的环境,通过孵化扶持,让中小微企业茁壮成长。

中小企业是文创产业发展的生力军,文创产业的健康发展依赖于中小微企业的良好运行,中小微企业是文创产业金字塔的底座。文创产业从规模扩张到质量提升的转型之路,至关重要的是需要加大培育形成一批具有发展活力的中小微企业,为构建专、精、尖、特的产业体系奠定发展基础。

另外,中小企业自身也要善于在市场当中自我发展和成长。打个比方,市场好比是一个箩筐,箩筐里的大石头是大企业、小石头就是中小微企业,随着大企业的规模不断壮大,大石头之间的空隙也会扩大,这就可以容纳更多的小石头,所以中小微企业的自然生存空间就更大,它必须要有自己的专业和特色。换言之,在大企业做大的同时,也会带来另一度空间,为大企业提供配套服务的协作生存空间向广度、深度扩展。

**二、增强文化市场的动力,释放文化创意产业改革红利**

文化市场的动力来自于改革,三中全会提出改革的重点就是完善市场经济体制。从文化创意产业的发展来看,其驱动力源于文化体制改革所释放的红利。如何改革体制,实现文化创意产业资源的自由流动、优化配置,形成有质量、有效益的发展格局是摆在我们面前的重要课题。市场是只看不见的手,只有尊重市场经济规律,按照市场规律进行体制改革和制度设计才能获得可见的红利,形成长久持续的发展动力。

第一,要增强自内而外的发展动力。

文化市场的发展动力可以分为两类,即生驱动力和外生驱动力。近十年以来,我国文化创意产业在政府的推动下方兴未艾。2008 年出台了《十大产业振兴规划》,文件中的十大产业都是制造业,所以我们当时提出一个建议,不能十大产业振兴都是制造业,应该有文化产业。第二年制定了《文化产业振兴规划》。十八届三中全会提出了市场在资源配置中起决定性的作用,在市场机制的作用下,文化创意产业亦将走向内生式发展道路,增强产业发展的内驱动力是必然选择。

第二,要增强自下而上的发展动力。

文化市场的形成,文化创意消费的实现,都是基于个体的动机和选择,是一种自下而上的路径。长期以来,我国文化产业的发展依赖于政府的支持,部分地区甚至形成了自上而下的路径依赖,由于缺少接地气的市场意识,以至于不少文化创意产品无法转化为市场价值,丧失了可持续发展的动力。因此要转变观念,根据市场消费需求大力创造自下而上的发展模式,形成可持续发展的动力机制。就是说根据市场的需求,把市场的潜力挖掘出来。

举例来说,如 2013 年北京举办了"惠民文化消费季",推出了九大专项活动、九大展销板块和 16 个区县专题活动,发放了 100 万张文化惠民消费卡,为企业带来客流,还带动了潜在的消费市场。当文化消费成为百姓的刚性需求,则会形成自下而上的发展动力。

### 三、彰显文化市场魅力,营造文化创意产业发展氛围

文化市场发展有利于文化传承与创新,增加产业利润,提高人民文化素质。从某种意义上来看,文化创意产业是一个魅力型产业,文化具有感动人、打动人的特色功能。在体验经济时代,文化创意这一功能将有助于消费市场的扩展,以满足人民不断增长的文化精神需求,在实践发展中彰显文化魅力,营造多元化的文化氛围,将有利于促进文化市场的发展和完善。

首先,我们要营造浓郁的文化氛围,提高大众的参与度和愉悦度。

文化为大众所认同方显魅力,文化创意产业的基础是大众化消费的形成,面向广大的普通受众,提供多元化的文化创意产品,不仅能够培育市场,还能够创造社会经济效益。所以体现文化的独特魅力,首先需要营造文化氛围,滋养文化沃土,浇灌文化的幼苗,这样才能盛开文化之鲜花,收获文化之硕果。

比如上海在建设国际文化大都市的进程中,2013 年制定出台了《上海城市文化氛围营造三年行动计划》,积极实施文化与商业、旅游、交通、科技等融合发展的战略,以全新的文化理念、视角和举措,打造形成"春之声、夏之魅、秋之恋、冬之韵"城市广场音乐会品牌,实施文化进地铁工程,推进演艺产业集群,开展文商结合,举办"市民文化节"和城市艺术集市,设立街头艺人固定表演点等,使文化渗透到城市的广阔空间,不断提升上海城市的影响力和软实力,塑造上海城市的文化魅力。

第二,我们还要演绎历史文化魅力,实现传统文化的传承创新。

历史文化资源经过长期的积淀,既是中华民族的共同财富,也是中国人共同的价值认同。将历史文化资源创意转化为文化产品,这种产品具有广泛的市场消费基础,其魅力在于这些传统文化元素里具有令人感知、感受、感染和感动的文化基因。我国丰富的民间、民俗、民族历史文化资源充满了文化魅力,我们要挖掘其

魅力因子,增强故事力与感染力,善于用国际语言说中华故事,用文化解读与阐释中华传统。

我国是一个多民族的国家,各民族有其民俗风尚。如广西壮族民族的对歌,根据这个历史的资源开发出了《印象刘三姐》,这样不仅是文化,关键还在于在文化魅力下产生经济效益。《印象刘三姐》吸引人们到桂林去看演出,旅客多住一个晚上,旅游收入就增加,这就是经济效益。现在全国各地很多地方也都在用类似的方法,像开封也有,在西安也有白居易的《长恨歌》编成舞蹈演出。现在几十个城市都有类似的模式。

再比如,一部《舌尖上的中国》电视系列剧,用文化解读中国的餐饮,引起了一波波"舌尖舌尖"浪潮,唤起了人们体验中餐食材、加工技艺的消费热情。又比如韩国的泡菜,一个普通的腌菜,但从文化的视角来解读和阐述,韩国的泡菜就变成世界级的非物质文化遗产。2013年联合国教科文组织保护非物质文化遗产政府委员正式将韩国"腌制越冬泡菜文化"列入教科文组织人类非物质文化遗产名录。此外,在国际,比如法国美食、地中海美食、墨西哥传统美食、土耳其传统美食"keskek"、日本料理"和食"也被列入非遗目录。而中国是世界上很著名的美食烹饪大国,有八大菜系,四川也有泡菜,东北也有类似的酸菜,其制作工序与韩国泡菜都很相似,但是由于缺乏文化诠释和演绎的意识,还没有列入世界非遗,失去了许多创新发展的机会。但现在我们开始注重这些,如成都已经成为世界上的美食之都了。

另外,我们有些文化也被外国人开发利用,比如说《花木兰》《功夫熊猫》等中国传统文化资源被美国人所开发利用。可见,文化魅力的放射还需要挖掘、演绎,需要与现代市场对话对接,大力发展创意产业,提高资源的创意转化能力是有效的创新之路。有些文化要经过创意的开发,跟市场结合,这样才能大力发展。

**四、挖掘文化市场的潜力,扩展文化创意产业发展的空间**

众所周知,产品的价值构成包括功能价值和观念价值两部分。文化创意创造观念价值,是拥有巨大潜力的蓝海市场。所以要挖掘文化市场的消费潜力,一方面可以拓展文化创意产业发展空间,另一方面也可以创造文化的新市场、新业态、新模式和新价值。它也可以帮助其他的产业发展。

首先,要挖掘引领生活方式的文化消费市场。

通过对历史文化资源的传承和创新,把文化产业融入到日常生活当中,使文化与生活完美地结合,让人们感受融入生活的文化创意。比如说台湾文化创意产业发展初期就强调,要通过发展创意生活产业,创造出具有文化品位和情调的创意生活方式,满足了人们的个性化消费需求,提升了人们的生活品质,大大地拓展了产业消费的市场空间。

同时,提倡"创意生活美学"和"把生意做成文化"的理念,在衣、食、住、行、育、乐等方方面面与生活密切相关的产业发展中,注重文化与生活的结合,推进发展广泛的休闲生活产业和体验经济。比如说,上海一直以来就是国内时尚潮流的引领者和风向标。近年来,加强传统经典产品与老字号产品与现代时尚元素的结合激活原有的企业活力,取得了良好的成效。以上海家化为例,作为一家拥有112年历史的中国民族化妆品企业,上海家化实施时尚产业的转型战略,力争成为能够代表上海和中国的时尚品牌。该企业利用中药文化概念,推出了"佰草集"品牌的中高端护肤品,并选用了消费者熟悉的"太极""阴阳"等元素进行时尚设计,打开了中国品牌的世界市场。

另外,上海的老凤祥、回力、敦煌等一大批老品牌,以时尚设计为引领,结合新材料、新技术、新工艺设计研发出适应市场消费者的产品,在引领国内时尚消费潮流的同时,也焕发了老品牌的青春。所以上海也提出了"不能倚老卖老,要倚老卖新"的观念。

其次,挖掘基于互联网的文化消费新模式。

迅速发展互联网正在改变我们的生活,利用互联网技术兴起的网络视频产业、网络游戏产业等新业态所开辟的蓝海市场,大大拓展了文化创意产业的发展空间。利用互联网技术,也需要拥有优秀的创意和故事,并能够与现代人的娱乐需求相吻合,文化创意的功能更加凸显。

以风靡全球的网络游戏比如说"愤怒的小鸟"为例,故事都在"偷蛋—愤怒—保护蛋—再偷蛋"的循环中发展,推出该游戏的创意设计者认为,"小鸟"长盛不衰的秘诀在于,"我们不仅是在做游戏,而是利用新媒体在讲述一个故事"。目前,"愤怒的小鸟"游戏每半年都会升级,加入新的关卡和故事,玩家被吸引着不断地了解故事的发展进程。

另外一个例子是美剧《纸牌屋》,其编剧根据互联网用户的收视选择,进行新剧情的创作和设计,并对主角和剧情进行取舍,大大提高了收视率。

**五、形成文化市场合力,协同推进文化创意产业发展**

文化市场面向全社会和全民,是一个覆盖面广、层次丰富、要素资源自由流动、产品多元的体系。要完善市场规律和健全文化市场,必须打破条块分割、部门分割,扫除一切阻止市场要素优化配置的障碍,创新体制机制,促进各行各业各界的互动互融,形成文化市场的合力,创新文化创意产业发展的路径。

第一,协同推进文化体制机制改革,形成部门合力。

最近,中共中央成立了中央全面深化改革领导小组,由习近平总书记担任组长,在全面深化改革的背景下,文化体制改革已经进入深水区,不是单兵突进,必须统筹谋划、协同推进。各地在文化创意产业发展中,应着重从国民经济社会系统的整体发展中进行改革设计,创新各部门协同合作的体制机制,打破行政主导、行业壁垒和利益垄断,促进文化资源要素的自由流动,营造各类市场主体公平竞争和发展的良好环境。这就是所谓的包容性的发展,强调的是公平竞争。

第二,协同推进知识产权的开发和运营,形成产业的合力。

文化创意产业发展离不开知识产权的开发和运营,通过知识产权的跨界授权和经营,可以形成包括核心产业、支持产业、配套产业和衍生产业等内在的新型产业体系。释放文化创意产业的巨大经济效益与社会效益,其前提就是要形成各界各业协同推进的机制,把知识产权的有效保护、授权经营的专业化服务、市场营销推广配套,以及产业链的构建等有序整合,有效推进,这样才能实现市场的共赢。

第三,协同推进文化创意产业体系规划,形成政策合力。

在国民经济体系的大框架内规划和设计产业规划,出台综合性的一揽子政策,为市场各类企业主体提供便捷的政策服务平台和渠道。比如,文化和科技融合发展已经成为现代文化创意产业发展的基本特征,科技与文化的融合不仅涉及科技部门和文化部门,还与产业、工商、税收等诸多部门相关,相应的政策也分散在各个部门,只有形成政策合力,给企业提供更多的实惠和方便,才能把科技与文化的融合发展推进新的台阶。

这方面台湾地区有成熟的政策可以借鉴,以诚品书店为例,这个具有知名度的书店,实际是一个综合性的休闲文化平台,书店除了卖书,还出售百货,还提供咖啡、餐饮等配套服务。在政策上,规定卖书免税,销售的其他产品及服务只上缴同业税收的50%,在这些综合配套政策的扶持下,诚品书店就实现了快速发展,品牌效应也显现出来,并在大陆开出分店,2014年诚品书店将进驻上海最高的建筑"上海中心"。

# 版权的价值与实现

阎晓宏[*]

版权的价值与实现是和"文化力量"这个主题紧密相关的。有幸几年前在北京的文化创意贸易基地,与英国的文化创意产业之父霍金斯有一个小范围的交谈。我问他能不能讲一讲版权和文化产业的关系,他应允并在黑板上给我画了一张图,他说版权就是文化产业的内核,在这个内核的基础上生发版权业。众所周知,英国的创意产业是很发达的,而大多数是受版权保护的。这个版权保护包括节目版权的保护,比如说浙江电视台引入的《好声音》,是引入版权,而不再是扒别人的模式了。世界知识产权组织专门研究过版权在经济社会发展中的贡献,出过一本书,书里面分析了20多个国家的版权在经济社会发展中的贡献,而且是定量地分析其贡献量。

版权产业、文化产业、文化创意产业,这三个概念之间有联系也有区别。一般意义上来讲,版权产业的概念大于文化创意产业,文化创意产业的概念大于文化产业,就以创意和文化产业来讲,文化产业主要加工、复制有厚重内容的文化产品,讲求的是规模性的服务和广泛传播。如音乐、图书,这属于文化产业范畴,但是文化创意产业的范围更大,比如说一些个体的工艺品、艺术品,也属于创意的范畴。

前几年到访日本时,学者梅田久曾送我一本书,书里面有一个观点是"20世纪是专利的时代,21世纪是版权的时代",我很认同这个判断。在文化领域里边脱离了版权就讲不了文化。虽然文化已经有几千年的历史了,而版权的产生只有几百年,但我们这个时代进入市场经济以后不再实行原始公有制,甚至也不是农业社会,在农业社会有形的财产受保护,无形的财产不受保护,而在工业社会才提出了保护无形财产这个概念。

---

[*] 作者系国家新闻出版广电总局副局长、国家版权局副局长。

　　在市场经济条件下,一个好的作品是依赖于在市场规则下形成转让授权之后才能进行加工,才能进行复制,而我们很多的文化机构,基本上都建立在对作品加工复制这个基础上,如果没有好的图书、没有好的书稿、没有好的影视作品,要实现经济效益是不可能的,要实现社会效应也是不可能的,所以版权和文化是紧密关联的。

　　就版权的价值而言,从历史上来看,它是工业社会以后的产物。从细处举例,如以前书稿都是以手工来传抄,无利可图,当无利可图的时候也无需法律保护,但是当印刷技术发展以后,就有利可图了,于是法律的保护也开始了,保护出版商、印刷商。这个还不构成真正意义上的版权。直到1709年英国出台《安娜法》,为鼓励知识创作而授予作者和购买者就其印刷成册的图书在一定时期可受到保护,其中对购买者和作者的界定很清楚,作者就是作家,购买者就是出版商,出版商购买书的专有出版权。这是国际上公认的世界第一部版权法,它从法律层面确定了版权是有价值的,并受法律保护,既保护人格权也保护财产权。

　　1887年在日内瓦签订了一个保护文学艺术作品《伯尔尼公约》。当工业化发展以后,国家和国家之间缺少了一定的约束,在欧洲特别是在美国盗版猖獗,美国人并不愿多提这段历史。这期间,像狄更斯、雨果等的图书盗版非常严重,在这些作家的倡议呼吁下签订了《伯尔尼公约》这样一个国际的条约,这个条约保护文学和艺术作品。相应的几乎在同一时期,巴黎签订了一个保护工业产权的《巴黎公约》。《巴黎公约》主要管辖专利权和商标权,《伯尔尼公约》主要管辖产权,所以习惯上把版权称为文学产权。现在由于版权的领域更加扩大了,所以也把它叫文化产权,应用在文化领域。而工业产权应该说主要还是在生产领域和商业领域。

　　在上世纪六七十年代,美国社会出现了经济衰退,时任总统下令成立专家小组进行调研,对衰退的原因进行分析总结。专家得出的结论是美国没有把智力生活变成相应的经济优势、经济规模。而同时期的日本则是发展很快的。日本主要是仿制,那时说起"东洋货"就是假冒的,包括商标、产权、专利没有得到有效保护。在这样的背景下,以货物贸易为主的《关贸总协定》,经过八年多艰难的谈判形成了三个方案,其中以发达国家为首形成的"十国方案",占据优势地位,它涉及了货物贸易,特别是服务贸易,还有与贸易有关的知识产权的协定。

　　1994年WTO生效,2001年我国也加入其中,我们从被动地加入到适应,到现在WTO这个大框架下我们获得了很好的发展。最新的情况是,美国在推行"跨太平洋的战略合作伙伴协议"(TPP),誓言要建立一个更高质量的贸易合作伙伴协定,这个协议推行的速度非常快,已有日本、澳大利亚、新加坡、越南等 12 个国家签署。据说美国计划在去年年底就把它基本完成。值得我们关注的是,跨太平洋伙伴关系协议全面地向亚太经合组织开放,但中国并未受邀。TPP 全面向亚太经合组织开放以后,将对 APEC 带来很大的冲击。而这个高质量的区域规则,会在一定程度上架空 WTO 这个全球性的规则。另外一个最新情况是,美国在推行 A-PIC 美欧的自由贸易区。美国计划两年完成,这个在经济总量上就占了很大的优势了。而这其中的所有谈判都会涉及知识产权的问题,知识产权的问题是谈判的难点,要摆在第一位的,因为知识产权是在后工业社会时代智力成果,包括专利商标和版权,包括其他的商业秘密、地理标志,通过知识产权将会转化成很大的经济优势和经济规模。

在知识产权之中版权是位列首位的,值得我们关注的是发达国家强大的战略性部署,在多次的中美商贸联合会的谈判中不难发现,版权的问题是被提起次数最多的。以往国内有些学者认为知识产权是私权,就这个我曾写书鼓吹“我的事政府不要管”,实际我们看出国家力量一直注重知识产权的领域,所以我国在几年前也出台了知识产权战略,这是极有远见的一件事,也是非常重要的一件事。

前文所述为证明版权是有价值的,版权可以给文化带来发展繁荣的巨大活力,版权还会给经济发展带来很大的贡献。这要仰赖于版权转化为现实的文化生产力量。我们很多的文化传播机构,大都是自己不创作作品,大多数都是依赖别人创作。作为一个文化传播机构来讲,如果不能够挖掘、选择、判断好的作品,文化的发展是没有力量的,是没有可持续性的。

实现版权转化为现实的文化生产力量需要做出很多努力。首先,国家要高度重视。多年来科技的力量一直被强调,尤其是改革开放以后,而对科技重视的同时对文化淡漠了。文化的力量这几年终于不断被提起,十七届六中全会讲文化,十八大也讲文化,这一次十八届三中全会的《决定》里边,关于文化的篇幅虽然不多,但是都是真金白银,切合实际,在我看来文化发展最好的时期到来了。

对文化的高度重视还体现在优惠政策上,这些年国家不断出台宣传文化领域的优惠政策,在 2012 年的 12 月 25 日国家财政部和税务总局又出台了《关于延续文化领域优惠政策的通知》,这个《通知》以前都是一年一延续,这一次延续是五年,从 2013 年延续到 2017 年。除了延续以外还新增了一些内容,比如说海淀区对实体书店支持,在图书的批发或者批发和零售环节免征增值税,税负是 13%,力度还是很大的。

其次,国家各个文化执法部门需要履行职责,维护良好的市场秩序。版权作品的特征是"创作难，复制易"，特别是在互联网环境下。比如说软件，几百人就研制出一款软件，而这个软件如果复制的话成本几乎为零，所以需要国家加大保护的力度，特别是由于国家发展到现在这个阶段，已加入了国际承诺。目前来讲互联网里边的音乐盗版是很厉害的，做得比较好的是视频，视频这些年通过运营商、平台商和权利人三部分，权利人能拿到整个营业收入的40%，拿的音乐大概不到10%。而互联网的传播受众这么多，特别是移动终端不断发展，所以必须建立良好的市场秩序。

再次，在市场经济条件下要转变生产方式。以前的生产方式大都是小规模的经验型的，属于"打哪儿指哪儿"。当发展规模比较大的时候就会出现问题，优秀作品比较少，而其他东西选择判断不多。中国地大物博人众，文化创造力这么强，应该涌现出来好的作品，然后将优秀者选择出来进行登记、进行价值评估，可以作为无形资产质押贷款，使交易实现快捷化和低成本化，如此被叫做"低成本快捷"。五六年前我跟盛大文学的陈天桥聊天，他选择的方法是用脚投票，盛大文学当时说只要点击量超过一定数量的就会签约，签约以后会进行深度加工，可以拍成电视，或者还可以出纸质图书。

最后，应该高度重视互联网。高度重视互联网的创新能力，重视互联网的便捷和选择的能力。现如今的"大数据""云"备受关注，在这样的环境下我们选择作品的方式、交易的方式都要发生转变。互联网是不能低估的，它的运营能力和能产生的规模与效益我们不能低估。

# 用改革释放文化的力量

周文彰*

　　长期以来在我国文化的力量受到压抑,无论是文化生产力、文化传播力、文化影响力,都受到压抑。这些年我国发起的文化体制改革就是在释放文化的力量,取得了很好的效果。十八届三中全会部署了在全国全面深化改革,其中一个重要的方面,就是对文化体制改革进行再部署,使文化的力量得到进一步的释放,今天我就谈谈在这方面的学习思考。

　　十八届三中全会对深化文化体制改革做了哪些部署呢?

　　首先,办文化向管文化转变。长期以来我们主要是办新华书店、办出版社、办报纸、办广电,在某种意义上我们还要办,但主要是管。而且要理顺与文化企业的关系,要建立国有文化资产的监管机构,要建立公共文化服务体制的协调机制。因为在乡镇这一级,各方面渠道都通向乡镇,特别是有科技的、有文化的,还有党员教育的,所有这些将成立一个综合体。新闻媒体资源要进一步整合,新兴媒介的传播秩序要加以进一步规范,比如移动电视、手机报、楼宇的视频。特别强调要坚持正确的舆论导向。

　　我们感到非常高兴的是,保留下来的文化事业单位也要建立法人治理结构,特别是要各方面的代理人参加,实际上是参照企业的法人治理结构来做的,企业的法人治理结构有职工大会、股东大会、董事会、监事会。继续深化文化事业单位内部改革。国有经营性文化单位转企改制,对按规定创办的重要企业实行特殊的管理制。特别是提到促进文化资源在全国范围内流动,推动文化企业跨地区、跨行业、跨所有制兼并重组。在这方面我们想到的是,2007年我在海南省委常委宣传部的时候,我们海南跟江苏凤凰集团的那次合作,竟然成了全国第一家跨地区的文化企业,受到中央领导的高度重视。

---

　　* 作者系全国政协委员、国家行政学院教授。

十八届三中全会关于文化体制的改革还不仅仅是这些,要想贯彻这个《决定》,把改革引向深入,不能只看文化体制改革这一个方面,更重要的是《决定》向我们传达的中央关于全国全面深化改革总的思路。研读中央的《决定》,我感到这次的改革思路有三点非常突出。

第一,系统全面的思路。大家知道光一个领域的改革是难以有效的,因为社会是一个有机整体,各个环节都连在一起,比如我们试图搞国有企业,我们最早采取放权让利,觉得还不错,又采取企业三角债,接着又搞承包,承包不是一包就灵,我们又开始搞股份制,国有企业的控股搞来搞去还是国企,我们感觉不行,要建立企业法人治理结构。通过这个摸索我们慢慢地认识到,我们想把国有企业搞活的措施是外需,但是过去想把国企搞死的传统措施却是连续的、配套的。比如金融市场把国企搞死,比如政府部门之间把国企搞死,没完没了的检查、没完没了的统计报告,再比如说市场能把企业搞死,货真价实上不了市场,假冒伪劣厉害。还有,我们的组织人事制度就能把国企搞死,干得好的调走了,来了新的什么也不懂。所以国有企业改革实际上就是围绕搞活国企进行的从经济基础到上层建筑的方方面面的改革,这就是系统全面的思路。后来,我们中央的历次改革,专项改革、科技改革、教育改革、文化体制改革都考虑到方方面面。

而十八届三中全会的这次改革是站在更高的层次上,从宏观的层面来推进系统全面的改革,这点让我们特别受益,我们在考虑文化体制改革的时候不能就文化体制讲文化体制。

第二,文化导向的思路。我研读《决定》觉得每句话都有力量、都很新颖,没有大话、空话,说得很实在,就在于它所针对的问题。习近平总书记说,我们搞革命、搞建设、搞改革都是为了解决问题,只有针对问题搞改革才不会空对空,才能解决那些需要解决的问题,这些对我们搞管理、讲课都有启发。

第三,突出重点思路。尽管是全面改革,但不是眉毛胡子一把抓,而是政府全面的改革。我们得到了三个重点。第一个以改革为主线,突出全面深化改革新举措。在改革当中也不是平均使用力量,而是通过经济体制改革,使我们得到第二个改革,在经济体制改革当中也涉及很多内容,这一次我们突出政府与市场的关系,这就使我们得到了第三个层次的重点。

在文化领域,政府与市场的管理同样应该是我们应该解决的问题。资源配置到底起什么作用?这是政府与市场关系的核心。1992 年,党的十四大之所以要载入历史史册,就在于它确立了要把建立社会主义市场经济体制作为经济体制改革的目标,而在这之前市场经济被铁定认为是资本主义的东西,从此之后我们每次党的代表大会，十五大指出"使市场在国家宏观调控下对资源配置起基础性作用"，十六大指出"在更大程度上发挥市场在资源配置中的基础性作用"，十七大指出"从制度上更好发挥市场在资源配置中的作用"，十八大指出"更大程度更广泛发挥市场在资源配置中的基础作用"。第一，我们对市场作用的认识越来越深化。第二，有一点始终没变，就是市场只能起基础性作用。十八届三中全会把"基础性作用"修改为"决定性作用"，两字之差意义重大，是这次改革的最大亮点和最大创新。市场和政府的关系就体现在这儿。

政府重要的弊端就是审批干预过多。弊端很多，我归纳了四点：一是效率低下，耽误无数时机；二是主观随意，重复建设；三是权力寻租，导致腐败丛生；四是缺位错位，造成该管不管。

政府要着力解决市场体系不完善的问题，文化市场也是如此，现在比较起来，我们在文化方面还保留着较多的审批手段，我相信随着市场的完备、随着生产主体的自律，我们文化审批项目也会进入逐步适应的过程，这样政府与市场的关系问题会将进一步得到解决。

《决定》特别讲到公有和私有的关系，更是值得我们文化体制改革高度重视。长期以来，公和私的争论使我们迈不开步子，割资本主义的尾巴，消除私有制，我们的市场曾经什么都凭票供应，物资匮乏，生产力释放得到了压抑。改革开放以来，我们对公有和私有关系的认识越来越正确。十八届三中全会提出，公有和非公经济都是我国经济发展的重要基础，都是社会主义市场经济的重要组成部分，公有制经济财产权不可侵犯，非公有制经济财产权同样不可侵犯，有人通俗理解，已经没有老大老二之分了。

各种所有制经济依法平等使用生产要素，混合所有制经济是基本经济制度的重要实现形式。这对我们很有启发，在我们管理协调文化实践当中，我感到我们文化对公有、私有的认识还要进一步加深，因为我们常常把比如广电、新闻、出版、报纸当成我们自己的亲儿子，而社会文化企业常常不在我们的会议、文件光环的关照范围之内，如何对体制内外的文化企业单位一视同仁，让它们平等竞争，这是我们想要进一步探索的，而且对体制外的企业给更多的支持和帮助，在这一方面纯粹的经济领域做得比我们文化方面好一点。

我们高兴的是，十八届三中全会的《决定》有一系列关于鼓励非公文化企业的发展措施，要引起我们的高度重视，比如《决定》指出，鼓励各类市场主体公平竞争，优胜劣汰。比如降低门槛，允许社会资本参与对外出版、网络出版，允许以控股形式参与国有影视制作机构、文艺院团的改制经营。比如，鼓励社会力量、社会资本参与公共文化服务体系,培育文化非营利组织。比如,鼓励社会组织、中资机构等参与孔子学院和海外文化中心建设,承担文化交流项目。比如支持各类形式小微文化企业发展。比如鼓励金融资本、社会资本、文化资本相结合。这些部署为我们平等地对待公有和非公的文化企业指出了明确的方向,问题就是我们要如何贯彻落实下去,使得这些政策不至于出现看得见进不去的现象。

我们搞文化体制改革的新任务是什么? 核心就是紧紧围绕建设社会主义核心价值体系,建设社会主义文化强国。在我的记忆当中,我们国家明确提出强国的就是两个方面,一个叫人才强国,一个叫文化强国,像经济、科技、军事都没提,这些值得我们思考。我们在文化强国方面很有信心,也很有把握。为了实现这个目标就要加快改革,完善健全文化管理体制、文化生产经营体制、现代公共文化服务体系、现代文化市场体系,推动社会主义文化大发展、大繁荣。文化体制改革的目标,与全国整个改革的目标是一样的,明确劳动、知识、技术、管理、资本的活力竞相迸发,让一切创造社会财富的源泉充分涌流,让改革发展的成果更多更公平地惠及全体人民。这就是我为什么把我的题目临时改为"用改革释放文化的力量"。

# 深化文化体制改革,部署北京文化产业

张　淼*

党的十八届三中全会作出了《全面深化改革若干重大问题的决定》,将文化改革纳入到国家全面深化改革的总体部署,并进一步明确了文化体制机制创新的指导思想和目标,是指导文化体制改革的一个行动纲领。本届论坛以"文化市场与改革的红利"为主体,紧紧围绕贯彻落实十八届三中全会精神,就推进文化体制机制创新,建立健全现代文化市场体系,进行研讨交流,体现了各位对建设社会主义文化强国的理论思考和实践的关切,对深化文化改革发展具有重要的现实意义。

厉主席、阎局长、周院长,分别从不同的层面、不同的角度,对如何贯彻落实十八届三中全会精神,深化文化体制改革,进行了详细的解读,我听后很受启发。下面我想结合北京市工作的实际情况,向各位朋友汇报北京市在深化文化体制改革、促进文化产业发展方面的一些实践和探索。

近年来,北京文化产业保持持续较快的增长,2012年按照国家产业局统计的标准,北京市文化产业法人单位实现增加值1474.9亿元,占全市地区生产总值的比重达到8.2%,居于全国各省、自治区和直辖市首位。2013年前三季度,我市规模以上文创产业法人单位实现收入同比增长7.3%,呈现稳中向好的态势。

简单分析,前些年,我们文化产业的统计口径实际上是一个行标的统计口径,而北京市是文化创意产业的统计口径,这是一个大的口径。去年年底,国家统计局对我们整个文化产业进行了国标的统计口径。也是在前些年,在去年的8月份公布了2012年的国标统计的一个口径,我们在大口径自己的行标统一口径中是连续6年,即我们的文化创意产业增加值应该说都突破了12%,2012年是12.3%,增加值突破了千亿,我们的总收入突破了万亿。按照新的国标的统计,我

---

* 作者系中共北京市委宣传部副部长。

们的增加值是 1474 亿元，占 GDP 比重是 8.2%。我们知道，作为基础产业，达到 5% 就成为我们国民经济的一个强有力的支撑，北京这几年，无论按行标还是按国标，应该说整体增长态势还非常明显。

随着我们北京市文化创新、科技创新双轮驱动的战略实施，以及经济发展转型升级的现实需要，文化产业对于推动首都产业体系的优化升级、提升首都经济核心竞争力的引擎作用日益凸显，文化产业又面临难得的发展机遇。

当前首都文化产业进入新的发展阶段，文化产业的转型升级增效的特征日益明显，我们在政策引导和实际工作中更加注重产业结构的优化调整和新兴业态的培育引导，坚持从产业发展中要质量、要效益，坚持走融合性、内涵性、集约化、品牌化、国际化的发展道路。

这个我做一点简单的说明，北京作为政治中心、文化中心，发展文化产业应该说是北京文化中心的重要领域，但是发展文化产业我们也要有所为、有所不为。为什么这么讲？因为北京市的土地资源，包括我们现在的环境、人口、交通诸多方面的压力，需要我们文化产业引领也向枢纽型、平台型、带动型方向进行调整，文化产业的发展也不是粗放型的发展，文化产业也需要我们对集约化、规模化、专业化有新的行动。

下一步我们将以贯彻落实十八届三中全会精神为主线，激发首都文化创造活力与中心环节，聚焦深化文化改革，深化政府职能的转变，深化要素市场的培育，深化人才体系的建设，发挥北京作为全国文化中心的示范作用，着力在以下几个方面取得突破。

一、着力完善文化经济政策。借助今天我们这个主题"文化的力量"，我们在文化产业发展上应该说一个重点就是政策的力量。政策的力量就像刚才谈到的，我们的文化产业结构调整需要政策的引导，我们的规模化、集约化发展也需要政策的引导。在培育发展的初期，我们的政策可能是在探索阶段，到今天有这么一个基础发展的前提下，我们的政策应该更聚焦，更应该像刚才周文彰部长谈到的，政府该管的地方要管，该放的要放，我们的政策引导要把市场和政府的两层作用科学地规范。

在总结政策的基础上，研判产业的新趋势、新特点、新业态。昨天我和一个老总进行工作交流，我认为非常解渴，为什么？现在一讲新媒体、全媒体、大媒体，传统媒体与新媒体的融合发展，大家无论在探索，还是在规划，还是在实际的运行方面，都有很多的提法，但是我们要看到，新媒体的发展首先是由技术进步带动的，新媒体的发展有很多的要素是我们传统媒体所不具备的，我们传统媒体的很多作为,即内涵式的传统媒体的阐释,新媒体也不具备。在这个过程中,实际上两个问题仍然没有解决。第一,就是产品的形态,第二,就是盈利模式或者叫商业模式。如果我们没有一个很好的产品形态,就形成不了一个产业,也形成不了一个好的产业要素市场的底蕴,也不会有一个很好的市场。

但是也应看到,更重要的问题是什么呢?就是我们今天认识到新媒体要有内容、要有渠道、要有技术、要有人才、要有资本,却忽略了我们运营管理的能力。做内容的人未必了解做管理的人,做管理的人未必对我们的内容,特别是我们强调内容管理的体制科技的创新有所了解。为什么?这就是媒体担当的社会责任,这就是需要我们进行探索的。

北京市是在贯彻落实十七届六中全会之后出台了一个发挥 1 + X 的文件,就是加快国家的示范作用,加快创新体系工作。这个文件相对来讲是一个长远的政策,这个政策核心的要点就是两大战略,一个是思想导引战略,一个是文化创新、科技创新驱动战略,X 的科技体系,也是我们贯彻党的十八大和十八届三中全会精神,我们的政策也在释放改革的红利,我们的工商注册登记门槛在降低,在适应我们文化领域的一系列的企业发展。我们出台了金融扶持文化产业发展的25条政策,我们相关的委办局都按照中央的精神,按照我们市委进行配套体系完善,梳理我市重点的文化产业细分门类,研究各门类的发展基础、发展前景、税收贡献、资源消耗、社会影响等诸多因素,制定适合北京市情的文化优势产业目录和文化产业的配套政策。

二、着力推进重点文化产业园区建设。在中关村文化科技示范园区、对外文化贸易基地、CBD 定福庄传媒走廊、新媒体出版产业园、天桥产业区等这些领域要重点推进。

三、着力建设文化要素市场。我们将充分利用首都的文化资源优势,积极发展文化要素市场,营造良好的政策市场环境,促进产权、版权、技术信息、人才和文化生产要素的流动,探索建立无形资产评价体系,继续用好国家级交易平台,办好北京文博会、北京电影节和北京摄影周等重要的展会,积极促进文化产权交易平台的建设。

四、着力培育合格的市场主体。重点培育扶持竞争力、影响力强的龙头骨干企业。

五、着力筛选储备一批重点文化产业项目。重点扶持一批复合型、创新型、辐射带动力强的文化产业项目。

六、着力提高文化的开放水平。北京作为全国的文化中心，我们将充分利用区位和资源的优势，创造出符合世界水准的产品服务，加快培育一批外向型的文化企业和对外文化机构，规划文化保税区，充分发挥保税区综合服务平台和政策的优势，发挥对于文化贸易区和示范区的作用。

北京的文化产业发展离不开社会各界的支持，非常欢迎大家畅所欲言，奉献真知灼见，为首都的文化产业发展建言献策，共同促进首都文化改革发展的新成长，新进步。

行业报告

# 新闻出版业年度发展报告

李育菁*

根据中华人民共和国国家统计局的行业分类,其将新闻和出版业分为新闻业及出版业两大类。其中,出版业又细分为图书出版、报纸出版、期刊出版、音像制品出版、电子出版物出版以及其他出版业。[①]此外,根据《2012 年新闻出版产业分析报告》中的统计分类则为印刷复制、出版物发行、数字出版、报纸出版、图书出版、期刊出版、出版物进出口、音像制品出版、电子出版物出版等九大板块。[②]

本部分所主要论述的对象即图书出版、报纸出版、期刊出版、数字出版(手机出版、数字期刊、电子书、数字报纸)在 2013 年的发展状况及未来趋势。

## 一、中国新闻出版行业政策解读

此小节从《"十二五"规划》及十八届三中全会提出的政策作解读,了解新闻出版业目前政策的规划方向及其对宏观新闻出版产业环境的影响。

### (一)国家深化改革政策,为新闻出版业发展指明方向

2013 年是《"十二五"规划》的第三年,是一个承上启下的重要阶段,截至目前,《"十二五"国家重点图书、音像、电子出版物出版规划》整体进展情况达到预期目标,取得了阶段性成果。《出版规划》原列入项目 2578 个,其中 2474 个自下而上的项目,已全部完成 558 个,占比为 22.6% ;部分完成项目 609 个,占比为

* 作者系北京大学艺术学院 2012 级艺术管理与文化产业方向博士研究生。
① 国家统计局:《中华人民共和国国家统计局:行业分类标准》,http://www.stats.gov.cn/zjtj/tjbz/hy-flbz/201310/P020131023308575478778.pdf。
② 中国新闻出版总署:《2012 年新闻出版产业分析报告》,http://www.gapp.gov.cn/govpublic/80/6712.shtml。

24.6%。全部完成和部分完成的项目共 1167 个,占比达 47.2%。①

2013 年图书出版业整体朝向全面深化改革,不断加快进程,保持了平稳中较快的发展态势。十八届三中全会通过的《中共中央关于全面深化改革若干重大问题的决定》提出推进文化体制机制创新。建设新闻出版强国关键在加快发展,而发展的关键则在深化改革,2013 年对新闻出版业影响最深远的文化体制与机制改革莫过于国家新闻出版广电总局成立的机构改革。

从以上新闻出版业的相关政策定位显示,改革与转变是目前政策的一大方向。其目的即是从体制改革为基础做起以符合新时代下新闻出版产业的市场需求。改革调整,有利于减少职责交叉,提高管理效率,落实管理责任;有利于统筹推动报刊、出版社、通讯社、电台电视台和互联网等新媒体发展,加快构建现代传播体系,提高文化传播能力;有利于新闻出版广播影视业做大做强,增强文化整体实力和竞争力;有利于整合新闻出版和广播影视领域公共服务资源,提高公共文化服务的质量和水平。

（二）新闻出版业专项整治工作强调从少儿出版物做起

专项整治工作向来是新闻出版业相当重要的一个环节。从商业面来说,其涉及出版单位及出版者的权利;从教育面看,其内容涉及思想塑造,影响着读者的品格形成和发展。针对 2013 年的专项整治搜集,我们大致上可以发现着重于少儿出版物整治的趋向。如国家新闻出版广电总局日前下发通知,要求对中小学教辅材料出版发行中的不规范和违法违规行为予以严厉禁止和坚决查处。对不具备中小学教辅材料出版资质的出版单位,不得安排中小学教辅材料选题、出版、再版、重印。②又如中宣部等五部门联合下发《关于加强少儿出版管理和市场整治的通知》后,各级新闻出版行政部门以清理涉黑、涉暴、淫秽色情和低俗有害少儿网络出版物为重点,整治范围从少儿出版网站向登载面向青少年作品的文学类网站扩展,依法查处违法违规出版行为,进一步深化整治少儿出版物市场专项行动。③

从上述两项少儿图书及教材的专项整治中,我们可以发现对于少儿出版物的重视。就出版物的形式而言,不论是纸质出版物、网络出版物都投入相当严谨的审查;就出版单位及出版物而言,也做了严格的把关,不论是出版单位的合法性、

---

① 中国新闻出版总署:《关于调整"十二五国家重点图书、音像、电子出版物出版规划"通知》,http://www.gapp.gov.cn/govpublic/86/682.shtml。

② 法制日报:《新闻出版广电总局——严查教辅出版发行违法违规行为》,http://cen.ce.cn/wxf/tousu/201308/30/t20130830_1265399.shtml。

③ 中国新闻出版报:《新闻出版行政部门整顿少儿网络出版物市场》,www.chuban.cc/yw/201309/t20130930_146269.html。

出版物定价的合理性、品质的掌控性、包装的合适性都作了深入的调查与管控。少儿是影响一个国家未来发展的重要分子，从2013年的专项整治对于少儿图书的强力投入，我们可以理解到政策方向逐渐意识到出版品对未来社会影响的前瞻性。

（三）新闻出版业政策未来走向

国家新闻出版广电总局下发的《关于制订和报送2013年图书、音像制品、电子出版物出版计划的通知》（以下简称《通知》），要求各新闻出版管理部门及各出版集团做好2013年图书、音像、电子出版物出版计划的制订工作。《通知》强调，各出版单位的出版计划要围绕着12个重点方面进行。其中有几点是值得关注的，如全面落实国家在科技、教育、人才等方面的中长期规划，推出一批具备较大决策参考价值的著作，推出一批反映我国当前科技进步的最新研究成果，代表国家水平的原创作品。另外鼓励原创和现实题材创作出版，策划一批思想性、艺术性、观赏性相统一，人民喜闻乐见的文学艺术作品。又如推出一批适合国外市场需求、展示我国文化成就的优秀选题，注重翻译出版一批适应我国经济、社会和文化发展需要的高质量、高品位出版物。①

从上述几项重点出版计划，可看出未来政策着重于出版物的内容方面，强调社会、人文、科学等全方位的主题内容开发。此外，选题方面亦开始注重内容对于国外读者的适应性，这点符合近年来新闻出版产业强调的"走出去"政策。

**二、新闻出版行业总体概况②**

此小节将从企业单位数、直接就业人员数、营业收入、利润、版权进出口等各项状况来分析近五年来新闻出版行业的总体市场状况。

（一）营业收入状况

图1为本研究根据《2009—2012年新闻出版产业分析报告》（2013年根据前三年的增长率平均作预测）所绘制。从中可发现，虽然新闻出版产业的营业收入逐年稳定增长，但增长率有逐渐减缓的趋势。其中，2012年增长率更降了3%左右。整体而言，新闻出版产业的营业收入仍处于稳定中缓慢成长的势态。

---

① 中国新闻出版总署：《关于制定和报送2011年图书和音像、电子出版物出版计划通知》，http://www.gapp.gov.cn/news/1663/103250.shtml。

② 中国新闻出版总署：《2009—2012年新闻出版产业分析报告》，http://www.gapp.gov.cn/govpublic/60.shtml。

**图1 2009—2013年中国新闻出版业营业收入状况**

资料来源：中国新闻出版总署《2009—2012年新闻出版产业分析报告》。

（二）利润状况

图2为本研究根据《2009—2012年新闻出版产业分析报告》（2013年根据前三年的增长率平均作预测）所绘制。从中可发现，新闻出版产业的利润增长率与营业收入有着相同的状况，虽逐年稳定增长，但增长率有逐渐减缓的趋势，且利润收入所减缓的态势比营业收入来得剧烈。其中，2011年利润增长率更降了15%左右。数据显示，可理解到近年来新闻出版业在获利方面有越来越艰辛的趋势。

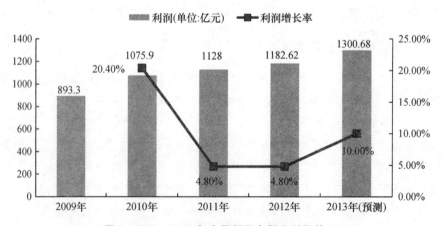

**图2 2009—2013年中国新闻出版业利润状况**

资料来源：中国新闻出版总署《2009—2012年新闻出版产业分析报告》。

（三）版权进出口状况

图3为本研究根据《2009—2012年新闻出版产业分析报告》（2013年根据前

三年的增长率平均作预测)所绘制。从中可发现,不论在版权引进与版权输出两方面都处于成长的态势。这显示了中国新闻出版业发展有越来越国际化的趋势。尤其,在版权输出方面的增长率更是突飞猛进,这显示了中国新闻出版业"走出去"已逐渐落实,中国出版物在国外的影响力亦与日俱增。版权贸易逆差大大改善:从2003年的15:1缩小到2012年的1.91:1,同时质量结构也在不断优化,相较于2002年,2012年我国对美、加、英、法、德五个西方传统发达国家输出图书版权总量增长近122倍,达到2213项,逆差从1:387缩小至1:4。①

**图3  2009—2013年中国新闻出版业版权引进与输出状况**
资料来源:中国新闻出版总署《2009—2012年新闻出版产业分析报告》。

(四) 企业单位数

图4为本研究根据《2009—2012年新闻出版产业分析报告》(2013年根据前三年的增长率平均作预测)所绘制。从中可发现,新闻出版单位数有逐年递减的趋势。递减的原因之一来自于近年来出版单位朝向集团化整合的趋势。另一个因素则可能是出版产业受数字化浪潮影响导致单位缩减。

(五) 直接就业人员数

图5为本研究根据《2009—2012年新闻出版产业分析报告》(2013年根据前三年的增长率平均作预测)所绘制。从中可发现,新闻出版业直接就业人员数呈

① 中国新闻出版报:《我国新闻出版业走出去成效显著》,http://www.chuban.cc/bq/jl/201311/t20131101_149335.html。

现稳定而缓慢成长的趋势。每年的平均成长率大致在 1.3% —2.5% 之间,起伏变动并不大。

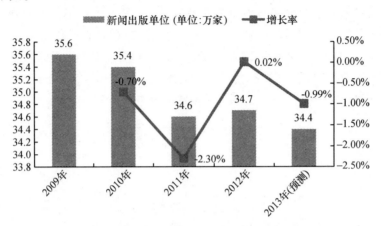

**图 4　2009—2013 年中国新闻出版单位数**
资料来源:新闻出版总署《2009—2012 年新闻出版产业分析报告》。

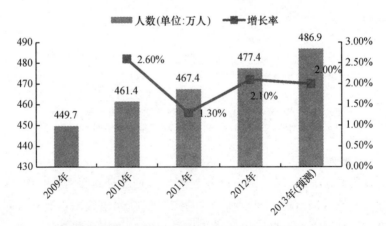

**图 5　2009—2013 年中国新闻出版业直接就业人员数**
资料来源:中国新闻出版总署《2009—2012 年新闻出版产业分析报告》。

### 三、新闻出版行业产品与服务

**(一)行业利润总额变化分析**

图 6 为本研究根据《2009—2012 年新闻出版产业分析报告》(2013 年根据前三年的增长率平均作预测)所绘制。从中可发现,图书、期刊、报纸、电子出版物及

数字出版等五大类出版品中,除了报纸呈现逐年下降的趋势外,其他四类出版物皆呈现成长的趋势。其中,数字出版物更是急速成长,原因来自于网络媒体、数字技术及智能型手机的普及化。

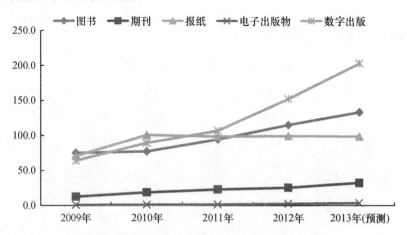

**图6　2009—2013 年中国新闻出版业行业利润总额变化**

资料来源:中国新闻出版总署《2009—2012 年新闻出版产业分析报告》。

（二）图书出版现状分析

图 7 为本研究根据《2009—2012 年新闻出版产业分析报告》（2013 年根据前三年的增长率平均作预测）所绘制。从中可发现,中国图书出版业利润呈现逐年成长的趋势,尤其在 2011 年与 2012 年更是急速成长。

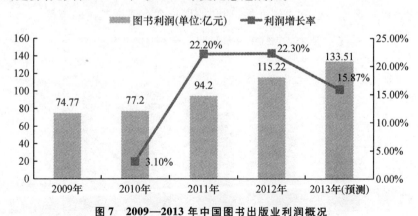

**图7　2009—2013 年中国图书出版业利润概况**

资料来源:中国新闻出版总署《2009—2012 年新闻出版产业分析报告》。

（三）报纸出版现状分析

图 8 为本研究根据《2009—2012 年新闻出版产业分析报告》(2013 年根据前三年的增长率平均作预测)所绘制。从中可发现,报业出版业利润在 2010 年急速成长,但在 2011 年却急速下降,呈现停滞甚至是负增长的状态。负增长的原因来自于数字报纸与网络媒体发展的冲击。

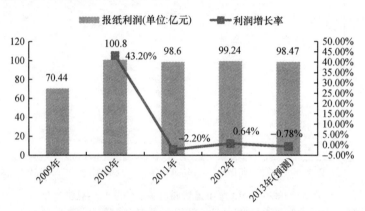

**图 8　2009—2013 年中国报业出版业利润概况**
资料来源:中国新闻出版总署《2009—2012 年新闻出版产业分析报告》。

（四）期刊出版现状分析

图 9 为本研究根据《2009—2012 年新闻出版产业分析报告》(2013 年根据前三年的增长率平均作预测)所绘制。从中可发现,中国期刊出版业利润保持逐年成长的趋势。然而,从 2011 年开始,期刊的增长率有逐渐趋缓的态势。

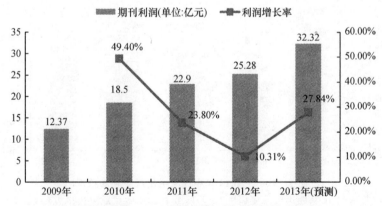

**图 9　2009—2013 年中国期刊出版业利润概况**
资料来源:中国新闻出版总署《2009—2012 年新闻出版产业分析报告》。

（五）数字出版现状分析（手机出版、数字期刊、电子书、数字报纸）

图 10 为本研究根据《2009—2012 年新闻出版产业分析报告》（2013 年根据前三年的增长率平均作预测）所绘制。从中可发现,数字出版业利润呈现逐年稳定成长的趋势。成长的原因与网络、数字、智能手机的蓬勃发展有密切的相关性。

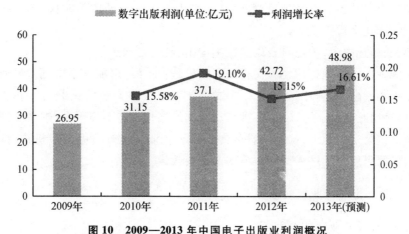

**图10　2009—2013 年中国电子出版业利润概况**
资料来源:中国新闻出版总署《2009—2012 年新闻出版产业分析报告》。

## 四、新闻出版业发展的问题与建议

第一,摆脱单打独斗,整合与融合时代来临。

网络时代的来临,中国的出版集团所应因应的第一步业务发展,即是改变各出版社独自分散作战的模式,而应按不同内容产品生产线的要求进行结构调整和资源重新配置,对品牌进行组合,实行产品细化和专业化生产,从而促进内容创新的深化,最大程度地利用内容资源、降低成本、创造新产品和新品牌,以提高生产能力和企业核心竞争力,扩大市场覆盖面。数字时代引领科技的精进,科技既是新闻出版服务的对象,又是新闻出版发展的重要支撑。大力发展以网络出版、手机出版、云出版等为代表的出版新业态,拓展数字化发行渠道的多元化与整合化,在大型综合性出版物投送平台建设等方面取得新突破。此外,加快推进出版创意、数字出版、印刷复制、音乐产业等新闻出版产业基地（园区）建设,进一步提高产业的规模化、集约化、专业化、整合化水平。

第二,重"量"更应重"质"。

进入 21 世纪后,中国出版业出现了一些并不美好的现象:图书品种急剧上升,平均印数急剧下降;成本持续上升,利润率持续走低;图书发行折扣愈打愈大,图书退货率不断上升;图书库存金额直线上升,资金周转明显放缓;图书贷款结算期愈来愈长,信用问题开始出现。解决上述种种问题背后的不二法门即是出版精品力作,追求高质量,唯有高质量的内容,才能吸引足够的阅读者,才能解决高库存问题。上述观点虽看似理所当然,然而在出版物走向暴增的时代,却是我们逐渐遗忘的产业宗旨。

第三,精选内容、善用科技以实现中国出版物"走出去"。

精选一批能体现中国经典文化的国际出版物,并尽可能缩小文化差异所带来的文化折扣问题,加强中国图书对外推广计划等品牌工程的资助力度和实施范围,积极运用互联网、手机以及各种移动阅读终端构建传播新平台,进一步拓展国际主流营销渠道。此外,扶持一批外向型骨干企业到境外创办出版机构,推动更多中国新闻出版产品进入国际以落实走出去政策。

**五、新闻出版行业发展趋势**

第一,出版产业链的新变革。

数字时代的来临,对于500年来出版产业链上的各环节都起了变革的作用。从原创端、出版端,到最终的接触顾客的零售端皆不得不转变以因应数字时代的冲击而调整自身的定位及营利模式,甚至是跳脱出版产业链,进而延伸产业链价值。

跨越出版门槛限制的自出版即是一个跳脱传统出版产业链的案例。"每个人都是生活的作者。"这是"出书吧"官网上的口号。①"出书吧"提供给普通大众一个发挥自己创意、一圆出版梦的捷径。具体来说,它是一套从约稿、创作、审稿、计算稿费到排版、发布的自动系统,同时可以对海量数字内容进行管理。其实,"出书吧"是一个改变传统出版模式的极端而有点理想化的例子。熟练用户可以进一步发现它在创意方面的优势。但是,自出版仍然需要走传统出版的路数:去网站推销自己的书籍,乃至找人刷评论推荐。进入数字出版时代,出版和传播早已不仅仅是出版社和书店的事情了,生产、传播的门槛都大大降低。传统出版时代,大家更多地是围绕书来赚钱,数字出版时代,媒体也可以拓展咨询服务,增加赢利方式。自出版即是数字时代下的新兴营利模式。

---

① 中国图书出版网:《自出版与出版社的未来》,钱贺进,http://www.bkpcn.com/Web/ArticleShow.aspx? artid=117775&cateid=A24。

除了跳脱传统产业链的自出版外,延伸产业链的"文本改编"亦是出版产业的另一项趋势。郭敬明"小时代"系列作为近年来畅销小说排行榜冠军,又被高价卖出影视改编权,改编的电影首部票房达 5 亿,更是引起了诸多社会话题,不管关注人群吐槽也好,喜欢也罢,都形成了一种"小时代"效应。①如今,出版方越来越钟爱全媒体出版、跨产业运作,在大产业概念中寻找新的定位。对于"小时代",出版社是借势而为,搭上了一列特快列车。大众出版要形成基于内容的产业价值链延伸模式,必须专注于细分市场,形成服务于特定人群的品牌内容资源,通过品牌内容资源的辐射效应,架通不同产业链,这在"小时代"模式中体现得淋漓尽致。电影上映后,"小时代"系列图书短时间内销售了 200 余万册。而盛大网络文学则是另一个阅读品产业链延伸的案例,陈凯歌导演的《搜索》、江苏卫视收视率第一的《裸婚时代》、蝉联收视冠军的湖南卫视开年大戏《小儿难养》等作品自播出后业绩不俗,由赵薇导演的《致我们终将逝去的青春》都出自盛大文学的改编作品。据了解,2012 年盛大文学授权改编的作品达 900 部,正在拍摄或在筹拍的作品有近百部。

由此趋势可见,在数字时代,虽然阅读出版物受到网络及盗版的冲击,然而,从另一角度思考,网络却是让阅读作品树立口碑、延伸产业链的最佳利器。而贩售改编权成了出版业未来的新趋势,惟有改编权是无法盗版的出版核心价值。

第二,书店的转型:卖书到卖体验

随着网络书店、数字出版的蓬勃发展,以及传统书店的人工、租金等经营成本的持续上涨,实体书店步履维艰,生存环境不断恶化,大量传统书店萎缩、倒闭,整个书业遭遇了前所未有的挑战。民营书业将有多方面突破,由单一售书向文化服务转变,开始提供一些延伸服务。②

单一经营图书的模式是过去实体书店的主流模式,这种模式以产品为中心,以此形成管理、服务、营销体系。该模式在渠道、需求单一的情况下可以较好地生存和发展,但在当前互联网和电子商务日益发达的今天,显然是有致命缺陷的,因为读者购书和阅读的需求,已经可以由更具优势的网络书店来满足,或者可以由手持终端来满足。在这种情况下,读者对实体书店的期待就发生了变化,读者到

① 中国图书出版网:《从小时代效应看产业延伸》,http://www. bkpcn. com/Web/ArticleShow. aspx? artid = 117325&cateid = A21。

② 双图出书:《实体书店的转型应围绕读者体验做文章》,http://www. nn77. cn/beijing/2013/27/1009. html。

书店来,不光是为了买书,更是为了享受书店的书香氛围和意境,是为了放松身心和舒缓压力,是为了追求精神层面的满足,到书店看看书、喝喝咖啡,或者买个有创意的小商品,已成为读者的消费时尚。目前,业界发展比较好的书店,都采用了这样的模式,最成功的莫过于诚品书店。2012 年上半年开业的上海新华传媒静安店,也是一个非常成功的例子。再如,贵州的西西弗书店、北京纸老虎文化广场等一批发展比较好的民营书店,虽然在定位、管理等方面各有差异,但都是体验加复合式的经营模式。

第三,聚集效应时代的来临:跨界合作、集团整合、产业园集聚。

根据《中国新闻出版报》报道,中南出版传媒集团股份有限公司于 2013 年 8 月 2 日晚发布公告称,公司与湖南教育电视台签署合作协议,双方拟合资创立湖南教育电视传媒有限公司,作为湖南教育电视台市场营运主体。这次战略合作对于双方而言都有着特殊的意义:中南传媒成为与电视台整体合作的上市公司,湖南教育电视台也因此进入资本市场,并加速制播分离的实现。[①]

除了媒体产业间的跨界融合外,媒体跨产业与金融业的合作模式也是相当值得一提。2013 年 11 月 28 日,中国出版集团公司及旗下中国出版传媒股份有限公司与中国工商银行、交通银行、中国农业银行、中信银行、北京银行在京正式签署战略合作协议。双方将通过银企间的双向战略合作,积极实现互惠互利、共建共赢的合作宗旨,推动企业持续长远发展。根据协议,中国出版集团公司将与中国工商银行建立互为主要伙伴的合作关系,开展境内外结算、现金管理、融资、理财等全方面的合作,将促成并深化企业与金融机构之间的业务合作,迈出集团整合资金资源的一大步。[②]

除了跨集团整合所发挥的聚集效应外,产业园也是发挥聚合效应的方式之一。根据统计,15 家国家新闻出版产业基地(园区)共实现营业收入 777.2 亿元,拥有资产总额 793.6 亿元,实现利润总额 86.8 亿元。其中 9 家国家数字出版基地(园区)共实现营业收入 624.7 亿元,较 2011 年同口径增长 40.2%,占数字出版全部营业收入的 32.3%;实现利润总额 85.1 亿元,同口径增长 12.2%。上海张江国家数字出版基地、广东国家数字出版基地和江苏国家数字出版产业基地营

---

① 中国新闻出版报:《出版企业跨界联姻广电媒体》,http://www.chuban.cc/yw/201308/t20130807_144027.html。

② 中国新闻出版报:《中国出版集团与五大银行开展战略合作》,http://www.chuban.cc/yw/201312/t20131202_150701.html。

业收入超过 100 亿元。①

从上述几项集团整合与聚集效应的报道及统计数据中可以看出新闻出版产业逐渐走向产业跨界、集团整合等以聚集为主打的发展趋势。

第四,社会化阅读时代的来临。

随着移动互联网的不断发展、社交网络的日渐成熟以及个性化推荐技术的快速提升,以读者为核心,强调分享、互动、传播、社交和可移动的全新阅读模式——社会化阅读逐渐兴起。社会化阅读成为以社会化为前提、以阅读为基础、以用户为核心的全新阅读模式。其中社会化就是强调互动与分享,即阅读内容由互动而来,传播行为因互动而生,不同个体与群体之间在技术手段支持下形成多层次互动阅读,而这一切又都是以用户阅读体验为核心的。基于以上认知,社会化阅读可以从阅读方式、用户体验、阅读结果以及技术支持几个方面来认识和理解:一是从阅读方式来看,社会化阅读是一种互动式、分享式阅读。二是从用户体验来看,社会化阅读是一种主动式、个性化阅读。不同于传统的阅读是一种被动式阅读,用户只能"出版什么买什么""有什么读什么",书与内容成为阅读的核心与主体。三是从阅读结果来看,社会化阅读是一种关系式、信任型阅读。一方面,社会化阅读产品具有共同消费性。另一方面,通过用户行为,社会化阅读会导致一种以关系为基础、以信任为前提的全新的"社交图谱"的建立。四是从技术层面来看,社会化阅读是一种智能化、跨平台阅读。大数据时代,云计算正从云端落地,用户的任何行为,都能够被挖掘与分析,这种技术可以为用户提供智能化的阅读体验。

基于上述四点,我们可以发现目前中国出版业中的豆瓣阅读的成功就是社会化阅读最好的例证。而京东、当当以及亚马逊也透过社会化阅读的模式来推荐其书籍,透过社会化阅读将读者的喜好进行分类与推荐,让读者能在茫茫书海中找到所需求的书籍。另一方面,网络书商也以此作为其营销手段,让读者无意间添购更多书籍。

---

① 新华网:《数字出版收入在全行业占比继续提升》,http://news.xinhuanet.com/newmedia/2013-07/10/c_124984198.htm? prolongation=1。

# 电影产业年度发展报告

田文聪*

2013 年是中国电影产业化改革的第十一年。2002 年 11 月,中共十六大召开,电影业进入了产业化改革的新阶段。一系列促进电影产业化发展的政策法规颁布,激活了整个电影产业,2010 年总票房达到了 101 亿元。而将这个数字翻倍,仅用了不到 3 年时间,2013 年中国的电影有了突破性的发展,在票房上首次冲破 200 亿元大关,全年更以高达 217.69 亿元的票房收官,其中,国产影片票房收入 127.67 亿元,进口影片票房收入 90.02 亿元,国产影片票房以 58% 的比例反超进口影片票房。如果以十年为一个阶段,2013 年是电影产业化改革第二个十年的出发点,这个出发点在票房上是个良好的开局。除票房之外,2013 年院线和银幕增长势头更加强劲,电影类型尝试增多,更加多元化,发行营销也与新媒体更加紧密结合,二、三线甚至四线城市成为助推国产影片的主力。但是纵观整个电影产业,其结构、投融资、制作、发行、院线上映等方面仍然需要不断调整,亟待成熟和完善。

## 一、2013 年电影行业政策分析

在国家大力发展文化产业的背景下,减少文化产业内部以及与相关产业之间条块分割,提高产业效率,降低产业成本成为 2013 年电影行业政策的核心。根据这一核心要点,2013 年 3 月 18 日,根据国务院机构改革和职能转变方案,撤销新闻出版总署、广电总局,组建国家新闻出版广播电影电视总局(随后更名为"国家新闻出版广电总局")。5 月初召开的国务院常务会议决定,自 8 月 1 日起,开始实施《关于在全国开展交通运输业和部分现代服务业营业税改征增值税试点税收政策的通知》,交通运输业和部分现代服务业"营改增"(营业税改增值税)试点将

---

* 作者系北京大学艺术学院艺术管理与文化产业专业硕士研究生。

在全国范围内推开,广播影视作品的制作、播映、发行等纳入试点。7 月 17 日,《国家新闻出版广电总局主要职责内设机构和人员编制规定》正式下发,对电影剧本的审查放宽。年度政策要点,可概括如下:

第一,弱化文化产业条块分割问题,促进综合性文化集团出现。

2013 年 3 月 18 日,国家将原来的"国家新闻出版总署"和"国家广播电影电视总局"撤销,成立新的国务院直属的"国家新闻出版广播电影电视总局",职能的强化和统一将加快文化产业的整体发展。两部委的整合,预示着文化领域的行业分割问题将显著弱化,原先图书、报纸、有线、影视等行业将逐步实现统一监管,有利于减少职责交叉,提高管理效率,有利于统筹新闻出版广播影视资源,促进新闻出版广播影视业繁荣发展;行业的相互渗透增加,传媒公司业务将实现多元化,有利于新闻出版广播影视业做大做强,增强文化整体实力和竞争力。综合性跨行业的文化集团或将出现,有利于加快构建现代传播体系,提高文化传播能力。

第二,加强两岸合作,台湾片不受进口影片配额限制。

2013 年 1 月 17 日,国家广电总局在其网站上正式公布了《关于加强海峡两岸电影合作管理的现行办法》,具体内容与 2012 年 12 月颁布的版本没有出入。《先行办法》中对台湾影片做了明确界定:根据台湾有关条例设立或建立的制片单位所拍摄的,拥有 50% 以上影片著作权的华语影片。该影片主要工作人员组别中台湾居民应占组别整体员工数的 50% 以上。其中最值得注意的是,《现行办法》规定取得《电影片公映许可证》的台湾影片,作为进口影片在大陆发行,不受进口影片配额限制;对于大陆与台湾的合拍片,电影底片、样片的冲印及后期制作,可不受特殊技术要求限制,在台湾完成,并在大陆发行方面,享受国产影片相关待遇;台商投资者在大陆投资改建影院,参照《外商投资电影院暂行规定》。这一政策明确了台湾电影引进、合拍的规范标准与优惠条件,未来台湾与大陆的电影交流与合作将得到进一步加强,有利于共同促进两岸影视文化产业繁荣。

表 1　2013 大陆上映台湾影片　　　　　　　(单位:万元)

| 排名 | 影片名称 | 主类型 | 年度票房(万) | 平均票价 | 场均人次 | 影片制式 | 上映日期 |
|---|---|---|---|---|---|---|---|
| 1 | 5 月天诺亚方舟 | 歌舞 | 2083 | 40 | 11 | 3D | 2013-09-19 |
| 2 | 王牌情敌 | 喜剧 | 1167 | 30 | 6 | 数字 | 2013-06-04 |
| 3 | 心战 | 惊悚 | 1058 | 31 | 6 | 数字 | 2013-10-03 |

（续表）

| 排名 | 影片名称 | 主类型 | 年度票房（万） | 平均票价 | 场均人次 | 影片制式 | 上映日期 |
|---|---|---|---|---|---|---|---|
| 4 | 骇战 | 科幻 | 300 | 32 | 3 | 数字 | 2013-03-14 |
| 5 | 百家乐翻天 | 喜剧 | 265 | 29 | 4 | 数字 | 2013-04-28 |
| 6 | 变身超人 | 喜剧 | 237 | 29 | 3 | 数字 | 2013-04-19 |
| 7 | 犀利人妻 | 爱情喜剧 | 205 | 32 | 4 | 数字 | 2012-12-31 |
| 8 | 大野狼和小绵羊的爱情 | 爱情 | 80 | 28 | 2 | 数字 | 2013-04-28 |
| 9 | 宝米恰恰 | 爱情喜剧 | 44 | 28 | 2 | 数字 | 2013-01-10 |

数据来源：艺恩咨询。

第三，国家电影事业发展专项资金管理委员会继续加强对电影技术扶持的力度。

2012年11月22日，国家电影事业发展专项资金管理委员会发布《关于对国产高新技术格式影片创作生产进行补贴的通知》，旨在鼓励拍摄高新技术格式的影片，《通知》中规定对进入市场发行放映的国产高新技术格式影片，按影片票房收入分档对影片版权方进行奖励。其中，票房达到5亿元（含）以上的可获得1000万元的最高奖励。2013年12月15日，国家电影事业发展专项资金管理委员会又出台了《关于对国产高新技术格式影片补贴的补充通知》（以下简称《补充通知》），补充了新的补贴细则，原补贴标准不变，将按照区间增加补贴金额，票房在5000万元（含）至亿元、在1亿元（含）至3亿元、在3亿元（含）至5亿元这三个区间内的影片，随着票房具体增长数额的不同，相应地增加不同的金额。这一《补充通知》鼓励国产影片拍摄3D和巨幕版本，有利于促进我国电影3D和巨幕技术的进一步发展。

第四，广播影视作品的制作、播映、发行等纳入营业税改征增值税试点。

2013年5月24日，财政部、国家税务总局印发《交通运输业和部分现代服务业营业税改征增值税试点实施办法》，自2013年8月1日起，交通运输业和部分现代服务业"营改增"（营业税改增值税）试点将在全国范围内推开，广播影视作品的制作、播映、发行等纳入试点。转让电影版权免征增值税这一减税降负优惠政策的出台，在一定程度上解决了过去一年来电影市场中各类企业因成本飙升过快造成的利益争端，鼓励了国内片方对于国产电影的创作热情，为其保证了一定的利润空间。然而,虽然电影版权是电影企业的核心资产,但目前国内电影转让版权尚未形成一定规模,所以此项税收优惠政策给电影产业带来的实惠并不多。营改增实行以来,除去部分环节自身盈利环节的改变之外,此政策对整个电影产业的利好影响并未凸显。①

第五,重新明确"取消一般题材电影剧本审查,实行梗概公示"的规定。

2013 年 7 月 17 日,《国家新闻出版广电总局主要职责内设机构和人员编制规定》正式下发。其中"取消一般题材电影剧本审查,实行梗概公示"及"明确取消书号总量调控"两项备受关注。此次文件中涉及的"取消一般题材电影剧本审查"并不是对审查制度的放宽,"取消一般题材电影剧本审查,实行梗概公示"的规定,其实在 2006 年就已实施,此次是重新明确。此外,根据 2006 年的管理规定,"非一般题材"电影指重大革命和重大历史题材影片、重大文献纪录影片、中外合作摄制影片;拍摄这些影片,均需报送剧本立项审查,按照广电总局相关管理规定办理。

## 二、2013 年度电影投融资状况分析

由于 2012 年底上映的《人在囧途之泰囧》一举创下 12.6 亿元的最高票房纪录,2013 年影视投资热开始急速升温,投资主体继续丰富,投资策略和产品更趋合理,中小成本影片频现。影视企业并购异常活跃,资本整合密度高。在传统投融资渠道外,众筹等新出现的方式引起关注,而金融机构也进一步推进模式探索。

第一,影视企业并购频繁,资本整合密度高,国有资本首次进军影视行业。

延续 2012 年趋势,2013 年电影的资本运作依然活跃。尤其引人关注的是影视企业并购潮风起云涌,资本整合案例高密度出现。多项收购、并购行为都极其具有影响力,如华策影视 16.52 亿收购上海克顿文化传媒有限公司以完善其产业链;乐视网 15.98 亿同时收购花儿影视文化有限公司和乐视新媒体文化(天津)有限公司,此举使乐视既加强了上游电影和电视版权生产资源的控制又将影视剧网络版权交易纳入麾下;光线传媒 8.3 亿入股新丽传媒股份有限公司,光线传媒以此加强在电视剧领域的战略布局,进一步完善产业布局;华谊兄弟 6.7 亿并购广州银汉科技,这是今年内最具产业整合的并购,并购游戏公司是传媒公司延伸产业链、打造综合性传媒集团的一个重要方式。影视企业产业内部以及跨产业的并购、整合和融合是企业获得融资、完善产业链和增强优势的有效方式,在未来三到

---

① 艺恩网:《政策解读:电影不痛不痒,卫视干净利落》,http://news.entgroup.cn/c/0418786_3.shtml。

五年内电影产业的并购之路仍将延续并获得进一步发展。

以上影视行业资本并购重组案例频发,大多数都是民营资本在活跃,但在2013年底,影视行业出现新趋势,国有资本首次注入影视行业。2013年12月18日,曾投资拍摄并成功运作《画皮》《锦衣卫》《叶问1》系列等多部大片的原盛世华锐电影投资管理有限公司在北京举行更名仪式,正式宣布由北京市国资公司注资,在原有基础上组建了国盛影业(北京)有限公司。这一举措正式宣告国有资本进军影视文化产业的产业格局开始形成。北京市国资公司是经北京市人民政府授权的、专门从事资本运营的大型国有投资公司。目前,国资公司旗下拥有北奥集团、鸟巢、水立方、莱锦文化产业园等文体企业。国盛影业正是国资公司在文化产业的最新布局。今后几年中,国盛影业将发展为由投资制片公司、宣传发行公司、后期制作公司、票务公司、演艺经纪公司和院线管理公司构成完善产业链形式的大型影视娱乐传媒集团。十八届三中全会提出积极发展混合所有制经济,作为国有资本与民营资本相结合的典范,国盛影业兼具国企的实力和民企的活力,有望成为中国影视行业的一匹黑马。这一改变为电影产业的投融资增加了又一重要的主体,也预示着产业格局变革的开始。①

第二,新型投融资方式引关注,电影行业挖掘多元收益渠道。

在合拍影片、风险投资(VC)或私募股权投资(PE)、运用版权从银行等金融机构贷款、版权预售、银行授信贷款等传统的电影投融资渠道之外,众筹模式在今年也引起了关注。动画电影《大鱼海棠》通过众筹融资近160万元,动漫电影《十万个冷笑话》募资超过137万元,《快乐男声》主题电影在20天内成功在众筹网上筹得501万元,创中国电影众筹融资金额纪录,且业内人士表示,此次众筹网与天娱传媒的跨领域合作是国内互联网金融与商业娱乐的一次成功跨界联姻,说明电影产业可以利用传统生态领域中已建立的粉丝基础,尝试多样化的融资模式。电影众筹对于正在起步阶段的小型电影公司来说,也许是一种能为电影募集资金的有效途径,然而对于大型的传媒企业、影视公司来说,众筹的目的主要是为了做营销宣传和市场调研。所以众筹模式并不能给中国电影产业带来巨大的影响。

截至2013年8月,国内定位于影视投资的私募股权基金共有25支,目标规模更是高达322.81亿元。与业内外高涨的影视投资热形成鲜明对比的是,在每年数百部的国产电影中只有10%的影片赚钱。相对于传统影视产业中先融资,

---

① 艺恩网:《国有资产进军影视行业 产业格局启动变革》,http://news.entgroup.cn/movie/1918967.shtml。

再拍摄,最后卖版权或卖广告收回投资,今年许多电影制片商在制片阶段挖掘多元收益渠道,减少甚至摆脱对票房的依赖,在上映之前就收回投资,甚至这一阶段的收益可以直接用于电影的拍摄投资。[1] 电影《大旗家族》,利用"衍生品授权先行"的投资模式,使目前处于筹备阶段的该片已开始实现盈利。《私人订制》上映之前便有媒体传出,影片已凭借多种方式收回成本。其中有一项便是综艺冠名权,具体而言,是将片名授权给北京卫视来打造一档同名大型季播电视真人秀栏目。除去4500万元的冠名费之外,华谊兄弟还将参与节目收益分成,有望将《私人订制》打造成为一个长期获益项目。备受关注的3D巨制《狄仁杰之神都龙王》上映当天,华谊兄弟与品啦3D造像强强联合,推出的剧中主演人物3D人像也在华谊兄弟淘宝网与品啦造像官网同步发售,与影片同步推出电影衍生品,这是华谊兄弟为深层次挖掘电影产品的市场价值所进行的一次探索。

第三,金融机构探索新道路、新模式。

银行无疑是近几年来缓解电影融资困难的突出因素。据了解,南京银行投放贷款近7000万元,成为电影《小时代》后期发行、宣传过程中唯一的一家合作银行;国家开发银行与云南广电网络集团、云南文投集团、云南报业传媒集团公司分别签署银企合作实质性贷款协议,贷款金额39.2亿元,意向性贷款协议5亿元;截至上半年末,中国工商银行文化产业贷款余额达1170亿元,较年初增长139亿元,增幅达13.47%。[2] 出于风险控制的考虑,商业银行目前在电影方面仍以信贷类业务为主,但通过近两年的摸索,影视类信贷项目已经从传统的抵押贷款向担保贷款、信用贷款转型,并从聚焦单片变为立足企业整体发展。以民生银行为例,其重点支持的博纳影业、太合传媒、欢瑞世纪等国内影视企业在2013年陆续公映了《一场风花雪月的事》《非常幸运》《逃出生天》《扫毒》《奥林匹斯的陷落》《偏执》《少年四大名捕》等影视剧,吴宇森执导的《太平轮》和张艺谋执导的《归来》也已开机。这其中多个项目都采取了带有担保的信用贷款模式。采用这种模式的原因是影视企业有形资产较少,传统的抵押贷款不仅会限制融资规模,而且会大大缩小客户群范畴。在传统银行的实践之后,银行对电影产业的投资转向投行化思路是必然的发展方向。商业银行在电影投资方面积极拓展股权投资类项目,这类项目的基本取向有三类:其一为顶级导演、主创所制作的"超级大片",票房有相对保障;其二是国外进口"大片",每年占据中国票房市场50%以上的进口片

---

① 艺恩网:《衍生品先行 改变影视投资"十投九输"》,http://news.entgroup.cn/others/0618818.shtml。

② 产经新闻网:《影视产业融资难亟须破解》,http://www.cien.com.cn/html/Home/report/87823-1.htm。

亏损案例较少；其三是投资 1000 万以下的小制作电影，平均每位投资者的投资额控制在 100 万左右，这对私人银行客户而言，金额相对较少，不超过其风险承担能力。在还款模式上，也有银行开始尝试普通还款加票房分成的形式。在这种模式下，银行为企业提供相对较低的贷款利率，但要求企业在票房收回成本后，盈利的部分同银行进行分成。也就是说，银行的票房分成仅针对盈利部分，且比例相较其所提供的融资比例要低很多，目前有少量影视企业在试探性地接受类似的融资项目。①

### 三、2013 年度电影制片状况分析

2013 年，全年共计生产故事影片 638 部，比 2012 年减少 107 部。根据国家新闻出版广电总局电影局公布的 2013 年电影市场数据，内地上映的电影数量为 305 部，全国总票房 217.69 亿元，同比增长 27.51%，其中国产影片票房 127.67 亿元，占比 58.65%，同比增长 54.32%，在 60 部票房过亿元的电影中，国产电影为 33 部。国产片年度票房一扫 2012 年的阴霾，再次超过进口片。

单位:亿元

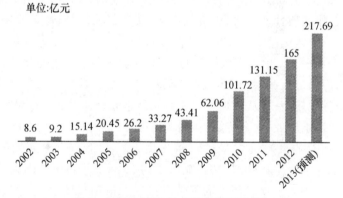

**图 1　2002—2013 年内地电影票房收入**

数据来源:国家新闻出版广电总局。

第一，国产片突围进口片，强势爆发。

2012 年是中美新政实施的首年，进口分账片配额增至 34 部，2012 年上映的国产片数量占比为 75%，但票房占比只有 48%，为院线制改革以来国产片票房占比首次低于 50%。2013 年，在国产故事片相较去年减少 107 部的情况下，票房却

---

① 21 世纪经济报道:《商业银行影视投融资演进:投行化道路浅尝股权投资模式》,http://finance.21cbh.com/2013/9-23/yNNTg5Xzc4MTIyNg.html。

实现大幅度增长,占总票房的 58.65%,同比增长 54.32%,远远超过总票房增长的 27.51%,扭转了 2013 年的颓势,再次超过进口片。票房排名前十的影片中,有七部影片。而且据数据显示,2013 年的票房冠军《西游降魔篇》累积收入 12.46亿元,比位居亚军的《钢铁侠 3》报收的 7.5 亿票房多出近 5 亿,而《北京遇上西雅图》《致青春》《中国合伙人》《小时代》《狄仁杰之神都龙王》《私人订制》等国产片强势爆发,最终共有 33 部国产片票房过亿,成就了全年国产片的高票房佳绩。

表 2　2013 年票房收入前 10 名国产影片　　　　（单位:万元）

| 排名 | 国产片 | 票房收入 |
| --- | --- | --- |
| 1 | 西游降魔篇 | 124604 |
| 2 | 致我们终将逝去的青春 | 70451 |
| 3 | 狄仁杰之神都龙王 | 60220 |
| 4 | 私人订制 | 58929 |
| 5 | 中国合伙人 | 53926 |
| 6 | 北京遇上西雅图 | 51967 |
| 7 | 小时代 | 48810 |
| 8 | 警察故事 2013 | 34538 |
| 9 | 风暴 | 30913 |
| 10 | 天机——富春山居图 | 30034 |

表 3　2013 年票房收入前 10 名进口影片　　　　（单位:万元）

| 排名 | 进口片 | 票房收入 |
| --- | --- | --- |
| 1 | 钢铁侠 3 | 76844 |
| 2 | 环太平洋 | 69583 |
| 3 | 地心引力 | 43633 |
| 4 | 速度与激情 6 | 41385 |
| 5 | 疯狂原始人 | 39488 |
| 6 | 超人:钢铁之躯 | 39464 |
| 7 | 007:天幕杀机 | 37678 |
| 8 | 星际迷航:暗黑无界 | 35390 |
| 9 | 侏罗纪公园 | 34896 |
| 10 | 雷神 2:黑暗世界 | 34350 |

数据来源:国家新闻出版广播电影电视总局。

由今年的国产片票房和类型可以看出,中国电影市场的规模在不断扩大,创作能力有了一定程度的提高,但是并未有质的飞跃,但是电影的类型有了新的拓展。2013 年是中小成本电影井喷年,除数量众多之外,博得大回报的也不在少数，《北京遇上西雅图》共上映 46 天，最终以不到 3000 万元投资获得超 5 亿元票房，投入产出比 1∶17.9，成为以小搏大的赢家，好口碑是它成功的关键；由郭敬明执导的《小时代》上映 29 天，虽后劲略显不足，票房终超 4.6 亿元，而《小时代》和《小时代 2》两部影片投资总额总共才 4700 万。中国电影大片独霸江湖的时代日渐式微，中小成本投资的电影慢慢浮出水面并占据电影市场，也成为 70、80 导演们的创作的主场；从市场角度来看，随着中小成本投资电影的增多，或许未来会有更多"以小搏大"的惊喜。中小成本的电影，如《致我们终将逝去的青春》《中国合伙人》和《北京遇上西雅图》用其实际票房收入证明只有大片才能赢得高票房已经不再颠扑不破。但是，票房和口碑不相称的现象也凸显出来，"高票房、烂口碑"应当引起业内人士的关注。

第二，类型电影频获胜，大片与话题性影片共存，电影市场更加成熟。

在票房增长的同时，2013 年中国电影也出现了新特点、新趋势。从 2013 年电影票房收入前 10 名的国产影片类型来看，青春题材电影占据了前 10 位中的 3 席，《致我们终将逝去的青春》《北京遇上西雅图》《中国合伙人》等电影在取得优异票房成绩的同时也吸引了公众极大的关注。而且，这三部电影票房之和超过 17 亿元，成本却只有 1.7 亿元。这表明，随着中国电影市场的逐渐成熟，观众已经不会再一味追求投资规模和导演、明星阵容，反而会更加关注题材、情节等电影本体的元素。电影类型的丰富以及中小成本电影的成功都标志着中国电影产业化渐趋成熟。纵观全年，票房热度和观影潮流基本靠国产大片和具有话题效应的中等成本、现实题材国产影片带动。《一代宗师》《西游降魔篇》及 9 月底上映的《狄仁杰之神都龙王》，在电影叙事、工业水准等方面集中体现了国产影片的最高水准，对产业资源的整合、潜在市场的开掘和对整个行业的示范作用都不容小觑。另一方面，一批具有社会话题效应的中等成本、现实题材国产影片也在市场上制造了一个又一个兴奋点。这其中，《北京遇上西雅图》《致我们终将逝去的青春》《中国合伙人》等影片表现尤为突出，较高的影片质量和巨大的话题效应不仅带动了票房的走高，也使国产电影的品牌效应得到进一步巩固，有效增强了观众与优质国产影片的观影黏度，为提升未来一个时期国产影片在市场上的号召力打下了基础。① 然而，在票房突飞猛进的情况下，也出现了好票房烂口碑的影片，其票房收入依靠强大的明星阵容、话题和营销，但在电影的立足点——内容和质量上

---

① 人民网：《中国电影走向主动升级（深聚焦）》，http://www.people.com.cn/24hour/n/2013/1024/c25408-23307199.html。

却并未达标,此类影片会透支观众信心,不利于中国电影产业的良性发展。在市场规模不断扩大、成熟的情况下,重视影片内容,为观众提供更多既悦目又赏心的影片是完善电影产业链条中最根本的一环。

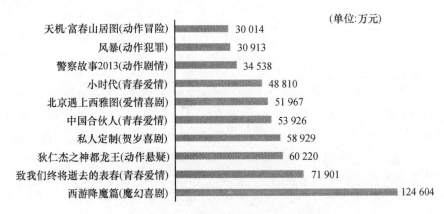

(单位:万元)

**图 2　2013 年票房收入前 10 名国产影片**

数据来源:国家新闻出版广播电影电视总局、时光网。

第三,合拍片:类型国家更加多元化,特供合拍片首次出现。

中国对进口影片配额有数量限制,而且分账比例有限,合拍片成为国际制片走向中国市场的重要方式。2013 年,香港和内地的合拍片在质量上比去年整体有所提高,也打开了新局面,由年初王家卫"多年磨一剑"的《一代宗师》到《毒战》《盲探》再到年底的《扫毒》《风暴》等,无不体现了这一点。《一代宗师》取得了接近 2.9 亿票房的好成绩,也代表香港地区参加了奥斯卡最佳外语片的角逐,并入围前九名。《毒战》《盲探》《扫毒》和《风暴》也赢得了不错的口碑和票房,其中《风暴》还以 3 亿元的票房成绩跻身 2013 年国产影片前十名之列。

此外,内地与好莱坞之间的合作、协拍、合拍,也呈现出不错的势头,如 7 月上映的《太极侠》是环球实现的真正的"中美合拍",以及 2013 年五一档上映的《钢铁侠 3》,虽非严格意义上的合拍片,但也是一部 DMG 公司与好莱坞合作的 A 级科幻动作大片,而且此片还开辟了"特供片"的先河,专门为中国电影观众拍摄一版有中国演员参与的版本,这反映了好莱坞对中国电影市场的重视,但是合拍片应该在双方平等互利的基础上进行拍摄,中方在影片的剧情、制作、市场营销等方面都能够发挥与好莱坞方面平等互补的作用,让中国文化无形融入电影,而非强行将中国演员硬塞入电影之中。

2013 年 11 月 5 日韩国电影振兴委员会海外部北京代表处举办了中韩合拍片

项目洽谈会及发布会。October Cinema、Dorothy Cinema、MONEFF、K-Dragon Picture、KODFIZ 等韩国知名电影制作公司代表与万达影视、恒大影视、宇乐乐文化传媒、中博传媒、华盛天骏文化传媒、华荣兄弟影视、云南电影集团等中国电影制作公司代表就 6 个新片项目进行了合作洽谈。推进中韩电影产业合作是目前韩国电影振兴委员会的主要海外事业。由此为起点，中韩合拍片将会获得更加长足的发展。

第四，影片类型丰富，跨界频现。

2013 年中国国产影片在题材类型上开拓了新的疆土。影片类型的日益丰富为电影观众提供了更多选择。"青春"是今年上半年最受重视的关键词，《致我们终将逝去的青春》的上映引发了观众怀念"青春"的热潮，而之后的《中国合伙人》和《小时代》等高票房影片的连续出现使"青春片"成为一个类型，而且其在市场上的接受度和观影黏度越来越高。与此同时，几年前由《失恋 33 天》开创的爱情喜剧也继续在今年呈现出活力，第三季度的《被偷走的那五年》《非常幸运》等影片均获得了市场的认可。另外，一批此前在中国电影市场上罕有的新类型片也陆续出现，并且收获了较好口碑，有的甚至"以小搏大"，成为电影市场的"黑马"。这其中，包括表现拳手擂台生涯的影片《激战》、充满悬念的庭审题材影片《全民目击》、表现消防英雄的灾难片《逃出生天》、以抗日战争为背景的动作片《金刚王》等。[①] 这些电影新类型的出现得益于新一代青年编剧、导演的崭露头角，无论是赵薇还是郭敬明，其新的视角和思考方式无疑为其影片增加了强烈的个人风格。

今年电影业"跨界"现象频现。一些行业外的人士也开始进行电影创作，无论是郭敬明的《小时代》，还是韩寒的《一座城池》，在粉丝效应的支持下，都收获了不菲票房，中国电影人以出版业为基础，为电影寻到了一个突破口。电影产业与音乐产业的结合也非常引人注目，无论是取得台湾在内地上映影片票房第一的五月天的音乐《诺亚方舟》，还是崔健的 3D 音乐电影《超越那一天》，以及以音乐选秀节目《中国好声音》《快乐男声》为基础拍摄的电影，都显示出电影跨行业的新尝试。

### 四、2013 年电影院线、发行状况分析

2013 年中国电影票房实现突破性增长，第一次攻破 200 亿大关。电影市场

---

① 人民网：《中国电影走向主动升级（深聚焦）》，http://www.people.com.cn/24hour/n/2013/1024/c25408-23307199.html。

的繁荣有两个标志,一个是票房,一个是银幕数。显然 2013 年中国的影院扩张之势继续蔓延,银幕数量激增,农村放映工程继续推进并实现长足发展。然而,银幕数的增长高过票房的增幅,不少院线面临着亏损的难题。院线建设也需有规划。

(一)院线建设

2012 年影院投资趋于冷静,但是 2013 年院线增长之势仍旧蔓延。万达、上海联合、中影星美继续保持前三甲地位,中影数字院线(北京)首次跻身票房收入前十名。万达院线依旧占据着院线票房榜首的位置,票房为 31.61 亿元,占全国 15% 的份额。单馆方面,全国前 20 大影院总票房近 13 亿元,占据了全年票房的 6%。其中,深圳嘉禾是唯一一家连续八年保持在前三甲的影城,北京成龙耀莱影院是 2013 年影院票房冠军,年票房数目为 9205 万元,上座率高达 30%,是当前市场上座率平均值的两倍,这家影院也被看做我国首家单馆票房破亿的"潜力股票"。① 2013 年,广东省继续保持着全国头号"票仓"的地位,以 296886 万元的票房位列全国票房第一地区,比去年增长 25%,低于 2012 年 27% 的增速。尽管新影院的增速并未放缓,但一线城市已经相对饱和,主要增长在二、三线城市。

表 4  2013 年票房收入前 10 名电影院线公司

| 排名 | 院线名称 | 票房收入(万元) |
| --- | --- | --- |
| 1 | 万达电影院线股份有限公司 | 316149 |
| 2 | 上海联合电影院线有限责任公司 | 188261 |
| 3 | 中影星美电影院线有限公司 | 183824 |
| 4 | 广东大地电影院线有限公司 | 159035 |
| 5 | 深圳中影南方新干线有限责任公司 | 154341 |
| 6 | 广州金逸珠江电影院线有限公司 | 154136 |
| 7 | 浙江时代电影大世界有限公司 | 90637 |
| 8 | 北京新影联影业有限责任公司 | 87559 |
| 9 | 浙江横店电影院线公司 | 77805 |
| 10 | 中影数字院线(北京)有限公司 | 75029 |

数据来源:国家新闻出版广电总局。

---

① 新华网:《票房跟不上银幕增速,不少影院徘徊亏损线》,http://news.xinhuanet.com/fortune/2014-01/16/c_126012769.htm。

表5　2013年票房收入前10名地区

| 排名 | 地区 | 票房收入(万元) |
|---|---|---|
| 1 | 广东 | 296886 |
| 2 | 江苏 | 202054 |
| 3 | 北京 | 186041 |
| 4 | 浙江 | 180368 |
| 5 | 上海 | 157877 |
| 6 | 四川 | 113566 |
| 7 | 湖北 | 107472 |
| 8 | 辽宁 | 82793 |
| 9 | 山东 | 75538 |
| 10 | 福建 | 72013 |

数据来源:国家新闻出版广电总局。

表6　2013年票房收入前10名电影院

| 排名 | 影院名称 | 票房收入(万元) |
|---|---|---|
| 1 | 北京耀莱成龙国际影城 | 9205 |
| 2 | 深圳嘉禾影城 | 7336 |
| 3 | 首都华融电影院 | 7296 |
| 4 | 上海永华PIC电影城 | 7030 |
| 5 | 江苏蓝海——南京新街口影城 | 6928 |
| 6 | 上海万达国际电影城五角场店 | 6825 |
| 7 | 北京UME国际影城双井店 | 6775 |
| 8 | 北京UME华星国际影城 | 6457 |
| 9 | 广州万达影城白云店 | 6368 |
| 10 | 北京金逸影城(朝阳大悦城店) | 6085 |

数据来源:国家新闻出版广电总局。

2013年院线建设主要集中在二、三线甚至县级城市,从票房增长速度来看,前十名的城市增长速度基本在20%左右徘徊,而二、三线城市票房增长迅速,部分三、四线城市甚至达到了十倍、百倍的增长。截至2013年12月31日,全国农村建立数字电影院线295条(含公益和商业院线),同比新增8条;交易服务平台上已开通订购权限的院线有288家,同比新增8家;地面卫星接收中心站206个,同比新增2个;在电影数字中心注册登记的数字电影播放服务器58170套,同比新增3781套。从目前来看,农村数字院线数量基本饱和,订购场次也难有大的突破,各家院线在放映模式上面临转型升级,必须采取市场化经营来谋取更大的发展。

（单位：块）

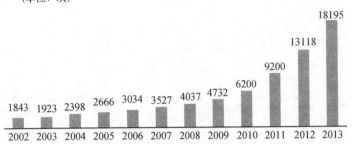

**图 3　2002—2013 年全国银幕数**

数据来源：国家新闻出版广电总局。

2003—2012 年间，我国银幕数量平均增长率达到 22.44%，其中 2011 年达到 48.43%，2012 年略有下降，但仍在 40% 以上。2013 年增长率继续下降至不到 39%，但是新增银幕绝对数量还是达到历年最高点，为 5077 块，平均每天新增 13.9 块。全国银幕总数达到 18195 块，是 2002 年启动产业化改革前的近 10 倍。最快的增长发生在二、三线城市，而且由于县级影院建设加快，银幕数量增长迅速，新兴市场在全国市场格局中所占的份额也越来越高。据了解，专攻二、三线市场的大地院线，拥有近千张银幕，票房收入为 15.9 亿元，较 2012 年增长 4.8 亿元，涨幅超过 40%，远高于全国平均水平，2013 年位列全国院线第四位。

影院数和银幕数持续快速增长，场均观影人次和上座率却持续下降，根据媒体报道，2013 年全国电影院平均上座率仅 15%。从电影局提供的数据简单推算，2012 年的场均人次为 22.42，而 2013 年场均人次下降到 21.26，下降比例为 5%。上座率的下降直接导致的结果是：去年银幕数增幅达到 38%，票房增幅则只有 27%。这种情况导致影院之间的竞争加剧，在一些二、三线城市甚至出现了恶性的价格竞争。解决这个困境需要各方的共同努力：电影制作端需要提供更加优质的内容吸引更多的观众；电影市场系统也需探索更加合理的方式，改变几百家电影院同时上映同一部电影的状况；影院应考虑当地的消费水平，应避免恶性竞争，提高营销能力和服务水平，在权限范围内进行差异化排片。各方共同推动居民形成观影习惯、培养大规模固定忠诚的观影人群才能保证电影产业的良性发展。

表7　2008—2013年中国影院银幕数及票房增长

| 年份 | 银幕数<br>（块） | 银幕数增幅 | 年度票房<br>（亿元） | 票房增幅 |
|------|------|------|------|------|
| 2008 | 4097 | 16% | 38.84 | 30% |
| 2009 | 4723 | 15% | 60.19 | 43% |
| 2010 | 6256 | 32% | 101.72 | 64% |
| 2011 | 9286 | 48% | 131.15 | 29% |
| 2012 | 13118 | 41% | 170.73 | 30% |
| 2013 | 18195 | 39% | 217.69 | 28% |

数据来源:时光网。

（二）发行

第一,电影市场形成三足鼎立局面,华谊兄弟年度第一。

2013年,华谊兄弟、光线传媒和乐视影业三家公司总计贡献票房63.3亿元,占全国总票房约54%,牢牢占据前三甲的位置。其中,华谊兄弟地位稳固,再夺话语电影年度第一,光线传媒紧随其后,乐视影业则是异军突起,后来居上。国内电影市场三足鼎立格局基本形成。[1]

2013年初华谊兄弟制作发行的《西游降魔篇》收入票房12.46亿元,一举拿下2013年度全国票房冠军,年中的《狄仁杰之神都龙王》不仅赢得好口碑,更加斩获6亿多票房,加上年终倍加关注的《私人定制》自12月19日全国公映以来截至12月29日24:00,累计票房突破5.37亿元,此外,还有《大明猩》《忠烈杨家将》《控制》等影片,华谊兄弟2013年出品影片总票房超过30亿元。近年来,华谊电影一直占据国产电影票房20%～30%份额,公司2013年以来票房累计实现30亿元,远远超出去年全年21亿元的票房成绩,增幅达到45%,在国内同行中遥遥领先,继续蝉联华语电影市场年度票房总冠军。

2013年光线影业制作与发行电影累计总票房达23.3亿元,较上年增长46%,占2013年国产片总票房的19%。2013年光线影业制作与发行的电影中,爱情片以65%的份额占据了公司总票房的半壁江山,两部喜剧片也贡献出了近24%的力量。《致青春》《中国合伙人》分别以7.17亿元、5.38亿元的票房占据2013年度国产片票房排行的第三和第七的位置,《厨子、戏子、痞子》也斩获2.7亿元票房。2013年光线的总票房较上年的票房虽然有所增长,但是这种增幅较全年国产票房整体的涨幅而言幅度较小。2013年光线电影票房的市场份额由

---

[1]　卢扬:《国产电影市场进入三国杀时代》,《北京商报》2014年1月10日。

2012 年的 22% 下降至 19%。在贺岁档上映的《四大名捕》的续集《四大名捕2》，本可以凭借首部影片的口碑，且是贺岁档多部警匪枪战片上映期间唯一一部古装 3D 影片这样的优势，取得较好的成绩，但是这些优势都没有转化成票房，最终只停留在 1.72 亿元。与华谊兄弟影片票房之间差距过大相比，光线发行制作的电影票房较为均衡，在高中低票房层均有多部影片。①

乐视影业在去年则因《小时代》系列电影而名声大振。2011 年成立，2012 年便排名华语电影公司第四位，到了去年更是因 9 部电影的制作发行量、10 亿元的总票房进入前三强，成为近两年国内电影公司中成长速度最快的一家。虽然相比华谊兄弟和光线传媒，乐视影业还只是一个追赶者，但是与张艺谋的签约以及和互联网结合的营销思路都令人对乐视影业充满期待。

第二，海外销售增长 33%，但票房依旧低迷。

2013 年，国产电影在海外销售数量达到 45 部，共计 247 部次。尽管影片销售数量较去年的 75 部有所减少，但销售部次却增加了 48 次，累计票房和销售收入达到 14.14 亿元人民币，相比较 2012 年的 10.63 亿元，同比增长 33.02%。但这个增值需要比较分析。从 2010 年到 2014 年中国电影在海外市场收入分别为：2010 年 35.17 亿元，2011 年 20.46 亿元，2012 年 10.63 亿元，2013 年 14.14 亿元，所以 2013 年的增长是国产片连续多年在海外收入严重持续下降之后在低谷中的反弹，相较 2010 年仍有 21 亿元的差距。

2013 年，华语电影在北美上映的数量也达到了创纪录的 22 部，共收获票房 784 万美元，相比 2012 年的 267 万美元增长了近两倍。其中《一代宗师》占去 2013 年华语片北美票房的 84%，其他 21 部华语电影的票房总和只有 125 万美元，约合 760 万人民币。王家卫导演的《一代宗师》是 2013 年北美票房最高的华语电影，去年 8 月登陆北美院线，在强力推手韦恩斯坦的帮助下，影片在两个月内斩获 659 万美元的票房，创造了近年来华语电影在北美的最好成绩。位列北美票房第二、三位的华语影片则是《私人定制》和《毒战》，分别获得 31.4 万美元和 12.82 万美元。华语片在北美的势头依旧整体低迷，成为不争的事实。②

在中国电影"走出去"的大背景下，华语影片在海外的成绩却始终难见起色。由此可见中国电影在向海外推广的过程中，一方面需要将电影准确定位，用国际

① 艺恩网：《13 年光线总票房 23.3 亿市场份额同比下降》，http://news.entgroup.cn/movie/0719148.shtml。

② 电影网：《2013 华语片在海外：票房依旧迷失，艺术佳作缺失》，http://www.m1905.com/news/20140123/726420.shtml。

的语言范式、情感和价值观拍出的电影才更有可能取得海外商业价值,合拍片是有效的途径;另一方面,与海外发行商的合作应摸索建立一套有效可行的商业模式,无论在播放平台还是宣传和营销方面,都形成合理的机制和网络。

第三,影片宣传外包,营销产业进入膨胀期。

2013 年,电影片方多数将影片的宣传外包,成为电影产业的又一新现象。电影市场的发展与细分,让众多电影出品方在影片宣传方面开始更加依赖专业的营销公司。2013 年华谊兄弟出品的全部影片宣传都外包,其票房前三名的影片《西游降魔篇》和《狄仁杰之神都龙王》外包了北京和颂世纪文化传播有限公司,《私人定制》则外包给影行天下。中影出品的《天机——富春山居图》由无线负责宣传,《无人区》则外包给伯乐营销。

由于营销的专业化,2013 年电影营销整体上达到了一个新高度,营销思维、渠道不断多样化,营销模式也不断创新。《致我们终将逝去的青春》和《中国合伙人》充分利用了话题以及怀旧营销战术,引发集体"怀念青春"的热潮;《私人定制》推迟档期进行饥饿营销,并且将片名授权给北京卫视,打造一档同名大型季播电视真人秀栏目,这不仅提前收回电影制作成本,也大大提高了影片的知名度与影响力,堪称是与电影节目的联合营销;品牌方与电影的联合营销尤为突出,联想借《一代宗师》《我想和你好好的》进行营销,苏宁易购先后和《致我们终将逝去的青春》《非常幸运》《天台爱情》联谊,结合投放计划展示自身产品及品牌;《小时代》的粉丝营销和《天机——富春山居图》的负面营销也取得了不错的票房。但是,营销作为电影产业细分领域之一,近几年初兴,无论规模和利润都不高,但新生行业切忌浮躁、喜功,在考虑做大做强的同时要先保证行业的健康持久发展,一方面加强从业者自律,另一方面从长远效益出发,精准定位细分人群,制定有效的营销策略,为影片带来更多正能量。①

## 五、小结

纵观 2013 年电影产业发展,其特征可概括为如下要点:

一、在文化产业弱化条块分割的大背景下,电影产业内部企业并购之势明显,与电视、游戏等产业整合程度加大,但产业链仍需拓展,增加非票房收入。

2013 年,新的国务院直属的"国家新闻出版广电总局"成立,其职能的强化和统一将加快文化产业的整体发展。两部委的整合,预示着文化领域的行业分割问

---

① 艺恩网:《2013 年电影行业负能量篇》,http://www.entgroup.cn/views/a/19055.shtml。

题将显著弱化,综合性跨行业的文化集团或将出现,有利于加快构建现代传播体系,提高文化传播能力。电影产业也顺应了这一趋势,影视企业并购频繁,产业链条拓展至游戏、数字内容消费、新媒体等领域。但就电影产业本身而言,其票房收入依然是一部电影绝大部分盈利的来源,电影的商品属性要求其承担包括收益等多方面的功能,在电影市场竞争如此激烈的情况下,只有不断地拓宽回收渠道,才能保证资金的循环,从而创造更多优质大片,所以电影产业链仍需拓展,使单片收入渠道多样化。

二、产业链布局进一步完善,产业渐趋成熟,但制作、营销等环节仍亟需改善。

一般题材免审、营业税改为增值税以及对电影技术的扶持表明国家对电影产业制作、技术以及市场的支持,而2013年中国电影票房实现210亿元的突破,国产电影战胜"好莱虎",中小成本电影屡屡成功,电影类型和题材更加多元化,这些都标志着电影产业的成熟。然而,在票房突飞猛进的情况下,也出现了好票房烂口碑的影片,其票房收入依靠强大的明星阵容、话题和营销,但在电影的立足点——内容和质量上却并未达标,此类影片会透支观众信心,不利于中国电影产业的良性发展。在市场规模不断扩大、成熟的情况下,重视影片内容、为观众提供更多既悦目又赏心的影片是完善电影产业链条中最根本的一环。而且,电影营销也应以内容为立足点,回归理性。

三、影片类型又添新军,中小成本影片崛起,中国电影产业化渐趋成熟,高新技术格式电影依然是市场增长点。

随着《中国合伙人》和《致我们终将逝去的青春》的成功,"青春片"无疑是2013年备受关注的影片类型,而之后目标观众明确的《小时代》又为此类影片添砖加瓦,使其成为不可忽视的影坛新力量。同时,《致我们终将逝去的青春》《北京遇上西雅图》《中国合伙人》等多部中小成本电影都取得了不俗的票房成绩,跻身全年国产影片票房前十名,这表明,随着中国电影市场的逐渐成熟,观众已经不会再一味追求投资规模和导演、明星阵容,反而会更加关注题材、情节等电影本体的元素。电影类型的丰富以及中小成本电影的成功都标志着中国电影产业化渐趋成熟。但同时,国家电影事业发展专项资金管理委员会继续加强对电影技术扶持的力度,高新技术格式的电影依然成绩不俗,3D电影《西游降魔篇》和《狄仁杰之神都龙王》分占国产影片票房的第一名和第三名。但值得注意的是,3D的应用应该以增加影片的表现效果为目标,而非为了提高单张票价而滥用高新技术格式。

四、电影营销来势汹汹，透支观众信心暗藏危机。

由于营销的专业化，大部分制片公司都将电影的营销外包，所以 2013 年是电影营销极度膨胀的一年，营销新方法、新模式、新思维层出不穷，成功案例比比皆是。其中不乏好影片与好营销结合取得票房成功的典范，但是，也存在一些好票房烂口碑的影片，其票房收入只是依靠强大的明星阵容、话题和成功的营销，此类影片会透支观众的信心，长此以往不利于电影产业的良性发展，甚至可能使电影产业遭受挫折。因此，影片的立足点必须是其本身的内容和质量，营销只能作为为票房锦上添花的工具，而不能本末倒置。

五、"大数据"和"新媒体"助力电影产业。

2013 年被称为"大数据元年"，电影自然也不能例外。在华丽的票房成绩背后是一系列"大数据"在电影制作与营销等多个环节的支撑。在长达百天的宣传期中，《小时代》的宣传方就通过对大数据的分析研究，对影片的受众进行了细致的研究，并将此作为制订下一步营销策略的重要参考。大数据分析扮演着一个针对影视制作及投资决策建议平台的角色，它可以提供对市场的理性预期，用精准的量化数字计算可能的投资回报率。大数据解决不了艺术性的问题，但是却有不可忽视的商业借鉴意义。新媒体营销对中小成本电影的成功功不可没，从 2012 年年末《泰囧》的一飞冲天开始，到 2013 年的《北京遇上西雅图》《致青春》以及《中国合伙人》，一批质量上乘的中小成本影片在与大片的较量中丝毫不落下风，因其良好口碑的传播、参与度更高、更有共鸣的话题以及参演明星在新媒体平台的推广，让这些影片通过相对有限的营销投入以难以估量的速度扩大着影响力。随着新媒体平台的不断丰富，这种非传统的营销方式还将继续为中国电影，尤其是中小成本电影的腾飞起到越来越举足轻重的作用。①

---

① 　虎嗅网：《2013 年电影行业关键词盘点》，http://www.huxiu.com/article/25695/1.html。

# 广播电视产业年度发展报告

李晓唱　孙　巍*

2013 年,国际政治多极化、经济全球化的步伐继续加速,国际形势趋于平稳,东西方之间的差距逐渐缩小。面对错综复杂的国际形势,中国在这一年的总体发展势头向好,在十八大和十八届三中全会等党中央会议提出的体制改革方针的指导下,中国以崭新的形象和思维亮相国际舞台,外交活动日渐活跃且成效显著,政策思路灵活变通且稳中求进,经济社会发展势头良好。这一年,党中央的政策文件中也体现出对文化领域的高度重视,文化体制改革成为中国共产党党内建设制度改革的重要组成部分,推动文化产品和服务出口、加快发展对外文化贸易成为中国外交的重点部署手段。

顺应文化体制改革的潮流,我国的广播电视产业发展总体稳健。在广播电视产业实行"十二五"规划的中坚之年,完善这一行业的管理体制和机制成为这一年发展的重中之重。与此同时,如何使广播电视产业成为构建公共文化服务体系的重要环节、如何促进网络技术与内容的完美结合、如何建立健全现代广播电视产业市场体系、如何在提升对外开放水平的基础上吸收国外先进发展经验等问题成为我国广播电视产业亟待解决的问题。

## 第一节　广播电视产业政策解读

在中共中央全面建设小康社会和全面深化改革开放的总体要求下,我国在2013 年出台了一系列促进广播电视产业改革发展的政策法规,具体内容如下。

---

* 作者系北京大学艺术学院艺术管理与文化产业方向博士研究生;孙巍,中国人民大学财政金融学院投资学专业在职研究生。

### 一、体制改革继续深化

按照党的十八大关于全面深化改革开放的目标任务和扎实推进社会主义文化强国建设的总体要求,十八届三中全会通过了《中共中央关于全面深化改革若干重大问题的决定》,对推进文化体制机制创新做出新的重大战略部署。《决定》鲜明提出,建设社会主义文化强国,增强国家文化软实力,必须坚持社会主义先进文化前进方向,坚持中国特色社会主义文化发展道路,巩固马克思主义在意识形态领域的指导地位,巩固全党全国各族人民团结奋斗的共同思想基础。坚持以人民为中心的工作导向,坚持把社会效益放在首位、社会效益与经济效益相统一,以激发全民族文化创造活力为中心环节,进一步深化文化体制改革。首先,完善文化管理体制,健全坚持正确舆论导向的体制机制;其次,建立健全现代文化市场体系;第三,构建现代公共文化服务体系;第四,提高文化开放水平,积极吸收借鉴国外一切优秀文化成果,引进有利于我国文化发展的人才、技术、经营管理经验。切实维护国家文化安全①。

这一决定根据改革开放的目标任务和总体要求,重新部署了文化体制机制改革创新,为文化改革提出了具体的要求,深化了文化体制改革的进程与步伐,为社会主义先进文化建设指明了前进的方向,为新时期社会主义文化改革发展开辟了新的道路。同时,决定中提及的推动文化事业和文化产业发展改革的具体方针,对我国广播电视产业的发展大有裨益。

### 二、网络运营环境逐渐成熟

国家新闻出版广电总局1号文件《关于主流媒体发展网络广播电视台的意见》指出,网络广播电视台是以宽带互联网、移动通信网等新兴信息网络为节目传播载体的电台电视台,是新形态的广播电视播出机构,是网上视听节目服务的重要平台,是网上舆论引导的重要阵地。明确把网络广播电视台提升到与电台电视台发展同等重要的地位,给予网络广播电视台建设和运营充分保障。总体目标是经过三至五年的努力,形成一批导向正确、内容丰富、业态新颖、技术先进、影响广泛、综合实力强的网络广播电视台,确定网络广播电视台在新媒体传播格局中的

---

① 新华每日电讯,中共中央关于全面深化改革若干重大问题的决定,http://news. xinhuanet. com/mrdx/2013-11/16/c_132892941. htm, 2013 年 11 月 16 日。

主流地位。①

根据《国务院关于组建中国广播电视网络有限公司有关问题的批复》要求，2013 年，财政部、国家新闻出版广电总局联合印发了《中国广播电视网络有限公司章程》，对中国广播电视网络有限公司管理体制、主要任务、法人治理结构等事项做出明确规定。

中国广播电视网络有限公司系国有独资文化企业，由财政部代表国务院履行出资人职责，国家新闻出版广电总局负责组建和代管（待中央文化企业国有资产监督管理有关政策规定发布后再进一步理顺关系），注册资本 45 亿元，全部以货币出资，由中央财政安排，分两年到位。按照国家关于加快有线数字电视网络建设和整合的相关要求，公司将建设全国有线电视网络互联互通平台和运营支撑系统，通过多种措施基本达到三网融合的要求。同时，公司将着力推进全国有线电视网络升级换代和健康发展，力争成为具有市场竞争力的国有大型文化企业。②

2013 年 11 月，江苏省发布"关于整合广电网络的实施意见"，以行政手段推进有线电视网络的整合，对省内尚未进入"江苏省广电网络中心"的地级市进行统一规划，对崑山、南通、徐州、扬州等地的广电网络的资产和人员进行划拨。而江苏有线的发展思路则是坚持宽带接入业务及增值业务的双向发展，布局不仅限于客厅，还包括其他房间，在做好长期的规划、做好内容的基础上还要侧重做服务，通过各种形式进行开放性的合作。为了保障江苏有线下一步大数据业务发展目标的实现，江苏有线推动宽带数据业务"3431"工程的实施：完善以省干层数据网结构承载能力提升优化和城域/接入网扩容/内外网分离管控、家庭/社区/商业区无线覆盖、政企客户本地承载网的范围扩大及工程维护水平提升的"三大能力"建设；"4"是指"四个平台"，打造"大电视"、多屏融合及互联网应用服务创新聚合，省、自治区和直辖市资源服务汇聚与交换，互联网内容播控管理与结算，政企客户视讯会议、监控、协同办公的"四个平台"；第二个"3"是指构建江苏有线数据业务"基础接入、增值服务、延伸发展"的三大业务体系；"1"代表江苏有线希望获得的目标成果，即打造多屏互动视频专线、我的大电视、智能遥控器、互动游戏、视频通信等一批缴费用户过十万的数据业务创新产品。③

① 数据来源：慧聪广电网，《2013 年我国广电行业发展研究报告》，http：//info. broadcast. hc360. com/2014/04/030849595560-6. shtml，2014 年 4 月 3 日。

② 中国文化产业网，《〈中国广播电视网络有限公司章程〉》发布，http：//www. cnci. gov. cn/content/2014424/news_82093. shtml，2014 年 4 月 24 日。

③ 数据来源：慧聪广电网，《2013 年我国广电行业发展研究报告》，http：//info. broadcast. hc360. com/2014/04/030849595560-6. shtml，2014 年 4 月 3 日。

### 三、行业规范逐渐明确

针对上星电视频道歌唱选秀类节目成风、引进节目模式雷同的问题，在 2011 年 10 月 25 日正式下发的《关于进一步加强电视上星综合频道节目管理的意见》（"限娱令"）的基础上，2013 年 10 月 12 日，国家新闻出版广电总局又发布了"加强版限娱令"——《关于做好 2014 年电视上星综合频道节目编排和备案工作的通知》（以下简称《通知》），要求优化节目结构，丰富节目类型。明确规定，每家卫视每年新引进的国外版权模式节目不得超过一档，全国卫视的歌唱类选拔节目黄金档最多保留四档，新闻、经济、文化、科教、生活服务、动画和少儿、纪录片、对农等类型节目总播出时长按周计算，播出比例不少于 30%。道德建设类节目需安排在 6:00 至 24:00 之间播出。按周计算平均每天 6:00 至次日 1:00 之间至少播出 30 分钟的国产纪录片；平均每天 8:00 至 21:30 之间至少播出 30 分钟的国产动画或少儿节目。《通知》的核心目标是优化电视节目结构，鼓励原创，抵制过度娱乐，防止雷同浪费，引导电视媒体更好地履行社会责任。[1]

2013 年 10 月 29 日，国家新闻出版广电总局向各省、自治区、直辖市广播影视局，新疆生产建设兵团广播电视局，中央电视台，中国教育电视台，电影频道节目中心发出《关于进一步加强卫视频道播出电视购物短片广告管理工作的通知》。通知说，近年来，各级电视台按照《广告法》和总局 61 号令、66 号令要求，强化广告播前审查把关，认真纠正违法违规行为，广告播出秩序持续好转，形成了较为良好的社会氛围和市场环境。但近段时间以来，广告违规问题出现反弹，特别是部分卫视频道的电视购物短片广告存在内容夸大虚假、长时间反复播出等问题，造成恶劣影响。因此需要加强对其他频道电视购物短片广告内容的日常监管，发现问题，及时查处。[2]

## 第二节　广播电视产业发展概况

据有关部门的初步核算，2013 年全年我国国内生产总值为 568845 亿元，比上年增长 7.7%。其中，第一产业增加值 56957 亿元，增长 4.0%；第二产业增加值

---

① 网易财经：《广电总局：明年上星综合频道公益性节目达 30%》，http://money. 163. com/13/1021/08/9BMQ0T8500253B0H. html，2013 年 10 月 21 日。

② 中华人民共和国国家新闻出版广电总局：《关于进一步加强卫视频道播出电视购物短片广告管理工作的通知》，http://www. sarft. gov. cn/articles/2013/10/30/20131029174335500692. html，2013 年 10 月 30 日。

249684 亿元,增长 7.8%;第三产业增加值 262204 亿元,增加值比重为 46.1%,第三产业增加值占比首次超过第二产业,而全年居民消费价格比上年上涨 2.6%。①在这种大背景下,我国广播电视行业发展平稳,在各个方面都取得了新的进步。2013 年末我国有线电视用户 2.24 亿户,有线数字电视用户 1.69 亿户。广播节目综合人口覆盖率为 97.8%;电视节目综合人口覆盖率为 98.4%。全年生产电视剧 441 部 15783 集,电视动画片 199132 分钟。全年生产故事影片 638 部,科教、纪录、动画和特种影片 186 部。②

## 一、基础设施和普及状况

从总体上来看,我国广播电视行业的基础设施建设在近几年逐步完善,到 2012 年底,国内有 849 座中、短转播发射台,预计 2013 年会增长到 861 座;而有线广播电视传输干线网络总长在 2012 年达到了 376.12 万公里,预计 2013 年会达到 390 万公里左右(如图 1)。基础设施的逐步完善为我国广播电视行业的平稳发展奠定了坚实的物质基础和技术支持。

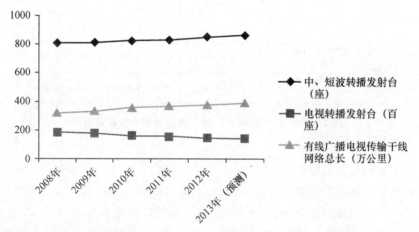

**图 1 2008 年—2013 年广播电视行业基础建设发展情况图**
数据来源:《中国统计年鉴》。

此外,我国广播电视节目在全国范围内的普及率稳步提升。国家广电总局发

---

① 中华人民共和国国家统计局:《2013 年国民经济和社会发展统计公报》,http://www.stats.gov.cn/tjsj/zxfb/201402/t20140224_514970.html,2014 年 2 月 24 日。
② 同上。

布的相关数据显示,截至 2013 年底,全国广播节目综合人口覆盖率 97.93%①,比 2013 年增加了 0.43%,其中,农村广播节目综合人口覆盖率在 2012 年为 96.6%,预计 2013 年会达到 97.1%。2013 年底全国电视节目综合人口覆盖率 98.62%②,比 2013 年增加了 0.42%,其中,农村电视节目综合人口覆盖率在 2012 年为 97.6%,预计 2013 年这一数字会上升到 98.3%。

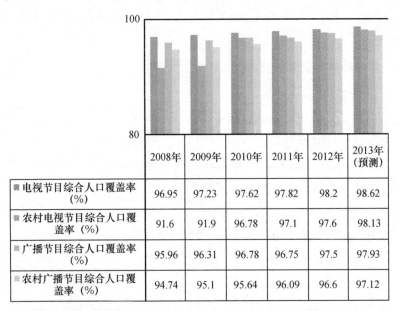

| | 2008年 | 2009年 | 2010年 | 2011年 | 2012年 | 2013年<br>(预测) |
|---|---|---|---|---|---|---|
| 电视节目综合人口覆盖率<br>(%) | 96.95 | 97.23 | 97.62 | 97.82 | 98.2 | 98.62 |
| 农村电视节目综合人口覆<br>盖率 (%) | 91.6 | 91.9 | 96.78 | 97.1 | 97.6 | 98.13 |
| 广播节目综合人口覆盖率<br>(%) | 95.96 | 96.31 | 96.78 | 96.75 | 97.5 | 97.93 |
| 农村广播节目综合人口覆<br>盖率 (%) | 94.74 | 95.1 | 95.64 | 96.09 | 96.6 | 97.12 |

**图 2　2008 年—2013 年广播电视行业普及情况发展图**
数据来源:《中国统计年鉴》。

从上述统计数据可知,我国广播电视节目综合人口覆盖率和有线广播电视入户率近五年来都在稳步攀升。此外,用户总量的庞大也是我国广播电视产业普及程度的一个有力证据。截至 2012 年底,全国有线广播电视用户数 2.15 亿户,预计这一数字在 2013 年会增长到 2.28 亿,其中,农村有线广播电视用户数在 2012 年底为 8432 万户,预计 2013 年会达到 8629 万户。数字电视用户数在 2012 年底为 1.43 亿户,预计 2013 年会达到 1.73 亿户。

---

① 慧聪广电网:《2013 年我国广电行业发展研究报告》,http://info.broadcast.hc360.com/2014/04/030849595560-6.shtml,2014 年 4 月 3 日。

② 同上。

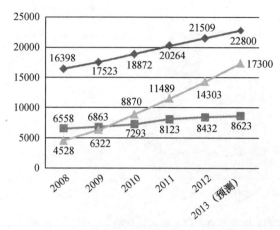

单位：万户

全国有线广播电视用户数
农村有线广播电视用户数
数字电视用户数

图3　2008年—2013年广播电视用户数发展图
数据来源:《中国统计年鉴》。

## 二、产品和服务状况

2013年,我国广播电视产业为消费者提供了越来越丰富的产品和服务,也创造了越来越高的经济收益。2013年全国广播电视行业总收入预计3628亿元,比2012年增长10.98%。其中,全国各级财政对广播电视行业的投入预计445亿元,比2012年增加49亿元,增幅12.37%。全国广播电视行业创收收入预计3183亿元,比2012年增长12.22%。2013年,全国广播电视行业广告收入预计1302亿元,比2012年的1270亿元增加32亿元,增幅2.52%,受网络视听业务快速增长、新媒体广告业务分流的影响,传统广播电视广告收入增幅大幅下降,较2012年13%的增幅降低近11个百分点①。

截至2013年末,我国就业人员有76977万人,其中城镇就业人员38240万人,全年城镇新增就业1310万人。在就业人数逐年增加的大背景下,广播电视产业的从业人员从2008年的67.17万人增加到2012年的82.04万人,预计这一数字在2013年会突破85万②。

---

①　慧聪广电网:《2013年我国广电行业发展研究报告》,http://info.broadcast.hc360.com/2014/04/030849595560-6.shtml,2014年4月3日。
②　数据来源于《中国统计年鉴》。

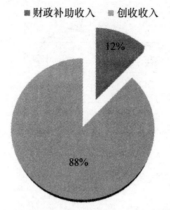

**图4　2013 年广播电视产业收入比例图**

数据来源：慧聪广电网。

## （一）广播产业产品和服务

2013 年我国广播产业制作和播出节目的时间都在稳步提升，节目套数也在逐年增多。2012 年我国广播节目制作时间为 718.8 万小时，预计 2013 年广播节目制作时间会突破 750 万小时，其中，新闻类、专题类、综艺类节目的制作时间始终位列前三。我国广播节目播出时间在 2012 年为 1338.4 万小时，预计 2013 年的播出时间会达到 1380 万小时，与制作时间相应，新闻资讯类、专题服务类、综艺益智类节目的播出时间也是最长的。

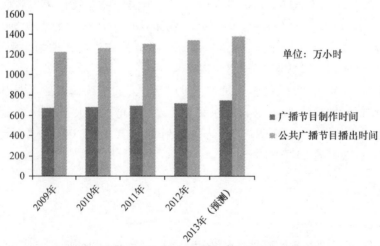

**图5　2009—2013 年广播节目制作和播出时间图**

数据来源：《中国统计年鉴》。

我国广播节目套数从 2009 年的 2521 套增加到 2012 年的 2634 套,其中公共广播节目的套数从 2009 年的 2520 套增加到 2012 年的 2627 套,而付费广播节目的套数则从 2009 年的 1 套增加到 2012 年的 7 套,预计 2013 年我国广播节目套数会达到 2674 套,其中公共广播套数为 2665 套,付费广播有望突破 9 套。

**表 1　2008 年—2013 年广播节目套数表**

| 年份 | 广播节目套数 | 公共广播节目套数 | 付费广播节目套数 |
|---|---|---|---|
| 2009 年 | 2521 | 2520 | 1 |
| 2010 年 | 2552 | 2549 | 3 |
| 2011 年 | 2590 | 2587 | 3 |
| 2012 年 | 2634 | 2627 | 7 |
| 2013 年(预测) | 2674 | 2665 | 9 |

数据来源:《中国统计年鉴》。

**(二)电视产业产品和服务**

同广播产业的发展态势相近,2013 年我国电视产业的产品越来越丰富,服务越来越完善。2012 年我国电视节目制作时间为 343.63 万小时,预计 2013 年电视节目制作时间会突破 390 万小时,其中,专题类、新闻类、综艺类节目的制作时间始终位列前三。我国公共电视节目播出时间在 2012 年为 1698.5 万小时,预计2013 年的播出时间会突破 1730 万小时,与制作时间相应,新闻资讯类、专题服务类、综艺益智类节目的播出时间也是最长的。

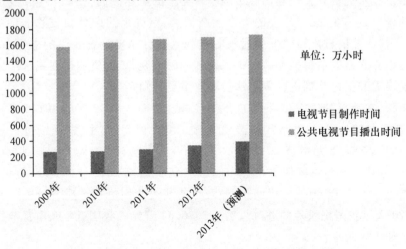

**图 6　2009 年—2013 年电视节目制作和播出时间图**

数据来源:《中国统计年鉴》。

2013 年我国电视节目的制作和播出越来越贴近消费者的需求,节目套数逐渐细分化和多样化。我国电视节目套数从 2009 年的 3337 套增加到 2012 年的 3353 套,其中公共电视节目的套数从 2009 年的 3250 套增加到 2012 年的 3273 套,而付费电视节目的套数则从 2009 年的 87 套下降到 2012 年的 80 套,预计 2012 年我国电视节目套数会下降到 3355 套,其中公共电视节目套数为 3275 套,付费电视会维持在 80 套左右。

表 2    2009 年—2013 年电视节目套数表

| 年份 | 电视节目套数 | 公共电视节目套数 | 付费电视节目套数 |
|------|------------|----------------|----------------|
| 2009 年 | 3337 | 3250 | 87 |
| 2010 年 | 3350 | 3272 | 78 |
| 2011 年 | 3370 | 3274 | 96 |
| 2012 年 | 3353 | 3273 | 80 |
| 2013 年(预测) | 3355 | 3275 | 80 |

数据来源:《中国统计年鉴》。

## 第三节    广播电视产业进出口状况

由于技术的更新换代和国际市场消费需求的明显倾向,在 2013 年,我国电视产业的外贸成绩斐然,走出去的力度逐渐加大,引进来的产品和服务也日趋多样化,而广播产业的进出口状况暂时没有被列入统计范畴。在我国的电视节目中,有两类颇受欢迎的节目类型——电视剧和动画电视,者两类节目在我国广播电视行业走出去和引进来的进程中扮演着非常重要的角色。

首先,在节目进口方面,我国电视节目进口总额从 2009 年的 49146 万元增至 2012 年的 62534 万元,预计 2013 年会突破 70000 万元,其中,电视剧进口总额从 2009 年的 26887 万元增至 2012 年的 39584 万元,预计 2013 年会达到 45000 万元,动画电视的进口总额从 2009 年的 127.5 万元增至 2012 年的 1489 万元,预计 2013 年会突破 2000 万元。近两年,纪录片被纳入我国电视产业节目进口的统计范畴,2012 年我国纪录片的进口总额为 5976.34 万元。我国近年来电视节目的进口总量如表 3 所示:

表 3　2009 年—2012 年全国电视节目进口情况表

| 统计指标 | 2009 年 | 2010 年 | 2011 年 | 2012 年 |
| --- | --- | --- | --- | --- |
| 全国电视节目进口量(小时) | 21426 | 22197 | 21790 | 13089 |
| 进口电视剧(部/集) | 115/4035 | 156/4482 | 146/3423 | 117/3164 |
| 进口动画电视(部/集) | 5/421 | 8/785 | 279(时) | 385(时) |

数据来源:《中国统计年鉴》。

　　具体到进口地域,我国从欧洲、美洲、非洲、大洋洲、亚洲其他国家和地区等都进口了一定量的电视节目。从欧洲进口电视节目的总量最多,从 2008 年的 6551 小时增加至 2012 年的 5130 小时。此外,美国是从美洲地区进口电视节目的主要国家,日本、韩国是从亚洲地区进口电视节目的主要国家。

进口电视节目量（时）

■欧洲　■美洲　■非洲　■亚洲其他国家和地区　■大洋洲

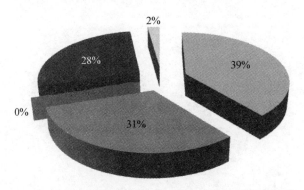

图 7　2012 年我国从其他国家进口电视节目比例图

数据来源:《中国统计年鉴》。

　　其次,在节目出口方面,我国电视节目出口总额从 2009 年的 9173.03 万元增至 2012 年的 22824 万元,预计 2013 年会突破 23000 万元。其中,电视剧出口总额从 2009 年的 3583.59 万元增至 2012 年的 15020 万元,预计 2013 年会达到 15500 万元;动画电视的出口总额从 2009 年的 4455.99 万元减少至 2012 年的 3104.72 万元,预计 2013 年会跌破 3000 万元;纪录片的出口总额从 2011 年的 1833.89 万元增加至 2012 年的 3226 万元,预计 2013 年会突破 4500 万元。

**表4　2009年—2012年全国电视节目出口情况表**

| 统计指标 | 2009年 | 2010年 | 2011年 | 2012年 |
|---|---|---|---|---|
| 全国电视节目出口量（小时） | 10238 | 13762 | 25657 | 37573 |
| 出口电视剧（部/集） | 128/5825 | 288/12362 | 298/14001 | 326/15329 |
| 出口动画电视（部/集） | 55/3191 | 84/4930 | 426（时） | 1678 |

数据来源：《中国统计年鉴》。

　　具体到出口地域，我国向欧洲、美洲、非洲、大洋洲、亚洲其他国家和地区等都出口了一定量的电视节目。向美洲出口电视节目的总量最多，从2011年的6949小时增加至2012年的18246小时。此外，美国是向美洲地区出口电视节目的主要国家，日本、韩国是向亚洲地区出口电视节目的主要国家。

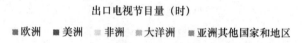

出口电视节目量（时）
■欧洲　■美洲　■非洲　■大洋洲　■亚洲其他国家和地区

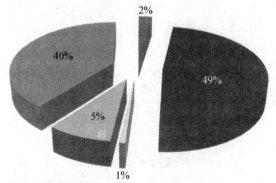

**图8　2012年我国向其他国家出口电视节目比例图**
数据来源：《中国统计年鉴》。

　　从总体上来看，我国电视节目在国外的播出时间呈上升趋势，进口总额逐年下降的同时，出口总额则以更大的幅度增加。此外，相比较出口总额，电视剧和纪录片的出口总额虽然有明显的提升但仍然呈现出显著的贸易逆差，动画电视的出口总额有所下降但仍然呈现显著的贸易顺差。

## 第四节　广播电视产业发展特点

　　在体制改革的引领下，2013年全社会固定资产投资中用于科学研究和技术服务业的投资为 3149 亿元,比 2012 年增加 27.2%,而全年的研究与试验发展经费支出为 11906 亿元,比上年增长 15.6%,占国内生产总值的 2.09%①。得益于政府的大规模投入,我国广播电视产业 2013 年从运行机制、产品生产,到技术传播、大众消费等各个环节都表现出鲜明的发展特点:

## 一、产业属性逐渐显现

根据十八届三中全会对文化体制机制创新做出的重大战略部署,我国广播电视产业的事业属性逐渐弱化,产业属性逐渐显现。首先,随着政策条件的支持,广播电视产业区域化、集团化的趋势愈加明显,一些拥有强势传媒资源的区域创建了广播电视集团。1999 年,我国成立了第一家广播电视集团——无锡广播电视集团。2000 年,我国成立了第一家省级广播电视集团——湖南广播电视集团。2001 年,我国最大的传媒集团——中国广播影视集团成立。这些集团逐渐成为我国广播电视产业发展的攻坚力量。其次,民营力量开始注入广播电视产业的制作环节,打破了过去国营力量垄断广播电视市场的局面。据国家广电总局统计,我国目前年产 9000 多集电视剧,其中 80% 的资金来自民营企业。

## 二、高科技智能终端成熟稳定

高科技智能终端的普及和推广是 2013 年科技在广播电视产业发生作用的强有力论据。首先,网络电视、IPTV 等已经突破网络带宽的瓶颈,开始高清化、实时化,家用摄录设备也纷纷具备了高清拍摄的能力。随着传播手段的多样化、内容获得的便利化之后,对图像和声音质量的追求将会成为大家追求的下一个热点。其次,智能电视是电视机"高清化""网络化""智能化"的必然趋势,是广播电视领域的一场大革命,带动了受众消费理念的大变革和 IT 产业的大发展,成为继计算机、手机之后的第三种信息访问终端和大众的"娱乐中心",发展前景宽广。2013 年智能电视得到了快速发展。各种智能电视终端层出不穷,广电总局发布 NGB 智能电视操作系统,工信部和广电总局成立智能电视联合推动工作组,互联网模式杀入电视领域,都标志着智能电视已进入一个崭新的时代。②

---

① 中华人民共和国中央人民政府:《统计局发布 2012 年国民经济和社会发展统计公报》,http://www.gov.cn/gzdt/2013-02/22/content_2338098.htm.
② 中华人民共和国国家新闻出版广播电影电视总局:《2013 年度中国广播电视行业十大科技关键词评选结果公布》,http://www.sarft.gov.cn/articles/2014/03/19/20140319150454900268.html,2014 年 3 月 19 日.

### 三、内容生产渐趋理性

2013 年被业内人士称作电视剧生产的"小年"，主要是指这一年的内容生产缺乏可圈可点的扛鼎之作。究其原因，主要是因为这一年广播电视产业的内容生产从追求数量转向追求质量，内容创作渐趋理性。

据统计，2013 年，央视和各卫视累计播出国产电视剧 800 多部，其中不乏大导演、大制作和大牌演员，但收视表现并不乐观。只有《咱们结婚吧》等少数几部剧收视率过 2%。令人欣慰的是，这一状况在下半年得到一些扭转。如《兰陵王》自 8 月 14 日在四大卫视开播后，收视率一路走高，市场份额接近 10%，在腾讯视频独播 6 天点播量过亿。另外，《小爸爸》《辣妈正传》等亲子类、家庭伦理类电视剧的播出，也为荧屏吹来一股清新之风。[①]

### 四、运用大数据分析产业课题

大数据是指非常大数量的无结构的且不断增长的数据，尽管多大量没有规定，通常在 10 亿 GB（Exabyte）以上。据统计，过去两年产生的数据是全球总数据量的 90%，且还在不断增长。看似无序的数据隐藏着大量有用信息，如何管理和利用大数据是各行各业都在研究的课题。大数据技术包括大数据分析、大数据管理和大数据云服务等。目前广电行业大数据分析已经应用在电视剧的选题、选导演、选演员、选剧情上。有线网络也利用用户观看行为大数据分析，在更好地契合大多数用户需求的同时实现对不同用户的精准服务。广电如何实现各地用户大数据的共同分析和利用是广电迫切需要解决的问题。[②]

---

[①] 吕岩梅、彭锦：《2013 年广播电视产业发展关键词》，《中国广播电视学刊》，总第 275 期，第 22—24 页。

[②] 中华人民共和国国家新闻出版广播电影电视总局：《2013 年度中国广播电视行业十大科技关键词评选结果公布》，http://www.sarft.gov.cn/articles/2014/03/19/20140319150454900268.html，2014 年 3 月 19 日。

# 2013年中国动漫游戏产业发展报告

安　铮*

2013年的中国动漫产业在持续发展的同时,也进一步延续了2012年所呈现出的理性发展态势,在内容制片、投融资等方面均出现了新的变化,引发业界人士的思考。

从整体发展来看,近年来,中国动漫产业快速发展,产值从"十五"时期末的不足100亿元到2010年达470.84亿元,年均增长率超过30%;2012年,我国动漫产业发展速度有所减缓,总产值达759.94亿元,较2011年的621.72亿元同比增长22.23%。[①] 在这种趋势之下,结合2013年中国动漫产业的整体发展态势,预测2013年的中国动漫产业总产值为906.15亿元,同比增长19.24%。

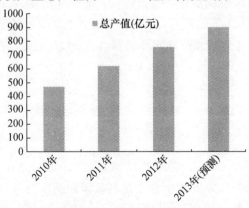

**图1　2010—2013年中国动漫产业总值**

数据来源:卢斌、郑玉明、牛兴侦主编:《动漫蓝皮书:中国动漫产业发展报告(2013)》,社会科学文献出版社2013年版。

---

* 作者系北京大学艺术学院艺术管理与文化产业研究方向硕士研究生。

① 卢斌、郑玉明、牛兴侦主编:《动漫蓝皮书:中国动漫产业发展报告(2013)》,社会科学文献出版社2013年版。

　　2013 年的中国游戏市场继续保持高速增长,中国游戏市场(包括网络游戏市场、移动游戏市场、单机游戏市场等)的实际销售收入达到 831.7 亿元人民币,比 2012 年增长了 38%。

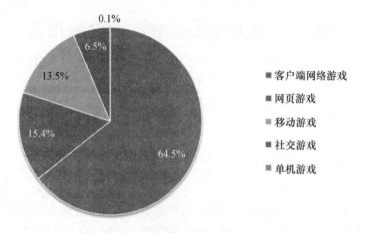

**图 2　2013 年中国游戏产业细分市场份额**

数据来源:中国版协游戏工委(GPC)与国际数据公司(IDC)、中新游戏(伽马新媒 CNG)联合发布:《中国游戏产业报告(2013)》。

　　其中客户端网络游戏市场实际销售收入 536.6 亿元,占比 64.5%;网页游戏市场实际销售收入 127.7 亿元,占比 15.4%;移动游戏市场实际销售收入 112.4 亿元,占比 13.5%;社交游戏市场实际销售收入 54.1 亿元,占比 6.5%;单机游戏市场实际销售收入 0.9 亿元,占比 0.1%。

## 第一节　产业发展环境概况

### 一、政策环境

　　从宏观层面来讲,国家继续出台一系列政策助推动漫游戏业发展。

　　第一,通过大部制调整,明确国家管理机构职责。根据《国务院机构改革和智能转变方案》,在 2013 年 2 月 22 日,国家新闻出版广电总局挂牌成立。在经过大部制的合并调整之后,新的国家级管理部门的出现有利于减少职能重复交叉、产业链管理的人为切割现象,提高管理工作的效率;有利于国家文化产业战略的制定和实施;有利于产业融合发展;有利于企业集团的成立和做大做强;有利于规范文化市场。作为新闻出版广电领域重要组成部分的动漫游戏产业也将获得更大的扶持力度和发展空间。

2013年7月,国务院办公厅发布《国务院办公厅关于印发国家新闻出版广电总局主要职责内设机构和人员编制规定的通知》(以下称《"三定"方案》)。新的《"三定"方案》取消和下放了国家新闻出版广电总局的27项审批权限,进一步明确和加强了在提供公共服务、著作权保护等方面的职责,积极推动数字出版,三网融合,新媒体、文化与科技融合方面的发展。这些举措对于动漫游戏产业的产业链整合、多元化经营等方面带来积极影响。

第二,通过宏观调控,刺激消费,扩大内需。2013年8月,国务院印发《关于促进信息消费扩大内需的若干意见》①。《意见》在提出了总体要求和主要目标的基础之上,在加快信息基础设施演进升级、增强产品信息产品供给能力、培育信息消费需求、提升公共服务信息化水平以及加强信息消费环境建设等方面均明确了具体的指导原则,对与数字出版、新媒体密切相连的动漫游戏产业的发展具有积极的意义。

第三,提出总体指导方针,助推产业长期发展。2013年11月,党的十八届三中全会在京召开,全会《公报》指出"要紧紧围绕建设社会主义核心价值体系、社会主义文化强国深化文化体制改革,加快完善文化管理体制和文化生产经营机制,建立健全现代公共文化服务体系、现代文化市场体系,推动社会主义文化大发展大繁荣。"三中全会关于文化板块单列为十五项改革之一,强调了国家对于文化软实力的重视,所以可以预见未来国家对于相关板块和行业的投入将会持续加强。在此大方向下,我国动漫游戏产业势必迎来发展好时机。

从具体行业层面来讲,在动漫产业领域,(1)在评优机制上更加注重各方意见,关注内容质量。2006年6月,国家新闻出版广电总局下发《关于推荐2013年第一季度国产优秀动画片的通知》,并在《通知》中改进了评审办法。由省级广播影视行政管理部门、中央电视台初选,总局审看终选,改为由省级广播影视行政管理部门、中央电视台初选,总局邀请播出机构、专家和观众代表进行审看终选。播出机构、专家和观众代表的加入对于增强推优评审的规范性、权威性和公正性都有积极的意义。而对动画制作单位而言,需要更加注重动画内容质量的提升,从而做出精品。

(2)出台各项政策加大对国产动画片的扶持和保护力度。2013年7月,国家

---

① 信息消费是一种直接或间接以信息产品和信息服务为消费对象的消费活动。信息消费是一个宏观的概念,涉及经济生活的方方面面。比如购买一部智能手机,从打电话、上网所产生的通讯费到下载安装各种App,在阅读、看视频、使用团购业务等操作行为所产生的花销方面都是信息消费的一环。

新闻出版广电总局电影局出台了《推动国产动画电影发展的9条措施》,支持鼓励国产动画电影发展。这9条措施包括:"从今年起,加大对国产电影资金的扶持力度,对重点企业、重点影片给予重点支持,在现有的对每年电影剧本1500万元的创作扶持资金中,增加对动画电影创作的扶持;在一年一度的'北京放映'活动中举办中外动画电影合作论坛;召开一年一度的国产动画电影创作座谈会。从2014年开始,举办一年一度的国产动画电影宣传推介展映周活动;组织国内的动画电影企业和产品参加戛纳电影节、多伦多电影节等具有国际影响的电影节,集中宣传营销国产动画电影等。此外,在9条措施中还提出,在中国电影华表奖、中国电影导演协会年度表彰大会、中国国际儿童电影节等活动中适当增加或调剂对国产动画电影的奖项等;在暑期档和寒假档,由电影频道对国产动画电影进行推介,将电视平台宣传国产动画电影的栏目固定化。"①

2013年10月,国家新闻出版广电总局向各卫视下发通知,确定了2014年节目播出的相关调控政策,其中规定各卫视平均每天早上8时到晚上21时30分要播放不少于30分钟的国产动画片。总局的初衷是优化节目结构,加强引进管理。然而是否会造成对国产动画片的过度保护,使得国产动画片制作机构不思进取,这一点值得进一步的思考。

在游戏产业领域,国家新闻出版广电总局以及相关行业协会一直坚持鼓励扶持精品力作的宏观政策主线,通过设立中国出版政府奖、中国民族网络游戏出版工程、"原动力"中国原创动漫出版扶持计划、中华优秀出版物奖、中国"游戏十强"等扶持措施,充分调动游戏企业精品创作的积极性,激励游戏企业提升原创游戏艺术价值。②

此外,2013年8月,文化部出台了《网络文化经营单位内容自审管理办法》,要求网络文化经营单位应当建立内容审核制度,对拟上网运营的文化产品及服务内容进行事前审核,确保文化产品及服务内容的合法性。为贯彻落实这一《办法》,文化部将采取分步实施策略:对于网络游戏,采取审查备案制度不变,但优化流程设计的措施。其中对于国产网络游戏,文化部不再进行实质性内容审查。同时为了简化报审报备流程,文化市场司还将于2014年初启动"文化市场技术监管与服务平台"的试运营工作,届时网络游戏报审报备工作将全面实现无纸化简易

---

① 国家新闻出版广电总局:《总局出台措施鼓励国产动画片发展》,http://www.gapp.gov.cn/news/1656/152986.shtml。

② 中国版协游戏工委(GPC)与国际数据公司(IDC)、中新游戏(伽马新媒CNG)联合发布的《中国游戏产业报告(2013)》。

流程,预计受理时间将缩短一半。但是进口网络游戏内容审查以及国产网络游戏备案制度不变。

**二、经济环境**

2013 年,在国家相关政策的推动之下,银行等金融机构不断创新金融产品与服务,改善我国动漫游戏产业的投融资环境。2013 年年初,中国人民银行下发了《关于大力推进 2013 年科技金融和文化金融工作的通知》(以下简称《通知》),要求各银行要力争 2013 年对高新技术和文化产业新增信贷规模和户数指标均超越 2012 年,原则上 2013 年各国有商业银行北京市分行和北京银行应新增一家以上科技金融或文化金融特色支行(专营机构)。《通知》为银行支持文化产业的工作提出了更为明确的要求,体现了文化产业融资受重视的程度。但是在银行提供融资服务方面仍有两点值得注意。一是文化产业具有较高的风险性,银行对此仍有所顾忌。二是因为有形资产较少、未来收益和市场价值不确定、成本回收周期较长以及商誉等无形资产难以评估等因素,小微文化企业仍普遍存在融资难的问题。

2013 年,动漫游戏产业界的企业并购事件频发,呈现出产业链深度拓展和跨领域资源整合的发展态势。在动漫产业领域,奥飞动漫通过一系列的企业并购,根据"横向品牌整合 + 纵向产业链拓展"的发展思路,加速布局"泛娱乐"产业。2013 年 9 月,奥飞动漫以 6.342 亿元港币(约合 5 亿元人民币)收购意马国际之全资子公司资讯港管理有限公司,以 3639.6 万元人民币收购广东原创动力文化传播有限公司,将国内知名动漫品牌"喜羊羊与灰太狼"的独家运营权收入囊中。10 月,奥飞动漫以发行股份及支付现金相结合的方式购买上海方寸信息科技有限公司 100% 股权和北京爱乐游信息技术有限公司 100% 股权,并计划将两家旗下知名游戏的动漫形象加入到公司品牌方阵,并新增游戏板块作为动漫形象变现载体,通过线下玩具与线上媒体传播和游戏运营的交叉协作,打造全方位的线上线下互动的娱乐体验。

在游戏产业领域,游戏企业成为众多文化企业整合并购的目标。2013 年 6 月,大唐电信通过发行股份和支付现金相结合的方式,购买要玩娱乐合计 100% 股权,共支付对价约 16.99 亿元。7 月,江苏阳光集团有限公司投资创办深圳阳光新宇网络科技有限公司,正式进军游戏行业,将在未来三年中斥资 2.4 亿元用于加强自主研发领域和进行行业并购。8 月,江苏凤凰出版传媒股份有限公司发布公告称,公司拟对下属子公司凤凰数字传媒增资 3.2 亿元,收购上海慕和网络科技有限公司 64% 的股权,正式进军手游领域。

此外,"众筹模式"是 2013 年度动漫游戏行业投融资方面所出现的一个不容忽视的新情况。2013年4月,《十万个冷笑话》出品方在国内知名众筹网站点名时间上发起了筹资项目,采用众人集资的方式来筹集该片电影版的制作资金。6月,动画电影《大鱼·海棠》出品方彼岸天公司发起众筹,最终筹得158万元用于电影的后期音效制作等方面。但是"众筹模式"在学界、业界的争议颇多,其业务模式和法理依据仍值得深入的探讨。

## 第二节　动漫行业发展情况

### 一、电视动画片

　　新世纪以来,我国国产电视动画制作量出现了持续的增长态势。直至2012年,国产动画首次出现了负增长,表明中国国产电视动画片的生产状态有回归理性的迹象。2013年,我国国产电视动画片的生产制作有望延续这一状态,制作量将继续减少,预计国产电视动画片产量约19万分钟,比2012年下降14.7%。逐渐告别"以量取胜,量多质差"的畸形发展状态,注重品质、创制精品已然成为中国国产电视动画片发展的当务之急。

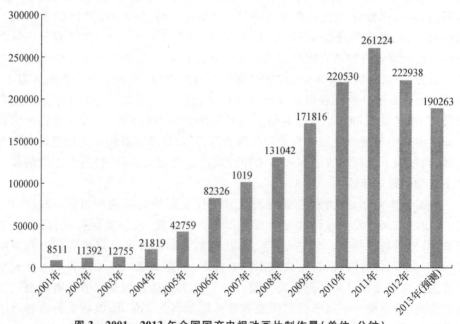

**图3　2001—2013年全国国产电视动画片制作量(单位:分钟)**
数据来源:根据国家广电新闻出版总局公布的相关数据整理。

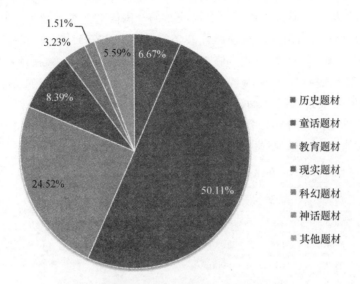

**图4 不同题材占公示备案总数情况（部数）**

数据来源：根据国家广电新闻出版总局公布的全国国产电视动画片的制作备案情况整理而成。

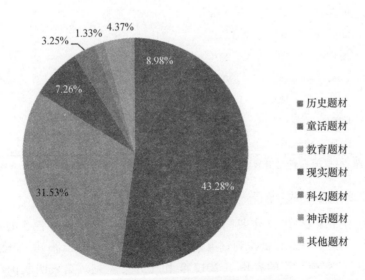

**图5 不同题材占公示备案总数情况（分钟数）**

数据来源：根据国家广电新闻出版总局公布的全国国产电视动画片的制作备案情况整理而成。

　　此外,根据国家新闻出版广电总局公布的全国国产电视动画片的制作备案情况来看,2013 年全国国产电视动画片共备案 465 部 327955 分钟,相较于 2012 年度的 580 部 470721 分钟,分别下降 19.83%、30.33%。其中,从题材划分来看,童话题材和教育题材的电视动画片占绝大多数。其中童话题材最多,共 233 部 141928 分钟,分别占备案公示总数的 50.11% 和 43.28%;教育题材位居其次,共 114 部 103388 分钟,分别占备案公示总数的 24.52% 和 31.53%。而历史题材、现实题材、其他题材、科幻题材、神话题材则按照分钟数依次递减。

表 1　2013 年度全国各省国产电视动画片备案情况

| 排序 | 地区 | 部数 | 分钟数 | 排序 | 地区 | 部数 | 分钟数 |
|---|---|---|---|---|---|---|---|
| 1 | 江苏 | 88 | 64900 | 14 | 海南 | 10 | 3428 |
| 2 | 广东 | 56 | 50362 | 15 | 四川 | 3 | 2886 |
| 3 | 浙江 | 67 | 50006 | 16 | 中直 | 2 | 2655 |
| 4 | 福建 | 65 | 43288 | 17 | 内蒙古 | 4 | 2544 |
| 5 | 安徽 | 25 | 22763 | 18 | 河北 | 7 | 2420 |
| 6 | 北京 | 25 | 17656 | 19 | 辽宁 | 4 | 2094 |
| 7 | 河南 | 20 | 10702 | 20 | 重庆 | 2 | 1976 |
| 8 | 湖南 | 6 | 10232 | 21 | 黑龙江 | 6 | 1355 |
| 9 | 湖北 | 19 | 9230 | 22 | 山西 | 2 | 1220 |
| 10 | 山东 | 13 | 9096 | 23 | 广西 | 2 | 1196 |
| 11 | 上海 | 13 | 7141 | 24 | 江西 | 1 | 676 |
| 12 | 陕西 | 10 | 4404 | 25 | 宁夏 | 2 | 270 |
| 13 | 天津 | 9 | 4276 | 26 | 云南 | 1 | 260 |

　　数据来源:根据国家新闻出版广电总局公布的全国国产电视动画片的制作备案情况整理而成。
　　注:此表排序以分钟数为依据。

　　从地区分布来看,2012 年我国共有 25 个省份及中直单位报备了电视动画片的生产计划。其中报备数量位列前五位的是江苏、广东、浙江、福建、安徽,除个别排序不同外,位列前五位的省份与 2012 年相比并无差别。这表明我国动画产业的领跑区域正在形成。然而打造真正的动画大省,还需在产量的基础上,不断推出精品之作。

## 二、动画电影

中国的动画电影票房自 2011 年大幅提升以后,近 3 年仅有小幅度的变化,基本没有大的波动。2013 年共上映 30 部动画电影,其中进口动画电影 8 部,7 部来自美国,国产动画电影 22 部。从票房统计上看,2013 年中国动画电影票房共计163910 万元,占全国电影总票房的 7.53%。其中进口动画电影 99795 万元,占动画电影总票房的 60.88%,占进口电影总票房的 11.09%;国产动画电影 64115 万元,占动画电影总票房的 39.12%,占国产电影总票房的 5.02%。但从国产动画电影与进口动画电影的票房比重变化来看,2011 年以来,国产动画电影票房在动画电影总票房中的比重有持续增加的趋势,但仍不敌进口动画电影。在票房排名前 5 位的影片中,仅《喜羊羊与灰太狼之喜气羊羊过蛇年》一部国产动画电影位列其中且排名第 4,表明中国国产动画电影的竞争力依然薄弱。

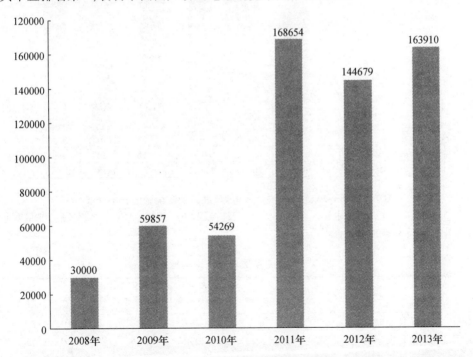

**图 6　2008—2013 年动画电影总票房(单位:万元)**

数据来源:综合国家电影专项资金办公室及院线数据。根据《中国电影报》所公布的每周票房前 15 名影片信息整理而成。

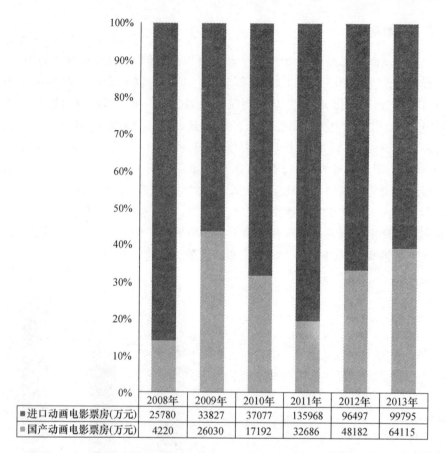

| | 2008年 | 2009年 | 2010年 | 2011年 | 2012年 | 2013年 |
|---|---|---|---|---|---|---|
| ■进口动画电影票房(万元) | 25780 | 33827 | 37077 | 135968 | 96497 | 99795 |
| ▪国产动画电影票房(万元) | 4220 | 26030 | 17192 | 32686 | 48182 | 64115 |

**图7　2008—2013年国产动画电影、进口动画电影的比重变化**

数据来源：综合国家电影专项资金办公室及院线数据。根据《中国电影报》所公布的每周票房前15名影片信息整理而成。

表2　2013年中国动画电影票房统计

| | 影片名称 | 总票房（万元） | 国家 | 上映日期 |
|---|---|---|---|---|
| 1 | 《疯狂原始人》 | 38970 | 美国 | 2013.4.20 |
| 2 | 《怪兽大学》 | 20990 | 美国 | 2013.8.13 |
| 3 | 《蓝精灵2》 | 13860 | 美国 | 2013.9.12 |
| 4 | 《喜羊羊与灰太狼之喜气羊羊过蛇年》 | 12397 | 中国 | 2013.1.24 |
| 5 | 《极速蜗牛》 | 11395 | 美国 | 2013.9.18 |
| 6 | 《我爱灰太狼2》 | 7553 | 中国 | 2013.8.1 |

（续表）

| | 影片名称 | 总票房（万元） | 国家 | 上映日期 |
|---|---|---|---|---|
| 7 | 《赛尔号3战神联盟》 | 7512 | 中国 | 2013.7.12 |
| 8 | 《精灵旅社》 | 7424 | 美国 | 2013.11.1 |
| 9 | 《洛克王国:圣龙的心愿》 | 6810 | 中国 | 2013.1.31 |
| 10 | 《潜艇总动员3:彩虹宝藏》 | 5652 | 中国 | 2013.5.31 |
| 11 | 《巴啦啦小魔仙》 | 5133 | 中国 | 2013.1.31 |
| 12 | 《森林战士》 | 4947 | 美国 | 2013.11.29 |
| 13 | 《辛巴达历险记2013》 | 3902 | 中国 | 2013.5.31 |
| 14 | 《开心超人》 | 3377 | 中国 | 2013.6.8 |
| 15 | 《魁拔之大战元泱界》 | 2482 | 中国 | 2013.5.31 |
| 16 | 《81号农场之保卫麦咭》 | 2414 | 中国 | 2013.9.28 |
| 17 | 《昆塔·盒子总动员》 | 1418 | 中国 | 2013.8.2 |
| 18 | 《萨米大冒险2》 | 1214 | 比利时 | 2013.6.28 |
| 19 | 《金箍棒传奇》 | 1043 | 中国 | 2012.12.29 |
| 20 | 《波鲁鲁冰雪大冒险》 | 1010 | 中国/韩国 | 2013.1.25 |
| 21 | 《海底大冒险》 | 995 | 美国/韩国 | 2013.12.29 |
| 22 | 《绿林大冒险》 | 760 | 中国 | 2013.1.19 |
| 23 | 《青蛙王国》 | 578 | 中国 | 2013.12.28 |
| 24 | 《火焰山历险记》 | 511 | 中国 | 2013.7.19 |
| 25 | 《圣龙奇兵大冒险》 | 502 | 中国 | 2013.6.10 |
| 26 | 《终极大冒险》 | 398 | 中国 | 2013.7.20 |
| 27 | 《重返大海(3D)》 | 366 | 中国 | 2012.12.30 |
| 28 | 《郑和1405——魔海寻踪》 | 135 | 中国 | 2013.11.29 |
| 29 | 《太空熊猫历险记》 | 100 | 中国 | 2013.12.28 |
| 30 | 《西柏坡2:英雄王二小》 | 62 | 中国 | 2013.4.28 |

数据来源:综合国家电影专项资金办公室及院线数据。根据《中国电影报》所公布的每周票房前15名影片信息整理而成。

从影片档期来看,国内动画电影的档期主要分布于元旦档、六一档和寒暑假,而国外的动画电影从档期分布上则比较平均,没有明显的规律。由此可见,在国家政策的保护之下,进口动画电影进入国内市场的数量极少,并在档期安排上错开了国产动画电影密集上映的元旦档和寒暑假。这种保护措施极大地减少了国产动画电影的竞争压力。然而就是在如此强有力的政策保护之下,国产动画电影的处境依然不容乐观。

此外,针对国产动画电影而言,2013年还有以下三个值得关注的特点。

第一,《喜羊羊与灰太狼之喜气羊羊过蛇年》《我爱灰太狼2》《赛尔号3战神联盟》《洛克王国:圣龙的心愿》《潜艇总动员3:彩虹宝藏》依次位列国产动画影片票房总收入的前5位。可以发现,它们都是一个动漫品牌的系列产品。在国产动画电影逐渐摆脱低迷疲软的状态下,"续集"的出现是国产动画市场正在逐步形成和成长的一个重要标志,也是树立和巩固动漫品牌的重要一环。

第二,在国产动画电影总票房排名前5位的影片中,尽管其他影片的票房成绩都表现不俗,呈现出了由"一枝独秀"转变为"分庭竞争"的新局面,但是"喜羊羊与灰太狼"系列电影仍然位居第一,且在总票房上并没有突破。如何在已有的成绩上更进一步是动画电影企业需要思考的问题。

第三,在2012年度赢得广泛口碑,并在2013年被寄予厚望的国产动画电影《魁拔》在票房成绩上却表现平平,且在舆论上并没有引起如同2012年的关注。尽管动画品牌的主要收益来源于品牌授权和衍生产品开发,但影片票房仍需经营,否则与大型广告片无异。

### 三、动漫衍生品

2013年中国动漫衍生产品的格局并未发生变化,依然以动漫玩具、动漫服装和动漫出版物为主。在动漫玩具方面,根据奥飞动漫、星辉车模、高乐股份、群兴玩具、骅威股份及美盛文化等六支动漫玩具股发布的三季报显示,净利润方面,近来积极拓展产业链的奥飞动漫、星辉车模及高乐股份前三季营收、净利均有所增长。而剩余三股群兴玩具、骅威股份及美盛文化则出现了净利润下降的情况。其中,龙头股奥飞动漫增幅最高,前三季度净利润同比增长40.45%,实现净利1.46亿元;星辉车模次之,前三季度同比增长24.15%,实现净利9555.2万元。净利跌幅最大的为群兴玩具,前三季度实现净利2777.19万元,同比降低35.35%。营收方面,除骅威股份小幅下降1.64%以外,其余五股均实现营收增长。其中,星辉车模增幅最为明显,前三季度实现营业收入16.46亿元,同比增长134.55%。奥飞动漫方面,营收增长明显主要是报告期内动漫玩具销售增长所致,净利润增长明显主要是报告期内营业收入增长同时毛利率提升所致。[①]

动漫服装方面,品牌授权成为提高服装附加值和市场认可率的重要方式。以目前在中国拥有动漫版权形象最多的翔通动漫为例,翔通动漫版权授权领域经过长期的孕育和发展,授权的实体企业已逾3万家,涵盖的产品种类有高档礼品、汽

---

① 《动漫玩具三季报喜忧参半 产业链拓展带动发展》,载《玩具世界》2013年第12期,第21页。

车用品、家居用品、儿童玩具、服饰鞋帽等千余种,并且授权的实体企业数量正在以每个月上百家的速度高速增长中。此前,翔通动漫与临沂七翼商贸有限公司达成授权合作,临沂七翼商贸有限公司获得翔通动漫旗下绿豆蛙、酷巴熊、NO-MOLOVE、闪客快打等卡通形象在其产品上的授权使用。①

我国是世界上最大的玩具制造国和服装生产国,如何培育知名的动漫形象,用"品牌授权"的方式,加速资源整合、拓展产业链,充分发挥我国的生产优势,实现动漫企业和玩具、服装制造业的双赢是今后业内需要关注和探索的问题。

## 第三节 游戏产业发展概况

### 一、网络游戏

2013 年中国网络游戏的实际收入共 718.4 亿元,比 2012 年增长了 26.12%,主要由客户端网络游戏市场实际销售收入的 536.6 亿元、网页游戏市场实际销售收入的 127.7 亿元和社交游戏市场实际销售收入的 54.1 亿元这三部分共同组成。

(一)客户端网络游戏

2013 年,中国客户端网络游戏用户数量达到 1.5 亿人,比 2012 年增长了 8.6%;实际销售收入 536.6 亿元人民币,比 2012 年增长了 18.9%;市场占有率达到 64.5%,比 2012 年降低了 10.4 个百分点。② 可以说,客户端网络游戏的市场规模依然占据主力的地位,是中国游戏产业长期稳定的主要收入来源。尽管近三年中国客户端网络游戏的市场占有率呈持续下降趋势,在一定程度上反映了网页游戏、社交游戏、手机游戏的逐渐崛起,但是需要注意的是,客户端网络游戏市场销售收入仍然保持持续的增长,市场份额的缩减幅度有限。

按游戏类型划分,中国客户端网络游戏市场可分为角色扮演类和休闲竞技类。其中角色扮演类客户端网络游戏市场实际销售收入 352.9 亿元人民币,比 2012 年增长了 14.7%,占客户端网络游戏市场的 65.8%;休闲竞技类客户端网络

① 《动漫品牌授权助力服装行业再掀高峰》,http://www.dongman.gov.cn/xinwen/waiwei/201311/t20131104_793959.htm。

② 中国版协游戏工委(GPC)与国际数据公司(IDC)、中新游戏(伽马新媒 CNG)联合发布的《中国游戏产业报告(2013)》。

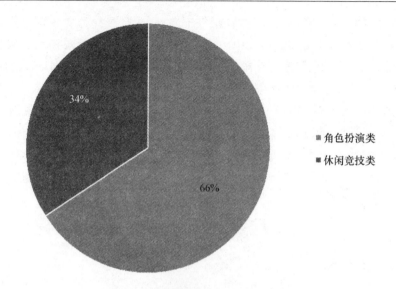

**图 8　客户端网络游戏细分市场状况**

数据来源:中国版协游戏工委(GPC)与国际数据公司(IDC)、中新游戏(伽马新媒 CNG)联合发布:《中国游戏产业报告(2013)》。

游戏市场实际销售收入 183.7 亿人民币,比 2012 年增长了 28.1%,占客户端网络游戏市场的 34.2%。① 可见,角色扮演类仍占居主导地位,而休闲竞技类则表现出强劲的发展势头,销售收入的增长速度高于去年。

总之,目前我国客户端网络游戏市场已步入成熟期,主要市场参与者格局稳定,较高的准入门槛和较长的资金回报周期,使得基本不再有新的厂商进入。即便是现有的客户端游戏企业,推出新产品也无法保证成功率,传统经典产品依然是各家营收主力。随着资料片的不断推陈出新,经典产品短期内仍能支撑整体市场份额。但产品老化现象不可避免,新老产品交替的成功与否成为决定厂商未来的重要因素。②

（二）网页游戏

2013 年,中国网页游戏用户数量约达到 3.3 亿人,比 2012 年增长了 21.2%;市场实际销售收入 127.7 亿元人民币,比 2012 年增长了 57.5%;市场占有率达到

---

① 中国版协游戏工委(GPC)与国际数据公司(IDC)、中新游戏(伽马新媒 CNG)联合发布的《中国游戏产业报告(2013)》。

② 《2013 年第 3 季度中国客户端网络游戏市场季度监测》,http://www.enfodesk.com/SMinisite/main-info/articledetail-id-386529.html。

15.4%,比 2012 年上升了 1.9 个百分点。①

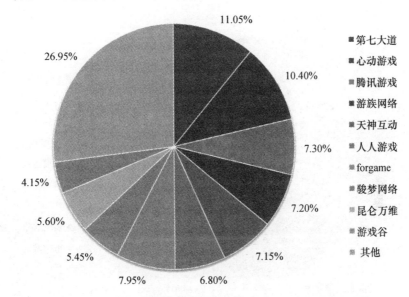

**图 9  2013 年上半年中国网页游戏研发市场各大厂商竞争格局**

数据来源:根据 EnfoDesk 易观智库发布的《2013 年第 1 季度中国网页游戏市场季度监测》和《2013 年第 2 季度中国网页游戏市场季度监测》数据整理而成。

从网页游戏的研发厂商情况来看,在 2013 年上半年的中国网页游戏市场中,排名前五位的研发厂商的整体市场份额为 43.9%,并且厂商之间的市场份额相差不大。表明目前网页游戏的研发厂商集中度偏低,各大厂商势均力敌,市场竞争环境激烈,但各大厂商之间未形成强大的竞争壁垒。

易观智库分析师认为,针对目前激烈的市场竞争环境,网页游戏研发厂商在强化现有产品合作模式的同时,需加深产品运营,注重用户数据积累,深挖产品用户体验,加强品牌塑造,延长产品生命周期。通过精品化策略,打造玩家喜爱的产品,以此提高与平台的议价能力,推动自身业务的进一步发展。

从网页游戏的运营平台来看,以 2013 年第 3 季度为例,在本季度页游平台竞争格局中,腾讯游戏占有绝对领先的地位,市场份额达到 29.3%;360 游戏、37wan 的市场份额也均超过 8%。可以说,目前中国网页游戏市场已进入成熟期,逐渐形成了以腾讯游戏为龙头,以 360 游戏、37wan 为主力的第一梯队竞争格局,在未

①  中国版协游戏工委(GPC)与国际数据公司(IDC)、中新游戏(伽马新媒 CNG)联合发布的《中国游戏产业报告(2013)》。

来的短时间内,这一格局将保持稳定,但行业内的竞争将日益加剧。

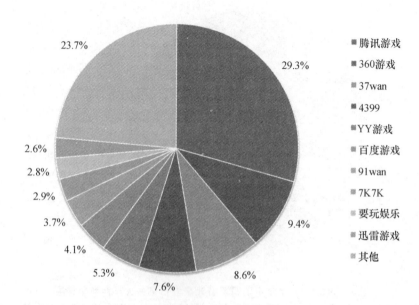

**图10  2013年第3季度中国网页游戏运营平台竞争格局**

数据来源:根据EnfoDesk易观智库产业数据库即将发布的《2013年第3季度中国网页游戏市场季度监测》数据整理而成。

易观智库分析师认为,针对目前激烈的市场竞争环境,网页游戏在强化现有联运模式的同时,需进一步完善用户需求,加强品牌塑造,寻求产品线的差异化、深度运营已经成为行业发展的要点。在市场继续深化发展的过程中,各家厂商应充分发挥自身资源,加大对流量的转化,深挖用户潜在价值。

**二、移动游戏**

2013年,中国移动游戏用户数量达到3.1亿人,比2012年增长了248.5%;市场实际销售收入112.4亿元,比2012年增长了246.9%,市场占有率达到13.5%,比2012年上升了8.1个百分点。[1] 由此可见,2013年的移动游戏市场规模进入高速增长的阶段。原因在于:一方面,智能终端的使用率不断提升,广

---

[1]  中国版协游戏工委(GPC)与国际数据公司(IDC)、中新游戏(伽马新媒CNG)联合发布的《中国游戏产业报告(2013)》。

泛的客户群为移动游戏发展壮大提供了强大的动力;另一方面,移动游戏的进入门槛低,研发周期较短,成本低,灵活性高,吸引大量开发商和小型团队进入该领域。

此外,2013 年度在移动游戏领域一大值得关注的现象是微信游戏的推出。腾讯作为中国第一大、世界第四大游戏公司,目前在国内手游市场的占有率高达54%,而微信用户也高达 4 亿,活跃用户达 1.9 亿。2013 年 5 月,腾讯宣布推出"腾讯移动游戏平台",而微信游戏则作为该平台的组成部分向用户开放。这意味着众多手游公司将享受腾讯的"用户量红利",未来整个手游产业很可能在现有的高速增长的基础上实现爆发性增长。

### 三、单机游戏

2013 年,中国单机游戏市场实际销售收入 0.89 亿元,比 2012 年增长了18.7%。[①] 中国单机游戏的发端早于网络游戏,经过十多年的发展,中国单机游戏产业积累了大量的用户群体和研发经验,尽管单机游戏市场的市场占有率较低,但其发展前景仍然不容忽视。但是,由于研发周期长,产品数量少,缺乏可持续的商业模式,单机游戏的未来发展仍然面临诸多困难。

得益于电子商务的迅速发展,数字版在线发行的发行方式是目前单机游戏发行的主要方式和未来趋势,对于降低渠道成本、减少用户购买障碍都具有积极的意义。

在未来,随着游戏平台和跨终端形态的出现,单机游戏将呈现出跨终端发展的趋势,移动端、主机端、电视端都将成为单机游戏市场变革的战略要地,跨终端的发展将为单机游戏注入新的活力。

## 第四节　动漫游戏产业发展特征

### 一、宏观政策继续助推产业发展,扶持措施更待优化

自 2004 年国家大力扶持动漫产业以来,我国的动漫产业取得了长足的发展,同时也产生了许多亟待解决的问题。其中政府的扶持政策在这一过程中扮演了重要角色。2013 年,各项宏观政策的提出,对于推动动漫游戏产业的持续快速发

---

① 中国版协游戏工委(GPC)与国际数据公司(IDC)、中新游戏(伽马新媒 CNG)联合发布的《中国游戏产业报告(2013)》。

展具有积极的意义。但是，如何解决产业发展中的痼疾，是否存在"过度保护"的问题，都要求政府主管部门进一步明确自己的角色定位，使国家的各项扶持政策进一步优化。

### 二、产品内容亟需改进，行业自律关注社会责任

动漫游戏产业的一大特殊性在于在其受众中有相当部分的少年儿童。近年来，在动漫游戏产业快速发展的同时，关于动画片、游戏中暴力元素误导儿童的争论不绝于耳。2013 年 10 月，央视动画有限责任公司等十大动画制作机构、中央电视台少儿频道等十大动画播出机构联合向全行业发出关于"做对孩子们有益无害的动画片"的倡议，希望全国同行业者承诺决不制作播出含有暴力、低俗、危险情节、不文明语言的动画片，切实保证动画片在未成年人成长中发挥积极健康的引领作用。这表明，我国动画产业内部开始加强行业自律性，更加关注社会责任，对于今后产品内容的改进和提升具有积极的意义。

### 三、跨领域并购与合作推动资源整合和产业链拓展

2013 年，动漫游戏产业界的企业并购事件频发，呈现出产业链深度拓展和跨领域资源整合的发展态势。奥飞动漫通过一系列的企业并购，实现了"动漫＋游戏＋玩具"的产业链布局，利用知名动漫形象，通过线下玩具与线上媒体传播和游戏运营的交叉协作，从而打造全方位的线上线下互动的娱乐体验。这充分体现了其"横向品牌整合＋纵向产业链拓展"的发展思路，有助于其加速布局"泛娱乐"产业。

### 四、发挥平台优势，提升产业集中度

随着手机、互联网的快速发展，网络平台在动漫游戏产业中的地位和作用将越来越重要。一方面，利用平台积累的用户群体，有利于产品的传播，实现利益的最大化。以微信游戏为例，"腾讯移动游戏平台"的推出意味着众多手游公司将享受腾讯的"用户量红利"，未来整个手游产业很可能在现有的高速增长的基础上实现爆发性增长。另一方面，平台扮演了资源整合者的角色，以完美世界、腾讯、盛大为代表的大型游戏企业通过对上下游产业链相关企业、国内外游戏企业的投资、并购，实现了全球化研发与运营资源的整合，以及客户端、网页、移动游戏不同类别的游戏用户的资源整合，提高了游戏产业集中度。

### 五、人才不足制约产业发展，亟需探索培养新模式

人才问题仍然是产业高速发展背后的一项顽疾，尽管目前开设动漫游戏专业的学校日益增多，但依然不能满足产业发展的需求。不少高校动漫游戏教学过于注重灌输理论知识，使学生难以将理论与实践相结合，企业内容培训不足，社会培训机构缺乏且水平不高，缺乏向国外先进研发学习的渠道等都制约着高素质专业人才的培养，无论学界还是业界都亟需大胆创新人才培养模式。

# 网络新媒体产业年度发展报告

吴忠谚　　王欣怡*

## 第一节　中国网络文化产业宏观环境分析

### 一、国家政策法规

2013 年 3 月 10 日新华社发布的国务院机构改革和职能转变方案,将之前的新闻出版总署和广电总局组合并成立"国家新闻出版广播电影电视总局"。《方案说明》中称,这次调整是"为进一步推进文化体制改革,统筹新闻出版广播影视资源"。两部门职能合并也或将为后期成立"大文化部"、促进整个文化管理职能整合打下基础,对我国网络新媒体的发展方向也会产生影响。

2013 年 12 月 1 日起,文化部文化市场管理制度创新的重点——8 月出台的《网络文化经营单位内容自审管理办法》正式生效。《办法》最大的亮点,在于原先由政府部门承担的网络文化产品内容审核和管理责任更多地放权交由企业承担,政府的任务转变为事中的巡查和事后的核查、处罚。移动游戏、网络音乐的内容自审将首先试行,文化部扩大自审范围,逐步减少政府审查事项,降低审查层级,不仅能缩短审批流程,有利于释放企业活力,也有利于增强企业自立意识和自主管理能力。

中国的社交媒体发展之快,出乎很多人的预料。截至 2013 年 6 月,中国微博用户规模达到 3.31 亿,微信从 2011 年发展至今用户规模突破 3 亿。据中国最有影响力的 10 家网站统计,微博每天发布和转发的信息超过 2 亿条[①]。今年 5 月起,互联网信息办部署了打击网络谣言的行动,重拳出击,关闭了一批造谣传谣的

---

* 作者系北京大学艺术学院艺术管理与文化产业研究方向硕士生研究生。

① 数据来源于《中国经济网》。

微博账号,对相关人员予以处罚,使得之前信息泥沙俱下的中国网络环境得到了一定的改善。相对于微博、微信等社交媒体的出现和迅猛发展,以及由此引发的互联网当前存在的一些乱象,中国互联网相关的法律法规显得有些落后。我国1994年接入互联网,最早的《互联网信息服务管理办法》是2000年出台的。随着新的传播技术不断涌现,有关互联网的法律法规需要继续完善,有些需要补充新内容、增加新条文。针对微信、微博等社交媒体,将制定新的法律法规,加强互联网立法的统筹规划和总体协调,抓紧出台《互联网信息服务管理办法》《互联网新闻信息服务管理规定》等法律法规,增强现行法律、法规的适用性和操作性,不断提升互联网管理的效能和水平。

### 二、经济、科技、文化及社会环境支撑

移动互联网的迅猛发展离不开国家对新一代信息技术有序地推进。党的十八大报告中提出,推进经济结构战略性调整,其中特别提到建设下一代信息基础设施,发展现代信息技术产业体系,健全信息安全保障体系,推进信息网络技术广泛运用。在政策推动下,今年前3季度我国3G移动电话用户普及率飞速提升至3.68亿户,3G上网用户的规模不断扩大,达到2.75亿户,对3G用户的渗透率达到74.8%。4G牌照也预计年底能够发放①。随着移动互联网即将赶超PC客户端的大趋势愈发明显,聚焦移动互联网技术成了必然。目前是企业级移动应用程序(App)使用的黄金期,而且App制作技术也已经成熟,未来无论各行各业,一款用户体验良好的App将成为衡量企业好坏的一个重要标准。新媒体广告平台在移动时代也有了重要的创新成果。

以新技术为支撑的新媒体快速崛起,对我们的生产生活、价值观念以及文化构建都产生了较大影响和冲击。2013年,国家倡导"网聚正能量,共筑中国梦",希望借由网络传播正能量,营造文明、健康的网络环境。由于网络开放、快捷、匿名、公开、多媒介、互动频繁的信息传播特点,一些人借口"网络自由"传播谣言,速度更快、流通面更广、煽动性更强,极具迷惑性和破坏力。但由于网络追查较为困难和耗时,往往一时间令普通网民难辨真伪、不知所从。加强针对谣言的追责与限制,也是对网络自由传播的有效保护,国家对网络文化环境的积极引导,将是一项长远而必要的任务。习近平总书记在2013年11月的全国宣传思想工作会议上强调,要根据形势发展需要把网上舆论工作作为宣传思想工作的重中之重来

---

① 中国经济网:《互联网经济持续快速发展》,郭文娟,谭辛,http://www.ce.cn/culture/gd/201311/13/t20131113_1742526.shtml,2013年11月13日。

抓,并对如何做好网上舆论工作提出了新要求、作出了新部署。宣传思想工作把网上舆论工作作为重中之重来抓,不仅是我们掌握舆论引导主动权的需要,更是保障我国意识形态安全和政权安全的需要。

## 第二节　中国网络文化产业的年度发展趋势

### 一、互联网企业掀起融资并购潮及其跨界发展

随着近十年群雄割据的竞争发展,2013 年互联网进入行业整并阶段,据中商情报网《2002—2013 年中国互联网行业并购活动》显示,截至 11 月底,已有并购数 47 起,累计金额达到 46 亿美元,创历史新高①。互联网是一种面向所有行业类别敞开的领域,任何产业皆有可能与互联网做对接,这使得互联网产业本身具有相对开放性,同时为握有丰富资金的企业打开一扇扇跨界整合的大门。互联网巨头如百度、阿里、腾讯(三者合称 BAT 阵营)于 2013 年积极拓展业务范围,打破传统 PC 互联网时代,百度深耕搜索、腾讯专注社交、阿里戮力电商的垂直深化,走向平行拓展的发展道路,构建既深且广的"生态"系统,积极渗透人们生活的各方各面。

在垂直深化发展方面,旨在巩固业务基础与市场占有率,多家企业动作频频:1 月,百度以一亿美元并购服务搜索平台爱帮网;5 月宣布斥资 3.7 亿美金收购 PPS,与旗下爱奇艺合并,运营业务从 PC 端走入移动端;7 月,以 19 亿美金收购 91 无线,控制中国部分的手机应用分发平台。同时,掌趣科技以 8.1 亿元人民币收购动网先锋 100% 股权,加强网页游戏方面的研发和营运实力。阿里巴巴则以数百万美元投资游记记录、分享应用"在路上",助力淘宝旅游,成其移动端入口。9 月,腾讯与搜狗达成战略合作,向搜狗注资 4.48 亿美元,获搜狗 36.5% 的股份,并与酷狗整合并购腾讯搜搜等其他相关资产。另外,阿里巴巴于 12 月以 8.22 亿港元入股海尔,取得其 2% 股份,并获得海尔旗下"日日顺"物流 34% 股权,为阿里物流建构配送服务行业标准。

平行拓展方面,主要为增加服务面向以巩固自身核心竞争力。1 月阿里巴巴收购虾米网,开拓阿里巴巴的音乐社交之路;4 月,以 5.86 亿美元购入新浪微博约 18% 的股份,开拓横跨 PC、移动端的第三方社交平台;5 月,2.94 亿美元购买高德地图 28% 的股份;7 月,投资在线增值服务商穷游网约 6180.7 万元;11 月,以

---

① 中商情报网:《2002—2013 年中国互联网行业并购活动》,http://www.askci.com/news/201312/09/09143010130285.shtml,2013 年 12 月 9 日。

8000 万美元收购移动应用服务平台友盟；12 月，传闻阿里收购天天动听，完善手机端音乐社交平台，并与旗下虾米网进行业务整合并购。百度方面，则于 6 月投资去哪儿网 3.06 亿美元，占其股份 60%，正式布局在线旅游市场；同时，腾讯投资创意产品闪购网站 Fab，建构其电子商务服务体系，并与自身金融服务形成协同效应。除了这些互联网企业外，也有些传统媒体、行业公司进入互联网领域，或是互联网企业跨足其他传统行业。如浙报传媒于 4 月以 32 亿美元收购盛大旗下的杭州边锋、上海浩方两家网游公司 100% 股权，开拓其新媒体之路；6 月，香港上市公司第一视频斥资人民币 1.5 亿元收购北京彩网博汇科技全部股权，从事内地彩票相关业务，引领出崭新互联网细分领域；7 月，华谊兄弟以 6.72 亿收购银汉科技 50.88% 股权，正式跨界进军移动游戏领域，多角度经营影视音游相关产业链。9 月，凤凰传媒以 3.2 亿元收购慕和网络 64% 的股权，进军手游业；10 月，苏宁云商联合弘毅以 4.2 亿美元收购 PPTV 近 74% 的股份，为转型互联网零售企业的苏宁提供了创造流量与入口的基础；同一时刻，博瑞传播以 10.3 亿元人民币收购页游研发公司漫游谷，从传统媒体产业向新媒体转型。

在这波并购热潮中我们能够看到几个趋势：首先，互联网巨头在移动互联网初现价值后积极布局，旨在更贴近消费者，从能够获取大量受众的细分领域中挖掘与自身核心竞争力相关联的服务，并在移动互联网尚未成熟前，完善服务体系，以巩固市场占有率。其次，传统传媒行业企业则全力转型，进入互联网阵营，一是从产业链上下游扩展；二则以收购、投资方式切入，获取该公司的核心团队，为自身转型巩固竞争基础。

## 二、移动互联网的发展特质

当智能手机普及率不断上升，移动增值服务的可及性逐渐提高，拉长使用者在网上"冲浪"时间，为移动互联网的爆炸性增长铺平道路。同时，依循着互联网无孔不入的特性，以及智能手机的便携性、移动的随时性、操作的便捷性与使用的碎片化，移动互联网对人们生活的渗透性比传统互联网要强得多，促使移动端逐渐取代 PC 互联网的地位成为人们办公、娱乐、通讯、消费的重要入口。其次，移动互联网作为互联网领域中的新兴趋势，势必引起行业巨头群起围攻，以抢占短期的蓝海市场，巩固自身在互联网领域的领导地位，2013 年互联网巨头从产业链纵向发展转为平行拓展，进入跨领域竞争阶段。

据艾瑞网数据显示，2013 年 1 至 9 月，国内 PC 端网站日均覆盖人数已趋于停滞，保持在 2.3 亿人次左右，而移动端 App 则持续上涨，近 2 亿。网民注意力转向移动端的趋势已无法逆转。

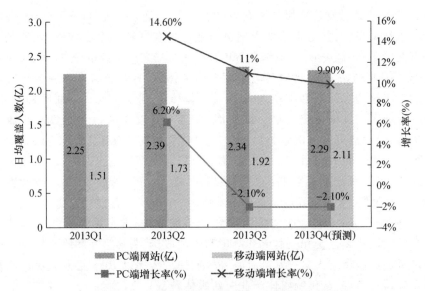

**图 1　2013 年 PC 端网站与移动端 App 日均覆盖人数**

数据来源：艾瑞咨询，http：//wireless. iresearch. cn/others/20131205/221299. shtml，经本研究整理。

2013 年中国手机网民规模已达 5 亿，预计 2017 年中国手机网民规模将超过整体 PC 网民规模①。

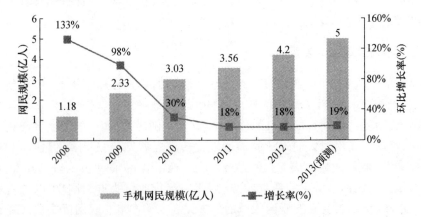

**图 2　2008—2013 年中国手机网民规模发展状况**

数据来源：中国互联网络信息中心（CNNIC），http：//www. cnnic. cn/hlwfzyj/。

① 艾瑞咨询：《2013 年移动互联网市场规模 1059. 8 亿元，进入高速发展通道》，分析师王珏，http：//wireless. iresearch. cn/others/20140114/224843. shtml，2014 年 1 月 14 日。

2013 年中国移动互联网市场规模将达到 1059.8 亿元,增长率达 81.2%①。与整体互联网相比,传统互联网已进入细分领域发展,单一细分行业即破百亿规模,而移动互联网目前随着各大企业的强势举动正逐步踏入成熟期,向细分领域发展迈进。

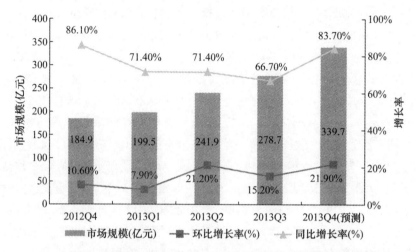

**图 3 2012 年第四季度——2013 年第四季度中国移动互联网市场规模**
数据来源:艾瑞咨询,http://wireless.iresearch.cn/others/20131106/217972.shtml。

## 第三节 网络文化产业各行业分类概况、相关问题及其展望

### 一、门户网站与搜索引擎

(一)门户网站

截至 2013 年 11 月 14 日,中国的五大门户网站——凤凰网、新浪、网易、腾讯、搜狐都已发布了自己的第三季报报表,综合对比五家门户网站的财务数据,除了搜狐净利润同比下降 20% 外,其他门户网站的净利润同比都有不俗涨幅,其中凤凰网净利润同比增长近 6 倍,排名居首。

截至 2013 年 9 月 30 日,凤凰网第三季度总营收增加至人民币 3.787 亿元,同比增长 32.3%。净广告营收为人民币 2.238 亿元,同比增长 59.3%,增长主要

---

① 艾瑞咨询:《2013 年移动互联网市场规模 1059.8 亿元,进入高速发展通道》,分析师王珏,http://wireless.iresearch.cn/others/20140114/224843.shtml,2014 年 1 月 14 日。

受每名广告客户平均收入和广告客户数同比增长的驱动。网易三季报数据显示，第三季度总收入为 25.14 亿元人民币，同比增长 23%，毛利润为 17.47 亿元人民币，上一季度和去年同期分别为 16.98 亿元人民币和 13.62 亿元人民币，净利润为 10.48 亿元人民币，同比增长 29.1%。利润的同比增长主要是由于在线游戏服务及广告服务利润增长。新浪三季报数据显示，第三季度新浪净营收 1.846 亿美元，较上年同期增长 21%。净利润为 2540 万美元，较上年同期增长 157%。非美国通用会计准则非广告营收 2840 万美元，较上年同期增长 5%，这主要得益于微博增值服务营收的增长。腾讯三季报数据显示，第三季度总收入为 155.351 亿元，比去年同期增长 34.3%；净利润为 38.7 亿元人民币，同比增长 20%。其中，受益于几款主要 PC 游戏增长及 QQ 手机版与微信上智能手机游戏的初步贡献，腾讯社交网络收入同比增长 3.7%，达到 32.108 亿元。移动端用户数上，手机 QQ 继续稳步增长，同时在线用户达到 1.782 亿人。微信及 WeChat 的合并月活跃用户同比增长 124.3%，达到 2.719 亿。搜狐三季报数据显示，第三季度营收达 3.68 亿美元，同比增长 29%；净利润为 4100 万美元，较 2012 年同期下降 20%。

由五大门户网站的三季度报表可以看出，传统的门户网页浏览带来的广告收入仍然是支撑大部分传统门户网站的主要收入来源，以凤凰网为例，汽车、白酒饮料以及电子商务等三大行业在其目前广告客户中排名前三位；新浪微博收入的迅猛增长使得新浪第三季度的整体收入同比增长 22% 至 1.846 亿美元，广告收入同比增长 26%，在此基础上，新浪预计公司收入和利润增长都将在四季度实现提速；网易的利润同比增长主要也得益于广告服务利润增长及在线游戏服务。

然而不容忽视的是，五大门户网站的移动增值业务对于其收入增长和利润增加的作用越来越明显，移动互联网的快速崛起已经开始对门户网站的传统 PC 业务产生冲击。腾讯更是明显，移动端用户数上，腾讯手机 QQ 继续稳步增长，同时在线达到 1.782 亿。微信及 WeChat 的合并月活跃用户同比增长 124.3%，达到 2.719 亿①。多位业内人士认为，未来，生活服务电商和游戏平台很可能成为微信最主要的盈利来源。新浪微博计划和阿里巴巴在移动支付、微博支付方面展开进一步的合作。

（二）搜索引擎

艾瑞咨询数据显示，2013 年第三季度中国搜索引擎市场规模达到 109.2 亿

---

① 中国经济网：《五大门户网站三季报齐亮相，凤凰网净利涨幅居首》，http://www.ce.cn/culture/gd/201311/15/t20131115_1755073.shtml，2013 年 11 月 15 日。

元,环比增长 17.5%,同比增长 40.7%,增幅较上一季度有所上升,重回 40%以上。

2013 第三季度中国搜索引擎市场营收份额结构当中,百度占比 81.4%,搜狗占比 3.2%,搜搜占比 1.3%,均与上季度基本持平。谷歌份额继续下滑,当前占比 12.3%。360 搜索营收占比上升至 1.6%。根据互联网数据统计分析服务提供商 CNZZ 数据中心对 11 月国内主流搜索引擎的统计分析:百度、360 搜索、搜狗分别以 61.18%、22.14%、12.01% 的市场占有率占据前三。其中,360 搜索连续上涨,在今年一年中,市场份额增长幅度已经超过 100%。

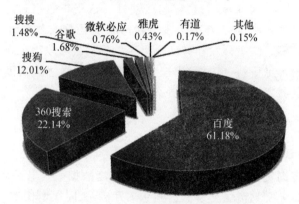

**图 4　2013 年 11 月国内搜索引擎市场占有率**
数据来源:易观网,http://data.eguan.cn/qitashuju_181229.html。

2013 年 11 月,从占有率来看,360 搜索的占有率份额为 22.14%,首次突破 22% 大关,与 10 月的占有率相比(21.39%)提高了 0.75 个百分点。在今年的前 11 个月份中,360 搜索均呈现不同程度的增长,11 月占有率相对 1 月占有率(10.53%)累计提升幅度为 11.61 个百分点,其在 11 个月中的总增幅已超过一倍。百度搜索引擎的总占有率份额为 61.18%,相对 10 月(61.72%)降低了 0.54 个百分点。从今年 6 月起至 11 月,百度搜索引擎的占有率已在连续的 6 个月之中呈现下降趋势,但百度引擎的总占有率仍高于 60%,超出其他各搜索引擎占有率之和。

此外,11 月搜狗搜索占有率为 12.01%,相比 10 月(10.45%)提高了 1.56 个百分点,用户使用率为 10.53%,相比 10 月(9.75%)小幅提升了 0.78 个百分点。谷歌搜索引擎的占有率为 1.68%,相比 10 月的(1.76%)略有降低。在今年的前 11 个月份中,谷歌搜索引擎均呈现不同程度的降低,微弱的市场份额正在慢慢被蚕食。腾讯旗下的搜搜搜索引擎的占有率本月为 1.48%，相比 10 月（3.19%）大幅降低 1.71 个百分点，此次搜搜市场份额大幅降低主要归咎于腾讯放弃搜搜，投资搜狗，导致用户流失①。

　　然而令人瞩目的是，百度作为搜索引擎的业界龙头，已经开始紧跟时代的潮流，抢占移动终端业务。收购 91 无线之后，百度的移动应用商店生意风生水起。易观智库日前发布《2013 年第 3 季度中国移动应用分发市场监测报告》显示，截至 2013 年第三季度，中国移动应用市场分发总量已突破 180 亿次。其中，百度系应用分发平台以 40.6% 的市场份额位居榜首，领先 360 手机助手、豌豆荚等其他分发平台。2013 年第三季度，百度移动搜索日活跃用户数已超过 1.3 亿，在移动领域的战略布局收效明显，百度系分发平台 App 日均分发总量超过 8000 万，围绕移动搜索、定位服务、应用分发和移动视频 4 大移动战略取得了迅猛增长，显示出百度移动业务的长足后劲，也显示出搜索引擎的移动终端市场极大的潜力，为搜索引擎的未来发展方向指出了一条明路。

## 一、电子商务

### （一）电子商务

　　根据艾瑞咨询发布的《2013 中国互联网年度数据——电子商务》报告，2013 年中国的电子商务交易市场交易额达到 9.7 万亿元，同比增长 21.3%。其中中小企业 B2B 电子商务市场营收规模达到 210.2 亿元，同比增长 25.8%；网络购物交易规模超过 1.85 万亿元，同比增长 42%；移动购物交易规模达到 1676.4 亿元，同比增长 165.4%；在线旅游市场交易规模达到 2204.6 亿元，同比增长 29%。②

　　有业内人士将 2013 年称为移动支付元年。移动互联为随时"逛街""下单"提供可能，也带来巨大商机。作为科技创新和金融创新的有机结合，移动支付正深刻改变着人们的消费方式。不管移动支付会否成为支付领域的下一个"制高点"，但抢夺市场份额的态势早已悄然升温。有预计显示，当前全球移动支付用户超过 2 亿，未来五年移动支付将达到平均每年 43% 的增速。到 2016 年，移动支付将形成一个金额高达 6170 亿美元的巨大市场。来自市场研究机构易观国际的数据显示，今年第 3 季度，我国移动网购市场规模达 341.2 亿元，环比增长 17.7%，同比增长 104%，继续保持强劲的增长势头。移动网络购物正在进入"红利收割期"。

---

① CCtime 飞象手机网：《11 月国内搜索引擎分析报告：360 份额已翻番》，http://mobile.cctime.com/html/2013-12-9/20131291155528332.htm，2013 年 10 月 9 日。

② 艾瑞网：《艾瑞咨询：2013 年移动互联网市场规模 1059.8 亿元，进入高速发展通道》，http://wireless.iresearch.cn/others/20140114/224843.shtml。

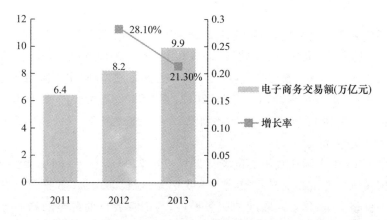

**图 5  2011—2013 年中国电子商务交易额及增长率**

数据来源：艾瑞咨询，http://wenku.baidu.com/link? url = 8NlXdFdI-fXGkeZUIoBcoTlc-Wr7mLP6FucWhb7K2DT84W7fB39AYvafvErVZGXDXeXPky_T3zsEBDfKpr0wOIU7XH_KOAsd1NxCQylu-kcK。

央行发布的《2013 年第二季度支付体系运行总体情况》显示，第二季度全国共发生电子支付业务 62.45 亿笔，金额 251.02 万亿元。其中，网上支付 57.87 亿笔，金额 247.86 万亿元，同比分别增长 24.87% 和 24.1%；电话支付 0.86 亿笔，金额 1.08 万亿元，同比分别减少 6.07% 和 13.53%；移动支付 3.71 亿笔，金额 2.07 万亿元，同比分别增长 274.7% 和 363.92%[①]。

目前，已有 4 亿用户在手机淘宝上进行购物。仅 2013 年"双 11"当天，就有 1.27 亿用户在手机上"淘宝"，手机淘宝成交总金额高达 53.5 亿元，是去年"双 11"当天的 5.6 倍；手机淘宝单日成交笔数达 3590 万笔，交易笔数占整体的 21%，去年这个数字仅有 5%。

更有腾讯微信不甘人后，推出更加简洁易于操作的微信支付，微信支付以庞大的移动客户端用户为基础，甫一诞生就势头强劲，隐隐有与阿里支付宝相抗衡之势。

虽然移动支付最近一年的增长速度非常迅猛，但从规模上来看，移动支付的规模还是相当小，要在电子支付领域中占据一席之地，前路漫漫，在实际推进过程中仍面临不少困难。

---

① 中国经济网：《移动支付，概念很火爆 抢占市场份额还需考验》，http://www.ce.cn/culture/gd/201311/29/t20131129_1825906.shtml，2013 年 11 月 29 日。

（二）旅游

中国旅游研究院数据表明,预计 2013 年国内旅游总人数为 33 亿人次,旅游总收入 2.6 万亿元,同比分别增长 11.6% 和 14%。细分旅游市场方面,2013 年入境旅游人次达 1.29 亿、旅游外汇收入为 480 亿美元,二者同比下降分别达 3% 与 4%;与之相对,出境游保持增长趋势,2013 年达 9800 万人次,同比增长 18%,出境旅游消费金额达 1200 亿美元,同比增长 20%。旅游服务贸易逆差进一步增大,预计为 720 亿美元①。

其中 2013 年中国在线旅游市场交易规模达 2204.6 亿元,同比增长 29%,第三季中国在线旅游市场交易规模达 585.6 亿元,增长渐趋缓,主要受第三方在线代理持续价格竞争、移动互联网的服务推广、与消费者自助游热潮趋势等原因影响,导致佣金与利润率下滑所致。2013 年在线旅行社(OTA)市场营收达 117.6 亿元,同比增长 26.2%。

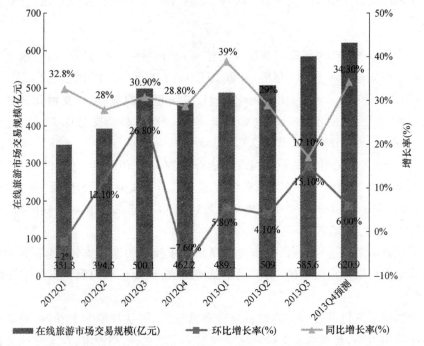

图 6　2012 年第一季度—2013 年第四季度中国在线旅游交易市场规模

数据来源:艾瑞咨询,http://www.iresearch.com.cn/View/217810.html。

---

① 中国旅游研究院:《2014 中国旅游经济蓝皮书(NO.6)》研究成果,http://www.ctaweb.org/html/2014-1/2014-1-3-11-40-75744.html,2014 年 1 月 2 日。

2013 年,跳过中间商贩售旅游产品的直销平台逐渐受到消费者好评,随着去哪儿网与淘宝旅行的持续发力,直销模式逐渐受到商家与市场认可,有更多的旅游商品、酒店与机票供消费者选择,2014 年在线直销模式将持续发展。

除了营运模式的转变外,智能手机与移动互联网同样带给在线旅游庞大的市场潜能,二者结合的便捷性、随时随地的无缝接轨,都为旅游产品的消费者提供了极大便利,同时,也促使受众选择自助游或更加机动灵活的个性化旅游商品,间接导致精耕旅行攻略、线上线下资源整合等垂直搜索平台的火热。另外,小长假、周末假期等效应推动景区旅游、周边游、出境游的消费者增多,使在线旅游企业走入垂直细分市场。在移动互联网层面,旅游应用 App 已渡过创业潮,被多方旅游相关企业所并购,并成为其服务的移动入口,整体在线旅游市场走入成熟、细分与深化发展的阶段,尤其是 OTA 企业,纷纷转向移动互联网布局,透过持续价格战拓展市占率,移动端市场超过 PC 端将会是未来无法阻挡的趋势。

2013 年 10 月 1 日,《中华人民共和国旅游法》正式实施,旅游市场中被诟病的各种市场潜规则开始得到遏止,借由市场机制逐渐将旅游市场导向正轨,《旅游法》的实施也间接促使传统旅行社或旅游产品为寻找更多曝光机会而加速互联网化,从而间接推动在线代理企业与直销平台开启资源抢夺大战。随着政府的政策影响,公务旅游消费大量下降,取而代之的是国民消费群体,以市场内部需求主导整体旅游市场增长趋势,有助于市场中旅游产品的持续改善,提升中国旅游服务的质量。

## 二、社交网站(SNS)

艾瑞咨询发布的 2013 年第三季度中国社区交友核心数据显示,2013 年 8 月,社区交友类服务月度覆盖人数达到 4.3 亿,同比增长 0.2%,环比下降 1.3%,在总体网民中渗透率为 90.8%。[①] 社区交友类服务在 PC 端进入平稳发展阶段,其覆盖人数与用户黏性在国内主要网络服务中处于领先地位。

社交类服务流量在 PC 端和 App 端流量逐渐趋近,受微信的拉动,移动端流量增长迅速。2013 年 8 月,App 端月度浏览时长同比增长 251.1%,PC 端同比下降 31.3%,App 端流量增速以绝对优势领先。

2013 年第三季度社交服务在 PC 端的各类细分服务中,微博与社区季度浏览

---

① 艾瑞咨询:《2013 年第三季度中国社区交友核心数据发布》,http://news. iresearch. cn/zt/218539. shtml。

时长占比较上一季度进一步上升,占比均为 16.6%。进入第三季度以后,微博加大了对内容方面的运营,为微博黏性的提升做出贡献。在社区方面,百度贴吧、天涯社区等社区网站在暑假期间用户活跃度进一步提升,本地社区的发展势头也较良好。

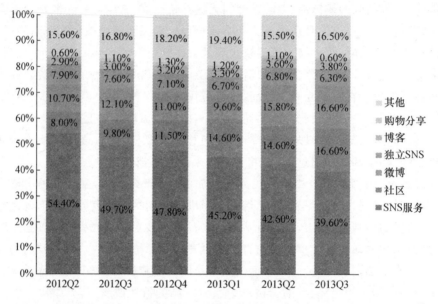

**图7  2012 年第二季度—2013 年第三季度 PC 端社交细分服务浏览市场占比情况**
数据来源:艾瑞咨询,http://news. iresearch. cn/zt/218539. shtml。

总结来看 2013 年的趋势,社区交友类服务在 PC 端依然保持较为平稳的发展,社交在 PC 端进入成熟阶段。从整体流量来看,社交服务两大终端流量逐渐趋近。在 PC 端,微博服务与社区服务在社交季度浏览时长中占比进一步提升;在移动端,微信依然是社交 App 中最重要的拉动力量。

### 三、广告

根据艾瑞咨询数据,中国网络广告市场 2013 年达 1100 亿元,同比增长 46.1%,保持稳定增长①。其中第三季度规模达到 278.5 亿元,环比增长近 20%,网络品牌广告 2013 第三季度投放费用达 80 亿元,同比增长 13%。其中门户网站

---

① 艾瑞咨询:《2013 年中国网络广告市场规模突破千亿大关,达到 1100 亿元》,http://a. iresearch. cn/others/20140109/224661. shtml,2014 年 1 月 9 日。

广告收入同比涨幅达到 26%,占广告市场总体超过四成,显示其对广告主的吸引力。而视频网站的广告收入也增长 11.8%,位居第二①。

图 8　2012—2013 年中国网络广告市场发展状况

数据来源:艾瑞咨询,http://news.iresearch.cn/zt/218616.shtml。

2013 年为中国互联网广告行业进入整并期的重要时刻,搜索与视频服务中的主要企业皆于今年发起整并计划。搜索方面,因行业的竞争过于激烈,且市场份额被前五大搜索引擎(包括百度、360 搜索、谷歌、搜狗与搜搜)所垄断,排名第一的百度营业收入占据了整个行业 80%,导致其余企业面临营利问题,促使企业走入整并。另外,以电商媒体为主的垂直搜索网份额不断增长,2013 年占整体比率达 23.9%。视频网站方面,PPS 与 PPTV 被收购等,都显示视频企业企图透过业务整合、跨足互联网电视或盒子、购置优质内容与升级相关服务等方式来提升用户数量与黏着度,借此招揽广告。2013 年第三季度视频贴片广告在网络广告中的份额接近 8%,网络展示广告中的份额接近 25%,各视频企业戮力推广自制剧,发挥台网协同效应,提高网民注意力与用户忠诚度,使广告主对优质视频内容的认可度提高②,进而增加广告主植入广告的意愿。

① 艾瑞 iAdTracker:《第三季度网络品牌广告涨幅显著 房产类媒体及广告进入行业黄金季》,http://www.iresearch.com.cn/Report/view.aspx?Newsid=219055,2013 年 11 月 14 日。
艾瑞咨询:《2013Q3 中国网络广告市场规模达到 278.5 亿元,发展态势较好》,http://www.iresearch.com.cn/View/217822.html,2013 年 11 月 5 日。
② 艾瑞咨询:《2013 年中国网络广告行业年度热点盘点》,http://www.iresearch.com.cn/View/221279.html,2013 年 12 月 5 日。

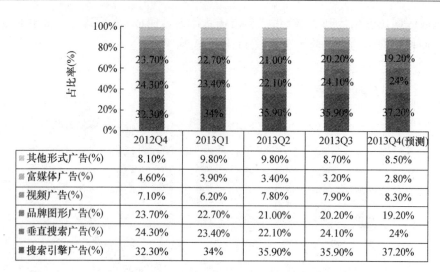

| | 2012Q4 | 2013Q1 | 2013Q2 | 2013Q3 | 2013Q4(预测) |
|---|---|---|---|---|---|
| ■其他形式广告(%) | 8.10% | 9.80% | 9.80% | 8.70% | 8.50% |
| ■富媒体广告(%) | 4.60% | 3.90% | 3.40% | 3.20% | 2.80% |
| ■视频广告(%) | 7.10% | 6.20% | 7.80% | 7.90% | 8.30% |
| ■品牌图形广告(%) | 23.70% | 22.70% | 21.00% | 20.20% | 19.20% |
| ■垂直搜索广告(%) | 24.30% | 23.40% | 22.10% | 24.10% | 24% |
| ■搜索引擎广告(%) | 32.30% | 34% | 35.90% | 35.90% | 37.20% |

**图 9　2012 年第四季度—2013 年第四季度不同形式网络广告市场份额**

数据来源:艾瑞咨询,http://www.iresearch.com.cn/View/217822.html。

2013 年第三季,中国网络广告市场份额仍以搜索引擎广告为主,占总体 35.9%;垂直搜索广告则占 24.1%,视频广告占 7.9%,前三者市场占比都有缓步提升的现象,而传统品牌图形广告则逐渐下降,2013 年第三季度占比 20.2%,同比降幅达 22%。其中,视频网站贴片广告随着移动互联网的不断发展,将成为未来网络广高的增长点①。2013 年全年垂直搜索广告占网络广告市场份额达 28.9%,搜索关键字广告占 26.5%,品牌图形广告占 24%②。

**四、金融**

互联网金融是指借助于互联网技术、移动通信技术实现资金融通、支付和信息中介等业务的新兴金融模式,以移动支付为基础,以云计算为保障处理信息,形成时间连续、动态变化的金融市场信息序列,以现代信息技术配置资源,信息透明,竞争充分,效率较高。

2013 年被称为中国互联网金融元年,其核心的金融互联网化以及移动支付和第三方支付都取得了爆发式的发展。6 月 13 日,阿里巴巴推出"余额宝",两个

① 艾瑞咨询:《2013Q3 中国网络广告市场规模达到 278.5 亿元,发展势态较好》,http://www.iresearch.com.cn/View/217822.html,2013 年 11 月 15 日。
② 艾瑞咨询:《2013 年中国网络广告市场规模突破千亿大关,达到 1100 亿元》,http://a.iresearch.cn/others/20140109/224661.shtml,2014 年 1 月 9 日。

月吸纳资金 250 亿元。截止到 12 月,余额宝总资金量突破 1300 亿元,开户用户超过 1600 万。8 月,腾讯微信 5.0 推出"微支付"功能,多家基金公司跟进推出基于微信平台的理财服务。10 月 28 日,百度理财携手华夏基金亮相,当日销售超过 10 亿元,参与购买用户超过 12 万户。

在中国第三方互联网支付企业中,支付宝占据 48.8% 的市场份额。去年第三季度,中国银联互联网支付平台整体支付、转接交易规模达 4687 亿元。事实上,互联网金融正从单纯的支付业务向转账汇款、跨境结算、小额信贷、现金管理、资产管理、供应链金融等传统金融业务领域渗透。

艾瑞咨询提供的数据显示,2013 年中国第三方移动支付市场交易规模达到了 12197.4 亿元,同比增长 707% ,实现了井喷式增长。

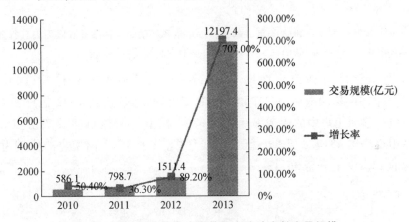

**图 10　2010—2013 年中国第三方移动支付交易规模**

数据来源:艾瑞咨询,http://wenku.baidu.com/view/017e28772b160b4e767fcf59.html。

### 五、移动增值和 3G 服务

行业咨询公司 Ovum 最新公布的数据显示,全球移动增值服务(VAS)收入增幅预计将在 2013—2018 年间放缓,年均复合增长率降至 10% 。中国的移动增值业务也没能幸免。2013 年,免费增值创造的营收明显,免费增值模式已经在创收能力上取得了绝对优势,而无论是有增值服务还是没有增值服务,付费应用在营收上的贡献已经明显萎缩。

根据艾瑞咨询发布的 2013 年第二季度移动互联网数据,移动增值已经被移动购物超越,不再维持最大的市场细分,移动增值占比持续缩水。

我国 3G 用户的普及程度在 2013 年得到了进一步的提升。最新数据显示,

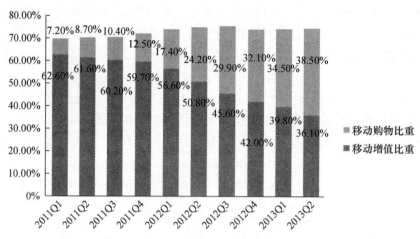

**图 11   2011 年第一季度—2013 年第二季度移动增值和移动购物占移动互联网细分行业比重**
数据来源:艾瑞咨询,http://www.docin.com/p-731184491.html。

2013 年全国移动电话用户净增 11695.8 万户,达到 12.29 亿户,同比增长
10.5%;全国 3G 移动电话用户净增 16880.8 万户,总数达到 4.02 亿户,3G 移动
电话用户在移动用户中的渗透率达到 32.7%,比上年提高 11.8 个百分点。移动
互联网用户净增 4319.8 万户,达到 8.08 亿户,其中 3G 上网用户的比例由 2013
年年初的 23.2%上升至 36.1%。

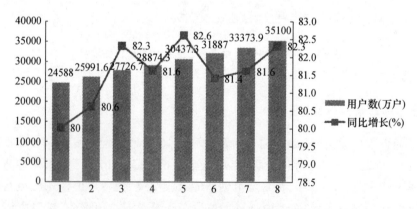

**图 12   2013 年 1—8 月我国 3G 移动用户数**
数据来源:91 门户网,http://tech.91.com/news/140207/21652417.html。

从整体情况看,2013 年三家运营商收入市场份额略有调整。具体分析来看,
3G 业务市场的相对均衡助推了移动通信市场格局的改善。中国电信、中国移动、

中国联通净增移动电话用户占全部净增移动电话用户的比重分别为 15.9%、48.5%、35.6%。与 2012 年年底相比,中国移动的移动电话用户市场份额略有下降,中国电信、中国联通则分别有所提高。3G 市场上,三家企业用户份额更加均衡。2013 年 12 月,中国移动、中国联通、中国电信移动用户增长数分别为 391 万、239 万与 11 万,3G 用户增长数分别为 1050 万、352 万与 73 万,其中下滑最厉害的非中国电信莫属。在业界看来,三大运营商情况都不佳,3G 的增速正在逐渐放缓。

在中国电信公布的 2013 年 12 月运营数据中显示,中国电信当月移动用户仅新增 11 万,累计达 1.8558 亿户;3G 用户数仅新增 73 万,累计达 1.0311 亿。中国电信在公告中表示,移动用户净增放缓主要是由于竞争对手推出长期服务及加强营销推广、市场竞争加剧所致。拟于今年第一季度推出 LTE 服务时加大营销推广。而中国联通发布的 12 月份运营数据也显示,当月 3G 用户新增 351.9 万户,2013 年全年新增 4614 万,累计达 1.226 亿户;中国联通本月新增移动用户数为 239.8 万,移动用户数累计达 2.80983 亿户。3G 增速的放缓预示着 4G 时代的到来。

**六、网络视频与互联网电视**

据艾瑞咨询报道显示[1],2013 年中国在线视频市场规模达到 128.1 亿元,同比增长 41.9%,其中第三季网络视频市场规模达到 32.5 亿元,环比增长 6.7%。而据 CNNIC 第 33 次《报告》显示,中国在线视频用户数规模达到 4.28 亿,较 2012 年增加 5,637 万人(15.2%);在线视频使用率为 69.3%,同比增长 3.4%。在整体网络视频市场中,最主要的收入来源为广告,第三季度广告占整体营收达到 81.7%[2],而 2013 全年广告占整体在线视频市场约 75%[3]。

移动互联网部分,2013 年手机视频用户规模达到 2.47 亿,较 2012 年增长近 1.12 亿(83.8%);使用率为 49.3%,增长 13.3%。2013 年第三季度中国手机视频市场规模达 2.91 亿元。随着产业逐渐加强移动视频布局,移动视频市场开始有了加速增长态势。虽然流量与网速依然制约了该市场的大规模爆发,但中国移

---

[1] 艾瑞咨询:《2013 年中国在线视频市场规模达 128.1 亿元,移动端商业化深入与优质视频内容是未来增长重要助推力》,http://video. iresearch. cn/sharing/20140108/224597. shtml,2014 年 1 月 8 日。

[2] 艾瑞咨询:《2013Q3 中国在线视频市场规模达 32.5 亿元,热门内容及移动端商业化深入推动行业增长》,http://video. iresearch. cn/sharing/20131111/218483. shtml,2013 年 11 月 11 日。

[3] 艾瑞咨询:《2013 年中国在线视频市场规模达 128.1 亿元,移动端商业化深入与优质视频内容是未来增长重要助推力》,http://video. iresearch. cn/sharing/20140108/224597. shtml,2014 年 1 月 8 日。

动即将开通 4G 服务、WIFI 覆盖热点逐步增多与移动增值服务的成熟,手机视频的未来发展可期。

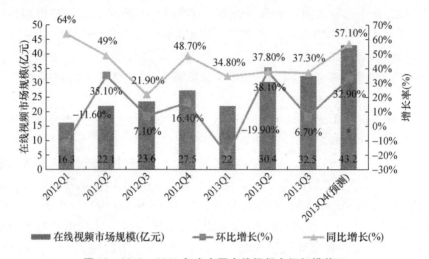

**图 13　2012—2013 年度中国在线视频市场规模状况**

数据来源:艾瑞咨询,http://news.iresearch.cn/zt/218527.shtml。

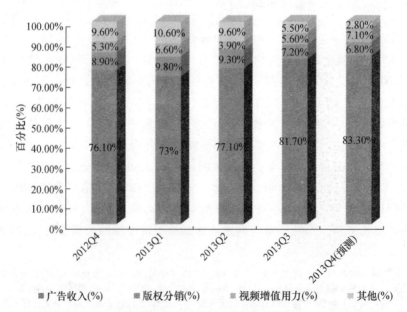

**图 14　2012 年第四季度—2013 年第四季度中国在线视频行业收入构成**

数据来源:艾瑞咨询,http://news.iresearch.cn/zt/218527.shtml。

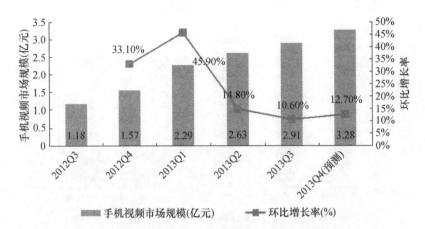

**图 15　2012 年第三季度—2013 年第四季度中国手机视频市场规模状况**

数据来源:艾媒网,http://www.iimedia.cn/36954.html。

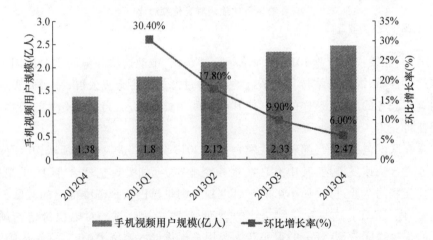

**图 16　2012 年第四季度—2013 年第四季度中国手机视频用户规模状况**

数据来源:艾媒网与 CNNIC 第 33 次《报告》,http://www.moobuu.com/img/201311/080856537ofc.pdf。

2013 年第三季度,在线视频移动端的有效使用时长份额为 13%,两倍于 2012年第四季度的 5.7%。随着智能终端设备的持续增加、视频应用的服务性越加提高、移动增值服务质量提升,移动端的有效使用时长持续增加,因为移动终端能极大地满足使用者的碎片化时间。

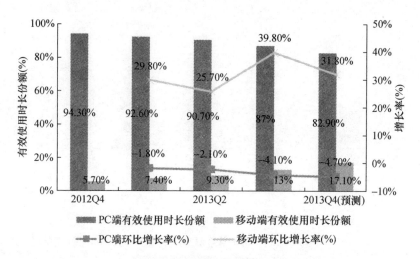

图 17　2012 年第四季度—2013 年第四季度中国在线视频 PC 端
与移动端有效使用时长份额对比

数据来源：艾瑞咨询，http://news.iresearch.cn/zt/218527.shtml。

另外，在线视频行业 2013 年面临行业并购潮，带动这波趋势的主要原因为视频网站的性质，视频网站与音乐平台类似，透过海量内容聚拢人群，平台的黏性受到内容与服务的影响，这样的特性使其仰赖巨额资金投入，当行业竞争趋势加剧，将促使行业走入整合期。

在互联网电视方面，随着互联网企业于 2013 年大举进攻电视领域，互联网电视行业进入快速发展期，其中有在线视频企业跨界，如爱奇艺联合 TCL、乐视；另有其他互联网企业进入，如小米的小米电视与阿里巴巴联合创维推出的互联网电视品牌"酷开"等。这些互联网企业的举动，将改变受众过去对电视价格与硬件配置的重视程度，行业竞争的重心转为为用户提供的内容资源（包括视频内容、游戏及其他各类应用等）及系统的用户体验等。目前，互联网电视行业仍处于市场孕育期，盈利模式尚未形成。

### 七、在线与无线游戏

据艾瑞咨询行业数据监测显示，2013 年中国网络游戏市场规模达 891.6 亿元，增长 32.9%，其中第三季度达 224 亿元，同比增长率超过 30%，整体市场规模持续增长，并于 2013 年第二、第三季度迎来大幅度增长，环比增长率达到 8%、10.7%。

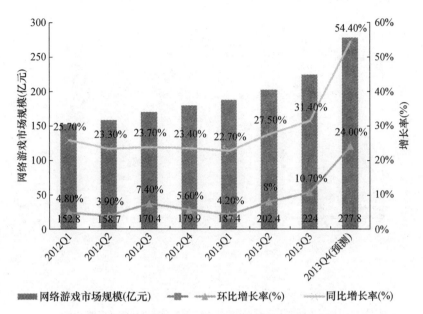

**图18　2012—2013年度中国网络游戏市场规模状况**

数据来源：艾瑞咨询，http：//game.iresearch.cn/others/20131204/221285.shtml。

游戏市场的大幅度增长主要原因是以下三项因素：客户端游戏成熟的商业模式与用户环境；网页游戏依然保持快速增长，其中最亮眼的为移动端游戏。移动游戏市场规模于2013年第三季度达到35.7亿元，同比增长75%，2013年第一季度、第二季度、第三季度环比增长率达到49.3%、58.1%、75%，可谓爆炸性成长。

第三季度的巨额增长率有赖于暑期学生族群的回归、传统游戏厂商转战移动互联网及非游戏产业的企业（如上文所述的浙报传媒、华谊兄弟与凤凰传媒等）进军手游等因素，这些因素推升2013年在线游戏的热潮不断。截至11月，A股上市在线游戏公司已曝光22起并购案，涉及金额达到207.3亿元[①]。

另外，腾讯旗下即时通讯应用微信，仿用韩国实时通讯应用Line的商业模式，实时通讯平台结合游戏平台，创造出巨大影响力。据艾瑞咨询2013年9月移动游戏月度覆盖人数和使用时长前十名榜单中显示，微信游戏平台上的四款游戏均上榜。

---

① 艾瑞咨询：《2013年中国网络游戏行业年度热点盘点》，http://game.iresearch.cn/others/20131204/221285.shtml，2013年12月4日。

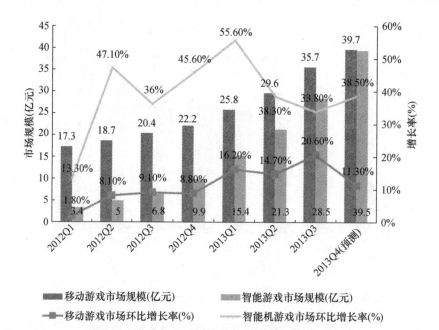

**图 19　2012—2013 年中国移动游戏市场规模状况**
数据来源：艾瑞咨询，http：//game. iresearch. cn/mmog/20131106/217985. shtml。

　　而易观智库发布的《2013 年第 3 季度中国客户端网络游戏市场季度监测》显示，2013 年第三季度中国客户端网络游戏市场规模为 141. 64 亿元，环比增长 5. 3%，同比增长 21. 4%。而网页游戏市场规模第三季度则增长至 45. 15 亿元，环比增长 15. 4%。

**图 20　2012 年第四季度—2013 年第四季度中国客户端网络游戏市场规模**
数据来源：易观智库，http：//data. eguan. cn/hudongyule_177618. html。

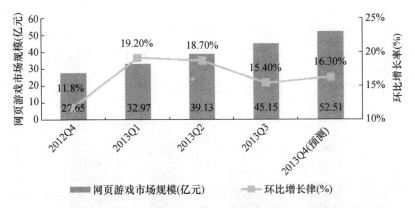

**图 21 2012 年第四季度—2013 年第四季度中国网页游戏市场规模**
数据来源:易观智库,http://data.eguan.cn/hudongyule_179122.html。

在整体互联网领域中,游戏是竞争最为激烈的行业之一,而无线游戏作为移动端分发平台的重要资源,成为各大企业积聚流量与用户的最佳"利器",2013 年移动互联网面临应用分发平台入口的抢夺大战即为一例。另外,客户端游戏企业开始布局移动互联网,建构自家体系的游戏平台,延长客户端产品的产业链至移动端中,增加二者间的连动效应。同时,页游企业也大军进入移动端,推出移植版本,依据其页游领域的人气抢占移动端市场占有率。客户端与页游企业的资本与产品带入,将对移动端竞争本已相当激烈的市场投下更多震撼弹,无线游戏未来的市场态势依然看涨。艾瑞咨询统计资料指出,2013 年客户端游戏占整体网络游戏占比达 65.5%,同比降幅达 9.4%,主要因为移动游戏与网页游戏增长,二者于 2013 年的占比分别达到 27.5%、21.9%[①]。

综观中国在线游戏市场,尤其是移动互联网领域,资本注入、企业并购的传闻层出不穷,有助于在线游戏市场的持续发展,随着智能手机与无线上网的普及率持续上升、用户的使用习惯逐渐养成后,未来移动互联网将持续引领在线游戏市场的发展趋势。

## 八、在线与无线阅读

CNNIC 的第 33 次《报告》显示,截至 2013 年 12 月底,我国网络文学网民规模达 2.74 亿,较 2012 年增长 4097 万人,年增长率为 17.6%,远高于网络音乐

---

① 艾瑞咨询:《2013 年中国网络游戏市场规模 891.6 亿,移动游戏成为最重要推动力》,http://game.
iresearch.cn/mmog/20140108/224530.shtml,2014 年 1 月 8 日。

（4%）、视频（15.2%）、游戏（0.7%）等应用。网民网络文学使用率为44.4%,高于电子邮件、网上支付等。根据艾瑞咨询 iUserTracker 产品已公布的数据显示,垂直文学网站日均覆盖人数与有效浏览时间于2012年迎来大幅成长后,在2013年进入稳定期。

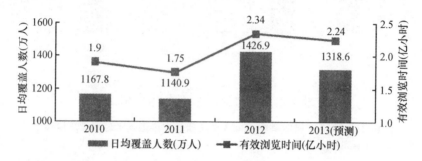

**图22　2010—2013 年垂直文学网站用户规模与浏览时间**

数据来源:艾瑞咨询,http://www.iresearch.com.cn/iSearch.aspx? k = % b4% b9% d6% b1% ce% c4% d1% a7% cd% f8% d5% be&t = 2。

另外 CNNIC 数据显示,我国手机网络文学网民数于2013年6月底为2.04亿,较2012年底增长了2185万,半年增长率为12%。2013年底手机网络文学使用率为40.5%,较2012年底衰退了2.8个百分点。

中国移动阅读市场2013年第三季度收入规模约为16.5亿元,环比增长率为12%,同比增长83.4%。阅读服务提供商于2013年加大市场投入力度,抢占入口渠道资源,尤其以移动端竞争最为激烈。目前移动端阅读市场在产业渠道、资源整合方面已逐渐成熟、用户量也初具规模,产业下一步面临提高内容质量与用户黏性、加强用户体验服务、实现获利等挑战。

与垂直文学网站用户规模略微下降的趋势不同,移动阅读服务不断增长,显示移动阅读与垂直文学网站所面向的主要受众重叠状况较少,针对不同受众族群。另外,2013年用户增长主要集中于移动阅读领域,表明垂直文学网站发展已臻饱和,而移动阅读有后来居上之势,二者是否会发生相互竞争将是2014年互联网阅读领域待观察的一环。

综观数字阅读产业趋势,与整体互联网产业相同,2013年互联网巨头动作不断。4月,盛大宣布成立编剧公司,网络写手集体进军影视编剧行业,实现出版、影视、游戏、动漫一体的闭环产业链;6月,新浪拆分读书频道成立文学公司,而百度则悄然上线数字版权开放平台—多酷文学网;9月,腾讯在现代文学馆发布"腾讯文学"品牌,协同著名作家、出版社与影视集团等,以全产业链姿态正式进入文学领域;10月,人民网斥资2.49亿收购古羌科技69.25%的股权,该公司握有中国原创小说网站——看书网,同时,小米杀入网络文学领域,旗下"小米小说"应用发布,主推第三方网络文学内容,并未涉及自主内容业务。

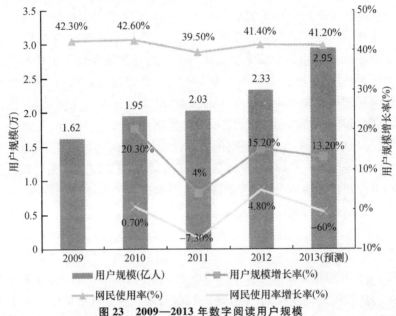

图23　2009—2013年数字阅读用户规模

数据来源:中国互联网络信息中心,http://www.cnnic.cn/hlwfzyj/hlwxzbg/。

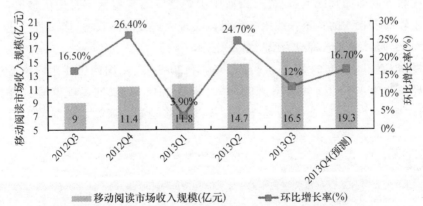

图24　2012年第三季度—2013年第四季度中国移动阅读市场规模

数据来源:易观智库,http://www.enfodesk.com/SMinisite/maininfo/articledetail-id-387913.html。

10 月 30 日,在中国作家协会协助下,由中文在线发起成立的网络文学大学成立。其中有来自多家国内知名网络文学原创网站的助力,担任网络文学大学名誉校长的莫言,将对广大网络文学作者进行纯公益性质的培训[①],引导中国网络文学的健康发展。31 日,北京作家协会网络文学创作委员会成立[②];而 11 月初中国作协也确认将成立网络作家协会[③];同时,中国文联也正在打造"网上文联"数字文艺工作平台,其中网上文艺家社区与中华文艺人才信息数据库已上线开通[④],标志文联的网络信息化建设逐步成熟。上述种种迹象显示中国网络文学逐渐受到文坛的认可,为网络文学的未来发展立下良好基础。然而,网络原创文学市场的繁荣同时也迎来不少盗版业者的觊觎,严重侵蚀原创文学市场,国内数字出版市场缺少相应的规范和依据,使网络文学市场存有许多问题,如电子书的定价依据、内容出版商和平台提供商间的分成比率、内容品质参差不齐、数字出版技术化程度不足等问题。然而,随着大量资金进驻数字出版以及相关培训,监督、工会性质的单位相继开通网上服务,中国数字出版产业的整体环境将逐步改善,为数字出版的品质打下可期待的产业基础。

### 九、在线与无线音乐

2013 年音乐产业大力倡导数字音乐收费一事。各大音乐在线服务商之所以大力呼吁付费收听的商业模式,主要是版权端与利润收益双重挤压下的不得已之举,自环球、索尼、华纳"三大"音乐公司合资成立 OneStop China 以来,中国大陆音乐在线服务商即面临庞大版权压力,而中国消费者对免费数字音乐依赖已深,使极度依赖广告收入的音乐在线服务商难以实现大规模利润收益,然而营运成本不断加剧,走向付费音乐将成为唯一解决之道。

根据 CNNIC 发布的第 33 次《报告》显示,2013 年,中国网民使用网络音乐应用的规模约为 4.53 亿,使用率达 73.4%,相比 2012 年底,网民规模增加约 1726 万,使用率下滑 3.9%,主要受到受众往无线端移动趋势所致。中国网民对网络

①　中新网:《评网络文学混战:不利于中国网络原创文学发展》,http://www. wumii. com/item/OH3Vh9wS,2013 年 11 月 1 日。

②　人民日报海外版:《网络文学创作委成立》,http://paper. people. com. cn/rmrbhwb/html/2013-11/01/content_1318708. htm,2013 年 11 月 1 日。

③　华夏经纬网:《中国作协筹建网络作协,首批会员名单或年底公布》,http://www. huaxia. com/zhwh/whxx/2013/11/3595498. html,2013 年 11 月 1 日。

④　人民网:《中国文联网络与信息工作座谈会在京召开》,http://culture. people. cn/n/2013/1031/c87423-23389938. html,2013 年 10 月 31 日。

音乐的运用在各类网络应用中排名第四,第一至第三依次为即时通信、搜索引擎与网络新闻①。值得注意的是,比较 CNNIC 的第 33 与 32 次《报告》发现,网络音乐应用的网民规模在 2013 后半年萎缩 0.66%(2013 年 6 月底为 4.56 亿人次);从 CNNIC 的第 27 次《报告》至今,网络音乐应用从 2007 年在各类网络应用中使用率占首位的成绩,从 2010 年至 2013 年以一年一位的速度跌落,显示网络音乐为较早发展的行业。综上,网民规模增长速度放缓、网络音乐应用使用率不断下滑,显示产业亟需创造数字音乐的附加价值,以争取消费者稀缺的注意力资源。

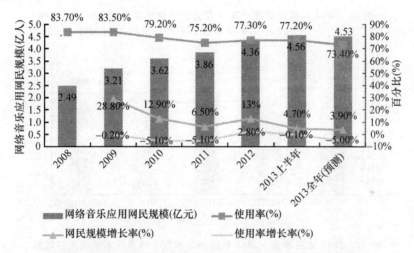

**图 25　2008—2013 年中国网络音乐应用网民规模与使用率状况**
数据来源:中国互联网络信息中心,http://www.cnnic.cn/hlwfzyj/hlwxzbg/。

据艾媒咨询发布的《中国移动互联网发展报告》数据显示,2013 年无线音乐市场规模将增长至 101.4 亿元,同比 2012 年增长 7.3%;而手机音乐客户端用户规模从 2012 年的 2.37 亿人预估于 2013 年增长至 3.13 亿人,同比增长达 32%。与上述分析相较,能够推断移动端对 PC 端造成替代效应,未来,移动端的加值服务将会是整体网络音乐产业的成长引擎。企业方面,在各界持续大举进军无线音乐、并购浪潮不断的状况下,将间接开辟崭新的业务增长方式,为现今单一的营利渠道再开一扇窗。

---

①　中国互联网信息中心(CNNIC)第 32 次《中国互联网络发展统计报告》,第 29 页。

**图26　2012年第四季度—2013年第三季度中国无线音乐市场规模**
数据来源:艾媒网,http://www.moobuu.com/img/201311/1814103649nj.pdf。

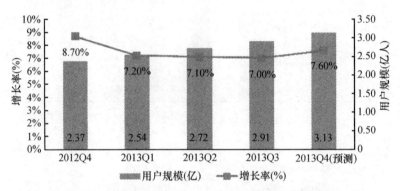

**图27　2012第三季度—2013第四季度中国无线音乐客户端用户规模**
数据来源:艾媒网,http://www.moobuu.com/img/201311/1814103649nj.pdf。

据易观智库发布的《2013年第三季度中国移动音乐市场季度监测报告》研究显示,2013年第三季度中国移动音乐客户端市场中,酷狗音乐占据第一,市场份额达21.6%;多米音乐以18.1%位居第二;酷我音乐则为17.9%,位列第三;其中前四名市场占有率相差甚小,显示无线音乐市场竞争激烈。

在智能手机不断普及的趋势中,整体互联网产业皆具有往移动端发展的状况,数字音乐更是如此。数字音乐具有十足的移动性,频宽限制较在线视频来得小,使无线音乐发展状况相当激烈,且数字音乐对用户具有高度黏着性,因此各大互联网企业纷纷利用数字音乐广纳受众。在数字音乐消解了音乐专辑形式后,单曲大行其道,而海量音乐库的"浩瀚无垠",更使音乐社交初显价值,各式歌单、音乐圈功能、音乐人进驻音乐平台等新兴加值服务,为探索音乐付费外的商业模式增添更多想象。

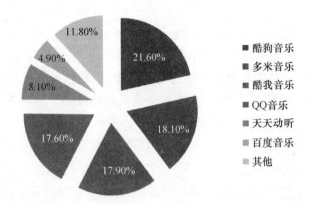

- 酷狗音乐
- 多米音乐
- 酷我音乐
- QQ音乐
- 天天动听
- 百度音乐
- 其他

图28  2013年第三季度中国移动音乐客户端累计用户市场份额

数据来源:易观智库,http://www.enfodesk.com/SMinisite/newinfo/articledetail-id-393851.html。

11月底,媒体透露一名为海洋音乐(China Music Corporation)的离岸公司欲并购酷我,而另一传闻则指出酷我、酷狗与海洋音乐正进行业务整合。反观,阿里则持续进行与千千动听的交易谈判,不管二者结局如何,无线音乐应用在2014年都将面临产业整并与大规模洗牌的阶段。然而,当产业整并至某一程度后,数字音乐走向正版化的产业阻力将有效降低,预估"版权"会是2014年数字音乐行业的关键词。如今,腾讯已着手透过大量版权购置,建构独有内容库,打击其他竞争对手。2014年音乐产业的发展隐含着更多转机。

## 第四节  2013年中国网络文化产业展望

2013年的互联网趋势充分展现出其深厚的革命性,对多种传统产业造成剧烈影响,如金融、电视与音乐行业等,这种强大的影响力不仅体现在互联网本身,也在相关企业上。PC端的成熟企业开始大举入侵移动互联网,其中的BAT阵营持续并购且已有较为成熟的移动端入口或产品,拓展业务规模与巩固核心服务;而其他传统行业也逐步进入互联网阵营,尤以传媒产业为甚,积极转型数字化。另外,互联网原有服务有渗透、走向整合之趋势。大量企业从单一业务走向多产业整合,随着移动互联网的爆发,这波趋势短时间内仍无法停息。视频、音乐与游戏行业于今年面临大归模行业整并,现有渠道也逐渐整合,门户与垂直搜索网站与社交网站相互贯通;无线音乐、电子商务、旅游代理等逐渐与社交活动绑定等,各领域的相互交叠为互联网的日后发展埋下更多变因，可预期的是服务质量的完善，这几个细分行业未来将面临内容质量提升的重要问题。

2013 年第四季移动端 App 日均覆盖人数持续上升，预计于 2014 年第一季超过 PC 端网站，使用者转向智能终端的趋势已难以扭转，移动互联网将持续其涨幅，成为互联网产业的重要增长点，引领产业的持续发展。随着各大企业发力进入移动端，整合已有大批用户的应用软件，将提升相关应用的服务质量，为移动端的持续增长铺平道路，2014 年的移动互联网将是细分行业深化发展的关键一年。

# 广告行业年度发展报告

谢雅卉 *

在全媒体兴起的时代,数字化已成为传播管理营销模式的主要互动形式,面对新旧媒体博弈消长的关系,以及政府制定的政策出台,中国广告的营销市场前景可谓极具潜力。从 2012 年开始,中国广告业总体趋势呈现缓慢增长状态,直至 2013 年上半年,国内经济逐渐回暖,媒体格局逐步演变微调。总体而言,虽然传统媒体广告投放量有大幅缩减的趋势,但移动互联网广告市场反而提升,多数受众群也有年轻化趋势。广告市场的前景可谓十分乐观,除了渐以互联网广告习惯的投放转型,电视媒介依然占据多数的广告投放,透过节目好评的优势以及频道创新的独特性,再度创造了高广告投放的新增长点。其次,面对平面媒体、报章杂志所面临的发展困境和新兴多元媒介的崛起,如何配合政策扶持与保有创新,皆成为我国广告行业目前发展的重点。

## 一、广告产业宏观环境

在竞争激烈的国际广告市场,中国广告产业不断进行并购,进行有效结构调整成为 2012 年中国广告发展迈入 2013 年的命题核心。中央与地方皆推行相关媒介的政策,也成为对广告市场化发展的制约,强力的战略方针也使得广告产业园区及产业集群有效运行。根据中国国家统计局的宏观数据显示,2013 年国内生产总值(GDP)季度累计同比增长为 7.7%,比 2012 年季度减少了 0.1%,对比 2011 年季度的 9.2%①,可以看出近三年来的中国经济季度是以一种趋于缓慢的状态平稳发展。

---

* 作者系北京大学新闻与传播学院博士研究生。

① 中国国家统计局:《国家数据》,http://data. stats. gov. cn/normalpg; jsessionid = 908DFC42AD45D0A160720BF8950A0D7B? src = http://hgsj. people. com. cn/index_j. php&h = 1500,2013 年 12 月 19 日。

中央相继推出广告资源优化配置和企业集约化经营的政策方针，广告企业实施跨地区、跨媒体、跨行业和跨所有制的兼并重组，妥善布局自身的广告实力与规模，使广告资源优化、高效配置及产业结构升级，都是 2013 年以至未来需面对的重要课题。① 同样被视为中国经济重点会议的"中央经济工作会议"于 2013 年 12 月 10—13 日召开，会议更延续去年的宗旨，将"稳中求进、改革创新"作为当前经济工作的总任务。2013 年更要全面落实 2014 年党的十八大和十八届二中、三中全会精神，以及预备明年进入到我国实施"十二五"规划的第四年，并且全面完成规划政策。②

相较于中央，地方也推行一系列重要广告战略，诸如聚焦特色集群的计划，2011 年便已创建天津滨海广告产业园区，打造环渤海乃至中国北方的广告技术领先高地、广告产业交流平台与聚集中心，迄今为止，评估成效可达现实产值超过 30 亿元的可观价值。③ 为了提升广告业的整体素质和市场竞争力，云南省政府召开第十九次常务会议，通过了《云南省政府关于加快广告业发展的意见》，强调以创新引领集聚发展和开放发展，针对具有云南民族文化特色的广告业发展模式作整体性的评估与改善实施，拟定将云南省打造成为我国具民族文化特色创意的广告中心、辐射东南亚及南亚的广告产业基地和交易平台。④

提倡"广告扶农"战略方针，山东省平度市工商分局倡导广告企业设立农村广告栏，根据统计全市已设立农村广告 700 块帮助当地农民及时了解致富信息和市场信息，更调整了产业结构的市场供需信息，使农村生活获得改善。⑤ 最后，为了促进创意经济发展，升级国家广告试点园区，将重庆广告园区升级作为该市首家获批国家级产业园区试点的广告园地，获得了中央约 1 亿元的资助支持，截至 2013 年 7 月底，该市广告经营单位达 2.4 万户，较去年年底新增 0.3 万户，广告经营额达 33.7 亿元、纳税 2.9 亿元，与去年同比增长 35.7% 和 47.6%。⑥

① 人民网：《坚持与守望：2012 年中国广告业发展回顾与前瞻》，http://media. people. com. cn/BIG5/n/2013/0315/c359080-20804925. html,2013 年 3 月 15 日。

② 中国广播网：《中央经济工作会议闭幕 提明年六大任务（二）》，http://money. 163. com/13/1213/18/9G0E1UA100253B0H_2. html,2013 年 12 月 13 日。

③ 国家工商总局官网：《聚焦特色集群，打造领先高地，天津助推产业园区发展特色模式》，http://www. saic. gov. cn/fwfz/ggzn/201311/t20131119_139791. html,2013 年 11 月 19 日。

④ 国家工商总局官网：《云南出台加快广告业发展意见》，http://www. saic. gov. cn/ywdt/gsyw/dfdt/xxb/201310/t20131010_138585. html,2013 年 10 月 10 日。

⑤ 国家工商总局官网：《指导产业结构调整：发布市场供求信息，平度农村有了致富广告栏》，http://www. saic. gov. cn/fwfz/ggzn/201310/t20131015_138726. html,2013 年 10 月 15 日。

⑥ 国家工商总局官网：《为创意经济发展再添动力 重庆国家广告产业试点园区挂牌》，http://www. saic. gov. cn/fwfz/ggzn/201312/t20131210_140331. html,2013 年 12 月 10 日。

### 二、广告产业发展概览

根据新闻出版总署的统计数据显示,网络广告的营销趋势不断增加,从 2009 年的网络广告营收收入显示为 206.10 亿元,利润总额为 16.48 元,至 2012 年的网络广告营收收入显示为 753.10 亿元,利润总额为 59.12 元。① 此外,从艾瑞发布的 2012 年整年至 2013 年第一季度的"中国主要行业类别网络广告投放费"(见图 1)走势来看,交通类、网络服务类、房地产类,以及食品饮料类的广告投放使用率偏高,列居前四位。

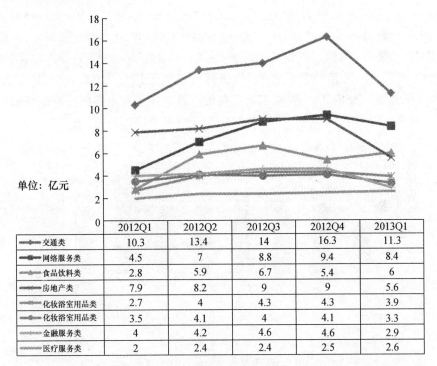

| | 2012Q1 | 2012Q2 | 2012Q3 | 2012Q4 | 2013Q1 |
|---|---|---|---|---|---|
| 交通类 | 10.3 | 13.4 | 14 | 16.3 | 11.3 |
| 网络服务类 | 4.5 | 7 | 8.8 | 9.4 | 8.4 |
| 食品饮料类 | 2.8 | 5.9 | 6.7 | 5.4 | 6 |
| 房地产类 | 7.9 | 8.2 | 9 | 9 | 5.6 |
| 化妆浴室用品类 | 2.7 | 4 | 4.3 | 4.3 | 3.9 |
| 化妆浴室用品类 | 3.5 | 4.1 | 4 | 4.1 | 3.3 |
| 金融服务类 | 4 | 4.2 | 4.6 | 4.6 | 2.9 |
| 医疗服务类 | 2 | 2.4 | 2.4 | 2.5 | 2.6 |

单位:亿元

**图 1　艾瑞 2012 年第一季度至 2013 年第一季度中国主要行业类别网络广告投放费用**
数据来源:艾瑞咨询,http://www.iresearch.com.cn。

迈入 2013 年后,各类行业的投放率数据显示,交通类从 16.3 亿元降至 11.3 亿元;网络服务类从 9.4 亿元降至 8.4 亿元;房地产类从 9 亿元降至 5.6 亿元;食品饮料类从 5.4 亿元增至 6 亿元。综上可知,高居前位的网络服务类,从 2012 年

---

① 新闻出版总署官网:《新闻出版总署政府统计信息》,http://www.gapp.gov.cn/govpublic/60.shtml。

的四个季度的逐渐增长偏高趋向,走向了渐趋稳定的情势,并且从不同行业品类的网络广告投放趋势来看,互联网发展已促进新兴媒体格局的形成。

（一）体量分析

2013 年视频广告成为网络广告整体发展的核心之一,从 2013 年第三季度的视频贴片广告就可看出,其广告的份额接近 8%,而网络展示广告中的份额也接近 25%,同时各视频企业对自制剧的推广,也相继发挥了台网协同效应,这不仅提升了网民注意力,也提高了对网络广告的品牌忠诚度,使得广告主对优质视频内容的认可度提高,进而增加了信心指数。[①] 观之网络经营不同媒体的收益,2013 年第三季度广告投放费用达 80 亿元,同比增长了 13%,其中,在门户网站广告的收入同比涨幅也达到 26.0%,而广告市场的占比率整体更超过四成,透露出其中对广告主的影响力。[②] 因此,预测未来 2014 年的第一季度趋势走向,网络营销可达近 303.3 亿元的市场营收,也能同时增加近同比的 35.20%,近环比的8.90% 增高率。根据艾瑞咨询,以互联网的广告市场来看中国广告业宏观的趋势评估,从 2012 年第一季度至 2013 年第三季度的可观整体概况,如图 2：

图 2　2012—2013 年中国网络广告市场发展状况

数据来源：艾瑞咨询,http://news.iresearch.cn/zt/218616.shtml。

图 2 显示,2013 年从第一季度达到市场获利 198.8 亿元,第二季度235.8亿

---

① 艾瑞咨询：《2013 年中国网络广告行业年度热点盘点》,http://www.iresearch.com.cn/View/221279.html,2013 年 12 月 5 日。

② 艾瑞咨询：《2013Q3 中国网络广告市场规达到 278.5 亿元,发展态势较好》,http://a.iresearch.cn/others/20131105/217822.shtml,2013 年 11 月 5 日。

元,至第三季度 258.5 亿元,同比增长率超过 30%,环比增加近 20%。如此活跃的主要原因为:第一,AdExchange、DSP、SSP 等广告产业链环节的完善,以及广告投放道路的日益提升;第二,搜索广告、视频广告的极速发展,部分领域处于销售旺季;第三,腾讯、百度的互联网广告等广告营销系统的开放。因此,整体看来目前中国的网络广告市场发展情势较好。

另外,从 2013 年开始,中国主要以互联网广告为主,这主要受到淘宝卖家不断扩充营销的需要,特别是视频的广告经费持续增长,以及网络广告并购事件的频繁发生,并购事件也成为广告增长模式的新兴状态。整体媒体营收规模皆达到了可观收益,如图 3:

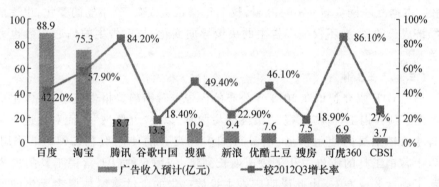

**图 3 2012—2013 年中国网络广告市场发展状况**
数据来源:艾瑞咨询,http://news.iresearch.cn/zt/218616.shtml。

从图 3 可知许多网络广告市场诸如百度、淘宝、搜房、奇虎 360 有明显的增速倾向,在营销方面,百度广告营收为 88.9 亿元,列居排名之首,淘宝营收为 75.3 亿元,为名次第二,相较于其他各家的差距明显较大。在搜索方面,由于市场活跃度高,各广告企业之间的竞争也较激烈,排名第一的百度营收就占了整体行业的 80%。但也因整体的营利问题,促使企业并购成为趋势,这成为 2013 年互联网广告营销不退的热潮,而活跃的投资市场也相继带动了经济回暖的新浪潮。

(二)产业营销

产业营销与市场的经济走势有关,主要以城市和农村的发展为两大主轴,在城市方面,一、二线城市又与三、四线城市有其不同的竞争发展,对于消费者的消费信心指数也成为影响经济走势的主因。根据尼尔森对消费者信心调查报告,2013 年的第三季度中国的一线城市下降 3 点为 111 点,二线城市第二季度的

104 点增长至 105 点，三线城市下降至 105 点，四线城市上升涨 2 点至 109 点，相较于第一季度上涨 7 点。从上述可知，四线城市消费者信心指数偏高，这是由于政府致力提高居民所得收入，加大经适房和医疗保险的扩充范围，同时这些低线城市及农村地区全面进行普及的义务教育。①

此外，市场变动也促使消费者的消费行为随之演变，碎片化的时间组成，国民手机上网频率普及，互联网的消费时代趋势，驱使广告主考虑营销模式的调整。许多广告行业的广告投放纷纷步入网络市场，诸如食品饮料、金融服务、日化医药、娱乐休闲等。模式的改变带来的是网络营销模式的升级，RTB、"人群定向"，将成为新营销模式的关键所在。据推测，2013 年中国 RTB 广告将达到 17 亿，占据互联网广告 4% 的份额，较上年增长 143%。② 市场的变化，也逐渐带动经济成长的变动，不仅是广告主的决策导向变化，与广告主的信心指数也大有相关。

（三）产业主体

根据 CTR 媒介智讯在 2013 年公布的广告主营销趋势报告显示，广告主最喜好的前三项营销工具为"电视""最终交易场所"以及"互联网"。而对比近三年的广告主营销工具的使用情形，明显可知多元媒介的使用融合，2012 年使用 10 种以上营销工具的广告主几乎快速增长翻倍，使用 5 种以上营销工具的广告主也占了高达 8 成左右，由此说明广告主投放广告的尝试意愿越偏多元化的形式走向。

这对于广告主选择营销工具有其认同观点，2013 年有三项最主要的认同趋势，并且占较高的百分比，分别是"从传统媒体的人群覆盖视角，考虑性价比为最好的媒体选择"占 50%，"传播预算分配，传统媒体的占比例越来越低，新媒体比例越来越高"占 58%，"要求精准比覆盖重要"占 68%。对广告主来说，市场的经济现象多少与广告主对经济的信心指数有关。③ 另外，广告主对于品牌投放的状况，CTR 媒介智讯有其相关统计结果，如表 1：

① 尼尔森官网：《尼尔森：2013 年第三季度中国消费者信心指数保持稳定》，http://cn.nielsen.com/site/index.shtml，2013 年 12 月 19 日。
② 媒介杂志官方网站：《竞变与整合：透析 2013 年中国广告媒体发展趋势》，http://meijiezazhi.com/zt/yx/2013-06-10/12491.html，2013 年 6 月 10 日。
③ 中国广告网：《CTR 媒介：2013 年广告主营销趋势》，http://www.cnad.com/html/Article/2013/0326/20130326101249221.shtml，2013 年 3 月 26 日。

**表 1 中国广告花费品牌 TOP10 2013 年 H1**

| 排名 | 品牌 | 变化 |
| --- | --- | --- |
| Ranking | Brand | CHG% |
| 1 | 欧莱雅 L'OREAL | -7.4 |
| 2 | 肯德基 KFC | 5.7 |
| 3 | 娃哈哈 Wahaha | 22.2 |
| 4 | 伊利 Yili | 20.2 |
| 5 | 玉兰油 OLAY | 36.4 |
| 6 | 加多宝 JDB | 96.7 |
| 7 | 康师傅 MasterKong | 64.8 |
| 8 | 麦当劳 McDonald's | 17.2 |
| 9 | 中国移动通信 CHINA MOBILE | -10.2 |
| 10 | 海飞丝 Head&Shoulders | 86.1 |

数据来源:CTR 媒介智讯,http://www.emarketing.net.cn/magazine/article.jsp? aid=2458, 2013 年 12 月 25 日。

与 2012 年的广告品牌投放结果相同,2013 年上半年的广告投放前十位品牌榜单,大部分皆为快销品行业,对于位居第一名的欧莱雅品牌,较去年缩减 7.4%,而位居第五名的玉兰油同比增长 36.4%。整体来说,饮料业在前十位品牌榜单就占有四席,分别为加多宝、康师傅、娃哈哈、伊利,而最具突出的加多宝就明显增长了 96.7%,位居饮料业第二位的康师傅也增长 64.8%,数据显示饮料业迅速增长的状态,也带来了市场竞争的白热化。对于 2013 年中国经济市场,严峻的经济形式,传统的广告市场发展依然不容乐观。据 CTR 预测,2013 年整体传统广告刊例将增长 7.4%,略低于 IMF 预测的 7.8% 的 GDP 增长。[①]

(四)广告投放载体

通过分析 2013 年上半年各类广告经营的强弱位置,可知整体的媒体广告行业总收入达约 1511 亿元。首先,电视广告的媒体收入列居第一位,约 568.2 亿元,其次,新兴媒体窜起的互联网广告,收入约 430.7 亿元,再者,报纸广告的收入,约 258.5 亿元,另外,户外及其他广告约 163.2 亿元,广播 54.4 亿元,杂

① 市场研究协会:《2013 年上半年传统广告市场呈反弹性增长》,http://www.emarketing.net.cn/magazine/article.jsp? aid=2458。

志 33.2 亿元,影院广告约 2.8 亿元。① 由上可知,2013 年中国大部分的广告媒体收入主力还是集中在电视及互联网的体现上,额度明显高于其他类别的媒体资源,与报纸、户外及其他广告、广播、杂志、影院广告所投入的资金费用差距显著。

1. 电视:主导地位、影响力大。

至 2013 年为止,电视依旧处于中国媒介投资的主导地位,也拥有最庞大的受众群体,据推测 2013 年电视广告花费将可达到 2207 亿元,占所有广告花费的 51%。而 2012 年至 2013 年的电视广告费依然占全媒体的广告花费一半,约达 54%,位居中国媒体广告主投放资源的首位。从一些优质热播的节目看来,诸如 "中国好声音""中国梦之声""舌尖上的中国",以及现今非常火热的"爸爸去哪儿"等,电视内容的多元条件,使得许多电视广告回归增长,这样的数据显示,使得广告主投放电视广告的信心增加,也让电视媒体的广告花费持续提升。② 根据 CTR 媒介智讯的评估可知电视频道级别的统计数据,如图 6:

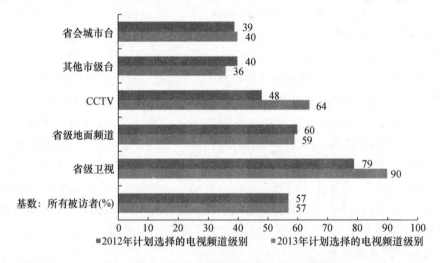

**图 6　2012—2013 年计划选择的电视频道级别**

数据来源:CTR 媒介智讯, http://www. cnad. com/html/Article/2013/0326/20130326101249221. shtml。

从 2012 年到 2013 年,省级卫视、省级地面频道、CCTV 这三者有明显增长的

---

① 中国产业信息:《2013 年上半年中国广告媒体竞争格局》,http://www. chyxx. com/industry/201310/220597. html,2013 年 10 月 9 日。

② 梅花网:《2013 年中国广告花费增幅达 10.7%》,http://www. meihua. info/today/post/post_47ed55f8-6527-4a3b-8718-11c72a27bc4b. aspx###,2013 年 6 月 9 日。

趋势,虽然 CCTV 从 48% 增长至 64% ,为总体最大涨幅,但省级卫视却被视为目前最具潜力的电视媒体,根据 CTR 媒介智讯的评估,近年来重点品类的花费在省级卫视电视总体中的占比逐渐增高,以饮料为例,饮料的花费额度从 2010 年的 25% 增加到了 2012 年的 33% 。①

2. 报纸:状态低迷,广告下滑幅度渐缓。

HCR(慧聪研究)广告监测数据显示(图 7),2013 年上半年,全国报刊广告刊登额为 470.13 亿元,同比下滑 2.54% ,虽然处于下滑降低的状态,但下滑的幅度有增缓收窄的趋势。观之 2008 年至 2012 年报刊广告刊登额的变化可知,2010 年达至高峰点,随后皆以极速下降的状态至 2012 年跌落谷底。2013 年的广告总额不到去年的一半,此趋势显示,平面媒体的广告刊登额持续下降。不仅如此,由于互联网的广告趋势逐渐提高,报刊刊例价格逐年提高,造成无法制止的发行衰退现象,加之多数报刊读者的流失,造成报刊成本及管理失控的局面,使得 2013 年上半年的报刊广告版面也于同比下降 12.75% ,下降幅度远超越广告额的降幅 ( −2.54% )。②

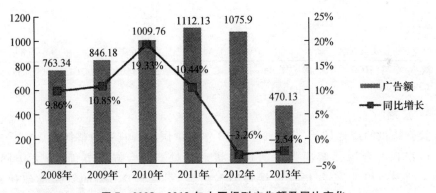

**图 7　2008—2013 年中国报刊广告额及同比变化**

数据来源:HCR(慧聪研究),http://zgbx. people. com. cn/BIG5/n/2013/0909/c347581-22857639. html。

①　中国广告网:《CTR 媒介:2013 年广告主营销趋势》,http://www. cnad. com/html/Article/2013/0326/20130326101249221. shtml,2013 年 3 月 26 日。

②　中国报协网:《2013 年上半年,报刊媒体广告持续下行》,http://zgbx. people. com. cn/BIG5/n/2013/0909/c347581-22857639. html,2013 年 9 月 9 日。

### 3. 杂志:持续降低,没落趋势

根据 HCR(慧聪研究)广告监测数据显示(表 2),2013 年上半年全国各类杂志广告的投放刊登额相比,明显较其他媒体类低。最高类别为服饰美容类,刊登额可达 33.37 亿元,其也为整体杂志类别所占 49.67%的最高比例,累计同比增减为行业、专业及其他类的杂志占有最高比例为 82.79%。[①]

表 2    2013 年上半年全国各类杂志广告额

| 杂志类别 | 广告刊登额<br>(亿元) | 杂志类别<br>所占比例 | 累计同比增减 |
|---|---|---|---|
| 服饰美容类 | 33.37 | 49.67% | 18.09% |
| 财经类 | 9.15 | 13.62% | 1.94% |
| 生活类 | 8.60 | 12.79% | -10.91% |
| 旅游休闲类 | 5.88 | 8.76% | 5.32% |
| 时事新闻类 | 4.13 | 6.15% | 23.60% |
| 机动车行业 | 2.81 | 4.18% | -6.65% |
| 家居类 | 1.90 | 2.83% | 12.39% |
| 健康类 | 0.83 | 1.24% | -19.89% |
| 行业、专业及其他类 | 0.51 | 0.76% | 82.79% |

数据来源:HCR(慧聪研究), http://zgbx. people. com. cn/BIG5/n/2013/0909/c347581-22857639. html。

### 4. 广播

媒介智讯的统计显示(表 3),在 2013 年的中国广告花费的整体媒体趋势中,只有电视和电台媒体两项为正增长的状态。对于电台媒体方面,与去年同期 11.4%的增速相比,今年增速以缓慢姿态呈现,只呈现 2.7%的缓慢增幅比率。这是由于近年来相关政策的调整影响,电台媒体的投放量相继缩减。[②] 然而,新兴技术的崛起造就了广播移动收听群体有逐渐年轻化的趋势,诚如远誉广播以及旗下 iRadio 全国联播网、蜻蜓. FM 强强联手,传统广播和新媒体技术相互结合,创造全新模式的广播广告市场。

---

① 易观网:《互联网思维与创业焦虑症》, http://news. eguan. cn/yiguantujian_182862. html,2013 年 12 月 25 日。

② 中国国际广播电台广告部:《2013 年上半年传统广告市场呈反弹性增长》, http://big5. cri. cn/gate/big5/gb. cri. cn/43005/2013/08/22/114s4227506. htm,2013 年 8 月 1 日。

表 3　中国广告花费 2013 年 H1

| 媒体 Media | 变化 CHG% |
| --- | --- |
| 电视 TV | 11.3 |
| 报纸 Newspaper | −6.1 |
| 杂志 Magazine | −8.2 |
| 电台 Radio | 2.7 |
| 户外 Outdoor | −1.8 |

数据来源：CTR 媒介智讯，http://big5.cri.cn/gate/big5/gb.cri.cn/43005/2013/08/22/114s4227506.htm。

5. 户外：政策问题，发展变缓。

对于户外使用的形式集中的媒体，诸如商务楼宇的液晶电视、地铁媒体、公交车，以及机场，基本上与 2012 年的使用情况一致。从形式方面来看，公交车获得最高分数，也成为使用满意度最高的户外媒介，有 32% 的广告主将广告投放至公交车上，明显高于其他形式的选择。① 形式的选择多为新技术的支持，以及传播内容的互动趣味特性，户外媒体的广告模式更为品牌营销提供了丰富多元的可能性。根据群邑的报告显示，2012 年户外的广告花费实现了 17.5% 的增长趋势，因此群邑更进一步预测 2013 年至 2014 年的广告花费，分别为 9.7% 和 9.3% 的增幅。②

6. 互联网：持续快速增长，创新转型。

在 2013 年到来之前，中国网络用户已达 5.6 亿，互联网普遍提升至 42.1%，持续的增长将继续引领媒体花费市场的增加，也使得互联网成为继电视之后的第二大媒体。根据群邑的预测，2013 年互联网广告花费将达至 36%，广告的增长率远超越其他媒体，在未来的 2014 年也将持续以 34% 的速度继续增长。此外，因网络视频的良好发展，渐势威胁到电视媒体的份额，但由于网络视频用户趋于饱和，相应的广告资源也较紧张，所以目前来说，2013 年的网络视频花费还会持续增加，但增幅将不及去年。③

---

① 中国广播网：《CTR 媒介：2013 年广告主营销趋势》，http://www.cnr.cn/advertising/ywyj/201304/t20130401_512271493.html，2013 年 1 月 4 日。
② 梅花网：《2013 年中国广告花费增幅达 10.7%》，http://www.meihua.info/today/post/post_47ed55f8-6527-4a3b-8718-11c72a27bc4b.aspx，2013 年 6 月 9 日。
③ 中国报协网：《2013 年上半年，报刊媒体广告持续下行》，http://zgbx.people.com.cn/BIG5/n/2013/0909/c347581-22857639.html，2013 年 9 月 9 日。

### 三、广告产业的发展趋势

（一）创新经营的技术应用

中国广告产业从昔日的传统媒体作为主力，到今天，逐渐转移至新媒体的网络力量为主导。首先，面对网络广告的崛起情况，"互联网思维"成为中国广告产业颠覆传统的创新利器，其跳脱传统媒体力量的体制化、政策化，以一种民主、去中心化、网民至上的免费开放式概念呈现①。根据 eMarketer 统计，2014 年将会有近 90% 的商家使用社交媒体来营销。eMarketer 最新报告《社交媒体广告之 2014 年的 7 个趋势》指出，其后还会有更多商家逐渐增加社交媒体的广告预算。从 2013 年开始，网络移动平台的广告使用逐步扩大，诸如 Facebook、Twitter、LinkedIn、Yahoo！及 AOL 等，例如在 Facebook 相继扩大规模及效能，以及 Twitter 开始上市并通过和电视网络合作来建立品牌，使得与 2013 年的 87% 相比，2014 年将有达到 88% 的美国商家运用社交媒体来达到营销目的。②

其次，DSP（Demand-side Platform）在线系统广告平台，也成为互联网广告营销的好帮手，其服务在于使广告主和代理公司将多种媒体资源集合至此，可使广告主投放广告时，可运用已有用户的数据分析，准确看到投放广告交易平台的效果，同时 DSP 具备统一优化能力和分析报告的能力，使其顺势成为广告主最先考量的媒体购置条件。从 eMarketer 新报告《2014 年核心数字趋势》可知，消费者期望的是多种因素相互结合的即时性的程度，特别是广告，透过自动化的方式提高营销人员响应的能力，也能让营销人员在购物周期之内更好地建立顾客认知。③ 因此，若要使广告达至较好的传播效果，必须走向新、旧结合的媒体营销形式，并且也须持续发展互联网的营销模式，配合现今人人皆有数字移动装置等智能手机，透过填补碎片化时间，从而达到密集传播的效果。

（二）中国广告业存在问题

根据普华永道发布的《2013—2017 年全球娱乐及媒体行业展望》的数据报告，2013 年到 2017 年，中国广告行业将维持 12.4% 的年均增长率，总支出将从 311 亿美元增加至 557 亿美元，互联网广告将持续引领潮流，与电视广告市场持

---

① 易观网:《互联网思维与创业焦虑症》,http://news. eguan. cn/yiguantuijian_182862. html,2013 年 12 月 25 日。

② 中国广告网:《eMarketer:社交媒体之年》, http://www. cnad. com/html/Article/2013/1216/20131216135014897. shtml,2013 年 12 月 16 日。

③ 中国广告网:《eMarketer:数字和传统营销渠道日益融合》,http://cnad. com/html/Article/2013/1219/20131219141820488. shtml,2013 年 12 月 19 日。

续竞争份额。① 数据看似美好,但中国广告业依然存在莫大隐忧,2011 年广电总局颁布的广告管理通知办法,例如《关于进一步加强广播电视广告播出管理的通知》以及《广播电视广告播出管理办法的补充规定》,分别以"限广令"和"限娱令"最为突出紧急,此令使得中国电视台广告必须应对,做极大的变化,虽此政策或许能抑止当前国内国产同质性节目发展过多的状况,但却存在极大的需解决的当前问题,诸如国内电视台节目内容无法自由竞争,也无法有效做创意发挥。限制令的政策不仅为中国广告的前景带来些许的隐忧,也由于政策问题,使得节目的广告插播行为必须暂缓,广告的时长播出也须作出相应的结构调整。这些规范政策实施,使得许多电视受众纷纷转向网络。面对广告行业如此恶劣的环境,传统媒体受到极大的挑战,使用单一传播模式的生存方式日趋困难,不仅报纸推出PAD 版,电视和广播皆加强网络互动,带来数字出版、网络电视及电视商城的萌芽。② 若要解决当前面临的困境,具体办法需改善增修广告法,为了配合企业品牌认知的广告核心运作,维持走在稳定的数字化潮流时代,DSP 等运算系统的优势使用,搭配新兴网络社交平台等新媒介新技术的应用,在未来,中国广告业的新格局势必成为未来发展的走向与趋势。

---

① 影响电子报:《〈限广令〉实施 1 年,广告无孔不入》,http://www.vapat-news.org.tw/show.asp? mnid =111&id =1202,2013 年 6 月 13 日。

② 中国新闻周刊:《限娱令,限广令靴子落地》,http://insight.inewsweek.cn/report.php? rid =5442, 2013 年 12 月 26 日。

# 艺术品经营业年度发展报告

谢亦晴　阳　烁　王欣怡 *

## 第一节　艺术品经营业宏观环境分析

中国艺术品市场的开始与兴起,经历了漫长的过程,从一开始的以物易物,到近年商品经济价值意识的萌生,伴随着中国实行改革开放之后的社会转型,中国艺术品市场经历了不同的发展形态与历史阶段。近十年来,随着经济的快速发展,中国艺术品市场已经成为世界艺术品市场关注的重点。

艺术品市场在文化产业中所占的比重逐年提升,产业外延效应进一步放大,画廊、拍卖行、艺术博览会的活动,带动艺术品储藏、保税区、运输、物流、艺术品展会服务、印刷包装、保险等相关产业发展。2012 年金融资本与艺术品市场的融合加速,影响到艺术品市场结构的变化,加大了艺术品市场结构调整态势。

### 一、政策、法规解读

经济的繁荣带来艺术品市场的活络,但是随之而来的赝品泛滥、虚假鉴定、行业规范缺失问题,影响了艺术品市场的秩序,需赖于相关政策的进一步规范。20 世纪 90 年代后,中国借鉴国外经验开始加强艺术品市场的监管,制定了一系列管理条例和法规。例如 1990 年的《中华人民共和国著作权法》、1994 年颁布的《美术品经营管理办法》、1997 年施行的《中华人民共和国拍卖法》等法规,使艺术品市场的法治环境逐步完善起来。

为提高艺术品经营者守法意识和消费者维权意识,推动艺术品市场诚信体系建设,文化部办公厅在 2013 年 10 月开展全国艺术品市场法制宣传活动,宣传重点在

* 作者系北京大学艺术学院艺术管理与文化产业研究方向博士研究生;王欣怡,北京大学艺术学院艺术管理与文化产业研究方向硕士研究生。

于政策法规的倡导,以及就重点开展艺术品鉴定管理试点工作的地区如北京、上海、江苏、浙江、陕西等开展发动艺术品经营行业力量,推进鉴定程序的规范化。

2011年《国务院关于清理整顿各类交易场所切实防范金融风险的决定》出台,清理文化产品交易所、期货交易所等几乎所有类别的交易场所。2013年文化艺术品交易场所风险处置已有新进展。部分艺术品交易所已停止发行新的份额化产品并及时修改交易规则,调整交易机制,不再开展份额化交易。政府正逐步构建法规规范、行业自律、消费者依法维权的诚信管理体系。①

2013年12月30日,筹备三年的中国国家艺术基金在北京成立,按照《中国国家艺术基金章程(试行)》,国家艺术基金为公益性基金,资金主要来自中央财政拨款,同时依法接受国内外自然人、法人或者其他组织的捐赠。资助范围包括艺术的创作生产、宣传推广、征集收藏、人才培养等方面。同时,国家艺术基金将面向社会,国有或民营、单位或个人均可按申报条件申请基金资助。资助项目分为一般项目和特别项目,并可根据需要对项目类型进行调整。资助方式有:项目资助,即根据项目申报类别及评审情况予以相应资助;优秀奖励,即对优秀作品、杰出人才进行表彰与奖励;匹配资助,即为引导和鼓励社会力量支持艺术发展,对获得其他社会资助的项目进行有限陪同资助。

### 二、经济环境与艺术品市场

2013年中国经济继续保持稳定回升态势,新进场资金成为艺术品市场的重大亮点,带动市场信心的聚集与国际化进程的纵深发展。受到经济大环境的影响,市场的信心从年初到年底,逐步提升,使整个艺术品市场发展的规模和关注度上扬,相较于2012年中国艺术品市场总成交额的下降,整个市场进入寒冬,2013年艺术品市场相对稳定,拍卖者理性回归。然而整个市场发展的前景尚未明朗,仍有许多不确定因素,国内艺术品产业的"走出去",以及国外大艺术品公司的入驻,使得国际化成为必然趋势,对中国艺术品市场的发展带来新的启发与视角。

### 三、文化产业大环境与艺术品市场

2012年党的十八大报告指出:要提高文化产业规模化、集约化、专业化水平,这是提升文化软实力的必由之路,艺术产业逐步成为经济发展的重点产业,与股

① 文化部市场司:《文化部办公厅关于开展2013年全国艺术品市场法制宣传周活动的通知》,http://www.ccnt.gov.cn/sjzz/whscs_sjzz/whscs_yspsc/201309/t20130916_391500.htm,2013年9月16日。

票、房地产被归类为三大投资资产,艺术是国家文化最深层的展现,艺术与经济结合所带来的软实力,是文化产业壮大的体现。

## 第二节　画廊市场分析

### 一、画廊市场总体格局

在我国,艺术品市场的商业中介分为三级:一级市场主要是画廊,透过购买与销售直接完成美术作品所有权的转移;二级市场主要是拍卖公司,以经纪行为主通过第三方的中介行为,完成作品所有权的转移;三级市场主要是高端的艺术博览会,评估与鉴定作品,为二级市场的补充。随着经济全球化的发展与市场经济的需求,画廊成为市场与收藏者的中介机构,形成了"一级市场"。发展大可分为四个鲜明的阶段,第一个阶段(1979—1980 年):是中国改革开放的第一阶段;第二个阶段(1980—1990 年):社会主义经济得到极大改革发展,艺术品市场开始活络;第三个阶段(1990—2000 年):中国地方画廊开始萌芽,艺术品及画廊走向了规范化的道路;第四个阶段(2000 年至今):发达地区画廊业如雨后春笋大量崛起,加上外资的涌入,画廊开始讲究专业运营模式和定位,逐步在世界上崭露头角。

画廊的区域分布非常不平衡,大多集中于北京、河南、山东、浙江、广东、甘肃等 6 个省、自治区和直辖市,约占到画廊总数的近53%,且大部分分布在地市级以上城市。2011 年以后,画廊数量增长的幅度呈现出急剧上升的态势,但在时间步入 2013 年之后不久,号称全球最大画廊的阿拉里奥却宣布退出中国市场,关闭了阿拉里奥北京空间,798 艺术区的品画廊的休业、百雅轩的缩水、韩系画廊的退出,都让 2013 年的市场气氛低迷。今年画廊业的发展呈现出两极分化的态势,成熟的画廊有着较为稳定的客户群,在经营上能够把握市场的风向,即便经济大势不好,销售也能保持稳定。但是,一些缺乏艺术家和客户的画廊大多勉强维持,一旦出现资金周转不良、房租涨价等问题,只好停止营业。对于作为一级市场的画廊而言,市场是否会更加寒冷是目前关注的重点,该采取怎么样的策略与态度来面对市场也是关注点之一。①

### 二、画廊经营状况分析

中国画廊市场的起步,相对于其他发达国家比较晚,一个当代意义上的成功

---

① 壁光、陈秋:《中国画廊市场的发展背景与制约因素》,《教育教学论坛》2013 年第 17 期。

画廊,身处市场前线又兼具推广艺术之职责,为多种社会责任的"复合体"。画廊作为艺术品交易的一级市场,对艺术市场的正常发展有着稳定作用,画廊经营是否规范,会影响到艺术市场发展的繁荣与否,但中国画廊普遍缺乏专业的经营模式,并且在一级城市与二级城市间,因环境政策等因素,出现不一样的发展状况。

中国画廊尚未形成完善的机制和行业规则,艺术非日常生活必需品,价格应建立在价值感上,需要理性的估量。然而常见许多青年艺术家,在尚未经过一级市场画廊的检测与培育,作品直接出现在二级的拍卖市场,扰乱了一级市场上的行情。而城市的大肆开发,导致种种问题,北京798艺术区就受到了此项发展的威胁,房租的上涨成为严重的支出负担。根据AMRC艺术市场分析研究中心统计,2012年798艺术区由年初207家画廊到11月减少至173家,变动数量为34家。

就经营模式来看,总结2013年画廊业的状况,可以归纳出几个问题。第一,经营战略方向错误:中国画廊环境与西方不同,但是许多中国画廊却学习西方的运营模式,势必会产生效果与整体环境不相符的错位。第二,定位模糊:中国的艺术市场缺乏群众基础,也缺乏艺术教育的内涵培育,容易产生艺术品价格高就是好的迷思,错把拍卖的金融现象当成艺术价值,然而两者虽是互相依存的关系,但分工却不同,画廊如果没有坚实的客户作为基础,就无法有稳定而长足的发展。第三,拍卖市场挤压画廊生存空间:二级市场争夺了一级市场近50%的生意,部分艺术家作品不完全是透过画廊进行销售,市场被分割。第四,沉重的税制压力:艺术品进口暂行6%的政策已经到期,新的政策还在研拟,画廊被归入"销售工艺美术品"的批发零售行业,所以要缴纳增值税、营业税、消费税、企业所得税等。根据规定,年销售额在80万元以上的画廊需缴纳17%的增值税。由于没有原始凭据证明作品的初始价是多少,因此画廊的增值税不是按销售价减去原始价后的增值部分来缴纳,而是相当于成交价的17%。

### 三、画廊市场改善空间

中国画廊业的发展尚未成熟,需要政府在培育、政策与振兴市场上发挥积极作用,发挥艺术品价值的功能,打造民族艺术品牌,就经营状况分析,提出以下几点建议。

第一,确立画廊在一级市场中的独特优势。当代艺术家从创作到建立起忠实的藏家,需要特定的时间演化,艺术家本身的学术探索与社会认同的磨合期,往往要8—10年甚至更长,成熟的藏家会从中观察艺术家的成长,彼此从中产生信任感。这个时间阶段主要是一级市场的职责，因此画廊如何厘清自身角色定位，守护定价机制，完善艺术作品本身价值，需看画廊本身的操作手法如何应对。

第二，建立代理机制，营造理性市场。一级市场是艺术品市场的基础，画廊是艺术家开始进入市场的把关者，不应该以作品金额为价值取向，而是透过专业升级的方式调整产业结构，代理机制的建立能使艺术家专心思考创作，画廊成为藏家艺术咨询的专业顾问，使产业链更加通达。

第三，开发新资源与盈利模式。由于国内各式文化机构、基金林立，以及拍卖市场的挤压，造成艺术家和藏家资源的分流，使得画廊行业目前的资源十分有限，青年艺术家的关注度被提升，发掘新艺术家与作品成为趋势，用以拟定新的盈利模式，例如开发尚未有收藏习惯但具备经济基础的小康民众推广，以质量兼具的展览为宣传管道，培养未来可能的藏家资源。画廊需要扮演好适当的中介角色，提升各方面的综合竞争力。每间画廊的风格和定位皆不同，同时受到每个地域性藏家喜好的影响，商业模式未必能够互相参照，唯有在了解自身的定位、经营方向与藏家结构后，将眼光放长远规划，才是稳健的做法。

## 第三节　拍卖市场分析

### 一、艺术品拍卖市场总体格局

在经历了2012年的明显低迷之后，2013年的中国拍卖市场被寄予回温的重大期待。从2013年拍卖市场的总体情况来看，亿元拍品重新出现，春拍整体平稳，秋拍进一步产生回暖迹象，拍卖行更加注重文化营销，新兴起的艺术品市场国际化加速和艺术品拍卖电子商务化让人窥探到新格局的萌芽。2013年的中国拍卖市场，依旧潜力无限。

（一）拍卖市场回暖，但更加稳健和理性

2013年春拍，中国艺术品拍卖市场呈现低位调整的发展态势，总成交额265亿元人民币，同比去年春拍微跌16亿元。从整体发展趋势而言，艺术品拍卖市场没有延续去年大幅下跌的走势，而是呈现企稳局面。第三季度开始的秋拍则更让人看到希望，香港苏富比秋拍中，中国当代画家曾梵志《最后的晚餐》、明永乐鎏金铜释迦牟尼佛坐像等四件藏品价格过亿，"亿元时代"重临；重要拍卖行秋拍收益相比于春拍几乎都有明显上升。全国秋拍总交易额收于333.08亿元，比春拍的256.87亿元高出29.67%，市场回暖趋势明朗。

表1　2013年中国主要拍卖行春拍与秋拍成交额对比

| | 中国嘉德 | 北京保利 | 北京匡时 | 香港苏富比 | 香港佳士得 | 北京翰海 | 香港嘉德 | 香港保利 | 北京银座 | 广州华艺国际 | 上海嘉禾 | 北京荣宝 | 北京歌德 |
|---|---|---|---|---|---|---|---|---|---|---|---|---|---|
| 2013春拍成交额 | 26.5 | 28.38 | 14.15 | 17.52 | 25.25 | 8.28 | 2.35 | 5.18 | 4.2 | 4.13 | 3.61 | 2.92 | 3.51 |
| 2013秋拍成交额 | 24 | 28.7 | 19.9 | 32.85 | 30.12 | 6.5 | 3.99 | 7.74 | 4.92 | 2.25 | 5.35 | 2.5 | 2.6 |

数据来源：根据相关资料汇编。

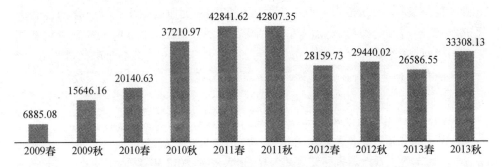

图1　2009—2013年春中国艺术品拍卖市场总成交额
数据来源：雅昌艺术网：《2013春中国艺术品拍卖市场调查报告》。

（二）拍卖行进一步重视文化营销

内地的各大拍卖行在与国际巨头进行竞争时，越来越注重自身擅长的艺术品文化内涵营销。2013年春拍时，中国嘉德推出的"大观——中国书画珍品之夜""老舍胡絜青藏画"专场，北京保利推出的"小万柳堂剧迹扇画夜场"等专场品牌凝聚效应提振了场内拍品价格。在经历了2012年"过云楼藏书"的成功拍卖后，北京匡时又在2013年秋拍时隆重推出《礼部韵略》这样一套国宝级的北宋版古籍，并为此召开学术研讨会宣传其学术价值。在2013年市场回温缓慢、藏家普遍惜售、拍卖公司藏品征集困难的大环境下，注重藏品文化价值的内涵营销，无疑是各大拍卖行深耕细作、长远发展的重要途径。

（三）外资拍卖行兴起，艺术品市场国际化加速

2012年9月苏富比（北京）拍卖有限公司成立，2013年4月独资的佳士得（上海）公司也已取得营业执照。2013年9月26日，佳士得在上海的内地首场艺术品拍卖会成交率达97.5%，总成交额达1.53亿元。苏富比（北京）秋季首拍也在12月1日正式举槌，其成交率高达79.4%，总成交额达到2.27亿元，虽还难与嘉

德、保利等内地巨擘等量齐观,但其实力已无需置疑。

表2 苏富比(北京)和佳士得(上海)在中国内地2013年秋拍数据对比

|  | 苏富比(北京) | 佳士得(上海) |
| --- | --- | --- |
| 总成交额 | 2.27亿元 | 1.53亿元 |
| 拍品数量 | 141件 | 40件 |
| 成交率 | 79.40% | 97.50% |

数据来源:根据相关资料汇编。

外资拍卖行进入中国市场分一杯羹的现状加速了中国艺术品市场的国际化,是机遇也是挑战,国际拍卖公司在为中国市场带来更加国际化和专业化的经营方式、更加完善的经营经验、更加专业的拍卖人才,使中国拍卖市场更加正规化和国际化的同时,毫无疑问也会带来市场竞争加剧、挤压国内拍卖企业份额等现象,要看中国的拍卖企业能否在这一浪潮中适应变化,找到适合自己的发展途径。

(四)艺术品电子商务前途未明

2013年中国电子商务又是一个丰收年,在这股电子商务的浪潮之下,艺术品也开始探索电子商务领域。各大艺术网站、画廊、拍卖公司纷纷建立线上交易平台,亚马逊、淘宝、国美等大众电商也展开对艺术界的"入侵"。2013年夏天,亚马逊正式开通亚马逊艺术在线销售平台,进驻高端艺术品销售领域;紧接着,淘宝网与北京保利国际拍卖有限公司联手,初涉艺术品拍卖;"双11"期间,苏宁易购推出艺术品线上拍卖;国美也在12月2日抛出了策划已久的"国之美",提供"名家作品预约"服务。

价格较低而辨识度高的商品适合进行线上交易,而艺术品在满足这些条件上有先天的劣势。嘉德在线一直主打低端工艺品、当代艺术品市场,拍品成交价格一般多在3万元以内,白领阶层是主要的购买参与者。相较之下,高端艺术品更难以实现电子商务模式的交易。对此,各大电子商务商家纷纷采取保底回购、代理出价等营销策略来降低风险,艺术品电子商务的未来发展之路究竟会延伸向哪里,还有待艺术品企业与电商企业的共同探索。

**二、艺术品拍卖分类市场分析**

由雅昌网提供的数据显示,2013年春拍和秋拍中各分类市场所占份额的比例变化不大,中国传统书画仍然占据53%—54%左右的份额,瓷杂类所占比重有所下跌,而油画及当代艺术板块持续上升。奢侈品及其他分类则所占比重较小,变化趋势也有限。

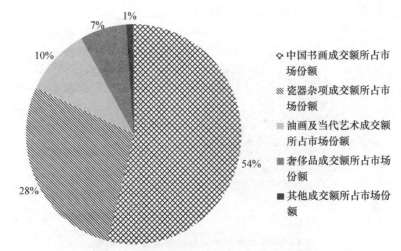

**图2 2013年春季艺术品拍卖分类市场份额**

数据来源:雅昌艺术网:《2013春中国艺术品拍卖市场调查报告》。

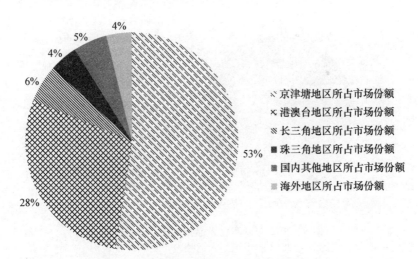

**图3 2013年秋季艺术品拍卖分类市场份额**

数据来源:雅昌艺术网:《2013春秋中国艺术品拍卖市场调查报告》。

### 三、艺术品拍卖区域市场分析

京津塘地区仍然当仁不让地占据领先地位,然而这一地位也遭到了另一拍卖重要地带——港澳台地区的挑战,由春拍所占的28%上升到秋拍所占的31%,港澳台地区拍卖总成交额在2013年势头喜人。相应的,长三角和珠三角成交额所占份额则有所下滑。其他地区大体保持稳定。

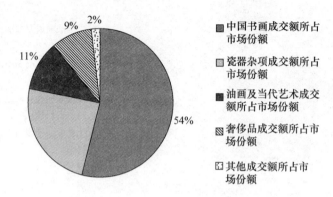

**图4　2013年春季艺术品拍卖区域市场份额**
数据来源:雅昌艺术网:《2013年春中国艺术品拍卖市场调查报告》。

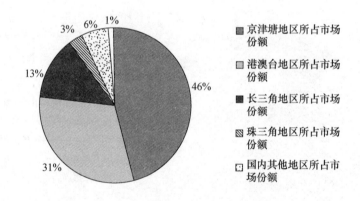

**图5　2013年秋季艺术品拍卖区域市场份额**
数据来源:雅昌艺术网:《2013春中国艺术品拍卖市场调查报告》。

## 第四节　艺术博览会市场分析

### 一、艺术博览会市场格局分析

盘点2013年的艺术博览会的市场格局:万众瞩目的香港巴塞尔艺博会(Art

Bassel Hongkong）首次开幕，香港国际艺术展（Art Hongkong）则作为巴塞尔香港艺博会的一部分展出，整体展览效果盛况空前；上海艺术博览会当代艺术展（SH Contemporary）宣布今年停办一年；第十届中艺博国际画廊博览会（CIGE 2013）原定于今年 4 月 2 日的开幕式，组委会宣布延期至 9 月，截至 12 月 20 日仍无开幕的消息，几乎可以确定的是今年将停办一年。

中国内地影响力较大的几个艺博会基本集中在北京、上海和广州三个地区。北京地区的艺博会包括：亚洲艺术博览会（ATTS）、中艺博国际画廊博览会（今年停办一年）、艺术北京博览会和北京国际艺术博览会；上海地区的艺博会包括上海艺术博览会、上海艺术博览会当代艺术展（今年停办一年）；广州地区的博览会有广州国际艺术博览会。香港地区比较有影响力的艺博会有典亚艺术博览会和香港国际艺术展（Art Hongkong），而今年 Art Hongkong 已经与首届香港巴塞尔合为一体展出。台湾地区值得注意的博览会是台北国际艺术博览会（Art Taipei）。

本文将这些比较重要的艺博会的基本信息做了一个横向的对比（见表3），并且将今年举行的部分艺博会的成交额、参观人数、参展作品件数三项信息列出柱状图（见图6、图7、图8）。数据主要来自于举办方的官网数据，如官网未提供，则查自网络新闻。

表3  2013 年中国艺术博览会（含香港、台湾）基本情况一览

| 城市 | 届数 | 名称 | 成交额（元） | 参观人数 | 展出作品（件） | 时间 |
|---|---|---|---|---|---|---|
| 北京 | 第五届 | 亚洲艺术博览 | | | | 2013.1.27—1.30 |
| | 第十届 | 中艺博国际画廊博览会 | | | | 2013.4.2—4.6（延期） |
| | 第八届 | 艺术北京博览会① | 300,000,000 | 6 万 | 2340 | 2013.4.30—5.3 |
| | 第十六届 | 北京国际艺术博览会② | 120,000,000 | 2.5 万 | 1300 | 2013.8.29—9.1 |
| 上海 | 第十七届 | 上海艺术博览会③ | 140,000,000 | 6 万 | 5000 | 2013.11.14—11.17 |
| 广州 | 第十八届 | 广州国际艺术博览会④ | 300,000,000 | 20 万 | 20000 | 2013.12.12—12.16 |
| 香港 | 首届（Art Hongkong 首次与 Art Basel 合并到一起） | 香港国际艺术展 | | | | 2013.5.15—5.20 |
| | | 香港巴塞尔艺术博览会 | | 6 万 | | 2013.5.22—5.26 |
| | 第九届 | 典亚艺术博览会⑤ | 450,000,000 | 3.2 万 | 6500 | 2013.10.4—10.7 |

① 数据来源：http://old.namoc.org/news/yjxw/2012/201212/t20121226_156254.html。

② 北京国际艺术博览会基金会网站：《现场成交 1.2 亿元，第十六届北京艺术博览会圆满收官》，http://www.bjiae.net/Item/Show.asp? m=1&d=2098。

③ 同上。

④ 腾讯大粤网：《第 18 届广州艺博会 12 日广州开幕，2 万件艺术品参展》，http://gd.qq.com/a/20131210/009631.htm，2013 年 12 月 10 日。

⑤ 数据来源：http://www.aaifair.com/sc/pressrelease.htm。

（续表）

| 城市 | 届数 | 名称 | 成交额（元） | 参观人数 | 展出作品（件） | 时间 |
|------|------|------|------------|---------|-------------|------|
| 台湾 | 第二十届 | 台北国际艺术博览会① （Art Taipei） | 2000000 | 3.5 万 | 3000 | 2013.11.8—11.11 |

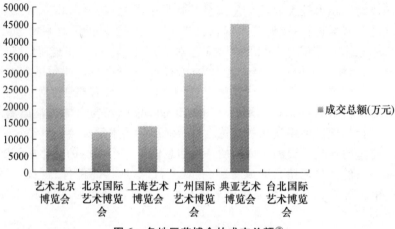

图 6　各地区艺博会的成交总额②

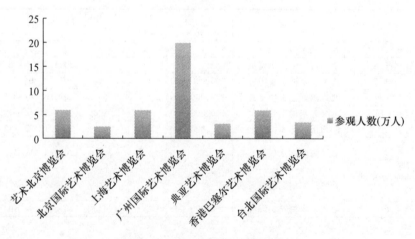

图 7　各地区艺博会的参观人数

---

①　数据来源：http://www. mottimes. com/cht/article_detail. php? type = 0&serial = 961。
②　成交额没有做现场成交总额和实际成交总额的区分。

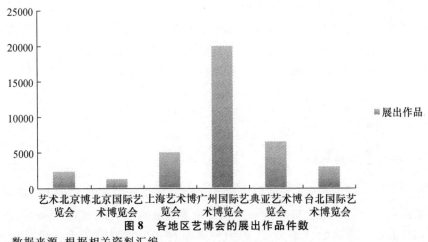

**图8　各地区艺博会的展出作品件数**

数据来源：根据相关资料汇编。

## 二、总结

虽然去年海关关税由12%降至6%，然而加上17%的艺术品增值税，高额的税率仍然是阻隔海外回流文物以及海外艺术品进入内地市场的主因之一。而2012年的查税风波更是使得艺术品海外物流公司遭受重创，并且对于入境艺术品加强了审查程序。另外，海外艺术品进入中国境内，不仅要支付高额税费，而且要通过层层的官方手续，这使得海外画廊无形中增加了人力成本。相比之下，香港、台湾、新加坡等地的零关税政策、便利的入关手续、国际化的交易环境以及高质量的服务意识都使得海外画廊和部分的国内高端画廊放弃了内地艺博会的出席机会。另外，今年Art Bassel Hongkong首次在香港开展，其"巴塞尔"的品牌对内地艺博会无疑是一个巨大的威胁和挑战。

以往以"国际化"著称的"中艺博"和"上海当代"都缺席今年的艺博会盛宴。对比"艺术北京"去年和今年的参展画廊名单，海外画廊所占比例依然与去年持平，约为五分之一。不过，长征空间、麦勒画廊、佩斯北京、磨金石艺术空间、艺门画廊等十数家国内外知名画廊未能出现在此次展会名单中。然而，"艺术北京"的本土化策略却颇有成效：在今年的"艺术北京"上，约700件作品成交，成交率有30%，均价范围在5万到15万元之间，平价艺术品成为关注度最高展品，而不是以往的知名艺术家作品。与"艺术北京"步调一致的还有第十七届上海艺术博览会的主题和第十八届广州国际艺术博览会。两家的口号分别是"让消费爱上艺术"和"让艺术品走进千家万户"。艺术品的平民化策略让两家艺博会都收获了不错的成交数额。然而，国内的艺博会要开发本土市场，要生存下来就必须迎合参展商和收藏者及各种赞助商的要求，但是这样就可能会流失一些参展画廊。长远来看，这对艺博会的品牌建设并不是一件好事。中国艺博会的参观者众多是一个优势，但什么东西都卖，有一种"大杂烩"的感觉。

## 第五节　艺术品金融市场特点分析

### 一、艺术品金融趋势

中国人民大学近期发布的《中国艺术品金融年度研究报告（2013）》显示，中国的货币供应与艺术品价格和成交规模之间显著正相关。艺术品价格与货币需求之间具有长期稳定的协整关系，说明中央银行在每年制定货币总量目标的时候，需要考虑房地产、股票和艺术品资产对货币需求稳定的影响。近年来，中国的艺术品的收益远远超过股票等资产，和中国的房地产一样成为高收益的资产之一。在货币超发和强烈的通货膨胀预期的大环境下，艺术品市场和房地产、股票市场一样承担了大量吸纳超发货币的功能，维持着消费物价指数的基本稳定。

### 二、艺术品信托成交状态

在国内，信托是艺术品基金的主要模式，私募基金和有限合伙公司模式则位列其次。据雅昌艺术网的数据统计，2013 年被看做是艺术品信托和艺术品基金的退出年，上半年共有 10 款艺术品信托到了兑付期，涉资 8.8 亿元，而下半年则有多达 19 款信托到期，涉资 17.62 亿元。从全年情况来看，艺术品信托市场陷入低迷，新项目发行数量大幅减少。因为面临退出的产品基本都是在 2010—2011 年市场在高位时进入的，今年大部分产品的退出都不会太乐观，可能面临退出危机。在艺术品信托中，"春买秋卖、快进快出"是常见的操作方式，短线操作加大了投资风险。期限短、风险大是艺术品信托市场遭遇寒冬的一个最重要原因。再加上目前市场上，专业权威的鉴定和评估机构缺乏，赝品盛行，给艺术品信托带来了极大的风险。

文交所的集体转型在关键时刻挤压了艺术品基金的退出渠道。拍卖市场的成交额成为艺术品信托退出的关键领域，而尚处于理性回调阶段的 2013 年拍卖市场很难满足艺术品信托的大量退出，艺术品信托在 2013 年的不理想已是显而易见。①

## 第六节　艺术品经营业发展趋势分析

### 一、落实中国艺术品市场体制的基础建设

根据中国拍卖行业协会出台的《中国文物艺术品拍卖企业自律公约》,文化部出台的《文化部关于加强艺术品市场管理工作的通知》《国务院关于清理整顿各类交易场所切实防范金融风险的决定》等规章制度的实施,整体艺术品市场虽然往理性健康的道路上迈进,但艺术品市场的鉴定机制仍然缺乏足够的诚信,艺术品的真伪与否无法辨别,政府应加速推展相关法制政策,解决因交易监管缺失所导致的市场结构混乱问题,扶植民间成立第三方鉴定机构,独立于政府组织与一般企业之外,类似产品认证机构,具备专业的公信力。对外在国际化的潮流之下,进一步开放艺术品市场和进出口管制等各环节的税制,打入国际市场,让中国艺术品市场走出去,提升国际竞争力。

### 二、艺术品行业协会设置、培育与壮大一级市场

画廊与艺术博览会属于艺术品的一级市场,拍卖属于二级市场,潜在客户群与消费力不同,一级市场的规模远大于二级市场,然而资源大多被二级市场挤压,市场层次产生错位,艺术品定价机制混乱,年轻艺术家缺乏发展的渠道,导致艺术家的培植出现断层,一级市场的不稳定从根本上摇动艺术品市场基础,各省艺术品行业协会的设置显得重要,行业协会能够在产业政策的制定下自行组织与管理,监督行业规范,达到政府信息传递与人才培养作用。《文化部关于加强艺术品市场管理工作的通知》指出,培育与壮大一级市场是文化部市场司的重点,因一级市场的繁荣是整个艺术品市场繁荣的基础。

### 三、成立艺术品数据库,深化相关理论系统

艺术最重要的功能是提升全民的审美和文化素养,艺术品市场能有效促进文化产业的软实力。长足的发展需要有系统的规划,近年一些画廊、拍卖公司、艺术基金、信托等机构开始建立自己的研发队伍,对宏观环境、行业发展和艺术品本身

---

① 雅昌艺术市场监测中心:《中国艺术品拍卖市场调查报告(2013 春)》和《中国艺术品拍卖市场调查报告(2013 秋)》。

进行研究。作品的研究报告有助于艺术品价值的建立和带动专业化的咨询和推荐服务，权威性艺术品数据库的建立，透过艺术品登记制度确保著作权，以及相关研究如文化产品的特征如何透过艺术与金融市场体现等，这样储存与归纳各种信息，能够为当代艺术提供珍贵的研究文献。

**四、艺术品金融管理透明化**

中国各式艺术基金投资标的早些时候以现代书画与中国当代艺术为主，常以金融化的方式操作，在投资市场出现的问题影响到艺术品基金市场，而市场中闻风而至的投机资金，在炒作过度的艺术区块，可能再现泡沫化危机，艺术品的价值判断是一个相对长期的过程，瞬间判断容易具有风险。目前艺术品基金的管理公司没有公开信息的制度，而运作方式的透明化有助于投资者规避风险。

# 演出产业年度发展报告

彭亚希　吴忠谚[*]

## 第一节　表演艺术年度概况

2013 年表演艺术行业,有诸多亮点值得关注,也有诸多问题需要面对。"节俭令"下发,商业演出缩水,演出公司和大小剧团面临生存新挑战;话剧上演引发观众观剧热潮,国外经典剧目纷纷来华,争相开拓中国市场;大手笔、全明星阵容的首届乌镇戏剧节举办,引发业界关于戏剧节与城市关系的思考、讨论;调查结果显示,演出观众更趋年轻化。

据北京演出行业协会发布的《2013 年北京市演出市场统计与分析报告》显示,2013 年北京市全市 123 家营业性演出场所各类营业性演出场次共计 23155 场,比上年同期增长 6.6%,观众总人数达 1014 万人次,比上一年同期下降 7.8%;去年全市营业性演出场所共计演出票房总收入达 14.42 亿元,比上一年同期下降 5%。舞蹈类演出中,2013 年舞蹈类演出共有 381 场,与上年同期相比下降了 63.7%。民族舞类演出场次更是从 2012 年的 798 场下降到 2013 年的 16 场,收入下降了 94.24%。[①] 然而反观市场,一些演出单位却激流勇进,不但没有受到市场冲击,反而演出场次和演出收入比往年略有增长。

2012 年国有演艺集团的总收入为 124 亿元,其中政府扶持与重点补贴的占 86 亿元,换言之,2013 年,"节俭令"政策使得国有演艺集团的收入损失近三分之

---

* 作者系北京大学软件与微电子学院 2011 级硕士生;吴忠谚,北京大学艺术学院艺术管理与文化产业 2012 级硕士生。

① 北京演出行业协会:《2013 年北京市演出市场统计与分析》,http://www.bjycxh.com/c95340.jsp,2014 年 1 月。

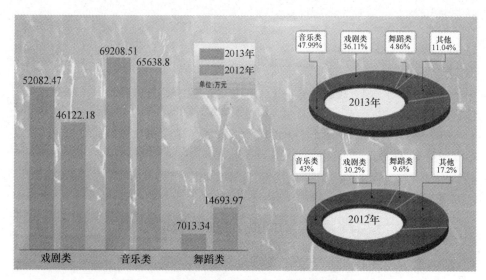

图1　2012—2013年北京演出市场收入对比图表

数据来源:http://www.bbtnews.com.cn/news/2014-01/1700000073469.shtml。

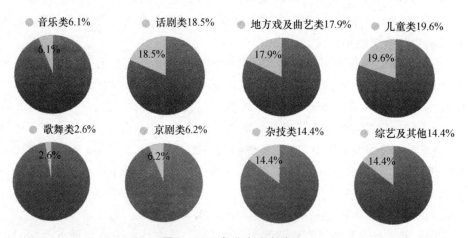

图2　2013年北京演出统计

数据来源:根据相关资料汇编。

二。① 2013年演出票房收入尚未统计出来,可以肯定的是下降幅度不小,虽然行业受了冲击,但是从音乐剧、演唱会、话剧等各类演出的安排和观众反响来预测,

---

① 网易新闻网:《中央节俭令让国有演艺公司2/3收入泡汤》,http://news.163.com/14/0115/05/9IK0CIOE0001124J.html,2014年1月15日。

票房增长的可能性很大,年轻观众的增加是一个新的趋势。从短期看,"节俭令"对市场影响很大,但长期来看则是个机遇。这种"挤泡沫"的方式不仅可以打击演出业长久存在的虚假繁荣现象,也有助于文艺院团演出单位转换经营机制,打开演出市场突破口。

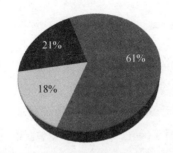

●转企改制院团　　●转换院团　　●撤销院团

**图3　2013年国有文艺院团改革类型分布**

资料来源:根据相关资料汇编。

●未完成改革任务　　●完成改革任务

**图4　2013年国有文艺院团完成改革任务情况**

数据来源:根据相关资料汇编。

# 第二节　宏观环境

## 一、表演艺术产业发展的政策环境

（一）为制止晚会奢华风,2013年相关管理部门连发三道"节俭令"

2013年表演艺术产业发展的政策环境主要体现为"节俭令"的实施,一再重申"节俭令",足见政府部门对晚会铺张浪费现象的重视以及整改的决心。而"节

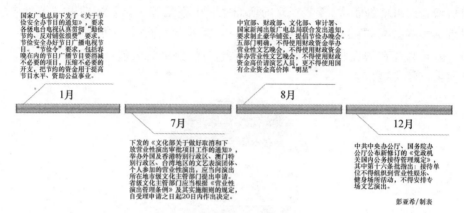

国家广电总局下发了《关于节俭安全办好节目的通知》，要求各级电台电视认真贯彻"勤俭节约、反对铺张浪费"要求，节俭安全办好节目广播电视节目。"节俭令"要求，包括春晚在内的节目广播节目要消减不必要的项目，压缩不必要的开支，把节约的资金用于提高节目水平、资助公益事业。

中宣部、财政部、文化部、审计署、国家新闻出版广电总局联合发出通知，要求制止豪华铺张，提倡节俭办晚会。五部门明确，不得使用财政资金举办营业性文艺晚会，不得使用财政资金举办营业性文艺晚会，不得使用财政资金高价请演出人员，更不得使用国有企业资金高价捧"明星"。

**1月**

**8月**

**7月**

**12月**

下发的《文化部关于做好取消和下放营业性演出审批项目工作的通知》，举办外国及香港特别行政区、澳门特别行政区、台湾地区的文艺表演团体、个人参加的营业性演出，应当向演出所在地市级文化主管部门提出申请。省级文化主管部门应当根据《营业性演出管理条例》及其实施细则的规定，自受理申请之日起20日内作出决定。

中共中央办公厅、国务院办公厅公布新修订的《党政机关国内公务接待管理规定》，其中第十六条批指出：接待单位不得组织到营业性娱乐、健身场所活动，不得安排专场文艺演出。

彭亚希/制表

**图5　2013年表演艺术发展政策**

俭令"的出台确实给演出市场带来改变。不少长期依靠政府买单的国有院团受到了极大的影响，演出业务大幅下降，有的甚至缩水90%。同样，各类民营演出公司的日子也不好过。据报道，去年倒闭的小型演出公司数量惊人。可见，无论国有院团还是民营公司，都到了不得不转变思路谋生存的时候。

虽然《节俭令》的出台给演出市场带来"阵痛"，不过，业界普遍认为，这一政策有利于市场的规范和发展，演出缩水的部分其实本就是市场应该挤掉的泡沫。从短期看，《节俭令》对市场影响很大，但长期来看则是个机遇。毫无疑问，在2014年，《节俭令》对市场的影响将会持续下去，各大国有院团和民营演出公司需做出适时的调整，方能在大浪淘沙中不被淘汰。[1]

（二）文化部将取消和下放部分营业性演出审批

在中共十八大精神的指引下，随着政府职能转变工作的深化，表演艺术文化领域的市场准入门槛进一步降低或放宽。其中，围绕行政审批制度改革，各级文化部门不断加大简政放权力度，多次取消和下放行政审批项目，为整个文化产业的发展和文化市场的繁荣提供了有力的政策保障。[2]

普遍反映此次审批权限下放体现了文化部门简政放权的决心，市文化局拟定的工作方案和新设计的表格、文书简洁明了，减少审批环节、提高审批效率并且具有可操作性和便捷性，将会为演出市场营造更加宽松、高效的政策环境。同时，也

<hr/>

① 慧聪网：《2013年演出市场：在喧嚣中前行》，http://info.audio.hc360.com/2014/01/071012431311-all.shtml，2014年1月7日。

② 中国演出行业协会：《文化部关于做好取消和下放营业性演出审批项目工作的通知》，http://www.capa.com.cn/news/showDetail/60334，2013年6月10日。

充分体现了文化局问政于民、人性化服务的工作理念,为演出经营单位提供更加合理、合法、人性、便捷的服务,切实推动文化繁荣发展。

## 二、表演艺术产业发展的宏观环境

当表演艺术产业处于这样一个积极转型以及需要快速发展的时期,不仅会受到政策的影响,宏观环境对产业的发展也起到了相当大的作用。

### (一)经济环境

2013年12月10日—13日召开的中央经济工作会议传递出这样的信息:经济增长的目标由原来的"保八"正逐步调低为7.5%或7%,虽然只有0.5%的差距,但进一步体现了政府在结构转型方面的决心。实际上,在2013年年中,媒体和学界有关"李克强经济学"的提法,已为今后一个时期结构调整、降低经济增长目标提供了注解。① 7%或7.5%的经济增长目标的调整,是中央政府为了可持续发展和均衡发展的主动作为,不同于一般意义上的经济危机,并因此进一步明确了新型城镇化战略。对于文化产业来说,新型城镇化战略的强调,恰好与经济增长目标调低构成一种对冲关系,甚至可以说,新型城镇化战略对文化产业和文化市场均有巨大的拉动作用,提供的是新的增长空间和发展机遇。

### (二)社会环境

2013年中国文化产业发展劲头十足,在政策支持有限的情况下,1月至9月,文化、体育和娱乐业民间固定资产总额达2018亿元,同比增长39.4%,高于全社会民间固定资产投资增速16个百分点。据不完全统计,2013年股市中的文化传媒板块已发生55起并购事件,累计资金近400亿元,文化产业在市场消费、产业融合、创新提高、并购扩容等驱动下,在扩大规模和质量提升方面一路高歌,有论者指出文化产业正从文化领域的"小循环"融入到国民经济的"大循环"。②

### (三)科技环境

2012年《国家文化科技创新工程纲要》和《文化部"十二五"文化科技发展规划》的出台,标志着"科技带动文化产业发展战略"正式成为我国大力发展文化产业的核心战略之一。2013年,国家进一步加大文化科技产业发展和投入,加强科技基础设施建设,从根本上保证了文化与科技的稳步融合和发展。5月29日,国

---

① 中国经济网:《2013年文化产业和市场发展路径的省思》,http://wap.ce.cn/wh/201401/01/t20140101_2030514.html,2014年1月1日。

② 中国文化报:《2013年文化理论热点回眸》,http://epaper.ccdy.cn/html/2014-01/07/content_115382.htm,2014年1月7日。

务院通过中央政府网站对外发布了《"十二五"国家自主创新能力建设规划》,其中提升文化领域的创新能力是规划关注的重点内容之一。规划从推进文化科技创新、创新公共文化服务手段和内容两方面,对提升文化领域创新能力进行部署,表明政府部门秉持科技带动文化发展之战略,继续对文化与科技融合领域予以重视与支持。

## 第三节　表演艺术产业年度发展概况

### 一、表演艺术团体发展概况

据北京市演出市场统计分析,国内艺术团体(含外省、自治区和直辖市)在京演出 21164 场,占总演出场次的 91.4%,比去年同期(20732 场)增长 2%。外国艺术团体在京演出 1415 场,占全年总场次的 6.1%,比去年同期(932 场)增长 34.1%。港、台艺术团体及个人在京演出 141 场,占全年总场次的 0.6%,比去年同期(82 场)增长 71.9%。①

（一）国外大团频频来袭

从年初到年尾,2013 年的演出市场不缺国外顶尖演出团队的身影。近几年,来华演出的国外演出团队一直呈上升趋势,尤其是每到岁末年初,来自欧美国家的交响乐团和芭蕾舞团几乎充斥各大剧院。2013 年,来华演出的团队在数量和质量上都有提升。

除去在北京国际音乐节、上海国际艺术节等各类国际节展上参与演出的国外乐团、剧团,通过商业运作来华演出的《芝加哥》《舞起狂澜》《极限震撼》《剧院魅影》等都称得上世界顶尖剧目。除了院团,去年也是国际大牌来华演出极为集中的一年。先是席琳·迪翁亮相春晚,紧接着莎拉·布莱曼、贾斯汀·比伯、山羊皮乐队等纷纷来华举办演唱会,抢滩国内市场。综观 2013 年来华的演出,呈现出密集、场次多的特点。这一方面是演出商出于降低运营成本考虑的安排,另一方面也可见国外院团、明星对国内市场的重视。

（二）明星与学生各有市场,话剧格局更趋多元

校园戏剧《蒋公的面子》和全明星阵容的《如梦之梦》是 2013 年极具代表性的两部戏。《如梦之梦》给戏剧界带来了不小的冲击,而这个冲击更多的是来自

---

① 搜狐网:《北京市演出市场统计与分析报告》,http://yule.sohu.com/20140113/n393427415.shtml, 2014 年 1 月 13 日。

全明星阵容、较高的票价和超长演出时长。撇开演技的讨论，李宇春、胡歌、许晴等明星的票房号召力不容置疑。相比其他话剧，明星话剧更具话题性，也更容易吸引观众，所以不断涌现。

话剧在 2013 年演出市场的优异表现不是偶然的，它是长期以来话剧面向市场、培养观众的结果。话剧的成功在于发现市场但不迎合市场，找准了具有消费能力和情感需求的观众群体，提供给观众结合消费需求和美学需求的情感消费品，在发现市场的同时引导市场、驾驭市场。它也给更多的演出门类以启示：需要静下心来，尊重市场规律，建立起以市场需求为导向的运行机制及公平竞争的市场环境。①

（三）儿童剧市场火热姿态

以丑小鸭艺术团为例，该团通过建立全国首家儿童剧演出院线，对剧目进行批量复制，演出收入从 2012 年的 700 万元增长至 2013 年的近千万元，全国院线去年更是增至 20 家。② 2013 年音乐剧、儿童剧的演出收入比上一年有较大提高，分别首次突破亿元大关。2013 年，政府部门加大文化演出的惠民政策，加大补贴力度，扩大补贴范围。据了解，本市文化主管部门 2013 年共投入 1333 万元，补贴23 个剧场，使 100 元以下的低价票席位达到了剧院座位数的 30%，这也是促使儿童剧演出场次增加和上座率提高的原因之一。

## 二、演出场所

伴随市场规模扩大、场馆建设步伐的加快和演出市场的国际化趋势，据文化部文化市场司提供的资料显示，2010 年至 2013 年，我国已建成和将建成的大剧院在 40 家左右，总投资规模预计在 320 亿元以上，③平均每年要建成 10 家大剧院。

在刚刚过去的 2013 年，在首都剧场全面大修三个月的情况下，北京人艺全年大小剧场累计演出剧目共 21 部 365 场，创下 4100 余万元的票房收入。据不完全统计，2012 年，地方政府投资建设剧场的资金高达 90 亿。而各地兴建剧场背后的重要原因正是当地旅游人数的增加。但由于《旅游法》严格限制自费项目、购物等"擦边球"，各旅行社不得不取消低价团，提高线路报价。新政策推出来之后，团队的客流量有所下降，也导致了很多剧场空闲的状况。

① 慧聪网：《2013 年演出市场：在喧嚣中前行》，http://info. audio. hc360. com/2014/01/071012431311-all. shtml，2014 年 1 月 7 日。

② 和讯新闻：《四大关键词解读 2013 北京演出市场》，http://news. hexun. com/2014-01-17/161507232. html，2014 年 1 月 17 日。

③ 网易：《2010 年至 2013 年中国已建和将建成大剧院约 40 家》，http://news. 163. com/13/0118/21/8LHH491700014JB6. html，2013 年 1 月 18 日。

### 三、产值与营销

联盟院线或将破解演出市场营销困局,所谓"联盟院线"模式,通俗讲就是借鉴电影的发行模式来操作演出剧目。即通过专业发行营销机构,在全国几十家剧场一次性排演 100 场,从而将院团和剧场有效对接,产业链上下游都获得不菲收益。作为这种模式的推动者,中国国际演出剧院联盟(以下简称"剧院联盟")希望通过"联盟院线"模式,可以让演出像电影一样进行专业发行营销,破冰演出市场寒冬。

以《太极传奇》为例,制作方河南歌舞演艺集团不用自己费力寻找剧场,只需要和剧院联盟签署协议,再由剧院联盟整合全国数百家剧场,挑出适合《太极传奇》上演的剧场承接演出即可。在这种模式下,制作方和剧场各司其职、各得其所。[1]

值得一提的是,北京九维文化传媒有限公司作为《舞起狂澜》亚洲唯一的合作伙伴参与了该剧的投资与制作,《极限震撼》的引进方三匚创意汇和北京元典星焜借鉴百老汇的"阶梯式"票价机制,票价随市场反响起伏。国内的演出商在引进经典剧目的同时,也在积极地参与国际顶级演出的制作,学习借鉴他们的营销模式。

### 四、音乐产业聚焦

根据中国国家统计局数据与本研究统计推测,2013 年激光唱盘出版数量将降至 3212 万盒,环比降幅达 9.1%,然而,该统计数据包含所有非流行音乐类的激光唱盘,如乐曲、戏曲、相声、曲艺、教育、文学等,据中国新闻出版网公布的《2012 年全国新闻出版业基本情况发布》报告显示,[2]3545 万张激光唱盘中,自编节目的歌曲类占 21.12%,为 748.69 万张,与音像出版 2005 年全盛时期自编节目歌曲类的 2566.8 万张(占激光唱盘数量 36.09%)相比,降幅达 70.8%。以一张 80 元的价格计算,蒸发了 1.4 亿产值,严重侵蚀音乐产业的获利基础,导致业界普遍传出"实体"唱片已死的感叹,音乐产业的获利来源从过去的唱片转至全经纪、音乐节与现场演出等领域,而数字音乐的商业模式则因版权和渠道与内容商间的利润分成问题而僵持不下。

另外,2012 年《中国好声音》的意外爆红,开启了 2013 年歌唱类综艺节目的滥觞。据《光明日报》统计,2013 年共有 16 档真人秀音乐节目在各大卫视上演,[3]

---

① 和讯新闻:《联盟院线或将破解演出市场营销困局》,http://news.hexun.com/2013-10-18/158832458.html,2013 年 10 月 18 日。

② 中国新闻出版网:《2012 年全国新闻出版业基本情况》,http://www.chinaxwcb.com/2013-07/26/content_273856.htm,2013 年 7 月 26 日。

③ 光明网:《别老在"选秀"里转圈》,http://news.gmw.cn/2014-01/06/content_10028277.htm,2014 年 1 月 6 日。

实现了全年的无缝对接,为音乐产业创造了崭新宣传平台,建立以音乐综艺节目为首的产业链,后端包括数字音乐平台与在线视频网站内容置入、商演、唱片发行、演唱会宣传等一系列举措,为受到数字音乐冲击的音乐产业再开一扇窗。然而,好景不常在,这波真人秀音乐综艺节目引起了国家新闻出版广电总局的关注,祭出限歌令与加强版限娱令,导致 2014 年的音乐综艺节目将去芜存菁,未来音乐综艺节目引领的商业模式,其发展状况备受关注。

同时,音乐节、商业演出、演唱会等现场演出作为音乐产业的重要营利手段,在 2013 年依然备受瞩目。在近几年的持续发展之下,音乐节逐渐朝品牌化与产业化发展;而中国演唱会区域市场开始具有成熟市场的样态,淡旺季间的界线消弭,国际大牌和乐队纷沓而至,细分音乐风格与市场渐显规模,未来的现场演出市场发展值得期待。

## 第四节　表演艺术产业产业链环节分析

### 一、音乐产业聚焦:产业链环节分析

2013 年随着科技的进步、市场的培育和政策的扶持推动,数字音乐、音乐类综艺节目、旅游演出、动漫演出、音乐节等大型演出活动为音乐产业产品的创作、运营带来新的模式,注入新的活力,有助于提升音乐产业的文化内涵、拓宽音乐产业的融资渠道、推广音乐产业宣传的品牌理念、挖掘音乐产业消费的市场潜力,力求打造从生产到推广和营销在内的音乐产业领域全产业链的运作模式,试图通过规模化、集约化的优势,推动成熟市场的迅速发展,发掘和带动落后地区的市场潜力,形成全面均衡的发展局面。

（一）数字音乐

2013 年音乐产业大声倡导数字音乐收费一事。2012 年 11 月媒体报道:"包括环球、华纳音乐等几大音乐公司,将从 2013 年元旦开始联合国内音乐服务网站全面实行在线收听及下载的收费服务",到现在,仍尚未有任何一家数字音乐服务商正式表态全面收费,[①]而各大服务商的版权库依然存在问题。[②]

各大音乐在线服务商大力呼吁付费收听的商业模式是在版权端与利润收益双重挤压下的不得已之举,中国消费者对免费数字音乐依赖已深,且市场上可替

①　周皓:《数字音乐收费再遇"狼来了"》,《音乐周报》2013 年 6 月 12 日,第 002 版。
②　深圳新闻网:《数字音乐新模式:卖"体验"的生意》,2013 年 7 月 8 日。

代产品依然泛滥,使极度依赖广告收入的音乐在线服务商难以实现大规模利润收益。然而,随着音乐在线服务商的营运成本的不断加剧,走向付费音乐将成为其唯一解决之道,如何维持巩固市场和维持营运二者间的平衡将是数字音乐产业未来必须解决的难题。

2013 年数字音乐服务整体走向移动端,互联网巨头透过整合并购大举进入数字音乐产业,为该领域带来更多资本与发展变数。[①] 2013 年的数字音乐产业中,较具有影响力的平台纷纷推出自家的加值服务,企图创造崭新数字音乐商业模式。2013 年数字音乐服务平台走向强调社交、交互设计与接口的持续优化、提高音乐管理效率、音乐电台服务和内容推荐等。随着互联网巨头的持续进攻及大笔资金注入,数字音乐服务的市场竞争越趋激烈,开始出现如酷狗音乐线上平台加线下资源整合的在线演艺平台模式、QQ 音乐的会员加值模式、虾米音乐结合众筹实现线上线下资源整合等,除此之外还有虾米与百度音乐的音乐人平台、网易云音乐主打音乐达人的私房歌单、音乐社交等,目前尚难以了解这些举措对市场的影响力,但探寻未来数字音乐平台可行商业模式的关键一步已成功踏出,也为 2014 年的数字音乐产业发展埋下更多转机,数字音乐正重新定义音乐产业的规则与玩法。

**表 1　音乐平台基本状况**

| | 成立时间 | 甫成立类型 | 特色 | 2013 年新功能 |
|---|---|---|---|---|
| 酷狗音乐 | 2004 | 音乐平台类 | 全方位音乐平台 | 在线演艺平台 |
| 多米音乐 | 2010 | 音乐云类 | 音乐无处不在 | 音乐社交 |
| 酷我音乐 | 2006 | 音乐平台类 | 一站式音乐服务 | 界面与交互设计优化 |
| QQ 音乐 | 2005 | 播放器类 | 音乐社交 | 打造正版音乐平台与音乐社交 |
| 天天动听 | 2008 | 播放器类（移动端） | 强调高音质 | 音乐圈与音质再升级 |
| 百度音乐 | 2002 | 音乐搜索类 | 强调正版版权库 | 原有功能与社交服务的升级、音乐人 |
| 虾米音乐 | 2009 | 音乐网站类 | UCG 内容 | 音乐人 |
| 网易云音乐 | 2013 | 音乐平台类 | 音乐达人社区平台 | 多方战略合作 |

数据来源:根据相关资料汇编。

（二）音乐类综艺节目

2013 年的音乐类综艺节目呈现井喷之势,尤其是前半年,后半年因政策强势介入,抑制市场的持续跟风。然而,在这波趋势中,隐隐浮现以音乐类综艺节目为

---

① 关于数字音乐发展请见网络文化章节。

首的产业链,无论是平民参赛者还是歌坛老将,参赛后即跃入大众视野之中,其影响力开始在数字音乐平台上发酵,从节目组与音乐平台的战略合作、传播参赛者的周边信息,到参赛者演唱歌曲的同步上载等,都不断掀起一波波热潮,同时,在线视频平台的推波助澜,引发受众的持续关注。接着是一连串的话题操作,其后大多都跟随着商业演出、单曲或专辑发行、演唱会等,音乐类综艺节目俨然成为当今音乐产业规划艺人演艺生涯的重要平台。

因数字科技而备受困扰的音乐产业,丧失了过去单一、统合的音乐宣传渠道,取而代之的是碎片化、小众化与多元化的音乐宣传渠道与市场,音乐类综艺节目的出现提供了一个短暂的强势宣传平台,整合现有的线下与线上资源,并从中淘洗能够再行发展的艺人。2014 年受政策影响,音乐类综艺节目全年数目受到严密控制,间接降低受众的审美疲劳、有效集中受众注意力与社会资源等,音乐类综艺节目引领的产业链操作在 2014 的发展态势备受期待,伴随着《中国好歌曲》等强调原创的节目出现,一改过去炒老歌、吃老本的类型,带给中国音乐产业一丝新希望。

表2  2013 年音乐类综艺节目

|  | 日期 | 最高收视率 | 播出频道 |
| --- | --- | --- | --- |
| 我是歌手 | 2013.1.18—4.12 | 4.127% | 湖南卫视 |
| 中国最强音 | 2013.4.19—6.28 | 1.621% | 湖南卫视 |
| 中国梦之声 | 2013.5.19—8.25 | 2.345% | 东方卫视 |
| 2013 快乐男声 | 2013.6.29—9.27 | 1.404% | 湖南卫视 |
| 中国好声音 2 | 2013.7.12—10.7 | 5.174% | 浙江卫视 |
| 全能星战 | 2013.10.11—12.27 | 1.525% | 江苏卫视 |

数据来源:根据相关资料汇编。

## 二、投融资特点

表演艺术产业投融资热的潮流已经逐渐形成,以下是传统的演艺产业与资本市场投融资的一些特点:

### (一)缺乏可量化评估体系

现在表演艺术产业投融资体制机制基本上没有形成,最主要的原因不是缺少金融机构和资金,而是没有一个评估可量化的体系、体制作为基础。这个体系中,文化产品的销量可能不能作为单一评估标准,需要考虑到内在的精神层面,有些是需要国家金融机构贴息或长期在产业链上扶持的,有些更不能以点带面、以偏概全,比如赵本山的二人转很火,产业业态很清晰,就据此得出结论,所有的二人转都不需要扶持了,而事实可能并非如此。

（二）看中内部生产核心能力

表演艺术产业主要靠场馆演出和实景演出。投融资非常看中内部生产的核心能力如项目本身的专业化、市场化及规模化,人才管理及剧场关系,持续的成长能力,服务水平效益,演艺的核心能力,企业的复制模式即产品的管理与控制能力延伸。

（三）回收期较长

演出产品需求的不确定性导致演出收益无法预测,演出收益主要来自于具有很大不确定性的票房收入,然而从前期项目敲定到最后的票房收入存在一个相当长的回收期。

### 三、制作与原创

2013 年,我国的原创品牌正被更多的国家和地区所接受。5 月,导演王潮歌的"印象"团队接受马来西亚邀请,推出了"印象"系列的第 10 部作品《印象马六甲》,并于同年 10 月在"中国—马来西亚经济峰会"上完成项目签约仪式。而近年来的新创剧目,在获得了艺术和市场双重肯定的基础上,也将开始继续打磨、上演。在新的一年,一大批曾在舞台上创造过辉煌的剧目和经典的舞台形象经过复排后重新亮相。除了一批保留剧目将重新复排之外,北京人艺两部原创新作《理发馆》《公民》将强势来袭。更加多元的剧目、更加丰富的演出形式让人艺新的一年值得期待。

"在市场经济时代,文化产品必须成为文化商品才能走进千家万户。当中国推向全球的成功文化商品越来越多时,东西方文化贸易才有望取得真正平衡。"[1]

制作方面 2013 年的话剧创作活力增强,演出不再拘泥于整一结构和对话叙事,而是多重元素融合,舞台时空的呈现上更加自由灵活。在网络时代,碎片化的信息、发散性的思维、电子屏幕的广泛运用、各种表现性素材的整合拼贴,让话剧演出显现出多姿多彩的样貌,凸显进行时、未定型的当下特征;与此同时,强化戏剧的思想价值,提高剧本的文学质量,提升演出的恒久魅力,仍在不断努力。

---

① 　人民网:《文化 2013:文化走出去,心态成熟迈大步》,http://politics. people. com. cn/n/2014/0103/c70731-24010566. html,2014 年 1 月 3 日。

### 四、出版、发行

在演出市场国际化运作上,我国成为一些国际品牌演出项目的首演站点。亚洲联创公司引进百老汇知名音乐剧《妈妈咪呀》,复制欧美音乐剧产业模式,买断其中文版权,在国内成功巡演,为打造中国原创音乐剧、推动演出市场运作模式与国际接轨积累了宝贵经验。①

市场运作模式简单、经营能力不高等是国内演出市场亟需解决的问题。"多年来,相较于国家在剧院建设和精品剧目创作上的投入,在舞台产品的营销和推广上的投入则稍显薄弱。以歌剧舞团为例,国内大部分的歌剧表演团体缺乏演出场所,艺术生产与销售脱节,走向市场面临诸多困难。"目前国内剧院大多是单打独斗的市场操作方式,这样会造成演出成本高,票价高,不利于剧目的普及和剧院品牌形象的建立。

### 五、版权保护

"演出市场作为一个整体,涉及创作者、表演者和演出机构以及衍生产品的经营者等,任何一方利益诉求过高,就会给另一方带来沉重的负担,市场将会失去平衡。要促进演出市场的健康发展,必须兼顾各方利益。没有对创作者、表演者权益的良好保护,市场的发展就会失去原动力,然而,挫伤演出机构的积极性,就会致使原创作品失去依托。因此,要推动演出市场的发展,应在各方利益之间寻求平衡点。"

演出市场涉及的作品种类繁多,包括音乐作品、舞蹈作品、杂技作品、曲艺作品等,从著作权法角度来看,演出市场主要涉及创作作品的作者权利和表演艺术家的权利。我国《著作权法》明确规定,使用他人作品演出,表演者(演员、演出单位)应当取得著作权人许可,并支付报酬。按照法律规定,这一法规可以有效保护著作权人的权益,但在执行方面存在一些问题,法律没有有效落实到位。在版权交易和保护环节,还存在版权付费渠道不通畅、剧目被人抄袭或肆意改编等现象。所以兼顾各方利益平衡、完善法律体系,加大版权保护力度,已成为业界共识。

首先,可通过司法和行政执法的切实保护措施以及集体管理组织等组织形式,来实现权利人的权利;其次,还可以通过市场的运作,特别是表演艺术家的经

---

① 中国知识产权资讯网:《演出市场版权困境的解决之道》,http://www.iprchn.com/Index_NewsContent.aspx? newsId=51113,2012 年 9 月 17 日。

纪人的制度实现表演者权利的保护。另外，可以"在创作剧目前，委托编剧进行创作，然后进行签约，购买版权，并对作品进行登记。在对作者报酬的分配上，有两种方式，一为一次性买断的形式付费，另外是同作者进行分成，根据演出次数进行收益的分配的方式"。虽然我国在表演市场仍有监管漏洞，但是随着相关政策的不断出台，文化创意产业的知识产权的保护力度会逐渐加大。

## 第五节　表演艺术业的问题、对策及展望

### 一、表演艺术业的问题

对于 2013 年的演出市场从当前艺术表演团体体制改革的实际来看，由于各地在经济、文化发展诸方面的差异，各地艺术表演团体的发展很不平衡，表演艺术产业的外部环境和社会宏观机制还不配套，文化经济政策还需进一步完善，特别是艺术表演团体内部运营机制上的一些深层次问题还未解决，相当一部分艺术表演团体处于不能正常运转的状态。艺术表演团体在很多方面还不适应市场经济的发展，不适应改革开放，不适应人民群众新的要求，在创作上表现为能够深刻反映改革开放和时代精神的力作不多。

很多演出机构反映的问题，总结有以下几点：

（一）政府政策的调整，各类演出不再有团体票，再加上五部委文件制止举办奢华晚会，使许多演出单位的收入下滑，旅游演出受市场的影响收入也有较大程度的减少。这也说明了以往的演出市场确实存在一定程度虚假繁荣的现象。这就需要我们的演出机构及演出从业者能够根据演出市场的实际情况，改变原有的运作模式，积极探索符合市场需求的演出项目和经营方式。

（二）观众的审美水平越来越高，一般质量的演出节目很难取悦观众。就音乐节的主办方来说，今年是颇为艰难的一年，伴随着经济的调整，很多户外音乐节和演出的主办方都没能盈利。主办方说"现在的人比过去要挑剔多了，当今的歌迷们期待看到制作上特别大手笔的演出，除了演出要有好的品质外，还需要高品质的音响设备，以及非常舒适的环境，观众想要的是那种让自己发自内心赞美的东西"。

（三）演出场馆配套的餐饮、停车等设施不完善，使有些本不习惯晚上活动的北方百姓不愿出来看演出。他们宁愿晚上和朋友聚会吃饭，或选择呆在家里看电视，也不愿意出门看一场一般的演出。所以要想让观众走出家门，不仅仅需要演

出本身有足够的吸引力和稳定的质量,还要求很多相关配套设施的跟进。在这些方面电影院线已经走在了剧场院线的前面,这是值得我们思考的问题。①

## 二、对策

如今的演艺市场越来越要求细分、产品创新,找准市场定位是演艺机构提升竞争力的必然招数。但除了需要内容创新之外,提升自己的营销、管理水平也很关键。怎样捕捉到更多消费人群,至少留住观众,涉及精准营销。另外就是管理,绝大部分演艺团体都是演艺人士成为高层管理人员,管理上是带有艺术化色彩的,企业化色彩相对比较弱。应该把企业化的管理咨询思路导入这个产业。

可以通过成立联盟,试图解决行业的发展难题。通过联盟成员之间的紧密合作,可以提升剧院的经营能力,利用联合运作、票房分账等多种手段,可突破传统的单打独斗的市场操作方式,降低演出成本,吸引广大观众走进剧院观看演出,也可以较大幅度地提高剧院的票房收益。通过有效的整合、包装,形成整体宣传攻势,不仅有利于建立剧院的品牌形象,还有利于通过行业自律,凝聚社会各方面的力量,整顿演出秩序、抵制恶性竞争,达到进一步推动演出市场繁荣和发展的目的。

开创国内剧院全国及地区院线网络平台为管理模式,打造精品剧院加全国巡演的模式,充分发挥内容加平台的产业链优势。需要既懂文化产业,又懂营销管理,利用自身资源搭建一个外部产业娱乐营销平台,既针对消费者、粉丝群体,又针对整个行业里的上游方、制作方提供双重服务。建机制、转变观念、抓市场、整合资源、树主体、面向市场等一系列强有力的举措,探索符合自身实际的集团式发展之路。

其次,要想让观众心甘情愿地掏钱买票看演出,主办单位也需要提高自己的审美观点、业务知识及相关技能。

总之,不管市场怎样变化,各演出单位只要动脑筋,想办法,适应新形势下的演出市场发展,积极应对市场变化,满足观众需求,加强信息沟通,促进项目推广,定能使文化演出市场进一步繁荣。

## 三、展望

我国当前文化市场已呈现过剩和短缺并存的局面,在中央限制"三公消费"

---

① 汉丰网:《2013 年北京演出总收入下降,市场在寻求转型》,http://www.kaixian.tv/gd/2014/0221/2335821_2.html,2014 年 2 月 21 日。

等政策影响下,该行业受冲击非常大,今后数年都将是各类演出团体和企业的转型期和阵痛期。但长期看,是个机遇,有助于演出市场的健康发展。在市场的主导和政策的扶持下,国内演出市场的产业布局将不断优化,趋于合理。

（一）跨界融合催生新业态发展。互联网上网服务营业场所经过多年发展,逐渐从单一的上网服务场所向以上网为基础的多元化运用平台方向发展,旅游演出成为演出业与旅游业跨界融合的亮点,网络演出拓展了传统文化传播渠道。

（二）大资本投入与国际化改变市场版图。据统计,2010年至2013年,全国已建成和将建成的大剧院在40家左右,总投资规模预计在320亿元以上;社会资金开始涉足演出领域,更多的金融资本、银行、民营企业成为投资艺术品的新兴主体;演出公司逐步进入国外演出市场。

（三）产业链动作与规模化经营提升市场影响力。演出院线开启了演出场所规模化经营之路,全国规划和建设的演艺集聚区近10个;传统的演出团体、经纪机构、票务公司、演出场所逐渐融合。

（四）微创意开辟了多元化个性化服务新天地。以网络平台为主,个人创意得以市场化;以小话剧、艺术工作室为主,多样化的个性化需求得到有效满足。①

所以随着文艺表演团体体制改革不断深化,我国演出市场总量将呈上升趋势发展。

---

① 库德网:《近三年全国投资 320 亿元建成 40 家左右大剧院》,http://www.coolod.com/5416.html,2013 年 1 月 19 日。

# 会展节庆行业年度发展报告

徐思颖[*]

2013 年,各国仍在金融危机中寻求突破,经济低速增长,作为多边服务的会展业,体现了全球经济缓步复苏的趋势。反观中国,经济稳定发展、服务业发展提速,会展业今年进入发展的快车道,呈现一片荣景,迎来战略机遇。国家以规范化、市场化为原则,积极引导国内会展业发展。继去年发展趋势,许多非一线城市会展业表现亮眼,显示中国会展业正逐步成熟。

## 一、会展节庆业发展的政策环境

（一）宏观政策出台引导助推会展业发展

1. 商务部重点支持及引导措施。

今年出台的会展政策,可分为以下几点:第一,行业标准确立,建立市场秩序。商务部于 2013 年 7 月 1 日实施《专业性展览会等级的划分及评定》,启动《会议中心运营服务规范》《展览场馆运营服务规范》《展览服务（布展工程）单位经营服务规范》《专业组展企业资质评估指标》等会展行业标准,落实展览工程搭建、场馆营运服务规范、布展服务等方面的标准,提升会展质量。同时,业内签署《执行会展行业标准、规范经营自律公约》进一步规范会展行业秩序与标准,推动行业健康发展。第二,管理办法、指导意见出台,完善管理运作机制。《商务部举办展会工作管理办法》引导提高展会的市场化和专业化水平,推动节俭办展,进一步提高展会的示范带动效应,《办法》具体措施包括:明晰商务部与地方人民政府各自承担的办展职责,有效控制部办展会总量,加快形成重点突出、错位发展的合理布局;简化展会相关活动,提倡节俭办展,注重办展实效;推动对外经济技术展会的审批制度改革,从严规范邀请党和国家领导人及部领导出席展会工作。

* 作者系北京大学艺术学院艺术管理与文化产业专业硕士研究生。

2. 节约办展呼应"八项规定"和"反四风"。

为贯彻中央提出的"八项规定"和"反四风"的施政方向,国务院和商务部分别发布《党政机关厉行节约反对浪费条例》和《关于做好赴境外招商引资活动监督指导工作的通知》,对党政机关经费管理、会议活动、资源节约和对外招商引资等求做出全面规范,杜绝奢靡风气,透过合并活动、精简流程、规模缩减、财政监督、指标规范等方式减少不必要的费用,缩减开支。许多展览便以"精简、实务"为宗旨,寻求办展新模式,如第23届全国图书博览会和第七届两岸茶博会将议程简化并减少陪同与接待,大幅减少开支。

3. "营改增"问题悬而未决。

2012年,鉴于"营业税改增值税"对会展产业造成冲击,政府经协调后恢复以往的纳税政策,但"营改增"的问题未完全解决。2013年财政部和国家税务总局联合发布《关于在全国开展交通运输业和部分现代服务业营业税改征增值税试点税收政策的通知》,规定自2013年8月1日起,在全国范围内开展交通运输业和部分现代服务业营改增试点①,但根据11月国家税务总局发布的"营改增"试点情况报告显示,整体实施效果良好,但对会展业却造成赋税问题。会展业属综合性服务业,营改增前,允许抵扣场地费、客商差旅费和产品运输费,实缴税率为3%;改增后,不仅原抵扣作废,更增加许多不在"抵扣"内的项目,如租赁、住宿、旅游等环节,造成会展龙头地区,如厦门、深圳、青岛等二十三个会展城发生反弹②,要求进一步修正,因此在中国城市会议展览业协会联盟成立大会上,通过了《关于呈请商务部、国家税务总局、财政部税政司调整完善会展业增值税征收政策的报告》,试图解决会展业的税务问题。

4. 政府角色转变,力推会展自由运作。

继2012年党的十八大提出加快转变经济发展方式离不开服务业发展,中国从投资驱动转向创新驱动,产业结构从制造业为核心转向服务业为主,城市从经济为中心转向全方面社会发展。中国会展成为产业调整的杠杆,将政府与市场结合,体现公共干预与市场规律的双重特征。政府的角色从"政府包办"到"政府主办、协会协办、企业承办"再过渡到会展自由运作。政策目的是要求会展市场按照规范的流程提供服务,建立一套涵盖会展业务经营、会展工程、场馆租赁、会展物

---

① 中央政府门户网站:《交通运输业和部分现代服务业营改增试点税收政策》,http://www.gov.cn/gzdt/2013-05/28/content_2413336.htm,2013年5月28日。

② 新浪财经:《营改增试点首期减税130亿,会展产业赋税反增》,http://finance.sina.com.cn/china/20131028/012117128516.shtml,2013年10月28日。

业管理等较为完善的会展服务体系,使会展服务更高质和高效。今年三中全会除延续往年文化体制的基础思路外,更深入探讨文化改革,提出强化文化事业、文化产业、公共文化服务的互联,改革、发展、管理三位一体,强化文化产业发展,虽未有明确的政策出台,但已起到积极引导的作用。

(二)会展节庆地方相关政策

表1 2013年各地出台相应会展扶持政策

| 地区 | 出台时间 | 具体出台政策(法规/通知) | 政策重点 |
|------|----------|--------------------------|----------|
| 上海 | 2013年12月 | 《上海市展览业管理办法》 | 拉动上游与下游的联结 |
| 西安 | 2013年10月 | 《关于征集2013年度下半年市级会展业发展专项资金项目的通知》 | 申报会展业发展专项资金最高可获40万奖励 |
| | | 《西安市会展业发展专项资金管理办法》 | 提供会展企业奖励金 |
| 威海 | 2013年12月 | 《威海市鼓励会展业发展奖励办法》 | 提供会展企业奖励金 |
| 济南 | 2013年11月 | 《济南市展会知识产权保护办法(试行)》 | 对展会各个环节,设定了负责审批展会主管部门、展会主办方或参展方、知识产权行政管理部门相应的职责 |
| 武汉 | 2013年12月 | 《武汉市人民政府关于建设全国重要的会展中心的实施意见》 | 提供会展企业奖励金外地补助 |
| | | 《武汉市会展常态化政务服务办法》 | 提供会展一体化服务 |
| 重庆 | 2013年2月 | 《重庆市人民政府关于加快建设长江上游地区商贸物流中心的意见》 | 发展会展旅游 |
| | 2013年12月 | 《微型企业会展补助申报工作暂行办法》 | 提供会展企业奖励金 |
| 河北 | 2013年12月 | 《河北省会展业发展引导资金管理暂行办法》 | 提供会展企业奖励金 |
| 合肥 | 2013年11月 | 《会展业发展的财政资金》 | 投入奖励资金800万 |

数据来源:根据相关资料汇编。

纵观各地会展扶持政策,可发现以下趋势:第一,奖励补助项目多于管理,说明地方会展还处于"量重于质"的阶段。第二,以奖励政策助推优质企业发展,以"扶优"为原则,如西安凡引进或举办的国内外会议和展览等会展活动,展位达800个至3500个或展览面积达到1.6万 m² 到7万 m² 以上者,可申请最高为40万元的奖励金。重庆市工商局《服务办法》规定会展企业经审查合格后,按照微型企业实际缴纳的展位费,市财政给予50%的补助,每户微型企业每次补助不超过1万元。第三,会展业已成熟的地区,开始深化管理,如产业链的结合和知识产权的保护。上海制定会展管理办法,联结行业上、下游,朝会展一体化发展,而《济南市展会知识产权保护办法(试行)》则针对展会各个环节,齐抓共管,完善展会知识产权管理工作,如投诉、处理程序、处罚等流程,强化会展内容的保护。

### 二、会展节庆发展概况

#### （一）中国会展业发展总体情况

#### 1. 会展业发展体量分析

我国会展业每年以20%至30%的速度发展,创造了巨大的经济效益和社会效益,"会展经济"已成为国民经济的重要组成部分,今年会展业表现强势依旧,亚太地区总体经济增速将达到5.7%,中国作为亚洲地区的增长引擎[1],经济发展亦体现在会展业上,2012年依托繁荣的对外贸易与国内消费,国内会展业直接产值为3587亿元,全国共举办展览7813场,总面积9098万平方米,较2011年分别增长14.3%和12%,其中出国展览业务增长明显,达到1536个,参展企业5万余家,总面积69.3万 $m^2$,会展行业带动就业1950万人次[2]。2013年,出国会展数量1536个,预计会展产值能破4000亿,场次达近9000场,展览面积过10000$m^2$,显示中国会展业惊人的成长实力。

表2　2011—2013 年各会展指标

|  | 2011 | 2012 | 2013(预测) |
|---|---|---|---|
| 会展产值(亿) | 3009 | 3587 | 4169 |
| 举办场次(场) | 6695 | 7813 | 8930 |
| 展览面积(平方米) | 8006 | 9098 | 10189 |

数据来源:根据相关资料汇编[3]。

2013年产业分布图与2012年相仿,以文化旅游(20%)、教育培训(17%)、休

---

[1]　国际货币基金组织(IMF),《亚洲经济展望报告》,2014年4月。
[2]　中国财经首页:《会展行业标准宣贯启动仪式举行》,http://finance. china. com. cn/roll/20130828/1767464. shtml,2013年8月28日。
[3]　中展网,http://news. ccnf. com/news/20130507/n201305070025. shtml;和讯网, http://news. hexun. com/2013-12-13/160577558. html;搜狐网,http://roll. sohu. com/20130517/n376284516. shtml;和讯网,ht-tp://news. hexun. com/2013-12-13/160577558. html;光北方网,http://news. enorth. com. cn/system/2013/06/02/011022846. shtml;千龙网,http://finance. qianlong. com/30055/2013/02/18/2530@8506997. htm;人民网,http://bj. people. com. cn/n/2013/0601/c82839-18780321. html。

闲体育(20%)、广告设计(16%)为主导,综合类展比例提高到14%,而专业性会展如艺术品(5%)和出版(2%)占比甚低。

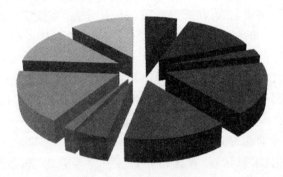

- 演出7%
- 广告设计16%
- 动漫游戏3%
- 文化旅游20%
- 教育培训17%
- 艺术品5%
- 图书出版2%
- 体育休闲20%
- 文化用品14%
- 综合类14%

**图1　国内会展产业分布图**

数据来源:中国会展网,web/exhi/exhi_search. aspx? Start = 2013-01-01T2013-12-31&End = &Industry = 15&page = 4。

据世界银行的统计显示,世界主要经济体,服务业在其各自经济总量的占比将超过或接近70%。回顾2013年,会展经济的发展与总体经济发展趋于一致,重点会展表现出色,2013年广交会参与189646人,比113届减少6.5%;出口成交1946.1亿元人民币(约316.9亿美元);展览总面积116万平方米,展位总数59539个,境内外参展企业共24517家。京交会1300多家中外企业参展,148场论坛、洽谈等活动,签订项目415个,成交总额达到786.9亿美元,其中国际服务贸易交易额108.9亿美元。第八届北京文博会更加大展示推介力度,主展览区和20个分会场展示面积将达到22万平方米,在展览面积上刷新过往七届纪录。

**表3　2013年重点会展状况**

|  | 113届/114届广交会 | 京交会 | 文博会 |
|---|---|---|---|
| 人次 | 202766/189646 | 99939 | 120万 |
| 展览面积(平方米) | 116/116万 | 7万 | 22万 |
| 交易额(亿) | 355.4 /1946.1 | 786.9 | 317.66 |

数据来源:根据相关资料汇编①。

---

① 中展网,http://news. ccnf. com/news/20130507/n201305070025. shtml;和讯网,http://news. hexun. com/2013-12-13/160577558. html;搜狐网,http://roll. sohu. com/20130517/n376284516. shtml;和讯网,http://news. hexun. com/2013-12-13/160577558. html;光北方网,http://news. enorth. com. cn/system/2013/06/02/011022846. shtml;千龙网,http://finance. qianlong. com/30055/2013/02/18/2530@8506997. htm;人民网,http://bj. people. com. cn/n/2013/0601/c82839-18780321. html。

**2. 发展趋势**

第一，会展品质提升。

2013 年是中国会展业的转折年份，在全球经济一体化的背景下，中国会展业在经历了粗放式的大踏步发展之后，在外部政策的催化下，将很快实现从"量"的增长向"质"的提升的转变，市场格局也将发生变化。通过竞争与合作，会展资源将得到优化配置，在促成具有专业水准和国际影响力的品牌展会出现的同时，具有国际竞争力和健全现代企业制度的大型会展企业也将脱颖而出，两者强强联手、相辅相成，将使中国会展业的平台价值最大化[①]，如今年成都、海口两地正式成为国际大会及会议协会（ZCCA）会员，跻身世界会展名城。

第二，"四化现象"：专业化、品牌化、国际化、信息化。

今年会展体现专业化、国际化、品牌化趋势。第一，"专业化"包括加强行销策略联盟、强化会展政策与知识等咨询流通、扩大会展双边合作、与学术合作进行产业研究、培训专业会展人才、促进地方发展会展城市等。随着近年会展业成熟，会展"品牌化"的趋势渐显，各地积极发展区域特色的展览，如"大连服装节"撑起当地会展经济，长沙则把会展与在地的宝石产业结合，发展在地经济。即将出台的《合肥市人民政府关于加快会展业发展的若干意见》更将"打造会展名城"定为扶持合肥会展业的首要目标。第三，"国际化"体现为国外会展企业投入中国市场，鉴于全球经济中心向亚太转移，越来越多的国际展览公司、国际会展项目将目光聚焦中国内地。国外会展企业将为中国会展业注入新血投入会展市场。以上海为例，国际知名的专业会议组织公司（PCO）和专业奖励旅游公司纷纷将眼光投向上海，欲利用上海独特的地理资源与文化资源，发展更具国际化的会议管理与服务。第四，"信息化"，为提高政府、会展行业协会、会展企业、参展企业四者间的信息交流速度，会展开始朝信息化发展，建构网络平台，以移动互联网宣传推广，软件 App 与民互动，会展业者同时也与电信商展开合作，今年首届"中国瓷都·潮州国际陶瓷交易会"便和潮州移动合作，由潮州移动提供系列信息化服务。

第三，落实"大会展"概念，会展成为联结产业的枢纽。

自 2012 年"大会展"概念提出后，各地将会展作为拉动相关服务业的枢纽策略与措施相继出台，以观光旅游、活动带动当地文化消费，大会展的特色可分为三点：第一，大幅度跨界，提出"会议＋活动"到"会议＋活动＋展览"的多面结合，促成彼此间的叠加效应。如上海市商务委将推动"会商旅文"联动，加强会展、商

① 周春雨：《中国展会现量减质增 国际化进程提速》，《中国贸易报》2013 年 6 月 4 日。

业、旅游和文化等产业间的互联互动,大力吸引国内外展商、客商和游客①。第二,深度挖掘地方特色,重视在地特色的挖掘,以广西为例,该地大力发展各具特色的都市农业、观光农业、休闲农业、会展农业、节庆农业,推进农业向"接二(产)连三(产)"延伸。巩固提升开放合作平台作用和影响力。以中国—东盟建立战略伙伴关系10周年为契机,全力办好第十届中国—东盟博览会、中国—东盟商务与投资峰会以及10周年系列活动。举办经贸和社会人文等多领域交流活动。第三,地方合作紧密,以杭州为例,为求优势互补与资源共享,该地在举办会展的同时,将部分国际友好城市市长峰会、中国城市会展大会等部分项目延伸到周边县市,在文博会引进江西景德镇陶瓷基地,推动区域会展共同发展。

(三)区域性会展业情况

会展是经济发展到一定阶段才能成熟的产业,了解一地会展业发展,能同时观察到该地区城市经济发展的情况。中国已形成"珠江三角""长三角""环渤海""中西部""东北部"多个会展集区。纵观2013年的发展,会展业名列前六的会展城市分别是北京、上海、广州、义乌、大连、深圳②,而成都、海口、厦门等地区成为今年会展业发展的亮点城市,以下以北京、上海、成都、海口为例,探讨区域会展情况。

北京作为中国政治、文化核心,今年仍维持以往办展优势,举办的国际会展多达250个,成为全国办展最多的城市,将展览作为联结传统产业和商业的枢纽,今年机床展、印刷展、纺织展、铸造展、制冷展等五项展获得国际会展联盟(UFI)的认证。

上海由于得天独厚的地理优势与贸易资源而具备国际吸引力,且今年许多重要建设、政策推行于上海落实,举办国际大会与会议协会(ICCA)等国际性会展。目前,上海正与德国三大展览公司联合投资新建上海国际展览中心并斥重资于大虹桥打造国家会展中心,期待将国家会展中心作为加速上海、广州两地贸易、人才交流的渠道,而刚启动的上海自由贸易区将带动更多服务性企业入驻上海,为会展业注入一剂强心针。

成都是今年会展业的亮点城市,虽作为后起的会展中心,国际展览会的数量和面积在成都举办的各类展览会中只分别占26%和31%左右,境外参展商的比重不到25%,政府主导性强,但今年成都博览局顺利成为国际大会及会议协会

① 《会展业:专业化、国际化是趋势》,《宁波经济》,2013年第7期,第25页。
② 《中国会展城市排行》,《文化月刊(下)旬刊》,2013年6月,第36—37页。

(ICCA)会员,成为中国第一个进入该会的中西部地区,《财富》全球论坛的举办更是锦上添花,今年首次落户成都,这些现象表明会展业正从东部重点城市"西进"的决心。

今年海口会展发展亦令人为之眼前一亮,海口从2002年的7个展会到2011年的83个,再到2012年的205个(含会议),海口展会的数量和规模年平均以30%的速度增长,高于全国平均的20%①。2012年海口市率先在全国成立了会展局,并实施《海口市展览业管理试行办法》《海口市会展业发展专项资金使用管理暂行办法》,优化海口会展服务,今年海口会展服务企业的数量和水平明显提高,海口已初步形成会展产业体系。中国国际展览中心集团公司、意大利米兰展览公司子公司、中博展览股份有限公司等纷纷进驻海口。

长江三角洲仍强势发展,西部地区略有提升。根据统计,国内会展产业集中在长三角、广东、海南等综合性、国际化程度较高的地区,京津冀也占据一定比重,与去年相比西部地区的会展量提高了2%,凸显该地区会展业增长的趋势,见图2。

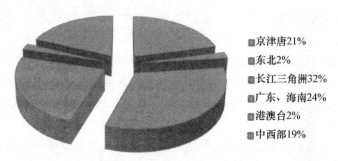

图2    国内文化产业类会展区域分布图
数据来源:根据相关资料汇编。

## 二、节庆业发展特征

节庆涵盖艺术节庆、商贸节庆、体育节庆、会展节庆等,主要特征是消费,文化特征是休闲旅游,空间特征是流动与聚合,包括人流、物流、信息流、资金流等。2013年,随着"大会展"意识的提高,节庆与会展合流已成趋势,其发展特征如下:

---

① 《中国会展城市排行》,《文化月刊(下)旬刊》,2013年6月,第36—37页。

第一,活动举办应"还节于民"。

根据 2013 年第十届北京旅游博览会和第十五届北京国际旅游节等展会和节庆活动的研讨内容,节庆活动的举办以"还节于民"为原则,强调群体互动,建议将小区资源纳入策划并提供在地居民优惠,鼓励在地群众参与,使节庆活动由"量的扩张"往"质的提升"发展。

第二,在地文化资源——节庆发展的重点。

在今年中国节庆产业年会暨 2013 中国节庆活动中,潍坊、长春、合肥、海宁、杭州、成都、蓬莱、大庆等十座城市被评为"十大节庆城市"。相较于会展名城,节庆城市更注重在地文化资源的发扬、转化并和时节呼应,如潍坊风筝节、徽菜美食节、中国(合肥)龙虾节、长春冰雪节等品牌。

第三,强化建设,促进节庆旅游发展。

节庆成为各地城市的文化名片,因此完善基础建设成为重点,以重庆为例,今年重庆国际博览中心顺利落成,展馆达 11000 平方米,能容纳 15000 的观众,计划每年至少举办 7 场大型活动。另外,品牌成熟后的下一步便是发展旅游,带动文化消费,以节庆名城无锡为例,抓准"时节"与"地气",在十一黄金周时浓墨重彩推出 2013 金秋旅游文化节、华西村美食节、崇安文化节等,吸引大量游客与会。

### 三、会展节庆业建议与总结

第一,精简手续,解决职能不清、管理缺位的问题。

现实而言,还存在政府权责不明确、职能不清、行政管理缺位等问题,如政府对会展举办权严格控制,导致会展审批手续复杂,虽然现在已由审批制转向登记制,但仍然存在重复审批和多头管理,主因是经贸和贸促会拥有有各自审批权,如出国办展、参展,手续更显复杂和繁琐。另外,部门间缺乏协调和集体办会意识,在一定程度上挫伤组展商和参展企业的动力。政府应精简审批、手续流程,减少展方办展压力,同时提高行政效率。

第二,统一标准,解决各地政策冲突。

由政府主管部门主导、结合行业典型,颁布行业标准与规范,有利于健全会展行业的标准体系,但仅有这些基础性规范标准,还不足以构成中国会展行业标准化体系的全部。多年来,地方政府为规范当地会展业发展,各自出台了地方性要求。展会主办方在不同城市需遵守不同的要求准则。不同行业的展会,在展会标准与统计问题上,也会大相径庭。不同导向的展会,国际化参与程度更大为不同,标准化设计也难以达成。对此,政府应发布会展政策指导原则,作为各地政府制定会展有关政策的参考。

第三,提高会展准入制度,解决行业素质不齐的问题。

实施较为严格的市场准入制度,提高行业门槛,加快会展企业的培养,提高会展企业的整体素质,实现市场主体多元化,充分发挥市场主体的作用,实现展馆、会展企业自主经营、自负盈亏的运作。

第四,保持市场信息渠道畅通,解决信息渠道不一的问题。

国家主管部门和行业协会要加强对组展商的资质审核和统计评估,实施跟踪管理,定期公布统计数据,促进会展行业内的信息交流与沟通,以增加举办会展的透明度和可信度,为参展商提供参展决策依据。

第五,发展精致品牌,避免扎堆。

中国会展节庆会展成现两种趋势。第一,对于会展产业成熟的地区如长江三角洲、京津唐等地区已发展具地方特色的节庆精品或特色会展,但其他地区会展节庆的后发城市,品牌还在孵育阶段,呈现数量大于质量的趋势,产生会展、节庆扎堆的隐忧。对此,地方政府应注意品牌定位并择重培育,以凸显特色为先,均衡发展。

第六,当前列强环伺,应加快会展业自身发展,应对国际竞争。

鉴于国外会展企业积极进入中国会展市场,加快国内会展企业的发展势在必行。会展企业要尽快拓宽资金融通渠道,提升资金实力;健全组织管理系统和强化经营能力。组织市场调研,根据市场的需求设计会展,明确会展主题,进行营销策划,建立服务价值和品牌意识,学习并借鉴国外知名会展企业的先进管理手段及市场操作经验,加快品牌建设和形象,提高本土企业和会展项目的国际知名度、美誉度和业内认同度。

第七,实现服务专业化分工,解决办展效率低的问题。

组展商进行服务外包,从繁琐的事务中解放出来,把更多的精力用于会展项目的营销策划上,会展服务接包商则通过不断提供专业的会展服务提升服务水平,实现资源优化配置,达到利益最大化,从而进一步提升办展效率。

第八,针对会展行业调整税务办法。

面对"营改增"对会展业造成的税务问题,解决办法有二:首先是将不动产租赁、旅游、餐饮业纳入营改增范围,其次为给予无法取得增值税专用发票的支出部分实行税收抵扣,减轻负担并促进会展业发展。

经济的快速发展为中国会展业迎来发展契机,相较往年,节庆会展业已从注重"数量扩增"往"质量提升"发展,出台许多办法促使行业运作更有效率并发展特色、优化管理。值得注意的是,国外会展企业以成熟完善的会展服务进军本国市场,势必造成威胁,因此,国内会展企业应加速企业实力的提高,以保有市场优势。

# 文化旅游产业年度发展报告

秦　晴　张奕淳[*]

在 2012 年良好的发展基础上，2013 年中国文化旅游市场总量在增长，结构在优化，效益在提升，维持旅游市场持续健康发展的基本局面，当前我国已形成世界最大的国内旅游市场。2013 年我国旅游市场积极因素明显，首先是《旅游法》《国民旅游休闲纲要》等旅游政策的空前利好，其次是全球及我国经济总体向好支撑增长动力，再次是新兴及传统客源市场仍有潜力提供发展后劲，最后是国内旅游快速发展带动产品供给体系转型升级以及"美丽中国之旅"及系列地方品牌提升核心竞争力等。以上因素给 2013 年中国旅游业带来良好的发展环境。在过去的 2013 年，中国旅游行为引发广泛关注、出境消费跃居世界第一、景区接待及安全问题、在线旅游呈现创新成长等成为年度旅游大事。文明旅游、安全出行、休闲体验、多元化的旅游收入模式、新移动互联网消费时代下的"指尖"旅游消费成为 2013 年度旅游产业发展关键词。作为世界旅游的重要客源地，中国将继续成为全球旅游经济运行中更为引人瞩目的力量，牵动世界旅游经济格局走向，发挥越来越重要的作用。

## 第一节　相关政策与法规

**一、国务院公布《国民旅游休闲纲要（2013—2020 年）》，我国旅游业向观光与休闲度假并重发展**

2013 年 2 月，国务院办公厅颁布了《国民旅游休闲纲要（2013—2020 年）》（以下简称《纲要》）。此次在国家层面发布《纲要》是为了更好地满足人民群众日益增长的旅游休闲需求，构建具有中国特色的国民旅游休闲体系。《纲要》提出

---

[*] 作者系深圳大学文化产业研究院，助教；张奕淳，北京大学外国语学院学生。

国民旅游休闲发展目标：到 2020 年，职工带薪年休假制度基本得到落实，城乡居民旅游休闲消费水平大幅增长，国民旅游休闲质量显著提高，与小康社会相适应的现代国民旅游休闲体系基本建成。

发展国民旅游休闲，是提高居民生活品质的民生工程。实践证明，旅游休闲对于人的身心健康和幸福和谐有着积极的促进作用。当前，我们国家正处于社会转型期，人们工作生活节奏普遍加快，相当多的人群承受了较大的工作生活压力，亚健康问题日益突出。《纲要》从满足人们的旅游休闲需求出发，通过安排各种旅游休闲活动，引导人们合理安排生活内容，调整生活节奏，实现寓休于闲、寓学于游、寓教于乐，使人们既能缓释工作压力、缓解精神紧张，又能陶冶情操、增长知识、益智健身，进而提高个人和家庭的幸福指数，从而促进人与社会、人与自然、人与自身内心的和谐发展。

**二、国家旅游局印发《旅游质量发展纲要（2013—2020 年）》，"实施质量强旅，打造中国服务"**

2013 年 3 月 18 日，国家旅游局印发《旅游质量发展纲要（2013—2020 年）》（以下简称《纲要》），提出质量强旅战略目标。

实施质量强旅战略、建设旅游质量强国，是保障广大游客切身利益、改善民生与提高人民生活品质的迫切需要，是转变旅游业发展方式、走规模增长与质量效益并重发展道路的内在要求，是实现旅游业科学发展、增强我国旅游业国际竞争力的战略选择。《纲要》的印发，对推动旅游行业深入开展质量提升工作具有重要意义。

表 1　近年来国家颁布的《旅游服务质量提升纲要》概览

| 时间 | 名称 | 内容 |
|---|---|---|
| 2009 年 | 《旅游服务质量提升纲要（2009—2015）》（国家旅游局） | 通过大力实施旅游服务质量提升计划，全行业质量意识不断增强，旅游产业整体素质不断提升，企业质量管理能力不断加强，旅游设施、旅游产品和旅游服务质量明显改善，主要旅游城市游客满意度稳步提升。 |
| 2012 年 2 月 | 《质量发展纲要（2011—2020 年）》（国务院） | 明确提出未来十年我国质量发展的总体目标，要求各地方部门、各行业要坚持质量第一的方针，全面提升我国产品和服务质量水平。 |
| 2013 年 3 月 | 《旅游质量发展纲要（2013—2020 年）》（国家旅游局） | 在分析旅游质量基础及发展环境和指导思想、工作方针与发展目标基础上，提出旅游质量发展的五项主要任务、六项旅游质量提升重点工程以及组织实施措施。 |

资料来源：根据相关资料汇编。

从上表我们可以看出国家对旅游质量的高度重视。编制和实施《旅游质量发展纲要（2013—2020 年）》是旅游行业全面贯彻落实国务院《质量发展纲要（2011—2020 年）》的重要任务，也是国家旅游局继续贯彻落实《国务院关于加快发展旅游业的意见》中提出的把旅游业培育成为国民经济的战略性支柱产业和人民群众更加满意的现代服务业两大战略目标的又一具体措施。

**三、《中华人民共和国旅游法》正式颁布实施，传统旅行社面临业务转型和升级挑战**

社会的不断前进，人们生活水平的不断提高，使生活的品质在不断提高，旅游也成为放松生活的一种常见方式，故旅游业实现快速发展，在旅游方面的规章制度也在不断地完善。《中华人民共和国旅游法》经 2013 年 4 月 25 日十二届全国人大常委会第二次会议通过，中华人民共和国主席令第 3 号公布，分 10 章 112条，自 2013 年 10 月 1 日起施行。

在新颁布的《旅游法》中，主要有以下四大亮点：第一，以人为本，保护旅游者权利。旅游者的权利问题是《旅游法》作为国家综合性大法的根基，是《旅游法》中的权利主体，更是以人为本理念的集中体现。第二，民事规范和行政规范并重。《旅游法》按照市场经济和法治政府的要求，明确并细化旅游市场主体间的权利义务关系，建立健全统一的旅游服务标准和诚信、公平、有序参与竞争的市场规则，着力解决旅游资源及其经营管理中的部门、行业和地区分割问题，力争实现政府公共服务和监管、行业组织自律以及企业依法经营。第三，符合产业特征和发展需要的综合性法律。第四，依法治旅，旅游休闲权益得到更好保障。

**四、国家旅游局颁布《旅游行政处罚办法》**

2013 年 5 月 12 日，国家旅游局公布《旅游行政处罚办法》（以下简称《办法》）。《办法》涉及行政处罚的整个过程和全部环节，于 10 月 1 日起正式施行。

该《办法》对于旅游行政执法中各方关注的地域管辖、吊销许可证的级别管辖、关于行政处罚案件汇总和工作报告制度做出了详细规定。其中，对跨区域调查取证，《办法》明确了旅游部门协助调查取证的职责和处罚信息告知等。为提高行政效率，《办法》规定将吊销许可证的级别管辖权力下放到了市一级。

此外，《办法》确立了行政处罚案件汇总和工作报告制度，要求地方旅游部门一年两次向上级旅游部门报告旅游行政处罚工作的基本情况，以便上级旅游行政主管部门及时了解旅游部门实施行政处罚工作的现状，分析其存在的问题，监督处罚行为,同时为其提供更有针对性的实践指导。为使《办法》的实施更具操作性,国家旅游局还起草了约 50 个配套旅游执法文书,制定了旅游行政处罚裁量权指导标准,供各级旅游部门参照执行。

### 五、十八届三中全会决定:允许沿边城市物流旅游等实行特殊政策

中共十八届三中全会审议通过的《中共中央关于全面深化改革若干重大问题的决定》中指出,扩大内陆沿边开放,支持内陆城市增开国际客货运航线,允许沿边重点口岸、边境城市、经济合作区在人员往来、加工物流、旅游等方面实行特殊方式和政策。

## 第二节 2013 年中国文化旅游业发展概况

2013 年旅游经济得以延续 2012 年趋势,总量喜人,但入境市场堪忧。2013年,国内旅游市场继续较快增长,出境旅游市场持续快速增长,入境旅游市场小幅下降。2013 年全年实现旅游总收入 29475 亿元,比上年增长 14%。境内旅游方面,2013 年,境内旅游规模达 32.62 亿人次,比上年增长 10.3%;境内旅游收入26276 亿元,同比增长 15.7%。入境旅游市场方面,2013 年,入境旅游 12908 万人次,比上年下降 2.5%。其中,入境过夜游客 5569 万人次,同比下降 3.5%,旅游外汇收入 517 亿美元,增长 3.3%。出境旅游市场方面,2013 年,大陆居民出境9819 万人次,比上年增长 18%。其中,赴台 292 万人次,同比增长 11%。[①]

### 一、持续增长的境内旅游市场

#### (一)境内旅游再创新高

2013 年境内旅游市场继续较快增长,全年境内旅游规模达 32.62 亿人次,比上年增长 10.3%;境内旅游收入 26276 亿元,同比增长 15.7%。在第三个"中国旅游日",全国各地在主题为"休闲惠民,美丽中国"下展开各项旅游惠民活动,极大刺激了旅游消费,境内文化旅游实现大丰收。各大著名景区如山东泰山景区实现 2013 年进山进景点游客 497.57 万人,其中进山游客 375.5 万人,连续 8 年创历史最高纪录,景区实现门票、客运、索道等收入 9.72 亿元,同比增长 8.9%。

① 吴文学:《2013 年中国旅游业实现旅游总收入 29475 亿》,http://www.china.com.cn/travel/txt/2014-01/17/content_31227777.htm,2014 年 1 月 17 日。

**表3　2010—2013年全国旅游业发展概览**

| 年份 | 国内旅游人数 | 同比增长 | 旅游业总收入 | 同比增长 | 外汇收入 | 同比增长 |
|---|---|---|---|---|---|---|
| 2010年① | 21亿人次 | 10.6% | 1.57万亿元 | 21.7% | 458亿美元 | 15.5% |
| 2011年② | 26.4亿人次 | 13.2% | 2.25万亿元 | 20.8% | / | / |
| 2012年③ | 29亿人次 | 10% | 2.57万亿元 | 14% | 485亿美元 | 持平 |
| 2013年④ | 32.6亿人次 | 10.3% | 2.9475万亿元 | 14% | 517亿美元 | 3.3% |

数据来源:根据相关资料汇编。

(二)国家5A级旅游景区新增14家、我国世界遗产居世界第二

2013年新增14家国家5A级旅游景区,截至目前,全国共有171家旅游景区成为国家5A级旅游景区。

**表4　2013年新评定的国家5A级旅游景区**

| 类别 | 名称 | 省份数量 |
|---|---|---|
| 国家5A级旅游景区 | 江苏省常州市天目湖景区 | 江苏省1 |
| | 山西省晋中市介休绵山景区 | 山西省1 |
| | 黑龙江省伊春市汤旺河林海奇石景区 | 黑龙江省1 |
| | 浙江省衢州市开化根宫佛国文化旅游景区 | 浙江省1 |
| | 山东济南市天下第一泉景区 | 山东省1 |
| | 安徽省阜阳市颍上八里河景区 | 安徽省1 |
| | 重庆市南川金佛山—神龙峡景区 | 重庆市1 |
| | 四川省广安市邓小平故里景区 | 四川省2 |
| | 四川省南充市阆中古城旅游景区 | |
| | 福建省宁德市福鼎太姥山旅游区 | 福建省1 |
| | 湖北省武汉市东湖景区 | 湖北省1 |
| | 贵州省毕节市百里杜鹃景区 | 贵州省1 |
| | 西藏自治区拉萨市大昭寺 | 西藏自治区1 |
| | 新疆自治区喀什地区泽普金湖杨景区 | 新疆自治区1 |
| 合计 | 14 | |

数据来源:根据相关资料汇编。

---

① 国家旅游局官网:《2010年中国旅游业统计公报》,http://www.cnta.gov.cn/html/2011-11/2011-11-1-9-50-68041.html,2011年11月1日。

② 国家旅游局官网:《国家旅游局局长邵琪伟在2012年全国旅游工作会议上的讲话》,http://www.cnta.gov.cn/html/2012-1/2012-1-16-9-23-93087.html,2012年1月12日。

③ 新华网:《2012年我国旅游业总收入约2.57万亿元》,http://news.xinhuanet.com/fortune/2013-01/10/c_114326208.htm,2013年1月10日。

④ 吴文学:《2013年中国旅游业实现旅游总收入29475亿》,http://www.china.com.cn/travel/txt/2014-01/17/content_31227777.htm,2014年1月17日。

2013 年,新疆天山和红河哈尼梯田文化景观成功入选世界遗产,截至目前中国的世界遗产地数量增至 45 处,超过西班牙成为拥有世界遗产地数量第二多的国家,仅次于拥有 48 处世界遗产的意大利。

(三) 微小下滑的入境旅游市场

与去年的情况相同,2013 年入境旅游市场出现下滑局面。入境游下降的原因包括:受国际金融危机的影响,欧美国家出境游人数下降或增长幅度小,日本游客较大幅度下降,国内自然灾害等。此外,人民币汇率上升也应该是原因之一。2013 年起,北京、上海、广州、成都四个机场对 45 国公民实行 72 小时过境免签政策。从实施效果来看,远未达到预期。

表 5　2011—2013 年来华旅游入境人数统计表(单位:万人次)

| 地区 | 2011 年① | 2012 年② | 同比增长 | 2013 年③ | 同比增长 |
|---|---|---|---|---|---|
| 香港同胞 | 7936 | 7871.30 | − 0.81 | 7688.46 | − 2.32 |
| 澳门同胞 | 2369 | 2116.06 | − 10.68 | 2074.03 | − 1.99 |
| 台湾同胞 | 526 | 534.02 | 1.47 | 516.25 | − 3.33 |
| 外国人 | 2711 | 2719.16 | 0.29 | 2629.03 | − 3.31 |
| 总计 | 13542 | 13240.53 | − 2.23 | 12907.78 | − 2.51 |

数据来源:根据相关资料汇编。

2013 年来华旅游外国人总数为 2629.03 万人次,从入境人数来看,五大洲的排名分别为亚洲、美洲、欧洲、大洋洲、非洲。其中亚洲、美洲、欧洲、大洋洲均出现了下滑的趋势,比 2012 年的降幅更多,只有非洲入境人数在增长,但是涨幅也比 2012 年有下降。

① 国家旅游局官方网页(http://www.cnta.gov.cn):《2011 年 1—12 月来华旅游入境人数(按入境方式分)》,http://www.cnta.gov.cn/html/2012-2/2012-2-21-19-9-54985.html,2012 年 2 月 21 日。
② 国家旅游局官方网页(http://www.cnta.gov.cn):《2012 年 1—12 月来华旅游入境人数(按入境方式分)》,http://www.cnta.gov.cn/html/2013-1/2013-1-17-17-10-20496.html,2013 年 1 月 17 日。
③ 国家旅游局官方网页(http://www.cnta.gov.cn):《2013 年 1—12 月来华旅游入境人数(按入境方式分)》,http://www.cnta.gov.cn/html/2014-1/2014-1-16-15-52-71196.html,2014 年 1 月 16 日。

表6 2012—2013 年来华旅游五大洲人数统计表①

| 地区 | 2012 人数(万人次)② | 2013 人数(万人次)③ | 同比增长 |
|------|------|------|------|
| 亚洲 | 1664.88 | 1608.83 | -3.37 |
| 美洲 | 317.95 | 312.38 | -1.75 |
| 欧洲 | 592.16 | 566.00 | -4.42 |
| 大洋洲 | 91.49 | 86.34 | -5.63 |
| 非洲 | 52.49 | 55.27 | 5.29 |
| 总计 | 2711 | 2629.03 | 3.77 |

数据来源:根据相关资料汇编。

在未来的发展道路上,伴随着公共服务型政府的建设,旅游主管部门在入境旅游领域的管理职能须日益聚焦于宏观层面的规划引导、对内的统筹指导和对外的国家旅游形象宣传推广。从战略高度系统营销"美丽中国之旅",对境外细分市场实施差异化推广战略。

（四）持续快速增长的出境旅游市场

2013 年,我国大陆居民出境 9819 万人次,比上年增长 18.0%。其中,赴台 292 万人次,同比增长 11%。

在全球经济不景气的情况下,出游热情持续上升、购买力强的中国大陆游客,成为全球旅游目的地争抢的对象,境外景点纷纷在中国大陆春节期间增加中国元素,以吸引更多中国内地客源。截至 2013 年 10 月,中国大陆游客出境游人数,已突破 1 亿人次,这意味着中国 2014 年的出境游客量有望超过德国和美国,中国或将成为全球最大旅游客源输出国。国家主席习近平在博鳌亚洲论坛 2013 年开幕式上发表主旨演讲时指出,今后 5 年,中国将进口 10 万亿美元左右的商品,对外投资规模将达到 5000 亿美元,出境旅游有可能超过 4 亿人次。④

据联合国世界旅游组织发表声明,2012 年中国境外旅游消费达到 1020 亿美元,超越了 2011 年排名世界第一及第二的德国和美国,成为世界第一大国际旅游

---

① 国家旅游局官方网页(http://www.cnta.gov.cn):《2013 年 1—12 月来华旅游入境人数(按入境方式分)》,http://www.cnta.gov.cn/html/2014-1/2014-1-16-15-52-71196.html,2014 年 1 月 16 日。

② 国家旅游局官方网页(http://www.cnta.gov.cn):《2012 年 1—12 月来华旅游入境人数(按入境方式分)》,http://www.cnta.gov.cn/html/2013-1/2013-1-17-17-10-20496.html,2013 年 1 月 17 日。

③ 国家旅游局官方网页(http://www.cnta.gov.cn):《2013 年 1—12 月来华旅游入境人数(按入境方式分)》,http://www.cnta.gov.cn/html/2014-1/2014-1-16-15-52-71196.html,2014 年 1 月 16 日。

④ 中国国家旅游局官方网站:《习近平:今后 5 年出境旅游有可能超过 4 亿人次》,http://www.cnta.gov.cn/html/2013-4/2013-4-10-13-38-33811.html,2013 年 4 月 10 日。

消费国。① 世界旅游组织说,中国人 2012 年在海外旅游消费额达 1020 亿美元,创下历史纪录,同时比 2011 年的 730 亿美元海外旅游消费额增长了 40%。② 目前中国公民出境旅游目的地已达 150 个。③

表 7　2010—2013 年我国出境人数概览

| 年份 | 出境旅游人数 | 同比增长 |
|---|---|---|
| 2010 年④ | 5739 万人次 | 20.4% |
| 2011 年⑤ | 6900 万人次 | 20% |
| 2012 年⑥ | 超 8000 万人次 | 15% |
| 2013 年 | 9819 万人次 | 18% |

数据来源:根据相关资料汇编。

1. 中俄与中日关系对出境旅游的影响形成鲜明反差

随着 2013 年中日关系变得更加紧张,持续 2012 年中国国民赴日本旅游落入冰点的局面,2013 年中国赴日团体游锐减,中日关系恶化对此造成了直接影响。这也说明,政治、民族感情等因素会对旅游市场产生巨大影响。与之形成巨大反差的是,中国赴俄罗斯旅游的人数随着中俄两国友好而迅猛上升。据中国国家旅游局驻俄罗斯莫斯科办事处主任刘建明介绍,2013 年中国赴俄罗斯的人员总量预计或超过 100 万,同比增长 13%,达到历史新高。其中,游客超过 40 万,同比增长约 18%。2012 年和 2013 年中俄互办旅游年是两国领导人共同作出的决定。同时,中俄双方积极落实两国团队旅游互免签证政策,探索进一步的签证便利化措施。2013 年 11 月,俄罗斯国家杜马通过一项法案,未来将对过境俄罗斯的外国游客实行 72 小时免签制度,中国被列入首批享受免签国家的名单。这些举措无疑对中国国民赴俄罗斯旅游是很大的推动,中国有望成为俄罗斯最大的客源国。

① 中国国家旅游局官方网站:《中国成为世界第一大国际旅游消费国》,http://www.cnta.gov.cn/html/2013-4/2013-4-10-13-37-05536.html,2013 年 4 月 10 日。

② 中国国家旅游局官方网站:《国人去年海外消费千亿美元 超越美国列全球第一》,http://www.cnta.gov.cn/html/2013-4/2013-4-7-8-45-80462.html,2013 年 4 月 7 日。

③ 中国国家旅游局官方网站:《2013 中国国际旅游交易会开幕》,http://www.cnta.gov.cn/html/2013-10/2013-10-24-23-39-08925.html,2013 年 10 月 24 日。

④ 中国国家旅游局官方网站:《2010 年中国旅游业统计公报》,http://www.cnta.gov.cn/html/2011-11/2011-11-1-9-50-68041.html;2011 年 11 月 1 日。

⑤ 中国国家旅游局官方网站:《国家旅游局局长邵琪伟在 2012 年全国旅游工作会议上的讲话》,http://www.cnta.gov.cn/html/2012-1/2012-1-16-9-23-93087.html,2012 年 1 月 12 日。

⑥ 新华网:《2012 年我国旅游业总收入约 2.57 万亿元》,http://news.xinhuanet.com/fortune/2013-01/10/c_114326208.htm,2013 年 1 月 10 日。

2. 国产热映影片提升境外旅游目的地知名度。

国产贺岁片《泰囧》在国内热映,影片中出现的美丽的泰国风光吸引大量中国游客赴泰国旅游,极大促进泰国旅游经济发展。来自旅游网站同程网数据显示,《泰囧》上映后,泰国旅游攻略下载量与平日相比增长 65%,泰国旅游产品咨询量也不断攀升,甚至有市民因为要看该片拍摄地而预定相关产品。同程网度假项目负责人告诉记者,《泰囧》重要取景地曼谷、大城和清迈等地成为网友最关注的目的地。相关产品咨询量和预订量也有较明显的增长,预计后期泰国游将掀起热潮。

## 第三节　2013 年中国文化旅游业发展特征

### 一、旅游黄金周经济持续给力

#### (一) 春节黄金周

据全国假日旅游部际协调会议办公室发布的《2013 年春节黄金周旅游统计报告》显示,今年春节黄金周期间,全国共接待游客 2.03 亿人次,比上年春节黄金周增长 15.1%;实现旅游收入 1170.6 亿元,同比增长 15.4%,旅游消费已经成为广大人民群众的节假日常态选择。

表8　《2013 年春节黄金周旅游统计报告》数据分解

| 指标 | 分类 | 数值 | 同比增长 |
|---|---|---|---|
| 旅游人数<br>(2.03 亿人次) | 过夜人数 | 4825 万次 | 15.1% |
| | 一日游 | 1.55 亿人次 | |
| 旅游收入<br>(1170.6 亿元) | 民航客运 | 57.2 亿元 | 15.4% |
| | 铁路客运 | 27.3 亿元 | |
| | 39 个重点旅游城市 | 441.9 亿元 | |
| | 其他旅游城市 | 644.2 亿元 | |

数据来源:全国假日办:《2013 年春节黄金周旅游统计报告》http://www.cnta.gov.cn/html/2013-2/2013-2-16-16-28-22564.html,2013 年 2 月 16 日。

如上表所示,在全国接待的 2.03 亿人次中,过夜游客(仅限于住在宾馆饭店和旅馆招待所)为 4825 万人次;一日游游客为 1.55 亿人次。在春节黄金周期间实现的 1170.6 亿元旅游收入中,民航客运收入 57.2 亿元;铁路客运收入 27.3 亿元。39 个重点旅游城市实现旅游收入 441.9 亿元,其他地区实现旅游收入 644.2 亿元。

2013 年春节黄金周,在已经公布数字的 27 个省、自治区和直辖市中(除内蒙古、西藏、宁夏、辽宁、港澳台外),广东省以 207 亿元列旅游总收入排行榜第一名,同比增长 23.2%,四川省接待游客总人数达到 3673.8 万人次,成为春节黄金周期间接待游客最多的省份。根据排行榜中的数据显示,收入过百亿的还有四川省、江苏省、黑龙江省和山东省。黑龙江省总收入此次首破百亿,达到 104.37 亿元。与 2012 年春节黄金周全国各省旅游总收入的情况相比,广东省继续领跑,四川省从 2012 年的总收入第三名跃居到 2013 年的第二名,江苏省下降一名,位列第三。新疆维吾尔自治区的旅游总收入同比增长 91.25%,成为全国各省、直辖市和自治区旅游收入增长最快的省份。北京市和上海市依旧未进排行榜的前十名。

　　(二)清明小长假

　　清明小长假成为新的旅游增长点,在已经公布数字的 10 个省份中,山东省以127.8 亿元列清明假期旅游总收入排行榜第一名,同比增长 15.7%。并且,山东省也是接待游客总人次最多的省份,总数达 1860.7 万人次,同比增长 15.1%。甘肃省旅游总收入和游客接待总人数同比增长最高,分别为 37.32% 和 31.65%。[①]清明节除了传统祭祀之外,正在逐步转变为休闲方式更丰富的假期。"祭祀与踏青赏花休闲游"已逐步成为清明小长假的主要过节和休闲方式,祭扫、踏青、赏花、采摘一并发力。

表 9　2013 年清明小长假全国各省旅游总收入排行榜

| 名次 | 省、自治区和直辖市 | 接待游客总人数<br>(万人次) | 同比增长 | 旅游总收入<br>(亿元) | 同比增长 |
|---|---|---|---|---|---|
| 1 | 山东 | 1860.70 | 15.10% | 127.80 | 15.70% |
| 2 | 四川 | 1484.69 | 24.50% | 55.73 | 30.50% |
| 3 | 湖北 | 993.73 | 23.18% | 37.11 | 32.81% |
| 4 | 重庆 | 659.35 | 12.87% | 35.11 | 13.62% |
| 5 | 河北 | 429.40 | 18.90% | 19.40 | 24.06% |
| 6 | 山西 | 299.13 | 26.64% | 15.63 | 26.68% |
| 7 | 贵州 | 410.05 | 27.4% | 12.83 | 29.2% |
| 8 | 北京 | 253 | 18.70% | 11.40 | 15.40% |
| 9 | 甘肃 | 146.19 | 31.65% | 7.88 | 37.32% |

　　数据来源:人民网:《2013 清明各省份旅游收入排行榜出炉,山东收入人数均第一》,http://travel.people.com.cn/n/2013/0411/c41570-21097021.html,2013 年 4 月 11 日。

---

　　①　人民网:《2013 清明各省份旅游收入排行榜出炉》,http://travel.people.com.cn/n/2013/0411/c41570-21097021.html,2013 年 04 月 11 日。

（三）"五一"黄金周

2013年"五一"黄金周实现了旅游的高速增长。在已经公布数字的12个省、自治区和直辖市中，山东省以166.6亿元列旅游总收入排行榜第一名，同比增长13.1%，同时也成为接待游客总数最多的省份，达2309万人次。

据了解，五一假期由7天调整为3天后，假期变短重构旅游格局。短线游逐渐成为了游客的首选，尤其是以美食、休闲、游乐为主题的短线团深受欢迎。今年"五一"预订长线游(5天以上)的游客中，近九成是通过"拼假"延长休假时间。

表10　2013年全国"五一"黄金周旅游总收入排行榜

| 名次 | 省、自治区和直辖市 | 接待游客总人数（万人次） | 同比增长 | 旅游总收入（亿元） | 同比增长 | 2012年排名 |
|---|---|---|---|---|---|---|
| 1 | 山东 | 2309 | 13.30% | 166.60 | 13.10% | 1 |
| 2 | 四川 | 1795.88 | 11.50% | 68.09 | 13.50% | 3 |
| 3 | 重庆 | 1495.25 | 12.36% | 55.76 | 13.17% | 4 |
| 4 | 河北 | 1012.7 | 22.90% | 54 | 26.90% | 5 |
| 5 | 山西 | 1113.78 | 23.57% | 50.29 | 26.32% | 6 |
| 6 | 安徽 | 1731.99 | 19.47% | 46.19 | 24.64% | 8 |
| 7 | 湖北 | 1158.29 | 20.35% | 45.74 | 33.70% | 7 |
| 8 | 贵州 | 744.6 | 25.01% | 28.30 | 27.45% | / |
| 9 | 甘肃 | 434.27 | / | 24.98 | | 11 |
| 10 | 北京 | 497 | 5.10% | 19.87 | 10.60% | 12 |

数据来源：人民网：《2013五一各省份旅游收入排行榜出炉，北京增幅最低》，http://travel.people.com.cn/n/2013/0508/c41570-21401300.html，2013年5月8日。

（四）端午小长假

关于2013年端午小长假的情况，在已经公布数字的12个省、自治区和直辖市中，山东省以129.7亿元列旅游总收入排行榜第一名，同比增长18%，四川省成为接待游客人数最多的省份，达1720.46万人次。河北省旅游总收入增幅最高，为33.46%，同时接待游客总数也呈现高增长势头。旅游总收入和接待游客总数同比最低的是北京市，分别为13.3%和8.9%。[1] 在2013年端午节期间，各地开展了异彩纷呈的传统文化活动。如屈原故里秭归县举办了端午民俗表演、端午屈原诗会和龙舟赛等系列纪念活动。

---

[1]　中国日报网：《2013年端午小长假全国各省份旅游总收入排行榜》，http://www.chinadaily.com.cn/hqgj/jryw/2013-06-19/content_9355895.html，2013年6月19日。

表 11    2013 年端午小长假全国各省份旅游总收入排行榜

| 名次 | 省、自治区和直辖市 | 旅游总收入（亿元） | 同比增长 | 接待游客总数（万人次） | 同比增长 |
|---|---|---|---|---|---|
| 1 | 山东 | 129.7 | 18.00% | 1655 | 14.90% |
| 2 | 四川 | 60.03 | 28.00% | 1720.46 | 21.90% |
| 3 | 河北 | 57.27 | 33.46% | 939.12 | 29.41% |
| 4 | 安徽 | 31.52 | 27.85% | 961.56 | 23.31% |
| 5 | 陕西 | 31.4 | 24.20% | 772 | 20.10% |
| 6 | 湖北 | 27.98 | 25.98% | 773.93 | 21.94% |
| 7 | 山西 | 27 | 25.34% | 585 | 24.33% |
| 8 | 贵州 | 24.9 | 24.62% | 506.3 | 22.47% |
| 9 | 甘肃 | 23.96 | 27.39% | 417.28 | 21.81% |
| 10 | 重庆 | 20.86 | 16.21% | 508.43 | 15.12% |

数据来源：中国日报网：《2013 年端午小长假全国各省份旅游总收入排行榜》，http://www.chinadaily.com.cn/hqgj/jryw/2013-06-19/content_9355895.html，2013 年 6 月 19 日。

（五）中秋节旅游情况

根据 2013 年中秋全国各省、自治区和直辖市旅游收入情况的统计，在已经公布数字的 7 个省、自治区和直辖市中，山东省以 72.3 亿元列旅游总收入排行榜第一名，四川省成为接待游客总数最多的省份，达 1257.09 万人次。由于去年中秋与国庆假期相连，无法计算同比增长数据。

表 11    2013 年中秋节全国各省旅游总收入排行榜

| 名次 | 省、自治区和直辖市 | 旅游总收入（亿元） | 接待游客总人数（万人次） |
|---|---|---|---|
| 1 | 山东 | 72.3 | 985.5 |
| 2 | 四川 | 61.79 | 1257.09 |
| 3 | 陕西 | 30.1 | 683.3 |
| 4 | 贵州 | 29.32 | 516 |
| 5 | 北京 | 13.24 | 304 |
| 6 | 天津 | 4.3 | 102.43 |
| 7 | 湖北 | / | 786.21 |

数据来源：人民网：《2013 中秋节各省份旅游收入排行榜出炉，山东暂列第一》，http://travel.people.com.cn/n/2013/0922/c41570-22991023.html，2013 年 9 月 22 日。

2013 年中秋佳节，旅游市场呈现多元化趋势，城郊游、乡村游、温泉游主导出游市场，自助游、自驾游引领出行方式。各省、自治区和直辖市的景区为迎接中秋和国庆长假，推出了各种类型的主题活动和优惠措施，除主题活动外，不少景区针对中秋假日还推出了许多旅游惠民措施，吸引游客前来游玩。

（六）"国庆"黄金周

据全国假日旅游部际协调会议办公室发布的《2013 年国庆假期假日旅游统计报告》结果显示,2013 年国庆假期期间,全国共接待游客 4.28 亿人次,比 2012 年中秋节国庆节假期增长 0.7%（按可比口径,同比增长 15.1%）;实现旅游收入 2233 亿元,比 2012 年中秋节国庆节假期增长 6.1%（按可比口径,同比增长 21.2%）;游客人均花费支出 521 元。

国庆假期期间,在全国接待的 4.28 亿人次游客中,过夜游客（仅限于住在宾馆饭店和旅馆招待所,下同）为 9393 万人次,比 2012 年中秋节国庆节假期下降 3.1%（按可比口径,同比增长 10.7%）;一日游游客为 3.34 亿人次,比 2012 年中秋节国庆节假期增长 1.8%（按可比口径,同比增长 16.4%）。在所实现的 2233 亿元旅游收入中,民航客运收入 82.5 亿元,铁路客运收入 30.8 亿元;39 个重点旅游城市实现旅游收入 796 亿元;其他旅游城市和景区实现旅游收入 1324 亿元。纳入全国假日旅游统计预报体系的北京、天津等 39 个重点旅游城市,国庆假期期间共接待游客 1.33 亿人次,其中过夜游客为 2569 万人次,一日游游客为 1.08 亿人次。纳入全国假日旅游统计预报体系的 125 个旅游景区（点）,国庆假期期间共接待 3125 万人次,门票收入 16.6 亿元。[①]

表 13  《2013 年国庆节假日旅游统计报告》数据分解

| 指标 | 分类 | 数值 | 同比增长 |
|---|---|---|---|
| 旅游人数<br>（4.28 亿人次,同期增长 0.7%） | 过夜人数 | 9393 万次 | −3.1% |
| | 一日游 | 3.34 亿人次 | 1.8% |
| 旅游收入<br>（2233 亿元,同期增长 6.1%） | 民航客运 | 82.5 亿元 | 1.1%[②] |
| | 铁路客运 | 30.8 亿元 | −7.2%[③] |
| | 39 个重点旅游城市 | 796 亿元 | 1.3%[④] |
| | 其他旅游城市 | 1324 亿元 | 10%[⑤] |
| 景区<br>（125 个旅游景区、景点） | 门票收入 | 16.6 亿元 | −6.2%[⑥] |
| | 游客数量 | 3125 万人次 | 8.8%[⑦] |

数据来源:全国假日办发布《2013 年国庆假期假日旅游统计报告》,http://www.cnta.gov.cn/html/2013-10/2013-10-8-%7B@ hur%7D-37-44611.html。

① 全国假日办:《2013 年国庆假期假日旅游统计报告》,http://www.cnta.gov.cn/html/2013-10/2013-10-8-%7B@ hur%7D-37-44611.html,2013 年 10 月 8 日。

② 根据全国假日办发布《2012 年中秋节国庆节假日旅游统计报告》（http://www.cnta.gov.cn/html/2012-10/2012-10-9-15-13-73191.html,2012 年 10 月 9 日）和《2013 年国庆假期假日旅游统计报告》计算而得。

③ 同上。
④ 同上。
⑤ 同上。
⑥ 同上。
⑦ 同上。

2013 年国庆假期假日旅游市场呈现热点景区普遍爆满、市场秩序有所好转、自驾出游大幅增加、散客旅游成为主体等显著特点。出境旅游中,4—6 天的中短线游是主流,港、澳、台和韩日仍是最热门目的地,普吉岛、济州岛、长滩岛为最热海岛线路,欧洲海岛游成为市场新宠。全国假日办共接投诉 284 件,其中景区景点 122 件,占投诉总数 43%;旅行社 73 件,占投诉总数 25.7%;网络预订 28 件,占投诉总数 9.9%;宾馆饭店 25 件,占投诉总数 8.8%;旅游交通 23 件,占投诉总数 8.1%。①

## 第四节　2013 年中国文化旅游业存在问题

### 一、文明旅游问题

2013 年中国游客在国际航班争夺行李架空位、在埃及神庙涂鸦"到此一游"、在巴黎卢浮宫水池泡脚、持假门票游览卢浮宫等不文明的事件,在国际社会引起了广泛关注。这些不文明行为直接损害了中国国家形象,为此,提升中国公民出境游文明素质、加大文明旅游宣传成为当务之急。

要解决中国游客不文明行为等问题,加强监管、法制建设、文明谦让、注重疏导、渐进改善、树立文化自信,是必不可少的六个方面,而这一切都需要各方的共同努力。相关部门出台了《中国公民出境旅游文明行为指南》和《中国公民国内旅游文明行为公约》,以此加强对游客进行宣传引导,培养公民自觉形成文明旅游的意识。

### 二、景区门票问题

2013 年,凤凰古城收取门票一事引起社会广泛关注,并引发一系列风波。2013 年 4 月 10 日,湖南凤凰古城开始实施捆绑售票,游客需要购买 148 元门票才能进去古城。政策实施后游客人数骤减,当地个体商户受到很大冲击。实行"一票制"第二天,大批商户和当地居民因不满"一票制"政策关门歇业,同时聚集在古城北门码头附近游行抗议。迫于压力,凤凰县政府宣布从 4 月 20 日起针对学生群体推出一项新政策,票价由 80 元降为 20 元。2013 年,众多国内旅游景区掀起新一轮的"涨价潮"。江西婺源、四川峨眉山、扬州瘦西湖等多家知名景区纷纷

---

① 国家旅游局官方网页:《假日市场持续增长,散客旅游成为主体》,http://www.cnta.gov.cn/html/2013-10/2013-10-8-16-40-02806.html,2013 年 10 月 8 日。

上调了门票价格,涨价幅度从 23%—36% 不等。这与 2 月国务院公布的《国民旅游休闲纲要》要求"稳定城市休闲公园等游览景区、景点门票价格,并逐步实行低票价"的规定是相违背的。

表 14　2013 年国内景区门票上涨一览表

| 景区名称 | 原来价格 | 上涨后价格 | 涨幅 |
|---|---|---|---|
| 扬州瘦西湖 | 120 | 150 | 25% |
| 四川海螺沟 | 72 | 90 | 25% |
| 江西婺源景区套票 | 180 | 210 | 23% |
| 四川峨眉山 | 150 | 185 | 23% |
| 张家界黄龙洞景区 | 80 | 100 | 25% |
| 张家界宝峰湖 | 74 | 96 | 30% |
| 广西涠洲岛景区 | 90 | 120 | 33% |
| 云南香格里拉普达措国家公园 | 190 | 258 | 36% |

数据来源:根据相关资料汇编。

这暴露出国内景点普遍面临的"门票经济依赖症"。如何发展景区的多元化收入渠道,让人民乐享旅游开发成果,才是景区发展的长远之道。在旅游发展中,如何协调短期利益与长远利益、局部与大局、当下需求与发展大势,需要细致调研、科学施政。在旅游业发达的欧美国家,旅游休闲已经成为人们生活的一部分,只为观光旅游设置的门票收入早已退居幕后,取而代之的是整个旅游产业充分发展后的巨额产值。

相反的,有些景区实行优惠政策,给旅游业带来了新的增长。国家发改委 4 月 25 日在其官网上公布,"五一"期间,实行政府定价和政府指导价的 1200 余家景区提供优惠票价,整体降价幅度近 20%。为打破对"门票经济"的依赖,促进旅游产业转型升级,江西省近日出台《关于推进旅游强省建设的意见》,全省景区、景点门票价格 5 年内不涨价,并逐步实行低票价。自 2009 年 5 月开始,广东省就已先后公布三批共 574 个游览参观点,占全省游览参观点总数的 70%,每年可为游客带来优惠达 9 亿元。

同时,发展景区的多元化收入渠道需成为今后的重点,如旅游演艺开发、旅游纪念品的开发等等。目前国内著名景区九寨沟已经开始生产设计"缤纷九寨"系列产品,分为高、中、低三个档次,定价控制在 50 元至 300 元不等的价位。截至目前,一期已经开发 10 大类品种、单品近 500 个规模,后期研发、生产产品将达到 20 个品类、超过 2000 个单品数量规模。

### 三、景区接待及预警功能有待加强

2013 年国庆期间,著名的四川九寨沟景区发生大规模游客滞留事件,上下山通道陷入瘫痪,甚至出现游客"攻陷"售票处的传闻。每逢黄金周期间,景区出现拥堵的现象比比皆是,"黄金周"假日制度给中国旅游业发展带来了诸多利好,但同时也造成了不可避免的问题,对旅游沿线的交通状况、景区接待能力带来了巨大挑战。一旦大量的游人集中在一个较短时间段内涌向同一旅游目的地,则会出现景区客流、车辆过于集中,游客分流、车辆疏散效果欠佳等问题,这不是九寨沟或全国任何一家景区管理局能单独解决的问题。

为此,各地假日办和各旅游景区要及时对外发布旅游景区接待信息,加强对游客的宣传和疏导。当景区游客可能达到最大承载量时,要果断采取有力措施,按照预案要求,加强游客流量控制和疏导,避免发生大的问题。此外,要增强游客文明旅游、错峰出游,积极配合景区管理,遵守景区游览秩序的意识。

## 第五节　2013 年中国文化旅游业新特点与发展趋势

### 一、中国旅游全面进入高铁时代

2013 年,中国全面迈入"高铁"旅游新经济时代。过去一年间,现代化的中国旅行交通体系加快了打破区域格局的速度。郑武高铁、哈大高铁、京广高铁等陆续开通,我国高速交通网络日益完善,推动了旅游业"高速时代"到来。高铁开通后,许多双子座式城市都相互联通,一批城市群呈现旅游一体化形态,产生一大批同城化旅游圈。围绕交通系统,我国正形成航空、高速铁路、高速公路"三高"体系,这一网络将我国几大城市群自然相连,各城市群内部又有高速交通形成密集网络,使"远天远地"一词成为历史,新的网络格局将重构旅游业格局。

### 二、邮轮旅游持续成为新热点亮点

邮轮旅游已经成为中国旅游市场新热点亮点。邮轮旅游业是现代服务业和旅游业的重要组成部分,是具有巨大潜力的新兴产业。从国际上看,邮轮旅游发展已有百余年的历史,现代邮轮被誉为"浮动的度假村""移动的微型城镇""无目的地的目的地"。自上世纪 60 年代以来,国际邮轮旅游进入快速增长期,预计到2015、2020 年,全球邮轮旅游人次将分别达到 2500 万、3000 万的规模。

中国邮轮旅游起步较晚，但发展迅速，潜力巨大。国际邮轮市场逐渐"东移"，催生了中国邮轮港口的大力发展，我国多个沿海城市均依托优越的地理位置及旅游资源发展邮轮经济，自北向南已经建成或者正在建设五大邮轮母港。近几年在国家旅游局和相关部门的积极支持推动下，中国邮轮旅游发展正在步入健康发展的快通道。目前邮轮界已达成共识：中国是全球邮轮旅游发展最快的新兴市场。

### 三、在线旅游市场取得新突破

2013 年淘宝天猫"双十一"购物狂欢节高达 350 亿元的超高成交量中，旅游成为今年天猫购物狂欢节的黑马。来自淘宝旅行的数据显示，此次"双十一"期间，淘宝旅行整合了传统线下的 1000 家旅行社、10000 家酒店客栈、数十家航空公司集体亮相，日成交量更高达 17 万笔。其中五星汇一款"香港 4 天 3 晚自由行"在 24 小时内售出 10712 件，刷新了在线旅游交易的最高日交易量纪录。淘宝旅行数据显示，"双十一"期间酒店套票销售量突破 90000 间夜。此外，"北京、上海、杭州出发全国自由行""清迈 6 天 4 晚自由行""全国出发马尔代夫吉哈德岛自由行"等产品也有不俗表现，分别日成交量达到 4602 件、3704 件、1152 件。中青旅旗舰店、五星汇旅行和乐游旅游网三个商家，预售旅游度假产品的交易额累计突破千万元大关，一齐迈入千万俱乐部的行列。

### 四、电视节目引爆亲子游

湖南卫视播出的明星亲子真人秀《爸爸去哪儿》引发全民热捧，节目火了，灵水村、沙坡头、普者黑等节目取景地已成为旅游热点，同样火起来的还有亲子游市场。全国各地不少旅游机构推出特色亲子游线路，充分阐述寓教于乐的意义，带火了全国亲子游市场。

### 五、慢节奏的农闲旅游渐兴起

随着城市居民生活压力的逐渐变大，不少人选择在节假日的时候到休闲农庄释放心情。现在大多数的景点一到节假日就是人挤人的状态，如今人们又倡导慢生活，因此回归自然、亲近自然的农家乐旅游产品成为他们的最终选择。在休闲农庄里体验农事、感受乡村生活及风土人情，欣赏田园风光，体验采摘乐趣，感受瓜果丰收的喜悦，不仅乐趣无穷，还能让压抑的心情得到最大程度的释放。

而与此同时，随着城市化、工业化进程的加快，不少农民便转变生活模式，发展休闲的农庄,提供农家乐旅游经济。

## 六、台湾自由行持续成为最大热点

2012 年,我国台湾对大陆居民开放自由行使大陆居民赴台旅游成为热点,这种热度持续到 2013 年。2013 年 6 月,经两岸协商,新开放大陆 13 个城市为第三批大陆居民赴台"个人游"试点城市,不少二、三线城市开通与台湾直航航线。

据台湾境管单位统计,2 月 9 日(除夕)至 15 日(正月初六)7 天假期,台湾共接待大陆游客 5.78 万人次,同比增长 34.3%。其中团体游客 4.2 万人次,个人游客 1.58 万人次。[①] 2012 年大陆赴台游客突破 197 万人次,同比增长 57.58%,再创历史新高。[②] 2013 年,大陆游客赴台 292 万人次,同比增长 11.0%。[③]

**表 15 2012—2013 大陆游客赴台旅游人数**

| 时间 | 人数(单位:万人次) | 同比增长 |
| --- | --- | --- |
| 2012 年 | 197 | 57.58% |
| 2013 年 | 292 | 11% |

数据来源:根据相关资料汇编。

## 七、"指尖"舞动起移动旅游

随着年轻群体成为旅游消费主力,以及人们生活习惯的改变,旅游运营模式将从以往的"鼠标"转向"拇指",从"在线旅游服务商(OTA)"转型成为"移动旅游服务商(MTA)"。2013 年 12 月初,工信部正式发放 4G 牌照,移动通讯领域正式进入 4G 时代,在智能商旅背景下,商旅管理在线化和移动化将成为 2014 年值得期待的发展趋势。

从目前的酒店预订在线化趋势来看,已经形成智能手机、平板电脑和桌面电脑为主导的"三屏时代"。2013 年第三季度,有近 32% 的页面访问量都来自非桌面电脑渠道(智能手机和平板电脑)。2013 年第三季度与去年同期相比,来自桌面电脑渠道的官网访问量下降 17.11%,而智能手机渠道出现近 85% 的增长。桌

① 国家旅游局官方网站:《5.78 万大陆游客春节游台湾》,http://www.cnta.gov.cn/html/2013-2/2013-2-22-10-18-89626.html,2013 年 2 月 22 日。

② 国家旅游局官方网站:《2012 年大陆居民赴台旅游突破 197 万人次》,http://www.cnta.gov.cn/html/2013-1/2013-1-6-18-54-66066.html,2013 年 1 月 6 日。

③ 吴文学:《2013 年中国旅游业实现旅游总收入 29475 亿》,http://www.china.com.cn/travel/txt/2014-01/17/content_31227777.htm,2014 年 1 月 17 日。

面电脑渠道预订量下降近 6% ,而平板电脑增长超 57% ,智能手机渠道超 86% 。智能手机渠道的强势发展将促使商旅管理移动端的快速发展。商旅的移动化管理趋势将推升智能手机的预订和管理应用,同时也将改变传统的商旅行业上下游产业链。更多行业服务提供商将提供一体化的在线和移动商旅解决方案,来满足市场的需求。

# 设计产业年度发展报告

廖中圣*

我国进入新型工业化、信息化、城镇化和农业现代化进程的快速发展阶段,文化创意和设计服务已贯穿在经济社会各领域各行业,呈现出多向交互融合态势。文化创意和设计服务具有高知识性、高增值性和低能耗、低污染等特征。推进文化创意和设计服务等新型、高端服务业发展,促进与实体经济深度融合,是培育国民经济新的增长点、提升国家文化软实力和产业竞争力的重大举措,是发展创新型经济、促进经济结构调整和发展方式转变、加快实现由"中国制造"向"中国创造"转变的内在要求,是促进产品和服务创新、催生新兴业态、带动就业、满足多样化消费需求、提高人民生活质量的重要途径。

面对国际竞争,国内制造面临严重挑战,出路在中国设计。核心是将"中国制造"逐步打造成"中国创造"。近年来设计产业在政策的有效主导下,将资源有效投放,在保持基本的"中国制造"的前提下逐步打造"中国创造"。且为了让各类设计人才有利于产业升级发展,大力培育职业设计师市场。市场带动了消费原动力。而设计产业核心在于消费,为了有效驱动市场发展,必须养成国内消费者对于设计产品的消费情绪以及消费行为习惯;也应着重加大改革艺术设计教育的力度,提高民众对艺术设计的认知。而这样的制定有助于大力推进设计向前发展。

## 一、宏观环境和政策概况

当前,我国经济发展面临的国际国内环境正发生广泛而深刻的变化,资源环境约束和科技竞争压力日趋突出,经济转型升级要求日益迫切。文化创意和设计服务处于产业链的高端,不仅具有高知识性、高增值性和低能耗、低污染等特征,

---

* 作者系北京大学艺术学院艺术管理与文化产业专业博士研究生。

而且对于提升各行各业的产品和服务品质,增加附加值、塑造品牌、提升市场竞争力具有重要意义。近年来,我国文化创意和设计服务发展较快,但总体水平仍亟待提高,创新能力、专业人才、专业化程度和成果转化等还不适应经济社会发展的需要,有利于文化创意和设计服务发展的政策环境还需进一步改善。面对新形势新要求,为着力提高我国文化创意和设计服务整体质量水平和核心竞争力,大力推进与相关产业深度融合,将散见于有关文件中的政策措施和现行做法整合集成并创新举措,出台更具针对性和操作性的政策文件,具有重要的现实意义。

为了促进中国工业设计产业发展,工信部拟定三大发展指标:(1) 在 2015 年前培育出 3—5 家具有国际竞争力的工业设计企业,形成 5—10 个辐射力强、带动效应显著的国家级工业设计示范园区;(2) 工业设计的自主创新能力明显增强,拥有自主知识产权的设计和知名设计品牌数量大量增加;(3) 专业人才素质和能力显著提高,培养出一批具有综合知识、创新能力强的优秀设计人才。为达成上述三大发展指标,工信部规划从"扩散发展工业设计意涵""提高工业设计自主创新能力""快速培养高素质人才""推动对外交流与合作""营造健全的市场环境""政策支援以强化产业发展"等六项层面推动工业设计产业发展;2014 年国务院印发《关于推进文化创意和设计服务与相关产业融合发展的若干意见》就加快推进文化创意和设计服务与实体经济深度融合做出明确要求,提出到 2020 年,文化创意和设计服务的先导产业作用更加强化,基本建立与相关产业全方位、深层次、宽领域的融合发展的格局。其特点强调了发挥市场作用,在基本原则中提出了以市场为导向、企业为主体,打破行业和地区壁垒,充分调动社会各方面积极性。在重点任务和政策措施中,始终坚持企业是市场经济的细胞,是创业、创意、创新的主体,是整个经济生机活力和蓬勃发展的基础这一基本理念。在增强创新动力方面,强调提升企业知识产权综合能力,培育一批知识产权优势企业。鼓励企业、院校、科研机构成立战略联盟,引导创意和设计、科技创新要素向企业聚集,加大联盟知识产权管理能力建设,推行知识产权集群式管理。在培育市场主体方面,鼓励国有文化企业引进战略资本,实行股份制改造,积极引导民间资本投资文化创意和设计服务领域,鼓励行业组织、中介组织和企业参与制订国际标准,支持自主标准国际化。

《中共中央关于全面深化改革若干重大问题的决定》2013 年 11 月 15 日全文发布(以下简称《决定》)。《决定》指出,加强知识产权运用和保护,健全技术创新激励机制,探索建立知识产权法院。政府加强知识产权保护,加大政策与资金扶持力度。目前设计行业的企业的发展受到资金与人才等制约,普遍存在着融资难和招工难的问题,企业抵御风险能力相当低。政府有效政策的制定与实施对设计企业的发展有着非常重要的影响。政府应该从战略的高度上重视设计产业,充分认识发展设计产业的重要意义,制定推进设计产业发展的相关政策,合理规划产业布局,明确设计行业发展规划。通过提供税收优惠、税收补贴、资金资助、资金奖励、贴息等多种形式的资金支持,解决企业资金紧缺的问题。集群打造区域品牌,完善设计产业服务和支撑系统。

## 二、设计行业发展概况

国内设计产业自 1987 年发展以来,至 2005 年粗估就业人数已有 30 万人,产值达人民币 300 亿元。2013 年产业就业人数已成长至 40 万人以上。目前工业设计重镇以广东深圳为首。在 2008 年深圳市已成为中国第一个获得联合国颁发的"设计之都"的城市。深圳市政府积极透过奖励及补贴措施、设立与先进国家工业设计交流平台(中国国际工业设计节)及举办中国国际工业设计大展等方式,提升深圳市工业设计能量。目前深圳拥有各类工业设计机构达 4000 多家,其中专业工业设计公司超过 500 家,从业人数超过 10 万人;2012—2013 年共得到工业设计国际 IF 大奖 39 项及德国红点产品奖 24 项。

各个城市对于设计产业发展的侧重点差异较大。上海、北京的工业设计产业在强大的制造业基础上发展壮大,成为中国工业设计的示范地区。深圳以其信息电子、海外代工等产业特色,带动了电子消费品设计、平面设计等领域的发展。创意设计产业在各级政府的明确政策支持下,已经成为国内大城市高端服务业的发展重点,为国内制造业产业升级带来了强劲的动力支持。上海、深圳已经获得联合国创意城市——设计之都的称号,而北京目前也在申请之中。可见国内三个代表城市都在积极推进创意设计产业发展,并作为推进城市经济发展方式转变的重要内容。

### (一) 北京

北京是华北地区工业设计之首,成立一个基地和两个集聚区:北京 DRC 工业设计创意产业基地(2005 年)国际数码创意和工业设计集聚区与北京工业设计产业集聚区,2012 年设计产业收入突破 1300 亿元。DRC 工业设计创意产业基地经过数年建设,已逐渐成为全国性示范基地,吸引 132 家工业设计企业进驻,产值增加近 30 亿元。2013 年北京出台了专门的设计产业发展规划和扶持政策。围绕项目、资金、服务等方面,大兴区推出了《关于促进新区设计产业发展的若干意见》和《实施细则》等支持政策。大兴区设计产业发展领导小组成立大兴区设计协会及企业设计联盟，建立大兴区设计产业统计制度和统计指标体系，全面统筹设计产业发展。充分利用工信部、科技部、知识产权局、市科委、市经信委等配套产业扶持资金，有效利用大兴区产业发展专项资金，鼓励支持企业加大设计投入和创新，提升大兴区设计产业发展水平。加快制定并落实大兴区设计产业发展的相关实施细则，积极开展工业设计优秀企业评选认定等工作，促进大兴区设计产业健康快速发展。

（二）上海

2010年上海市被联合国授予"设计之都"称号，与文化创意产业相关的产值已达7695亿元。2013年上海与中国工业设计协会共同筹划，推进工业设计研究院项目落户上海。研究院将整合汇聚工业设计产业链优势资源，力争到"十二五"末，形成以其为核心的工业设计产业链项目与技术服务平台，建设工业设计产业发展的战略研究高地。

上海在设计之都的规划中，组建了公共服务平台，形成面向设计产业的信息服务、展览展示、产业研究、人才服务、产业合作交流、投融资服务等核心功能。重视载体建设，引导设计产业在重点产业基地和工业园区的配套布局。2012年，被授予"上海汽车设计产业基地"的国际汽车城汽车研发科技港项目开工建设，吸引了众多知名汽车设计研发企业相继落户。另一方面，打造了一批以设计为主题业态的创意产业集聚区，在已认定的87家创意产业集聚区中，形成了上海国际工业设计中心、环东华创意产业集聚区等一批面向工业设计、时尚设计的主题性园区。拓展交流合作。注重开展与宁波、昆山、太仓、宝应等长三角区域的特色制造业集群地的产业对接，服务长三角区域经济发展。积极拓展国际合作，通过与意大利佛罗伦萨市共建"上海佛罗伦萨—中意设计交流中心"等，加强与世界知名创新设计城市的合作交流。同时举办设计之都活动周、国际室内设计节、设计双年展、国际时装周、国际艺术节等一大批具有广泛影响的国际性设计类活动，培育设计创新氛围，增进设计产业界的交流合作，拓展产业发展空间。

2013年上海市工业设计业增加值达196.54亿元，比上年增长15.3%。工业设计的快速发展已成为上海产业转型升级的有力助推器。

（三）浙江

浙江省高度重视发展工业设计产业，以特色工业设计基地建设为重点，加快推动工业设计发展。2012年，全省12个省级特色工业设计示范基地面积达53万平方米，入驻工业设计企业456家，集聚工业设计人员4492人，服务企业5300多家，实现设计服务收入8.1亿元，工业设计成果转化产值549亿元，新增各类专利数量 3685 件,获得国家或国际奖项 12 项,设计成果产业化效果显著,工业设计的作用在越来越多的产业中得到体现。无锡 2004 年建立第一个国家级工业设计园(蠡园经济开发区)。工业设计产业的八大战略性新兴产业总产值超过人民币 6000 亿元,其中工业设计和文化创意产业较 2011 年增加 16%。工业企业设计中心达 118 个,并向联合国教科文组织申请为设计之都;至 2012 年底,全市列入统计的工业设计企业有 733 个,产值达人民币 241.24 亿元。浙江省出台了《关于推进特色工业设计基地建设 加快块状经济转型升级的若干意见》《浙江省省级特色工业设计示范基地建设实施办法》等一系列政策文件,明确了力争用 3 年时间,在全省 11 个市、规模以上工业总产值超千亿元的县(市、区)、42 个省级块状经济向现代产业集群转型升级示范区,基本建成特色工业设计基地的目标;提出了支持特色工业设计基地投资建设运营、设计企业发展、成果转化、人才引进、知识产权保护等政策措施。加大财政扶持。省经信委、财政厅联合出台了《关于下达浙江省特色工业设计示范基地补助资金的通知》,各市也出台了加快工业设计发展的政策意见和财政扶持资金使用管理办法。目前,已下达省级财政扶持资金 2.1 亿元,市县配套财政扶持资金 1.26 亿元。

(四)宁波

宁波工业设计产业集聚效应加速显现,初步形成了以和丰为核心,宁大科技园、数字科技园、创新 128、134 创意谷等特色园区为重点的"一核多点"产业发展大平台。2012 年宁波市创意产业总营业收入 164.7 亿元,同比增长 23.4%。其中工业设计营业收入 31.6 亿元,同比增长 25%。和丰创意广场是示范引领和辐射带动宁波工业设计产业发展的核心区。截至目前已正式引进入驻企业 104 家,集聚创意设计人才 2700 多人。去年实现创意设计总产值约 3.8 亿元,带动产业化规模超过 380 亿元,走在了全省省级特色工业设计示范基地建设前列。在和丰的带动下,宁波市累计有 24 个产品获得"红点奖",8 名设计师被评为全省首批高级工业设计师。

(五)深圳

深圳市是中国率先获得联合国颁发的"设计之都"称号的城市。2008 年,深圳创意设计业实现总产值 245 亿,从事设计服务业的各类机构 6000 多家,专业设计师 6 万多人。深圳目前拥有众多创意设计基地,主要包括"田面"设计之都产业园、OCT LOFT、罗湖区创意文化广场、怡景动漫基地、南山区数字文化产业基地等。深圳将设计产业的产业重点聚焦在工业设计、建筑设计、平面设计、动漫设计、软件设计等领域。2011 年专业工业设计企业产值已超过人民币 23 亿元,创造超过人民币千亿经济价值；专业工业设计公司超过 500 家，约占全国 50%，从业人数超过 10 万人。2012—2013 年工业设计国际 IF 大奖取得 39 项，超过全国获奖数半数以上；德国红点产品奖取得 24 项。

（六）佛山

佛山市为广东省 CEPA 示范城市。2009 年成立顺德工业设计园，已有来自中国境内北京、深圳、香港、广州及海外意大利、澳洲、德国等地超过 50 家设计公司进驻，设计师超过 500 人。

### 三、设计行业发展特点

第一，积极建构设计行业交易市场与产业数据。

2012 年北京市科学技术委员会与北京西城区政府合作共建的中国设计交易市场正式落成开业。中国设计交易市场将加快设计要素、资源流转速度，着重解决困扰中国设计产业发展的资源分散、设计交易对接渠道不畅、产业创意氛围不浓等瓶颈问题，进一步推动首都设计产业快速发展。

中国设计交易市场主要包括四大部分：中国设计交易所、中国创新设计红星奖博物馆、设计招商区和品牌机构。其中，中国设计交易所是一个核心部分。中国设计交易所，是专为设计交易双方提供专利咨询、资质认证、法律顾问、风险投资、结算服务、融资基金、知识产权等提供一站式服务的机构，实行设计资质认证，建立市场准入机制。服务对象是涉及工业设计、软件设计、建筑环境设计、工程设计、平面设计、工艺美术设计、服饰设计、咨询策划等领域的企业。做好中国设计交易所的数据库建设。中国设计交易所的数据库建设是中国设计交易所建设的基础工作之一。数据库建设的基本内容可以包括不同类型的专业数据库，其中主要的有设计师数据库、创新产品数据库、设计企业数据库、设计技术交易数据库、产品与技术市场信息数据库等。这些数据资源将促进设计交易市场功能的初步实现，为中国设计交易所提供最全面的基础支持。

第二，设计行业人才培育。

海峡两岸设计人才养成计划（以下简称养成计划）是由教育部、科技部、文化部及北京市政府联合主办的"北京国际设计周"的一项重要内容，该计划获得国台办、统战部、教育部、人设部、民革中央、市台办、市委宣传部的大力支持。养成计划包含设计人才聚集、引进、开发、培养、配置、孵化、服务等功能，计划将通过聚合大陆、台湾及港澳的优势设计资源，从国际交流、挖掘新锐、产学互动等方面开展专项活动，逐渐形成以项目聚集资源、以服务孵化人才、以精英服务产业的设计人才生态服务体系。养成计划于 2013 年 9 月北京国际设计周期间推出的一个项目即助推两岸青年参与国际设计竞赛项目,项目旨在通过对国际设计竞赛的宣传推广、参赛青年的辅导与选拔和获奖青年的奖励与开发等一系列助推措施,促使两岸青年设计人才积极参与项目,以期达到提升专业水平、拓展国际视野、增强国际竞争力、实现个人职业梦想的目的。

项目在 2013—2014 年度的计划中,推出 39 个国际知名设计竞赛做为鼓励标的,通过定期发布最新赛事资讯,举办赛事讲座、创意培训、报名辅助等活动,广泛吸引两岸青年设计人才关注并参与国际设计竞赛。通过对获得奖项的选手提供资金奖励、宣传包装、专业培训、创业投资服务等一系列奖励措施,推动两岸青年在国际设计舞台崭露头角,在设计事业上茁壮成长。

第三,设计产业园区特点与发展。

全国 11 个主要的工业设计产业聚集地区,20 多个典型工业设计聚集成市的数百家工业设计和其他设计门类的企业与公司。归纳出工业设计园区整体上具有的特点:(1)工业设计园区的差别很大,其中又以中小规模的园区为主;(2)京津地区、珠三角、长三角地区的园区聚集效应明显;(3)园区与本地产业的互相依赖性强,其经营方式往往体现本地产业特征;(4)园区创新活动的量化评价比较困难;(5)园区的入驻企业多样性明显,发展方式与营运模式差异很大;(6)存在比较多的缺省值,特别是关于企业投入产出的量化说明和涉及企业隐私的部分缺省值比较高。

园区定期举办常态化针对企业与协会企业的各型活动,为各类工业创意设计提供规范的、定期的新品发布和交易平台。同时可为涵盖工业设计、创意、游戏、广告、出版发行、动漫、艺术等在内的各类创意文化企业中的文化产权、物权及知识产权、著作权提供登记、挂牌、撮合和交易鉴证服务。

**技术平台**:配套工业设计机构的公共服务和基础性公共设施,建设以先进性技术服务为主要内容的技术平台。平台以工业设计实验室为核心项目,设立园区公共云计算机站;新材料、新工艺开发中心;产品设计研发中心;模具中心、快速成型成果转化中心。

**信息平台**:建设以设计信息采集、处理及发布为主要内容的信息平台。平台主要以设计园区为核心,设立供求信息公告栏、园区自主网站、新材料和新技术展示中心、业务部,打造产业链的无缝对接。

**交流平台**:建设以务实性的设计交流及设计管理教育为主要内容的交流平台,平台以教育培训中心为核心项目,设立创意商务休闲中心、工业设计展览馆,打造创意会展、创意展示交易中心，实现交易、交流双线沟通。

**孵化平台**：建设以实效性的项目扶持、成果转化为主要内容的孵化平台，平台以设计创意孵化器为核心，提供包括快速融资、项目申报、科技认定、专利法律、企业诊断、经营管理及战略规划等专业化服务功能的综合服务体系，使孵化平台产业需求有效对接。而商业模式，则是在园区设立专门的业务部，以经纪人的角色为园区企业接单，扶持企业壮大。由经验丰富的销售团队组成，通过交易中心这个平台，将园区企业的优秀设计作品进行产品化和商品化，建立起从设计研发到产品孵化到生产制造到国内外销售代理中心，形成设计与制造业的产业链的无缝对接。园区入驻企业构建设计产业链，上下游企业互为接单，并且设立运营管理公司，并建立专业化的运营管理团队进行市场化运作，通过有效运用政府政策和市场化运作，聚集工业设计企业，并推进"整体运营＋深入服务"的运营模式，打造工业设计基地。

第四，国家设计行业战略建立——设计知识产权建立。

为贯彻落实国务院发布的《工业转型升级规划（2011—2015年）》中知识产权相关工作的部署，提升我国工业企业知识产权运用能力，增强自主创新能力，促进工业由大变强，工业和信息化部决定于2012年起实施工业企业知识产权运用能力培育工程。工业企业知识产权运用能力指的是工业企业在生产经营和技术创新活动中获得专利、商标、著作权、商业秘密、集成电路布图设计专有权等多种形式知识产权的能力，以及合理运用知识产权参与市场竞争、实现其价值的能力。

2013年8月国内首座知识产权设计园区成立，国家知识产权创意产业试点园区是2011年经国家知识产权局批准建设的全国唯一一家创意产业园区，由郑州市金水区人民政府承建。

园区建设以知识产权经济为引领，以工业设计为主体，依托中原经济区优势资源，服务于电子科技、汽车制造、医疗器械、服务外包等产业，形成涵盖研发设计、生产加工、代理销售的设计产业链。园区建设目标为"五中心四区"：创意企业和人才的集聚中心，设计创意业务的外包中心，设计创意企业与市场的对接中心、孵化和产业化中心，交流展示中心，以及运用知识产权制度推动设计创意产业发展的示范区，推进设计创意成果产业化的试验区，带动制造业转型升级的先导区，引领现代服务业发展的先行区，为郑州、河南乃至中部地区产业结构调整、转型升级产生积极推动作用。

## 四、设计行业存在问题

设计产业在国内尚未形成完整的业态体系。国人普遍对设计产业认知模糊，尚未出现能获得普遍认同的、具有较广泛学术公信力的学科研究架构与产值数据。

国内设计产业，目前的发展状态与趋势一部分是紧跟西方的发展模式，互连网与媒体平台的多样化、服务的综合化。利用国内经济的快速攀升，有效地让中国在设计产业蓬勃发展，整体产业经济中已有初步的进程与规模。中国设计产业发展起步相对较晚，而发展速度太过迅速，导致许多在发展中遇到的问题没有来得及好好地被解决发现，这会是国内设计产业未来发展的中的一项阻碍，是当下学术研究成果、设计经验、商业结构出现无法互相连接的问题所在。

创意设计行业既是经济与文化的融合，又是一个跨部门、跨行业的产业，需要积极探索政企结合等更加灵活有效的运作模式和管理体制。梳理完善园区发展的财税支持政策，为优秀设计企业优先推荐申报国家、省、市创新基金和科技计划项目，争取获得国家和省部级重大工业设计项目资金配套等，为企业做大做强提供完善政策体系保障。大力引入各类风险投资、创业投资和专业基金管理公司，积极开展政银企金融对接、产学研项目推介等活动，构建支持设计产业发展的科技金融服务体系。

其中根本问题在于国内设计业的增长方式以及产业结构的不合理。从各省设计产业近年的增长来观测，主要仍然依靠着设计单位数量的增长，实质的产业链与转型尚待形成。

虽然政府透过相关政策措施，努力推动工业设计产业发展，但目前工业设计业者在国内发展仍面临下述几项问题：

（1）产业规模不足：目前国内具影响力的大型工业设计企业并不常见，大多为投资额在人民币 100 万元以下的小公司。

（2）知识产权重视程度仍待加强：国内对知识产权的重视程度仍落后于先进国家，常发生工业设计厂商在打样时，设计已先被其他竞争厂商复制之问题。

（3）相关产业多为 OEM、ODM 模式：国内制造业长期以 OEM 为主，依赖附加值低的生产加工，工业设计无法从中与制造业形成健全产业链以提升产品附加价值，沦为 inside-out（redesign）模式。

（4）工业设计层次仍落后于先进国家：中国工业设计仍以 inside-out 的再设计（redesign）为主，而非先进国家 outside-in 的原创设计（original design）为主。

（5）收费模式无法显现附加价值：中国工业设计业者收费仍以接单设计费为主，尚未发展出如先进国家有权利金之模式。

（6）尚未成立专责管理单位：国内工业设计企业大多为中小企业，普遍存在融资困难问题。虽然部分重点城市已陆续推出许多有利于发展工业设计产业的政策，加强对工业设计中心或基地的建设，并投入资金发展工业设计产业，虽有产业扶持、租税优惠与引进外资等政策措施，但并未普及到各级城市。

**五、设计行业发展举措**

2014年3月，国务院印发了《关于推进文化创意和设计服务与相关产业融合发展的若干意见》，提出了三条基本原则：一是统筹协调，重点突破。统筹各类资源，加强协调配合，着力推进文化软件服务、建筑设计服务、专业设计服务、广告服务等文化创意和设计服务与装备制造业、消费品工业、建筑业、信息业、旅游业、农业和体育产业等重点领域融合发展。根据不同地区实际、不同产业特点，鼓励先行先试，发挥特色优势，促进多样化、差异化发展。二是市场主导，创新驱动。以市场为导向、企业为主体，产学研用协同，转变政府职能，加强扶持引导，实施支持企业创新政策，打破行业和地区壁垒，充分调动社会各方面积极性，促进技术创新、业态创新、内容创新、模式创新和管理创新，推进文化创意和设计服务产业化、专业化、集约化、品牌化发展，促进与相关产业深度融合，催生新技术、新工艺、新产品，满足新需求。三是文化传承，科技支撑。依托丰厚的文化资源，丰富创意和设计内涵，拓展物质和非物质文化遗产传承利用途径，促进文化遗产资源在与产业和市场的结合中实现传承和可持续发展，加强科技与文化的结合，促进创意和设计产品服务的生产、交易和成果转化，创造具有中国特色的现代新产品，实现文化价值与实用价值的有机统一。

考虑到创意和设计领域，人力资源开发是根本推动力，知识产权保护、运用是根本保障，并且加强知识产权保护和健全人才评价机制恰恰是政府的职能所在。因此，《意见》把加强知识产权保护运用等增强创新动力的有关内容和强化人才培养的有关内容摆在了政策措施的最靠前位置，在壮大市场主体、培育市场需求等方面也提出了具体措施。

第一，市场为导向、企业为主体。

打破行业和地区壁垒，充分调动社会各方面积极性。在重点任务和政策措施中，始终坚持企业是市场经济的细胞，是创业、创意、创新的主体，是整个经济生机活力和蓬勃发展的基础这一基本理念。

第二,增强创新动力,提升知识产权。

强调提升企业知识产权综合能力,培育一批知识产权优势企业。鼓励企业、院校、科研机构成立战略联盟,引导创意和设计、科技创新要素向企业聚集,加大联盟知识产权管理能力建设,推行知识产权集群式管理。在培育市场主体方面,鼓励国有文化企业引进战略资本,实行股份制改造,积极引导民间资本投资文化创意和设计服务领域,鼓励行业组织、中介组织和企业参与制订国际标准,支持自主标准国际化。

第三,强化人才培养。

一是积极推进产学研用合作的人才培养模式,加快培养高层次、复合型人才。二是完善激励机制,健全符合创意和设计人才特点的使用、流动、评价和激励体系,推进职业技能鉴定和职称评定工作。三是鼓励文化创意和设计服务企业加强人才培训,将职工教育经费支出准予在计算应纳税所得额时的扣除比例,从现行不超过工资薪金总额的 2.5%,提高到不超过工资薪金总额的 8%。

# 教育培训产业发展年度报告

杨　鹏　谢亦晴*

## 一、宏观环境与政策

（一）经济增长速度趋缓，城镇居民人均可支配收入继续增长，但增速回落

2013 年，我国 GDP 同比增长 7.7%，居民收入继续增加。全年城镇居民人均总收入 29547 元。其中，城镇居民人均可支配收入 26955 元，比上年名义增长 9.7%，扣除价格因素实际增长 7%。全年城镇居民人均可支配收入中位数 24200 元，比上年名义增长 10.1%。全年农村居民人均纯收入 8896 元，比上年名义增长 12.4%，扣除价格因素实际增长 9.3%。2013 年全国居民收入基尼系数为 0.473。[①]

（二）"十八届三中全会"释放改革红利，市场力量将进一步得到释放，社会融资规模扩大与便利化，有利于教育培训产业投融资

《十八届三中全会公报》指出，"全面深化改革的总目标是完善和发展中国特色社会主义制度，推进国家治理体系和治理能力现代化。必须更加注重改革的系统性、整体性、协同性，加快发展社会主义市场经济、民主政治、先进文化、和谐社会、生态文明，让一切劳动、知识、技术、管理、资本的活力竞相迸发，让一切创造社会财富的源泉充分涌流，让发展成果更多更公平惠及全体人民。"《公报》指出："要紧紧围绕使市场在资源配置中起决定性作用深化经济体制改革，坚持和完善基本经济制度，加快完善现代市场体系、宏观调控体系、开放型经济体系，加快转变经济发展方式，加快建设创新型国家，推动经济更有效率、更加公平、更可持续

---

　　* 作者系北京大学艺术学院 2013 级艺术管理与文化产业博士研究生，副教授，贵州民族大学文化产业系教师，美国科罗拉多州立大学亚洲研究中心访问学者，贵州大兴高新技术产业开发区管委会主任助理（挂职）；谢亦晴，北京大学艺术学院 2013 级艺术管理与文化产业博士研究生。

　　① 腾讯财经频道：《统计局：2013 年城镇居民人均可支配收入实际增长 7%》，http://finance.qq.com/a/20140120/007298.htm。

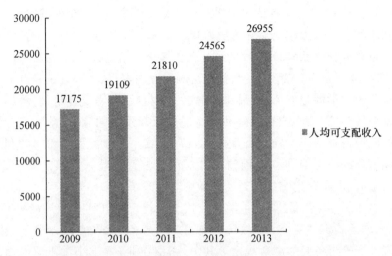

**图1    2009—2013年我国人均可支配收入增长(单位:元)**

数据来源:根据相关资料汇编。

发展。"

公报表明放宽市场准入。建立公开、透明、平等、规范的市场准入制度,凡是法律法规没有明令禁入的领域,都要向社会资本开放,并不断扩大开放领域;凡是对本地资本开放的领域,都要向外地资本开放。民办非营利性机构享受与同行业公办机构同等待遇。各地要进一步规范、公开……设立的基本标准、审批程序,严控审批时限,下放审批权限,及时发布机构设置和规划布局调整等信息,鼓励有条件的地方采取招标等方式确定举办或运行主体。简化对……机构的立项、开办、执业资格等审批手续。研究取消不合理的前置审批事项。根据国家统计局公布的数据显示,2013年全年社会融资规模为17.29万亿元,是年度历史最高水平。制度壁垒的消除,投融资市场化和便利化将有利于更多的社会资本进入教育培训产业。

(三)国家教育改革如火如荼,减负、中高考改革等一系列新政推出为教育培训业带来新的发展机遇

2013年,随着教育部提出《教育部关于深化教育领域综合改革的意见》和《小学生减负十条规定》,各地相继出台中高考改革方案、取消奥赛高考加分等新政策,与之息息相关的课外辅导业也随之产生一系列连锁反应。

《教育部关于深化教育领域综合改革的意见》涉及"深化课程内容改革""探索创新人才培养途径""完善职业教育人才培养模式""改善民办教育发展环境"

"扩大教育对外开放"等与教育培训产业密切相关的主题。"深化课程内容改革"要求加强小学、中学、大学语文和历史课程的整体设计和基本建设，完成大中小学相衔接的德育课程体系建设，探索语文、历史等学科渗透思想品德教育的方式方法，挖掘各门课程蕴含的德育资源，整合法制教育内容，增强德育工作针对性和实效性。深化中小学课程改革，加强课标制定、教材使用与考试评价的衔接。"改善民办教育发展环境"要求出台鼓励和支持民办教育发展的意见，落实支持民办教育发展的政策措施。吸引社会资金进入教育领域。出台营利性和非营利性民办学校分类管理的指导意见。全面清理针对民办教育的歧视政策。此后，包括北京、江苏、上海、山东等地都相继开始酝酿中高考改革方案。

2013 年 8 月，教育部公布《小学生减负十条规定公开征求意见启事》①，提出阳光入学、均衡编班、"零起点"教学、不留作业、规范考试、等级评价、一科一辅、严禁违规补课等十条具体减负规定。其中"不留作业"要求小学不留书面式家庭作业，可布置一些适合小学生特点的体验式作业。"一科一辅"要求教辅材料购买遵循"一科一辅"和家长自愿原则。学校和教师不准向学生推荐、推销或变相推荐、推销任何教辅材料。"严禁违规补课"要求学校和教师不得在课余时间、寒暑假、双休日和其他法定节假日组织学生集体补课或上新课。公办学校和教师不得组织或参与举办"占坑班"及校外文化课补习。这些规定引起中小学培训业高度关注。

10 月，北京市率先公布中、高考改革方案。根据方案，从 2016 年起，北京市高考英语卷总分由 150 分减为 100 分，语文由 150 分增至 180 分。实行社会化考试，一年两次考试，学生可多次参加，按最好成绩计入高考总分，成绩 3 年内有效。文科综合或理科综合由 300 分增至 320 分。针对中考，北京市将英语卷总分由 120 分减至 100 分，听力占据 50 分；语文由 120 分增加至 150 分。英语在这次改革方案中受关注度最高、改革力度最大。改革后将侧重对英语实际应用能力的考察，强调表达和交流。②

---

① 教育部官网：《小学生减负十条规定公开征求意见启事》，http://www.moe.gov.cn/publicfiles/business/htmlfiles/moe/s248/201308/156160.html，2013 年 8 月 22 日。
② 人民日报海外版：《中高考改革方案》，陈劲松、汪灵犀，http://money.163.com/13/1022/03/9BOTHG8T00253B0H.html，2013 年 10 月 22 日。

## 二、发展特点

（一）上市公司总体表现良好，市值不断增长，营收状况不断改善

2013 年美国股市表现良好，基本呈现出 2007、2008 年金融危机以来的"超级大牛市"，价格已高于 2008 年的峰值，整体涨幅达到 26%。美国整体经济复苏的带动，同时受益于市场环境趋好，2013 年使中概股重新获得了投资者的重点关注。

截至 2013 年 12 月 19 日，新东方、学大教育、好未来（学而思）、正保远程教育集团、弘成教育、ATA、安博教育、诺亚舟 8 家在美上市中国教育公司市值合计76.98 亿美元，较 2012 年 12 月 31 日的 54.93 亿美元增加 29.53%。

2013 年，国内教育市场整体回暖，使得正保远程教育集团、学大教育、好未来、弘成教育及新东方五家公司表现不俗。

表 1　在美国上市中国教育培训公司 2013 年营收情况（美元）

| 股票代码 | 股票名称 | 2013.12.19 | 发行价 | 市值 | 市盈率 |
| --- | --- | --- | --- | --- | --- |
| XUE | 学大教育 | 6.99 | 3.75 | 4.56 亿 | 36.79 |
| CEDU | 弘成教育 | 6.9 | 10.00 | 1.23 亿 | 11.94 |
| EDU | 新东方 | 29.7 | 7.00 | 46.54 亿 | 27.76 |
| AMBO | 安博教育 | 0.95 | 9.50 | 0.703 亿 | 9.45 |
| XRS | 好未来 | 19.89 | 10.00 | 15.53 亿 | 36.16 |
| ATAI | ATA | 3.99 | 9.50 | 0.9037 亿 | 16.63 |
| NED | 诺亚舟 | 2.24 | 14.00 | 0.8425 亿 | 29 |
| DL | 正保远程教育 | 19.69 | 10.00 | 6.67 亿 | 49.47 |

资料来源：根据相关资料汇编。

（二）在线教育市场风起云涌，传统教育巨头和网络巨头纷纷涉足

2013 年的在线教育市场创业公司风起云涌，百度、淘宝、腾讯、网易等老牌互联网公司纷纷涉足。淘宝同学、网易云课堂、清华学堂、猿题库、梯子网上市，百度、奇虎依托流量优势，打造平台模式。新东方、好未来、巨人、学大等教育培训业巨头们也在调整方向，将研发的主力投入到在线教育。尽管目前在线教育的业务模式多样，有收费模式、有免费模式，大家都怀着一种"跑马圈地"的心态，无论是否盈利、模式是否成熟、用户是否买账，先抢下一块市场再说。据相关统计数据显示，现在每天新增在线教育公司 2.6 家，2013 年可谓在线教育的爆发期。

随着人们观念的改变和互联网的普及，在线学习也越来越成为一种潮流和趋势。而也正是如此，对在线教育的教学效果提出了更高的要求。调查结果显示，

各个领域的在线教育用户都认为在线课程质量和教学效果是影响自己选择在线教育的的首要因素。此外,用户体验、师生间的互动等因素也是在线教育需要克服的不足。

### 三、重点行业分析

#### （一）出国留学培训

出国培训是教育培训产业的重点产业之一。2013年,出国留学人员年均增长率为12.61%,较2012年下降5个百分点,行业逐步进入平稳发展期。2013年,中国出国留学人员仍主要以本科生为主,申请国外硕士学历,占总出国留学人员比例的62%,其次是申请国外本科学历,占比达29%。其余学历申请比例达9%。2013年,中国出口留学途径主要以中介留学为主,占总出口留学人数的81%,其次是公派留学占比达10%,个人申请难度较大占比仅为9%。2013年,我国留学培训机构主要分别在北、上、广、深以及东部沿海地区,西部地区较少,其中,北京留学培训机构占全国培训机构总数的17%,位居第一位,其次是山东地区,占比达15%。

2013年,中国留学目的地主要以美国、英国、澳大利亚以及加拿大为主,留学人数分别占总留学人数的50%、15%、11%以及6%。与2008年相比,赴美国留学的人数比例持续上涨,5年内上涨5个百分点;赴英国留学人数比例持平,保持在15%;赴澳大利亚留学人数比例出现下滑局面,下降4个百分点;赴加拿大留学人数比例小幅上升2个百分点。2013年,赴亚洲国家留学人数出现上升局面,其中,赴日本以及韩国留学人数逐年增加,占留学总人数比例达4%及1%。

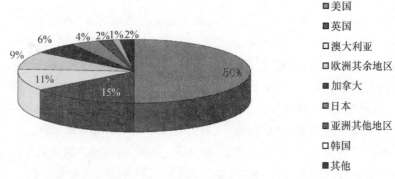

**图2　2013年我国留学目的地分布情况**

资料来源:根据相关资料汇编。

（二）公务员考试培训业

2013 年国家公务员报考人数持续攀升,公务员考试培训业前景看好。2013 年国家公务员报考人数达 152 万人,比上一年度增加 19 万人。"国考"继续升温,凸显社会就业压力依然严峻。就业与经济状况息息相关,2013 年国民经济增速依然徘徊在 7.5% 左右,国内经济发展动力依然疲软,宏观就业环境仍未有较大改善,社会吸纳就业能力有限,更多的学生把目光投向"铁饭碗",从而进一步推高了公务员考试的热度,越来越多的社会资本进入公务员培训行业,同时也推动了公务员考试培训市场的发展。因此,公务员培训业仍然有较大发展前景,总体趋势看好。

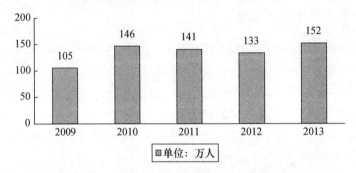

**图 3　2009—2013 年公务员考试报考人数情况**
资料来源:根据相关资料汇编。

（三）研究生入学考试培训

2014 年研究生报考人数持续攀升,考研培训市场总体呈上升趋势。2014 年研究生统一招生报考人数达 175.6 万,比 2013 年增加了 10 万,招考人数 60.8 万,比 2013 年增加 9.1 万,招录比双向上升,研究生入学考试持续升温。各类考研培训机构依然火爆,尤其是政治考研培训和英语考研培训课程依然火爆。受国内经济环境的影响社会就业压力依然巨大,促使一部分学生把读研作为规避就业压力的避风港,一定程度上推高了考研热。

（四）学前教育培训

2013 年,我国人口出生率保持在 12%,基本与 2012 年持平,我国新生儿数量稳定,为早教行业提供了稳定的生源。2013 年,我国 0—6 岁婴幼儿数在 1.4 亿左右,0—3 岁婴幼儿数达 7000 万,其中,城市婴幼儿数为 1090 万,农村婴幼儿数为 5910 万。2013 我国城市家庭中:35% 的家庭对孩子学前教育支出费用在 500—1000 元/月,大于 1000 元/月的家庭占到 10%。按照每个婴幼儿 300 元/月计算,我国早教行业市场规模达300亿元。

**图4　2009—2013年研究生招生与报名情况**
　资料来源：根据相关资料汇编。

　　我国早教行业毛利率以及净利率较高，其中，毛利率达到60%，净利率达30%。我国早教机构中，金宝贝以42%的市场占有率位居第一位，其次是红黄蓝，市场占有率达23%。2013年，我国少儿英语培训市场规模达245亿元，占英语培训行业的70%左右，成人英语教育仅为105亿元，占英语培训行业的30%。2013年，我国早教行业中，英语教育所占比例最高，达52%，其次是舞蹈艺术以及体育教育，占比分别达20%及11%。

　　在我国城市家庭中，47%的家庭少儿英语培训支出在1000—3000元/年之间，29.1%的家庭少儿英语培训支出不足1000元/年，18.6%的家庭少儿英语培训支出在3000—6000元/年，支出大于9000元/年的家庭仅有2.1%，这表明我国

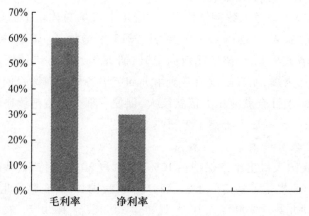

**图5　2013年学前教育毛利率与净利率概况**
　资料来源：根据相关资料汇编。

城市家庭对少儿英语重视程度较高。少儿英语培训机构中,新东方泡泡少儿英语、瑞思学科、迪斯尼知名度最高,支持率分别占到67%、45%以及45%。

（五）IT教育培训

2013年IT培训行业呈现出强者越强、弱者越弱的马太效应格局。据某权威网站统计,2012年IT职业培训市场销售额达72亿元,比2011年增长15.7%。利益引发竞争,风投狂潮暂息,又经历残酷的市场竞争之后,IT培训行业市场马太效应格局尤为明显。行业报告数据显示,2012年,IT培训市场前十名的培训机构占据了共计70%的市场份额。[①] 强者愈强,弱者愈弱,竞争力强的机构作为常胜将军,面对市场更加自信从容。

经过20年的摸索与完善,国内IT培训行业气候已经形成:综合性老牌IT培训机构主导型地位稳固,特色专门辅导机构发展有声有色,新型培训机构不断涌现,IT培训市场百花齐放,涌现出了一大批有口碑又兼具市场竞争力的独特品牌机构。

当前的IT培训尚处在一个由发展起步阶段向爆发性成长期转型的过渡阶段。一方面,消费者渐趋理性,将注意力转向教育机构的可信度、品牌与性价比等因素上来。另一方面,整个市场竞争异常激烈,大牌教育机构集中垄断,品牌教育机构力求巩固,小型机构步履维艰。总的来说,IT培训在既定的轨道上行进着,前景可观,由过渡走向成熟。有专家表示,在企业IT人才需求不断升温、毕业生操作经验缺乏、难以满足企业需求的大环境下,至少未来十年IT培训还将保持飞速发展。

**四、问题与趋势**

第一,经济持续发展,居民人均收入持续增长,教育培训市场前景总体看好。

经济的可持续发展带来了家庭可支配收入的增长。统计数据显示,目前超过半数的城市家庭,孩子每月花费占家庭总收入的20%以上,44.29%的家庭每月用于养育子女方面的费用在500元到1000元之间,其中绝大部分费用是用于课外辅导的教育培训中。可见,中国家庭对教育方面的重视度非常高。这为教育培训市场的发展提供了必要的前提。

第二,四、六级改革方案实施,英语培训市场将迎来相应的调整。

---

① 科技资讯网:《2013年IT培训行业呈现出强者越强、弱者越弱的马太效应格局明显》,www.cnetnews.com.cn/2013/0306/2147254.shtml,2013年3月6日。

一是修改原来的教学大纲，新的英语教学要把原来的阅读、理解为主转变为以听说为主，全面提高综合英语能力。第二是改革教学的模式，把纯粹依靠课本、粉笔、黑板，老师来讲、学生来听的模式改变为计算机，主要是通过网络来进行教学，用教学软件和课堂教学综合应用的个性化、主动式的学习方式。第三是改革大学英语四、六级考试，大学英语教学系统的评价系统，建立了实验室的整个评价体系。随着四、六级重要性的下降，将对相关培训行业产生一定程度的影响。四、六级培训机构的营收将受到一定程度影响。

第三，教育培训产业区域发展不均衡，行业集中度低。

据 IDC 报告显示，2012 年教育培训业的前五大公司的中小学课外辅导机构营收占整个课外辅导市场总营收的 1.6%。2012 年，课外辅导行业占据市场份额最大的学大教育，营收也仅占整个行业市场份额的 0.42%。这种高度分散的市场特点为能提供高品质服务、具有良好品牌和信誉的课外辅导机构提供了更多机会。

从单个区域市场来看，北京、上海等国际化大城市的产业集中度较高，处于第一梯队中小学课外辅导机构，如新东方、学大教育、学而思、安博教育、巨人教育等，合计能占到整个市场的 50% 以上。相对而言，国内其他地区尤其是各省（区）二线城市的中小学课外辅导培训市场格局则显得不够明朗，市场集中度较低。根据学生数量及人均 GDP，可以将全国分为五级市场，北京、上海、广州、天津、深圳等一线城市行业集中度较高，进入品牌化竞争阶段，市场结构相对稳定。杭州、南京、重庆、西安、成都等二线城市是上市公司进行业务扩展争夺的主要区域。一级市场竞争激烈，市场规模及行业格局基本稳定，二线城市潜力很大，是业务拓展的主要区域，三线及以下市场全国性品牌较少进入。

第四，行业竞争加剧，成本上升，盈利能力下降。

课外辅导行业以小班教学为主要业务的学而思师资成本占净营收 20% 左右，以一对一教学为主要业务的学大师资成本占净营收的 50% 左右，租金占 10%—15% 左右。营销费用在区域扩展过程中会快速增加，人力成本，租金的上涨，推高运营成本。现阶段行业集中度较低，经营成本上涨压力逐年上涨，进入门槛提高，运营效率低下的小型培训机构会逐步被淘汰，具有品牌优势的区域性公司机会大于全国性品牌。

中国以省级为单位的高（中）考命题制度及教材编写发行制度成为中国教育培训行业区域化发展的最重要的决定因素。现有行业领先者市场份额增长速度会进一步放缓，并且面临区域化培训品牌的强烈抵制。同时非充分竞争的市场环境,营销渠道掌握在区域品牌手中,会形成区域化区隔,现有的行业领先者市场规模会伴随总量增大而增大,但是更多结合标准化区域特征的大型连锁型企业将出现。

第五,在线教育行业投资活跃,社会资本进入加速。

从2011年1月到2013年7月,教育培训行业各类投资事件34起,投资总额为76.7亿元人民币。在经历了2012年的冷冻期后,2013年投资事件增多,涉及在线教育的投资金额占68%。① 2013年1月—7月在线教育类投资金额就占到近三年来教育培训行业投资总额的43%。其中平台或系统及语言占在线教育领域的88%。在线教育是尚未被互联网化的最后几个万亿级市场。从市场反馈信息来看,尚未有在线教育机构实现大规模的盈利。

有效的个性化学习是记录学习者学习过程,分析学习者的思维习惯,结合即时的学习场景(学习并不总是在教室里进行)推送适当的学习资源,链接学习者的社交关系,便于学习者通过社交圈获取情感支持和信息支持。结合即时学习环境及学习者学习特点的社交化在线教育是教育形式的革命性方向,将会彻底从以前以学习资源为中心的学习模式转变为以学习者为中心的学习模式。

社交化在线教育需要强大的大数据处理能力、丰富的多媒体教育资源和过硬的软硬件结合能力。从现在市场竞争格局来看,具备建设这种行业生态技术、人才和资金实力的公司屈指可数。创业公司不具备这种行业整合能力,价值主要体现在数据整合与数据处理领域。现有在线教育机构盈利状况不佳的主要原因并不在于市场需求小,而在于所提供的产品和服务不能满足个性化需求。社交化在线教育会创造意想不到的商业形态。

第六,各国签证政策调整和人民币升值使出国留学平民化趋势进一步增强,出国培训业发展将进一步看好。

2014年,随着世界经济逐步回暖和各国鼓励留学政策相继实施,美国、英国、加拿大和澳大利亚仍将是大多数中国学生的留学首选。其中,美国将继续保持以"吸引全世界最好的人才"为目的,进一步选拔优秀的国际学生。相比较而言,法国、德国、西班牙、意大利等欧洲国家将继续强调"以质取胜",用欧洲多元的文化、低廉的学费和优惠的政策获得更多中国优秀留学生的青睐。此外,日本、韩国、新加坡等亚洲国家也将在2014年推出一系列吸引国际学生的留学、就业和移

---

① 百度网:《2013教育培训行业趋势与现状最新研究报告》,http://wenku. baidu. com/view/b13ee33459eef8c75fbfb383. html。

民政策。

2013 年 8 月起,美国对其大学本科通用申请(CA)从框架、模式到内容都进行了重大变革。这是 CA 改革史上规模最大的一次调整,申请美国本科留学的中国学生面临新的挑战。CA 是美国本土和国际学生一站式完成大学申请材料(如个人信息、成绩、推荐信、作文等)的公用申请平台,任何希望赴美读大学的学生都无法回避。改革后的作文彻底调整了题目,字数也严格限制在 250—650 之间,这有助于院校透过作文深入全面地了解申请者。

2013 年 10 月,澳大利亚移民局公布,计划将学生签证细则范围扩展至 22 家职业技术类院校(TAFE)及培训机构成为移民局的 SVP 院校,将学生签证评估风险等级由五级简化为三级,并降低对第三类风险级别国家学生签证的资金要求。这对 2014 年即将赴澳大利亚留学的中国学生来说是一个利好机会。

随着 2014 年英国经济的回暖和就业率的上升,各行各业必然需要更多人才弥补空缺,再加上英国院校正在推出一系列有助于就业的"三明治"课程,使得优秀的国际学生在英国就业更具竞争力。此外,根据英国签证相关政策,获得英国认证机构授予的学士及以上学位的应届毕业生,且雇主有英国边境管理署认可,年薪达到 2 万英镑,就能获得工作签证。2014 年法国将为 50 名中国留学生提供特殊的奖学金政策,同时还会有很多商务交流活动供中国学生参与。

总体上看,2014 年,出国留学人数持续增长,但涨幅会放缓,行业整体进入平稳期。留学国家多样化,日本、韩国留学生比例逐步加大,但美国仍是最大的目的地国家。留学生年龄低龄化趋势加强,申请高中学历留学生将逐步加大。通过高中和大学的国际合作项目出国留学的人数增加。

# 体育产业发展年度报告

杨　鹏*

## 一、宏观环境与政策

（一）我国经济发展速度趋缓，居民人均收入增长放缓，宏观经济环境变数增大

我国体育产业的发展受诸多因素影响，其中起关键作用的是当前我国的宏观经济形势，宏观经济形势就是国民经济整体所处的态势，以及它下一步的发展趋势。2013年GDP同比增长7.7%，创自1999年GDP同比增长7.6%以来最低增速。2013年全年社会融资规模为17.29万亿元，是年度历史最高水平。居民收入继续增加，全年城镇居民人均总收入29547元。其中，城镇居民人均可支配收入26955元，比上年名义增长9.7%，扣除价格因素实际增长7%。全年城镇居民人均可支配收入中位数24200元，比上年名义增长10.1%。全年农村居民人均纯收入8896元，比上年名义增长12.4%，扣除价格因素实际增长9.3%。①

（二）国务院发布《关于促进健康服务业发展的意见》，体育休闲业迎来发展机遇期

2013年10月，国务院发布《关于促进健康服务业发展的意见》②，提出"发展全民体育健身"。进一步开展全民健身运动，宣传、普及科学健身知识，提高人民群众体育健身意识，引导体育健身消费。加强基层多功能群众健身设施建设，到

---

\* 作者系北京大学艺术学院2013级艺术管理与文化产业博士研究生，副教授，贵州民族大学文化产业系教师，美国科罗拉多州立大学亚洲研究中心访问学者，贵州大兴高新技术产业开发区管委会主任助理（挂职）。

① 腾讯财经：《统计局：2013年城镇居民人均可支配收入实际增7%》，http://finance.qq.com/a/20140120/007298.htm，2014年1月20日。

② 人民网：《国务院印发〈关于促进健康服务业发展的意见〉》，http://politics.people.com.cn/n/2013/1014/c1001-23196616.html，2013年10月14日。

2020 年,80% 以上的市(地)、县(市、区)建有"全民健身活动中心",70% 以上的街道(乡镇)、社区(行政村)建有便捷、实用的体育健身设施。采取措施推动体育场馆、学校体育设施等向社会开放。支持和引导社会力量参与体育场馆的建设和运营管理。鼓励发展多种形式的体育健身俱乐部和体育健身组织,以及运动健身培训、健身指导咨询等服务。大力支持青少年、儿童体育健身,鼓励发展适合其成长特点的体育健身服务。《关于促进健康服务业发展的意见》的发布,将极大推动体育休闲产业的发展。

## 二、总体发展情况

(一)"中国十大最具价值品牌赛事"发布,中国体育产业社会影响力与国际影响力日益扩大

2013 年著名体育媒体《体坛周报》发布"中国十大最具价值品牌赛事"榜,涵盖足球、篮球、网球、乒乓球、马拉松、帆船、自行车、斯诺克等各大类现代体育项目,十大品牌赛事价值超过 30 亿元人民币。中国体育产业的发展吸引了劳力士、奔驰、银联、耐克、三星、IMG 等大牌赞助商的赞助,赞助金额不断攀升。中超联赛、CBA 联赛发展逐步走上良性发展之路,市场开发力度与市场号召力不断增强,球市上座率越来越好。此外,中国网球公开赛、北京国际马拉松赛、NBA 中国赛、上海网球大师赛、环青海湖自行车赛等国际性体育赛事发展良好,吸引了越来越多的国际选手参赛,中国体育产业的社会影响力与国际影响力不断上升。

表 1  中国十大最具价值品牌赛事

| 赛事 | 品牌价值 | 历史 | 市场开发收入 | 传播影响力 | 排名 |
|---|---|---|---|---|---|
| 中超联赛 | ≥6.5 亿元 | 1989 | 4 亿元 | ★★★★★ | 1 |
| CBA | ≥3.5 亿元 | 1995 | 4.5 亿 | ★★★★★ | 2 |
| 中国网球公开赛 | ≥3 亿元 | 2004 | 2 亿元 | ★★★★ | 3 |
| 世锦赛汇丰冠军赛 | ≥3 亿元 | 2005 | 850 万美元 | ★★★ | 4 |
| 上海网球大师赛 | ≥3 亿元 | 1990 | | ★★★★ | 5 |
| 北京国际马拉松赛 | ≥2.5 亿元 | 1981 | | ★★★ | 6 |
| 中国杯帆船 | ≥2.5 亿元 | 2007 | 5000 万 | ★★ | 7 |
| NBA 中国赛 | ≥1.6 亿元 | 2004 | 3000 万 | ★★★★ | 8 |
| 环青海湖国际公路自行车赛 | ≥1.5 亿元 | 2002 | 1800 万 | ★★★ | 9 |
| 斯诺克上海大师赛 | ≥1.2 亿元 | 2007 | 2000 万 | ★★★ | 10 |

资料来源:腾讯体育:《中国 10 大体育比赛出炉》,http://sports. qq. com/a/20131220/006433. htm,2013 年 12 月 20 日。

（二）体育用品行业加强创新力度，继续调整销售渠道，寻找增长点

2013 年，整个中国体育用品行业依然面临巨大的困难。前几年的生产规模持续扩大和销售门店快速扩张是主要原因，导致目前整个行业竞争激烈，大批产品库存积压。最近两年，各个体育品牌都在忙于调整销售渠道，处理库存积压产品，未来几年这仍是一项重要工作。几大体育品牌在年报中都提出了要加大创新的力度，加强对新产品研发和质量监控的能力，提升产品的差异化。不少品牌都瞄准了童装、户外、器材、装备等新的增长点。比如安踏，在最近两年就发力童装业务，2012 年体育品牌门店虽然减少，但童装门店却由 632 家增至 833 家。

李宁公司 2012 年 12 月推出了变革计划中关键部分的渠道复兴计划，在多个方面帮助经销商，包括清理及回购库存、减少批发销售、合理化销售网络、调整渠道政策以及制订计划重整应收账款。安踏 2013 年把门店数调整至 7500 家左右。未来安踏将以维持平稳的库存水平及渠道可持续发展为目标，努力降低每家门店的库存风险，提高零售商的运营能力和存货管理能力。361 度为了帮助门店提高竞争力和盈利能力，在 2013 年拿出 2.03 亿元用于向合资门店提供直接装修津贴，以提升内部装修布局，为消费者创造更舒适的购物环境。

随着中国城市化及富裕程度上升带动，更多家庭重视儿童体育用品的质量，它们对购买儿童体育用品品牌的需求亦增加。安踏 2013 年继续加大童装业务，预计童装门店到今年底扩张至 950 家至 1000 家。在 2013 年 3 月底举行的中国国际服饰博览会上，李宁童装也首次独立亮相，显示李宁对童装市场同样也充满期待。

（三）体育产业作为新兴产业日益得到重视，地方政府发展体育产业的力度不断加强

2013 年 4 月广东省体育产业工作会议在广州召开，会议全面贯彻落实《关于加快体育产业发展的实施意见》，把加快建设幸福导向型体育产业体系作为 2013 年全省体育产业工作的重点。会议明确提出，加快转变体育发展方式，深入推进体育产业改革，建立和完善系列配套政策和法规，增加体育产品和服务供给，开发大众体育市场，加快培育健身、娱乐、休闲幸福导向型体育产业体系，全力做好体育产业各项基础性工作，加快建设幸福导向型体育产业体系。会议要求全省的体育行政部门都要积极协调各有关部门研究制定本地区贯彻实施《实施意见》的具体工作方案，明确本地区体育产业发展的主要目标、制定并出台体育产业法规及配套文件和政策措施，调整体育产业的布局和结构，将各项政策落到实处。

2013 年 8 月山西召开体育产业专项调查会，落实省委省政府提出建设"健康

山西"重大决策,出台《关于加快发展体育产业的实施意见》(晋政办发〔2011〕67号),在明确大力发展体育产业具体措施的背景下,本省体育产业发展迎来难得的机遇。开展体育产业调查是贯彻省政府《实施意见》的必然要求,也是促进体育产业健康快速发展的必然要求。体育行政主管部门要充分认识体育产业专项调查工作对推动体育产业发展的重要意义,明确分工,加强协作,动态监控,确保质量,加强宣传,营造氛围,确保调查工作顺利进行。

2013年12月,南京市以举办世界青年奥运会为契机,制定了《关于加快发展体育产业的实施意见》,借助筹办青奥会的契机,着力打造国内一流的体育服务集聚区和国家体育产业(示范)基地。对体育产业也将给予税费减免政策:对国家体育行政主管部门正式公布的体育项目,除税收政策明确规定税率的项目外,其他项目按"文化体育业"税目,征收3%营业税。企业发生的体育冠名、广告性赞助、公益性广告费等支出,可按规定享受税前扣除政策。对财政部门拨付事业经费的体育场馆、体育学校自用的房产免征房产税。体育学校及其他体育服务企业用水用电用气价格按省、自治区和直辖市相关文件执行。体育企业缴纳城镇土地使用税、房产税确有困难的,可以按照税收管理权限报经批准后,给予城镇土地使用税、房产税的减免。经认定为非营利组织免税资格的体育类非营利组织取得的收入,按税法规定免征企业所得税。

安徽省2013年共有11个体育产业类项目签订合作和合作意向协议,项目总占地57140亩,投资金额达到204.22亿元。第六届世界传统武术锦标赛、九华山体育文化产业园、华宏活力城等一批重大项目落地实施。

(四)全国各地先后设立一批体育产业引导基金和体育产业示范基地,体育产业投资规模与热度进一步提高,体育产业基地建设成为我国体育产业发展的新型模式和产业载体

2013年,北京、南京、盐城、镇江、温州等地先后设立了体育产业发展专项引导基金,引导和鼓励社会资本投资体育产业发展,体育产业的投融资渠道与投资规模不断扩大,社会关注度不断提高。

2013年8月,国家体育总局复函批准江苏省昆山市、江阴市、溧阳市共同建立国家体育产业基地,命名为"苏南(县域)国家体育产业基地"。复函中指出:昆山市、江阴市、溧阳市三市要精心组织,协同配合,以建设苏南(县域)国家体育产业基地为契机,全面提升体育产业发展水平,进一步发挥体育产业在促进当地经济社会发展和转变经济发展方式等多方面的积极作用。2013年江苏省启用体育产业引导资金资助百余项目,共有123个项目获得8000万元引导资金资助或奖

励。2013 年支持的 123 个项目中,资助类项目共 99 个,具体包括:体育健身休闲与场馆服务类 24 项,体育赛事活动类 21 项,体育装备制造类 23 项,体育产业基地类 3 项,体育产业资源集团化运作类 4 项,体育培训 7 项,体育旅游 13 项,其他类 4 项;今年新增设的奖励类项目 24 项,主要针对利用大型体育场馆闲置空间或其他闲置场所、于 2010—2012 年间建成或投入运营的大众健身场所。健身休闲、场馆服务、体育培训等与群众健身紧密相关的项目共 55 项,占总数的 45%,扶持力度明显加大。

2013 年 11 月,"鸟巢""水立方"所在的北京奥林匹克公园被国家体育总局正式授予"国家体育产业示范基地"称号。北京奥林匹克公园将建成具有全国示范意义的体育产业龙头示范基地,一方面促进国内外体育企业、组织和中介机构落户园区,一方面积极组织开展全民健身活动,打造自主品牌系列活动。2013 年,奥林匹克公园内举办的 3400 余场各类活动当中,高端赛事、赛演、全民健身、培训等体育相关活动超过 600 场次。中国网球公开赛、环北京国际职业自行车锦标赛、国际马拉松赛、沸雪世界单板滑雪赛等已成为园区每年度固定的品牌体育赛事。

(五)体育产业与旅游产业等相关产业融合进一步加大,体育旅游博览会助推产业融合发展

"2013 中国体育文化·体育旅游博览会"在安徽芜湖举行。博览会以"体育文化引领风尚,体育旅游健康向上"为主题,展区面积达 9 万平方米,为历届体育旅游博览会中规模最大、规格最高,并吸引了台湾地区 50 多家企业以及泰国、越南、缅甸、韩国等国家的企业参展。整个展会分为体育文化、体育旅游和综合类三大板块,内容丰富多彩,亮点纷呈。此外,博览会体育文化板块还设有奥林匹克文化与体育运动项目文化展区、中国体育非物质文化遗产展示与推广活动展区、中国体育动漫与电子竞技展区和中外体育企业、俱乐部、协会文化展区等;体育旅游板块设有各省、自治区和直辖市体育旅游精品项目展区、公益体育彩票及娱乐体验展区等。综合板块设有体育旅游专业人才培训及中介服务项目展区、体育旅游用品展区和高科技、新创意、个性化特色体育旅游项目展区。

此外,2013 年"第四届中国·四川国际峨眉武术节"在峨眉山风景区隆重举行。峨眉武术作为中国的三大武术流派之一源远流长,其中体育的内涵、文化的内涵、历史的内涵丰富多彩。武术节希望通过办节这种形式,对峨眉武术不断挖掘、提升,让武术和旅游真正有机融合,使之最后成为能够代表峨眉的特色旅游产品。

### 三、重点行业分析

#### （一）体育竞赛业

2013 年没有奥运会、世界杯等国际性的重大体育赛事。在天津市举办的"东亚运动会"是中国举办的最为重大的国际性赛事。在"合理节俭"思路的指导下，天津用流畅、高效、有序的组织工作保证了东亚运动会的完美谢幕，创造了设项最多、参赛运动员人数最多等多项纪录。尽管东亚运动会是天津承办的第一个大型综合性运动会，但是毫无办赛经验的赛事组委会"摸着石头过河"却趟出了一条保证运行、合理节俭的新路子，为今后举办大型运动会提供了好的经验。本届赛会共设 24 个大项、254 个小项，有 9 个国家和地区的 2422 名运动员来津参赛，是设项最多、参赛运动员人数最多的一届东亚运动会。本届东亚运动会坚决贯彻落实节俭办赛会的精神，较大幅度地压缩了预算经费支出，成为经费支出最少的一届东亚运动会。简短精彩、特点鲜明的开幕式，内紧外松、严密而人性化的安保体系以及细致周到、安排得当的媒体服务都是赛会组织工作中可圈可点的亮点。

表 2　2013 年重要赛事一览表

| 赛事 | 项目 | 地点 | 时间 |
|---|---|---|---|
| 深圳公开赛 | WTA | 深圳 | 12.30—1.5 |
| 厦门马拉松 | 田径 | 厦门 | 1.5 |
| 世界公开赛 | 斯诺克 | 海口 | 2.25—3.3 |
| CBA 总决赛 | 篮球 | 北京 | 3.22 |
| 福州国际铁人三项赛 | 铁人三项 | 福州 | 4.28—29 |
| 钻石联赛上海站 | 田径 | 上海 | 5.19 |
| 国际乒联世界巡回赛中国公开赛 | 乒乓球 | 北京 | 6.12—16 |
| 国际乒联职业巡回赛中国公开赛 | 乒乓球 | 苏州 | 8.14—18 |
| 广州网球公开赛 | WTA | 广州 | 9.16—21 |
| 东亚运动会 | 综合 | 天津 | 10.6—15 |
| 亚洲杯预选赛 中国 VS 印尼 | 足球 | 中国 | 11.15 |

资料来源：根据相关资料汇编。

#### （二）中国足球超级联赛

2013 年，中超总产值 17.8 亿元，是 1994 年的 17 倍。1994 年甲 A 联赛的总票房约 3000—4000 万元，冠名费用 1032 万元，总产值约为 4000—5000 万元。而到了 2013 年，中超联赛总产值达到了 17.8 亿元，即便扣除物价部分涨幅，2013 年的总产值也是 1994 年的 17 倍，其年化复合增长率为 20.9%。

最近两个赛季,随着各俱乐部纷纷加大资金投入引入强援,中超联赛的观赏性有所增加,此外恒大、国安等球队在亚冠联赛中表现出色,前者更是力压诸多亚洲强队夺冠,让中国足球和中超联赛受益颇多。2013 年,随着足球环境的厘清,宏观政策的明朗,赞助商们对中超联赛的前景开始看好,中超公司收入达到 3.7亿,几乎是 2012 年的一倍,净利润达到 1.19 亿,这是中超联赛品牌价值回升的直接体现。2013 赛季,中超联赛总支出为 1.06 亿,其中俱乐部分成占到 9600 万。2008 到 2012 年,俱乐部分成的金额分别为 150 万、180 万、290 万、310 万、360 万。2013 分成数目为每家 600 万。

2013 年中超公司收入增长部分主要来自于赞助商,总额达到 1.89 亿,而过去两年都是 9000 万。本赛季万达集团的冠名费约在 6000 万元,国际管理集团(IMG)以 3000 万的合作价格为中超联赛增加了新的赞助商,并提供了新颖的品牌营销案例。转播费方面,3600 万的收入比去年增长了 670 万。中超公司的成立是为了培育开放、多元、有序的中国足球职业联赛商务市场,整合职业足球联赛资源整体优势,开拓中超产业规模化经营,创立中超商务品牌。然而在中超联赛整体市场开发方面,中超公司还有一定的局限,中超整体品牌的文化产品几乎没有。唯一的亮点是贝克汉姆代言 2013 年中超,是一个很好的营销案例。与俱乐部不同的是,中超公司的收入更多取决于中超整体品牌的形象价值,且其价值实现有一定的延后。

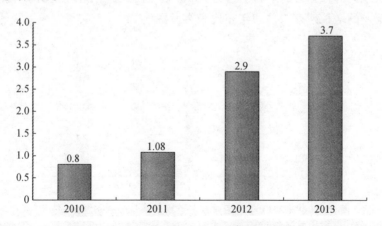

**图 1  2010—2013 年中超公司总收入(亿元)**

资料来源:根据相关资料汇编。

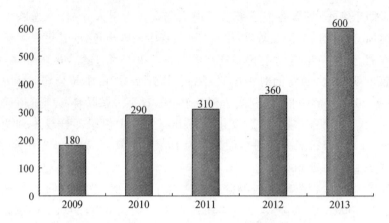

**图2　2009—2013 年中超俱乐部分红情况（百万元）**
资料来源：根据相关资料汇编。

（三）体育彩票业

2013 年,中国体育彩票销售达 1282.87 亿元,增长率 13.94%,同比增长 20.67%,筹集公益金 338.8 亿元。与 2009 年相比,销售额与募集公益资金数量都增长了一倍多,复合增长率 18.11%,总体上体现出较快的增长速度。同时,体育彩票公益基金越来越多地被用于贫困地区扶贫开发与社会助学等公益活动,体现出越来越大的社会公益效益。但是,由于受当前社会经济环境的影响,2013 年体育彩票业的增长速度与前四年相比较有所减缓。

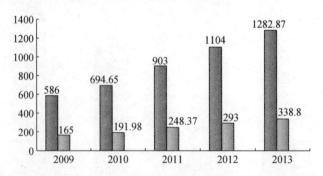

**图3　2009—2013 年中国体育彩票销售额与公益基金额（亿元）**
资料来源：根据相关资料汇编。

（四）体育用品业

2013 年,体育用品业遭遇瓶颈,国产 6 大运动品牌李宁、安踏、361、匹克、特步、中国动向业绩继续下滑,销售额和利润率比 2012 年同期相比大幅下降,李宁公司 2013 年上半年甚至出现负增长。企业库存依然高企,截至 6 月份存货 30.29 亿元,与 2012 年相比减少的库存不到一成。到底需要多久才能消化掉库存,还未可知。各大公司一方面采用打折办法降低库存,一方面加快拓展海外市场,向印度、中东、非洲等海外市场扩张,以缓解经营压力。由于我国宏观经济走势尚未回暖,运动服装行业与宏观经济息息相关,难以提前复苏。同时,各大运动品牌在前期大肆跑马圈地,扩张过度,为现在去库存造成了较大困难。

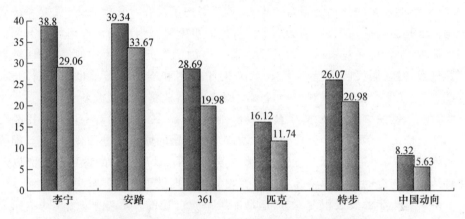

**图 4   2012 年上半年与 2013 年上半年国产体育品牌总收入(亿元)**
资料来源:根据相关资料汇编。

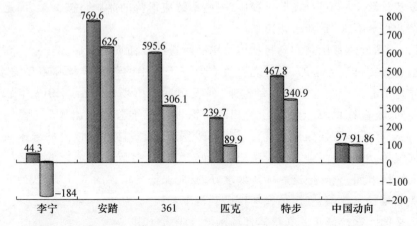

**图 5   2012 年上半年与 2013 年上半年国产体育品牌净利润(百万元)**
资料来源:根据相关资料汇编。

### 四、问题与趋势

第一,国产体育品牌经营压力依然存在,但随着中国城镇化进程加速,居民可支配收入的增加,体育产业发展前景依然看好。

国产体育品牌"关店潮"的出现,是市场调节作用的体现。面对困境,这些品牌未来的任务是进行调整,适应需求总量和需求结构的变化。安踏董事局主席丁世忠认为过去的发展模式就是先打广告,把品牌做出来,再把商品卖给批发商就完了,至于批发商的货物是否卖得出去,就不考虑了。在零售模式下,就要考虑到分销商下辖店铺的情况,店铺的需求比批发商更重要。为准确把握市场动态和消费者需求,丁世忠在过去两年里几乎走遍了中国所有的地级市。他发现,伴随城镇化进程加速、居民收入持续增长,大众对于休闲和娱乐的需求也在不断增长。因此,对于未来,他十分乐观:"经过本次调整后,行业将迎来黄金新十年。"

对于运动品牌的未来,李宁公司表示,长期来看,我们依然对中国体育用品行业的增长潜力充满信心。公司坚信中国持续和快速的城市化进程、居民可支配收入的增加、消费者追求更好产品和品牌的消费需求、日用消费品价格的上涨以及体育活动参与度的提高都将为中国体育用品行业提供更多发展空间。

基于近十年的发展积淀,国产运动品牌基于前期的发展基础,已经基本完成在全国的布局,今后发展前景较好。只是目前受到市场需求低迷以及库存高企影响,盈利空间受到较大挤压。当市场需求提高、经济情况发生好转之后,运动品牌将恢复昔日活力。不过,在此过程中,一些不适应形势的品牌将被淘汰,而足够优秀的企业将活下来,重新占领市场。

第二,新型体育用品和高科技体育用品将进一步涌现与发展。

随着雾霾天气的增加,针对老百姓在雾霾天气中的健身难题和市场需求,国内的体育用品生产企业已经行动起来,研发出适合市场的产品。2013年北京体博会期间,抗雾霾的体育用品纷纷出现。深圳博德维公司推出了"气膜体育场馆"产品。气膜体育场馆成本比传统场馆少很多,气膜体育场馆内的气压高于场馆外的气压,外面的污染空气无法进入,而空气进入气膜体育场馆的唯一渠道就是充气机械单元,只要把这一环节处理好,就能保证场馆内的空气清洁,彻底解决PM2.5的难题。目前,气膜体育场馆已获得市场认可,在去年雾霾最严重时,博德维为顺义国际学校修建的气膜体育场馆就已投入使用。

生产健身器材的深圳好家庭公司展示了一款室内用的制氧健身车带到本届体博会。这款制氧健身车内置制氧系统,可以有效过滤有害气体,将空气中的氧气浓度从 21% 提升至 30%，健身者可以在室内进行全方位的有氧运动，吸收新鲜氧气，提高健身效果。此外，这款健身车还能把健身者所消耗的体能转化为电能，进一步达到节能的效果。健康品牌奥佳华公司在体博会上也推出多款新品，比如解决"低头族"颈椎问题的按摩器，而针对空气恶化、环境污染的问题，也研发出空气净化器、家庭制氧机等健康环境类的新产品。

众多业内专家也纷纷指出，生产企业要多研究市场需求，从以前的"企业生产什么，市场销售什么"，转变为"市场需要什么，企业生产什么"。如果企业推出的产品都能解决某一问题或某些人的需求，比如解决雾霾天气中的健身难题，满足老年人或者青少年的健身需求，更有可能成为畅销产品。

第三，国际巨头进军中国市场步伐加快，体育行业竞争加剧。

耐克和阿迪达斯等国际著名体育用品品牌正加紧从北京、上海向二、三线城市扩张；而中国本土的成功品牌如李宁、安踏、特步、康威、德尔惠、361 度、金莱克、鸿星尔克等则在巩固二线、三线城市市场占有率的同时，努力扩大在一线城市的市场份额。可以预期的是，未来的二、三级市场渠道争夺战将更加惨烈，价格战亦将愈演愈烈，国内体育用品品牌将进入生死存亡的关键阶段，行业将进入转型调整阶段。

区域报告

# 北京市文化产业年度发展报告

周正兵[*]

　　2012 年是深入贯彻党的十八大精神,全面推动文化改革发展,继续落实北京"十二五"规划承前启后的关键一年。《"十二五"文化产业发展规划出台》后,北京文化创意产业占 GDP 比重已经达到预期目标的 15%,成为北京第二大支柱产业。2013 年 11 月,中国人民大学文化创意产业研究院发布《中国省、自治区和直辖市文化产业发展指数(2013)》显示,北京综合指数连续四年保持第一,生产力指数、影响力指数以及驱动力指数皆位居前列。从长远发展态势来看,北京文化创意产业具有超过金融业而跃居首位的巨大潜力。同时,北京市各区县也相继出台相关文化创意产业政策,引导发展具有当地特色的文化创意产业。目前,北京文化创意产业发展成就显著,以下我们将结合统计数据,系统梳理北京市文化创意产业的发展现状。

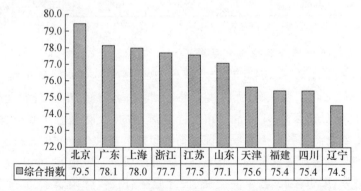

| | 北京 | 广东 | 上海 | 浙江 | 江苏 | 山东 | 天津 | 福建 | 四川 | 辽宁 |
|---|---|---|---|---|---|---|---|---|---|---|
| 综合指数 | 79.5 | 78.1 | 78.0 | 77.7 | 77.5 | 77.1 | 75.6 | 75.4 | 75.4 | 74.5 |

**图 1　中国省、自治区和直辖市文化产业发展综合指数(2013)**
数据来源:根据相关资料汇编。

---

*　作者系中央财经大学教授。

### 一、北京市文化创意产业规模和发展态势

（一）文化创意产业整体发展状况

从产业增加值和年增长速度看,2012 年北京市文化创意产业总产值比上年增加 2189.2 亿元,占地区生产总值的 12.3%,比上年提高 0.1 个百分点。同时,文化创意产业活动单位的总产值达到 10313.6 亿元,同比增长 12.2%;资产总额 15575.2 亿元,同比增长 18.5%。

从产业发展状况看,2012 年北京市 GDP 增速为 7.7%,而文化创意产业增速为 8.5%,同比增长 10.8%,持续保持高于 GDP 的增长速度。

从文化创意产业活动单位和就业人数看,2012 年北京市文化创意产业的平均就业人数达到 152.9 万人,比 2011 年增加 12 万人。截至 2012 年底,北京全市纳入统计的文化创意产业机构共有 5062 个,比上年增长 92%;相关机构从业人员达到 3.756 万人,比上年增长 34%。其中,文化市场经营单位占到机构总数的 89%,从业人员总数占 65%;专业技术人才占总人数的 13%。图书馆业和群众文化服务业专业人才所占比例,都分别比上年提高了 13 个百分点。

表1　2010—2012 年北京市文化创意产业活动单位、从业人员情况

| 年度 | 单位(个) | | | 从业人员(人) | | |
|------|------|------|------|------|------|------|
| | 2010 | 2011 | 2012 | 2010 | 2011 | 2012 |
| 总计 | 2453 | 2627 | 5062 | 28834 | 28082 | 37560 |

数据来源:根据北京市统计信息网《北京市统计年鉴(2013)》相关数据整理。

（二）文化创意产业各业态发展概况

按照国家统计局于 2012 年 6 月新修订并颁布的《文化及相关产业分类(2012)》标准,文化产业共分为 10 类。由于北京地区尚未出台新的文化创意产业分类标准,此处仍以 2011 年北京市统计局颁布的《文化创意产业分类标准》对北京市文化创意产业各业态发展情况做简要概述。按照《北京市文化创意产业分类标准》,文化创意产业共分为文化艺术,新闻出版,广播、电视、电影,软件、网络及计算机服务、广告会展、艺术品交易、设计服务、旅游、休闲娱乐,其他辅助服务等 9 大类。

表 2　北京市文化创意产业活动单位基本情况　　　　　　　　单位:亿元

| 项目 | 资产总计 | | 收入合计 | | 从业人员平均人数（万人） | |
|---|---|---|---|---|---|---|
| | 2012 | 2011 | 2012 | 2011 | 2012 | 2011 |
| 合计 | **15575.2** | **12942.6** | **10313.6** | **9012.2** | **152.9** | **140.9** |
| 文化艺术 | 551.2 | 470.8 | 237.0 | 217.0 | 7.2 | 7.4 |
| 新闻出版 | 1514.6 | 1260.4 | 883.0 | 755.6 | 15.6 | 15.1 |
| 广播、电视、电影 | 1570.7 | 1326.0 | 680.3 | 553.5 | 6.0 | 5.5 |
| 软件、网络及计算机服务 | 6529.0 | 5436.5 | 3888.1 | 3342.5 | 69.8 | 61.3 |
| 广告会展 | 1050.0 | 1002.2 | 1256.8 | 1154.9 | 12.5 | 11.5 |
| 艺术品交易 | 817.5 | 464.4 | 705.6 | 492.2 | 2.8 | 2.5 |
| 设计服务 | 1163.7 | 920.0 | 443.0 | 369.9 | 11.9 | 10.1 |
| 旅游、休闲娱乐 | 934.5 | 713.9 | 849.0 | 706.6 | 11.1 | 10.6 |
| 其他辅助服务 | 1444.0 | 1348.4 | 1370.8 | 1420.0 | 16.0 | 16.9 |

数据来源:北京市统计局编:《北京市统计年鉴(2013)》,中国统计出版社 2013 年版。

　　由上表统计可知,文化创意产业传统行业中新闻出版、文化艺术以及旅游、娱乐等增速较缓,而艺术品交易仍然保持高速增长态势,年增长率高达 76%。以软件、网络及计算机服务为代表的新兴行业则稳速增长,增速均超过整体的平均水平,对北京市 2012 年文化创意产业的整体发展具有重要贡献。在广播电视电影行业中,电影产业发展迅速,2012 年北京地区 17 条院线 135 家影院(726 块屏幕)共放映电影 119.9 万场,人均银幕数居全国首位,观众 3752.6 万人次,票房收入 16.12 亿元,连续六年居全国城市榜首。内容产业发展优势明显,北京电视剧生产数量目前居全国第一,电影生产制作占全国的二分之一;出版图书 18.2 万种,图书出版单位占全国的 41%,出版报纸 254 种,报刊种类占全国的 30%,音像出版单位占全国的 43%。

　　此外,2012 年北京市具有优势特色的文化创意产业发展尤为突出。以北京市艺术表演团体为例,2012 年,北京市艺术表演团体机构数为 555 个,演出场次 21997 场次,相比 2011 年同比增长 4%。其中,国内观众已达 1542 万人次,比 2011 年增加 31 万人次,演出次数和观众人次都相应增长。艺术表演团体的演出收入也由 2011 年的 45604 万元增至 2012 年的 58207 万元,同比增长 28%。公共服务产业机构中,2012 年北京市共有公共图书馆 25 个,总藏书量由 2011 年的 5049 万册增至 5556 万册;北京市共有全国重点文物保护单位 98 处,市级文物保护单位 255 处，注册博物馆共 165 座；国家综合档案馆 17 个，已开放档案 88.4 万卷。

（三）小结

总体来说，2012 年北京市文化创意产业始终保持平稳增长，相对于前两年，增长速度较为显著。按照国家统计局关于文化及相关产业分类的新标准，2012 年，北京市文化创意产业实现增加值 1474.9 亿元，占全市生产总值的 8.2%，是全国第一个文化产业占 GDP 比重突破 8% 的省级行政区。从上述北京市统计局公布的数据来看，北京市文化创意产业在"十二五"规划的关键性一年在规模效益和投资等方面保持了良好的增长态势，不仅真实地反映了北京市"十二五"期间文化创意产业的发展成就和竞争力水平，也为未来北京市文化创意产业的快速发展打下了坚实的基础。

**二、北京市文化创意产业的发展特征**

第一，产业规划相关政策进一步落实。

北京市委、市政府从 2012 年开始设立 100 亿文化创新发展专项资金，进一步完善投融资机制，完善产业交易体系，制定专项资金管理办法，向社会公开征集支持项目。北京市于 2012 年 6 月成立国有资产监督管理办公室，并与 10 家银行签订文化金融创新合作协议，计划每年为北京市文化创意产业提供 1000 亿元授信额度。与此同时，北京市国有文化资产监督管理办公室与万达集团有限公司、中国数字文化集团有限公司等 11 家企业签署了第一批文化创意发展合作协议，总投资额高达 608.7 亿元人民币。北京市发展改革委员会 10 月出台了 16 条鼓励和引导民间资本投资文化创意产业的政策，这一具有针对性的 16 条政策将在放宽准入、简化审批、创新投融资等方面，努力打破阻碍民间投资进入文化创意产业的"玻璃门"，增强文化创意产业发展的内在动力和活力。北京市各政府部门逐步落实文化创意产业各项规划，进一步完善文化创意产业发展的政策与制度环境。

第二，文化体制改革进一步深化。

2012 年，北京市组建国有文化资产监管机构，加大对文化项目、资源的统筹力度。北京文化投资发展集团的成立，为整合全市文化创意产业资源和投融资提供了更广阔的平台；首都图书馆联盟、首都版权产业联盟的相继组建，使得市级专业文化联盟数量增至 7 个。同时，在北京市相关单位的积极倡导下，华北五省、自治区和直辖市文化发展合作也不断深化，签署了电影发展合作协议，联合举办重点文化活动。北京市相关政策部门还积极推动科技与文化、文化创意产业与其他产业相融合,重点发展研发设计、创意制作、展示传播等文化创意产业的高端环节,积极培育高附加值的新型业态。此外,北京市还实行以金融促进文化创意产业发展的政策措施,内容涉及加强金融机构对文化创意产业信贷支持、鼓励文化创意企业直接融资、发展文化创意行业多元化股权投资以及相关产业资金支持等多个方面。

上述各项政策措施,对推进北京市文化体制的改革创新具有重要作用和深远意义,对促进科学有效的宏观文化管理体制以及富有活力和效率的微观运行机制,构建以公有制为主体、多种所有制共同发展的文化创意产业格局和统一、开放、竞争、有序的现代文化市场体系有重要作用。

第三,特色产业发展潜力良好。

2012年12月,北京万达文化产业集团在北京宣布成立,这是万达提出将文化产业作为集团支柱产业重点发展后,在北京市通州文化创意产业园区投资建设的首个文化旅游项目。此项目总投资高达260亿元,预计2015年建成后可同时容纳5万名游客,日接待量10万人次,年接待游客2500万人次,将直接创造3万个就业岗位,预计年收入100亿元左右,文化旅游城规划以室内项目为主,包含文化、旅游、商业、主题公园、酒店、会议中心等六大内容。这是打造北京市特色产业的重要新兴项目,代表着北京市特色文化创意产业发展的新方向,具有良好的发展前景,将直接提升通州文化创意产业园区的区域价值,不仅带动整个区域商业品质的提升,同时也将促进整个通州新城的发展,使得区域价值有所依托,尚未实施的文化主题项目真正转变为经济产业。

第四,文化创意产业聚集区进一步升级转型。

北京市将全面实施文化创意产业功能区规划,全面升级原有30个市级文化创意产业集聚区。按照北京市文化创意产业功能区的规划,各区县将根据文化创意产业集聚区的现有基础和功能区的发展定位,以重点企业和重大项目为引领,以政策体系和服务平台为保障,进一步完善产业链、供应链和服务链,着力打造核心演艺功能区、文化科技融合示范功能区、文化交易功能区、文化保税功能区、影视产业功能区等20个文化创意产业功能区,这些功能区将成为引领带动全市文化创意产业发展的核心承载地。全面推进文化创意产业功能区建设,对于优化北京文化创意产业发展结构、提升文化创意产业发展质量、促进创意产业功能区的进一步完善,都有重要意义。

第五，重大项目带动作用更加显著。

2006 年以来，北京市政府出台一系列文化创意产业发展的扶持政策，以北京国际文化博览会为龙头的系列重要展会相继举办，显示出重大项目对文化创意产业发展的重要带动作用。文博会经过 7 年的发展，现已取得不菲的成绩。据统计，在 2013 年刚闭幕的第八届文博会上，共举行展览会、推介交易、论坛峰会、创意活动等 100 多场文化活动，其中 60 多场项目推介交易签约活动主要包括文化创意产业投融资、文化产品交易、产业合作、文化产业园区和基地入住、艺术品授权、艺术品拍卖；签署的文化创意产业产品交易、产业园区建设和入驻、项目投资、银企合作等协议总金额高达 1190.36 亿元。其中，文化创意产品贸易成交额 317.66 亿元，投资类项目协议总金额 872.7 亿元。

与往届文博会相比，文化贸易成交大幅增长，广播影视节目、网络游戏研发制作、动漫研发制作、出版发行、版权贸易、设计创意等贸易成交增长明显；平台类、产业联盟类合作项目比往年增加，促进了产业资源整合和产业环境完善；文化、科技、创意融合的新兴文化创意产业项目增多，金融资本投入文化内容产业项目，文化与经济融合更加深入，金融创新对文化创意产业支持力度明显加大；文化创意产业园区、集聚区投资类项目规模也显著扩大，增强了对产业集聚和相关产业发展的带动性。

第六，资本支持文化繁荣的力度加大。

2013 年 3 月，北京市成立文化创意产业投资基金管理有限公司，作为北京市国有文化资产监督管理办公室出资成立的基金管理部门，负责管理政府引导资金，通过政府引导资金吸收其他社会资金，按照影视、传媒、网游、动漫、广告、文化艺术品交易等行业以及重大文化项目分别设立若干子基金，投资北京市的文化创意产业。基金总规模超过 100 亿元，计划设立 10—20 支子基金，每支子基金规模在 10 亿元左右，2013 年初已经储备了各类项目 900 余个。100 亿元的文化创新发展专项资金分为文化事业和文化产业两部分，其中近 60 亿用于经常性项目开支以支持文化事业发展，另外 40 亿产业资金则主要用于支持企业发展；剩余资金以政府股权投资和金融部门合作采取设立文化创意产业基金的形式进行市场化运作。资金首先将重点投资北京市重大文化创意产业类项目；其次，将重点投资新闻出版和发行、广播影视、文化艺术、文化科技、文化旅游休闲、设计创意、动漫游戏、重大演出等行业内需重点培育的未上市企业，并为打造文化航母、文化事业单位改制、文化企业的重组、并购以及文化新三板企业进行支持和投资。

第七,文化消费成为消费新热点。

2013 年 11 月,中国人民大学发布中国文化消费指数显示,北京市文化消费环境分指数居于首位。这表明北京地区文化市场的文化消费具有重大潜力。为促进市民的文化消费,北京市文资办、文化局、广播电影电视局、新闻出版局、文物局、文学艺术界联合会等单位于 2013 年联合举办了首届北京惠民文化消费季活动,着力培养市民的文化消费理念,促进文化消费增长。据不完全统计,本届文化消费季直接文化消费总额达 14.6 亿元,在专项、展销活动中,参与人数达到 450万人次,直接消费超过 250 万人次,现场成交额达 8.8 亿元。这表明,文化消费正逐渐成为北京市文化创意产业市场的消费新热点和新的经济增长点。

### 三、北京市文化创意产业发展中的问题

第一,产业结构限制国际竞争力。

从整体上看,文化创意产业作为北京市第二大支柱产业,对经济增长和就业贡献突出,成为北京城市发展的新引擎,但产业内部结构仍存在许多短板因素,限制了北京走向文化创意产业之都的国际竞争力。一方面,内容原创在文化创意产业中所占比重过低,缺乏国际化竞争力。另一方面,设计服务业、动漫和网络游戏业等新兴产业仍处于起步阶段,在北京文化创意产业增加值中所占比重过小,而且整个行业普遍存在高新技术应用程度不高、自主研发能力弱、缺乏核心竞争力等问题。

虽然北京市文化创意产业的经营单位众多,但总体规模较小,缺乏富有国际竞争力的核心企业和品牌影响力,这与文化创意产业发达的国际化城市仍有较大差距。此外,北京市文化创意产业中,国有资本仍占据市场主体地位,中小企业所占市场份额较小,文化创意产业市场机制有待完善。随着国际文化产业资本逐步进入北京文化市场,北京文化创意产业缺乏核心竞争力的现状将更加凸显。

第二,产业集群升级压力增大。

目前,北京虽然已形成 30 多个文化创意产业集聚区,对北京市文化创意产业的发展起到一定的带动作用,但由于同质竞争的日益突出,导致集聚效应的弊端逐渐显露。由于对文化创意产业概念和规律的理解、认识不足,建设开发多带有盲目性,导致过于重视有形的园区建设,忽视了文化创意产业发展所需要的无形支持。许多文化创意产业园区处于摸索建设阶段,园区内缺乏龙头企业带动形成产业链,未能建立配套化的系统产业平台。由此形成单一的盈利模式,缺乏真正的文化创意,多数园区在短期内难以实现盈利。文化创意园区同质化倾向表现较

为明显,园区间的恶性竞争导致无法吸收优质企业的入驻,许多园区发展类型相似、政策趋同,产生了一批不研究市场只关注政策的"候鸟式"文化企业。此外,部分文化创意产业园区高估历史资源,人为制造文化泡沫,文化创意产业泡沫开始显现,潜在的风险也随之积聚。

第三,财政资金投入绩效有待检验。

在100亿元文化创意产业专项资金中,约60%的投入主要包括每年体育产业发展专项资金、旅游产业发展专项资金、文化固定资产投资、文物及历史文化保护区专项资金等,余下的40%则被界定为增量资金,大体用于支持以文化创意产业为主导的文化产业项目发展。从实施经验看,这些扶持项目大都是面向社会公开征集,并通过专家评审、实地踏勘等方式评价遴选,其决策过程较为规范,但是,财政资金在投入范围、方式方面尚有较大提升空间,特别是财政资金投入的绩效还有待检验。

第四,国有文化资产管理体制有待优化。

十八届三中全会首次提出,建立党委和政府监管国有文化资产的管理机构,实行管人管事管资产管导向相统一,为今后一个时期加强国有文化资产管理指明了方向。应该说,北京市国有文化资产监督管理办公室成立以来,基本构建了以资产基础管理为主,兼负重大事项和企业负责人管理职能,整体上覆盖了管人、管事、管资产的范围,但出资人机构和宣传、文化等部门还处在工作衔接和磨合期,文化企业也没有成为合格的市场主体,科学高效的运转机制和管理体制还有待探索与深化。

第五,骨干文化企业和品牌影响力不足。

目前,北京虽然已涌现出一批全国知名的新兴文化创意企业,但在整体数量、企业规模、经济效益、品牌影响力等方面,都与文化产业发展较早的发达国际化城市存在较大差距,甚至与国内其他文化产业发展较好的城市也存在一定差距。北京市的文化创意产业缺乏具有较强竞争力的大型跨国企业集团,难以带动整个行业的发展和国际化整体竞争水平的提升。以上海为例,迪斯尼公司在上海的建成,对本土文化产业的推动具有重要作用。迪斯尼作为2012年上海开工建设的世界级文化产业重大项目,其贷款协议和意向逾200亿元,并获得129亿贷款额度,上海迪斯尼项目及周边约20平方公里区域将发展成为上海新的国际旅游度假区。可以预见,这一重大项目建成后将成为上海具有示范和辐射效应的标志性旅游目的地。北京应该在骨干文化企业和品牌建设方面,吸收上海和国外大城市的有益经验,打造出具有世界影响力的文化龙头企业。

第六,产业现状与世界城市建设目标不匹配。

北京市提出要"瞄准建设世界城市的高端形态,从建设世界城市的高度,审视首都的发展建设",加快实施"人文北京、科技北京、绿色北京"发展战略,以更高标准推动首都经济社会又好又快发展。世界城市考量的是一个城市的综合实力,特别是对全球经济、政治和文化的综合影响力和吸引力,而北京作为世界城市就要大力繁荣文化,促进文化消费,提升城市在文化方面的集聚与辐射能力,增强城市的文化竞争力。虽然北京文化创意产业已经在地区国民经济中确立起支柱地位,但是,在日益激烈的国际竞争环境中,缺乏创意的北京文化创意产业处于相对浅层和弱势的不利地位,甚至对本土民族传统文化资源挖掘也存在不足,导致创新动力缺乏与本土风格和民族特色缺失,使得北京市文化创意产业的发展现状与世界城市建设的目标不匹配。

### 四、北京市文化创意产业发展的对策

第一,助推产业结构的调整和升级。

文化产业化和产业文化化是经济社会发展的必然趋势,因此,北京市应以打造世界文化之都为目标,将培育和发展具有潜力的文化创意产业放在优先位置,加快推进产业结构优化升级,重视创意的生产和扩散,通过产业布局和产业结构等政策对文化创意产业发展进行全局性引导和战略规划。

北京市文化创意产业做强做大的同时,要不断优化内部产业结构,使文化创意产业的发展更具竞争性、持续性和长远性、应不断扩大新型文化服务业在文化创意产业中所占比重,通过资产重组等方式打造融传统和创意于一体的产业航母,形成优势文化品牌。同时,文化政策应适度向新型产业倾斜,加大对新型文化创意产业的财政投入力度,提高产业的高新技术含量,最终提升新型产业的市场比重。此外,要组建政企服务平台,完善市场机制,促进中小企业发展,实现文化创意产业的市场多元化。

第二,推动城市转型,促进文化消费。

2010年,北京市居民消费占GDP比例已经超过55.6%,这表明北京告别投资驱动型经济,已经成功转型为消费驱动型经济,具有明显的发展资料消费为主、以生存资料消费和享受资料消费为辅的特征。而且随着我国税收体制改革的推进,消费税的重要性日益凸显,而且有可能被将定位为地方主体税源,这就要求地方政府将工作重心从生产转向消费,通过发展服务业吸引更多的投资和消费,从而带动地方经济发展。而文化消费作为居民消费的新亮点与新引擎,对提升居民

消费水平、促进经济转型的作用十分明显。与此同时，当前文化体制改革进入深水区，文化发展的市场化机制正在建设之中，文化消费对于繁荣文化市场、深化文化体制改革的作用明显。

第三，文化创意产业功能区要突出特色。

北京市各文化创意产业聚集区应根据自身的区位、资源和产业基础优势进行科学规划。应该明确产业定位，各产业集聚区之间应该相互协调，实现错位发展和功能互补，避免重复建设和同质化竞争，突出各自的优势和特色。要实现这一发展目标，就要加大优势产业的政策扶持力度，对进入功能区的优秀企业给予土地使用、费用税收等方面的优惠政策进行细化，进一步扶持特色品牌企业发展壮大。其次，在功能区内建立相关的配套服务机构，加强生产商、供应商等上下游企业的合作，充分保证价值链中信息和技术的畅通交流，促进产业链的高效运作，改善各区县产业趋同的现状。还要进一步优化功能区的发展环境，推进道路、交通、信息等基础设施建设以及周边环境整治工程，为优势特色文化创意产业的发展构建良好的园区环境。

第四，优化财政支持配套政策。

北京市为文化创意产业发展提供100亿元的文化发展专项资金，对促进文化创意产业发展具有重要作用。如何统筹分配并使用好文化发展专项资金，关系到未来北京市文化创意产业的发展方向和实际产业经济效益。因此，北京市应充分利用资金优势并对其优化分配，将专项资金应用到具有现实经济价值和经济潜力的产业和优势特色企业中。具体言之，北京市相关管理部门应该统筹协调，加强各部门间的合作，制定财政专项资金使用的最优方案，完善资金使用机制，在最大范围内征集具有创新性、竞争力的文化产业发展项目，吸引带动具有显著优势的特色文化企业投资发展文化创意产业。在招商引资和对项目的筛选过程中，应重点扶持具有优势特色的文化创意产业发展项目，加大对具有产业发展前景的中小型优质文化项目的资金扶持力度，确保财政资金的优化配置。此外，要充分引导带动社会民间资本投向文化创意产业，充分发挥民间融资力量，重视民间文化活动工程建设，历史名胜古迹的保护和开发利用，吸引民间资本参与公共文化事业和公共文化服务建设项目，确保重大公共文化基础设施建设等传统项目的资金来源。

第五，加快文化体制改革步伐。

目前，北京市文化体制改革受政治、社会等多种因素的影响，改革进程缓慢，效果并不显著。只有加快文化管理体制改革步伐，深化新闻出版局、广电局和文化局等文化管理单位的制度改革,最终实现管理效率高、运作速度快的"三局合一"改革管理模式,这对促进文化创意产业的长远发展具有里程碑式的意义,必将为北京市的经济发展做出更大贡献。深化文化管理体制改革,还需要进一步改革文化创意产业所有制形态,如今北京的文化创意产业所有制结构呈现出多元化态势,但国有经济成分依然占有相对较大的比重,处于绝对优势地位,这不利于吸收民间资本进入文化创意产业和文化消费市场。因此,要适当增加民间资本、外籍资本等其他所有制经济资本在文化市场上的比重,充分运用市场化机制,以市场为导向调节各种资本成分在文化创意产业中的比重,并对各种所有制形式的文化企业进行优化管理,将更有利于文化企业走向国际市场,参与国际竞争,最终实现北京市文化创意产业的大发展大繁荣。

第六,组建跨媒体、跨地区、跨行业的文化创意产业航母。

国际文化产业多年的发展经验表明,规模化是全球文化产业发展的新趋势。北京市文化创意产业要实现现代化的大跨越大发展,在全球竞争日益激烈的社会经济背景下,必须走组建跨媒体、跨地区、跨行业,最终打造文化产业航母旗舰的新型发展道路。有鉴于此,北京市的文化创意产业发展,应采取兼并、重组、"强强联合"等方式,进一步整合现有文化创意产业企业,重点扶持建设大型文化创意产业集团,将富有国际竞争优势、发展前景广阔的旗舰企业打造成跨媒体、跨区域、跨行业,组建集民族特色优势和现代化创意核心于一体的大型文化创意产业航母集团,最终形成具有国际竞争优势的文化品牌。要形成这样的品牌企业,就要采取多种有效方式,综合开发利用富有特色优势的文化资源,充分发挥文化创意以形成规模集约型产业;同时,还要加快文化体制改革,转变政府文化管理模式,突破政策壁垒,为文化企业提供更自由的发展空间。完善北京市文化创意产业投融资体系,为企业发展提供资金支持,建立企业服务平台,逐步开拓全国统一的文化市场。

第七,打造具有北京特色的文化精品。

北京作为具有三千年悠久历史的文化名城,有六朝古都的历史美誉,在八百多年的建城史中,不仅积累了丰富的历史文化资源,也形成了独一无二的地方特色。作为全国的政治、文化中心,首都地位和老北京特色是北京发展文化创意产业、打造文化精品的优势所在,要在充分利用传统资源的基础上发挥创意,打造具有北京特色的文化精品。北京市应制定和完善产业改革配套政策,坚持旅游业与文化创意产业紧密结合,一手抓文化事业繁荣、一手抓文化创意产业发展,突出首都特色,打造文化精品。在文化产品的内容原创领域,要加大投入与政策扶持力度,鼓励具有首都特色的文艺创作,汇聚有创意的原创性作品,通过创作、生产、营销、宣传等环节,将优秀作品打造成具有北京特色的文化品牌。要充分利用已有知名度的文化品牌巩固并提升北京传统优势文化在行业内的领先地位,充分发挥北京文艺演出、新闻出版、版权贸易、影视节目生产和交易、古玩艺术品交易等行业在全国乃至全世界的龙头带动作用。此外,还要全力建设国家演艺中心、出版中心、影视中心和全球中国艺术中心等新型文化企事业单位,着力提升这些企事业单位在文化创意产业中的品牌影响力,将其塑造成具有优势竞争力和地方特色的文化品牌,最终拓展并巩固北京作为全国文化中心的产业引领作用,并提高北京文化创意产业的国际地位。

# 华北地区文化产业年度发展报告

何　群　周依格<sup>*</sup>

　　2013 年,华北四省、自治区和直辖市在平稳发展中继续探索适合自己的文化产业发展模式,其文化产业不论是在质上,还是在量上都有较大的增长和发展。

## 一、区域文化产业规模和发展态势

### (一) 华北四省、自治区和直辖市文化产业整体状况

　　2013 年上半年华北四省、自治区和直辖市的经济总体呈上升趋势,逐步从 2012 年的下滑低迷中复苏并稳步增长。前三个季度,河北、天津、山西、内蒙古生产总值保持平稳较快增长,在生产总值全国排名中,分别为第六、二十、二十一、十六名。从增长率来看,天津市以 13.8% 的生产总值增长率仅次于贵州的 14%,居全国第二,内蒙古排名第十一,山西排在第二十位,河北省则排在二十五位。总体来看,华北四省、自治区和直辖市的生产总值和增长率在全国总体上位于中等水平,跟 2012 年度同期相比,虽然排名整体上有所下滑,但变化不太大。

　　与去年相同,在华北四省、自治区和直辖市 2013 年前三季度的宏观经济数据中,第二产业的表现最为显著,增长率分别为 9.9%、12.8%、10.4%、11%,均高于同省份第三产业的增加值和增长率,可见第二产业依然是各省、自治区和直辖市经济发展的主要力量和重要支柱。但同时第三产业的增长很快,呈现出将要成为支柱产业的态势(见表 1)。

---

　　* 作者系中央财经大学文化与传媒学院教授,文化产业系主任。周依格,中央财经大学文化与传媒学院文化产业方向研究生。

表1    2013年前三季度主要宏观经济指标华北四省、自治区和直辖市比较

| | 河北省 | 天津市 | 山西省 | 内蒙古自治区 |
|---|---|---|---|---|
| 生产总值<br>（亿元） | 20947.3<br>8.5% | 10223.04<br>12.6% | 9028.99<br>9.0% | 11338<br>9.0% |
| 第一产业增加值<br>（亿元） | 2845.6<br>4.4% | 119.39<br>3.6% | 596.54<br>4.2% | 515.71<br>1.0% |
| 第二产业增加值<br>（亿元） | 11088.7<br>9.9% | 5444.05<br>12.8% | 4746.59<br>10.4% | 6606.19<br>11.0% |
| 第三产业增加值<br>（亿元） | 7013.0<br>7.6% | 4659.60<br>12.6% | 3685.86<br>7.4% | 4216.10<br>6.5% |
| 固定资产投资<br>（亿元） | 9522.2<br>19.7% | 7963.86<br>17.2% | 6721.2<br>25.7% | 12514.41<br>20.2% |
| 城镇居民人均可支配收入<br>（元） | 16795<br>9.7% | 23617<br>10.6% | 16226.7<br>9.6% | 18937<br>10.1% |
| 社会消费品零售总额（亿元） | 7210.8<br>13.3% | 3288.93<br>13.5% | 3598.7<br>13.4% | 3591.58<br>11.3% |

数据来源：1. 河北省统计局：http://www.hetj.gov.cn/article.htm1？id=4941；

2. 天津市统计局：http://www.stats-tj.gov.cn/；

3. 山西省统计局：http://www.stats-sx.gov.cn/html/2012-10/20121022143418308089861.html；

4. 内蒙古自治区统计局：http://www.nmgtj.gov.cn/Html/tjxx/2012-11/5/1211516184011723.shtml。

根据中国人民大学发布的《中国省、自治区和直辖市文化产业发展指数（2013）》，在各省、自治区和直辖市文化产业的生产力指数、影响力指数、驱动力指数综合排名前十的省份中，北京位列第一，天津位列第七位，与上一年度相比，华北各省、自治区和直辖市区域文化产业综合发展格局基本未变。在首次发布的"中国文化消费指数"前十排名中，北京仅次于上海位列第二，天津第三，山西排在第七位，河北、内蒙古未能排入前十。在该报告发布的文化消费满意度指数中，山西省文化消费满意度居全国首位；河北的变化特别突出，其文化生产力指数首次跃进前十，名列第八；内蒙古自治区在影响力指数上也有出色的表现，升幅达八位；天津由于政府的大力支持，连续三年的驱动力指数排列第一。由表2可见，在华北地区，已形成北京领跑，天津其次，山西和河北快速发展，内蒙古正奋力直追的文化产业梯形发展格局。

表2　2013年中国省、自治区和直辖市文化产业发展指数（2013）前十排名

| 指数名称 ＼ 省、自治区和直辖市 | 北京 | 河北 | 天津 | 山西 | 内蒙古 |
|---|---|---|---|---|---|
| 综合指数 | 1 | | 7 | | |
| 生产力指数 | 3(79.0) | 8(74.8) | | | |
| 影响力指数 | 1(80.5) | | 10(74.8) | | |
| 驱动力指数 | 2(78.8) | | 1(81.8) | 5(76.5) | |
| 文化消费指数 | 2 | | 3 | 7 | |
| 文化消费环境分指数 | 1(93.7) | | 5(69.3) | | |
| 文化消费意愿分指数 | | 5(76.8) | 6(75.5) | | |
| 文化消费能力分指数 | 3(82.2) | | 4(81.5) | | |
| 文化消费水平分指数 | 4(84.6) | 6(82.8) | | 5(84.0) | |
| 文化消费满意度分指数 | 3(87.9) | | 2(93.5) | 1(96.2) | |

数据来源：由相关资料汇编。

（二）华北各省、自治区和直辖市文化产业发展状况

1. 河北省文化产业发展状况。

据河北省统计局最新统计数据，2012年全省文化产业增加值达729亿元，同比增长35.6%，占GDP比重为2.74%。截至2012年底，全省文化产业从业人员达82万人，占总就业人数的7%，文化产业年上缴税收近8亿元。其中，石家庄、唐山、保定等市的文化产业增加值均超过或接近百亿元，承德、张家口、衡水、邢台、邯郸等市文化产业上缴税收年增速均在50%以上。①

2. 天津市文化产业发展状况。

据天津市统计局2013年10月发布的统计报告，近三年来，全市累计完成文化产业固定资产投资996.8亿元，年均增速达73.2%，投资超亿元的文化产业重大项目逐年递增，2012年达128个，比2009年增加90个，计划总投资911.6亿元，是2009年的3.1倍，占全部文化产业投资规模的85.9%。② 天津文化产业投资占全社会固定资产投资比重每年跨上新台阶，已从2009年的2%提升到2012年的5.2%。

3. 山西省文化产业发展状况

2012年，山西省文化产业增加值完成了从前几年的不足200亿元到400亿元

① 崔立秋：《河北文化产业发展工作综述（上）：势头强劲 成效喜人》，http：//gov. hebnews. cn/2013-08/14/content_3416914. htm，2013年8月14日。

② 中国经济网：《2013年终观察十一：四大直辖市文化产业发展盘点》，http：//www. ce. cn/culture/gd/201312/27/t20131227_2006960. shtml，2013年12月27日。

的增长,增加值占 GDP 比重从 2010 年的 3.12% 增加到 2012 年的 3.4%,超过全国平均水平。增长速度连续 5 年超过 25% 以上,超过同期国民经济增长速度,①成为山西省实现经济转型和跨越式发展的强大引擎。

4.内蒙古自治区文化产业发展状况

据《内蒙古自治区 2012 年国民经济和社会发展统计公报》显示,2012 年,内蒙古文化、体育和娱乐业投资 140.77 亿元,增长 82.3%,大幅超出全区固定资产投资增长速度。2013 年内蒙古自治区本级财政支持文化产业专项投入将增长 1 倍。资本与一系列相关政策的支持,使得内蒙古文化产业发展的驱动力大为增强,文化产业增加值年均增长 28% 以上。

**二、区域文化产业的发展特征**

（一）文化产业规划及相关政策的制定和颁布。

1.河北省文化产业规划及相关政策的制定和颁布。

2013 年,河北省政府相继颁布了一些促进文化保护与产业健康发展的管理措施。7 月颁布的《河北省历史文化名城名镇名村保护办法》指出,县级以上人民政府应当将所在地历史文化名城、名镇、名村的保护纳入国民经济和社会发展规划,并安排保护专项资金,用于历史文化名城、名镇、名村、历史文化街区、历史建筑的普查、规划、保护等工作。8 月,《河北省舞台艺术精品工程项目管理办法(试行)》出台,明确了精品工程项目的内涵、范围、评审以及奖励方法。11 月,河北省印发了《文化市场经营场所管理规范》,这是河北省文化厅继《公共文化娱乐场所安全经营"十严禁"》后,为推进现代文化市场体系建设而出台的又一规范性文件。

2.天津市文化产业规划及相关政策的制定和颁布。

2013 年,天津市继续大力促进文化产业的发展以及文化与科技的融合。4 月,天津市颁布了《关于推动文化产业发展的实施意见》,提出了增强其文化产业发展动力、创新能力、整体实力和影响力的 10 项具体措施,推出了天津市第四批 40 项重点文化产业建设项目。7 月,《天津市促进文化和科技融合发展实施意见》出台,提出要加强本市原创动漫、数字游戏、3D 影视等文化领域的技术研究,推进文化和科技融合聚集区的建设,到 2015 年,推动全市文化产业增加值超过 800 亿元。

---

① 刘亮明、周亚军:《改革风吹万木春——山西文化改革发展纪实》,《人民日报》2013 年 6 月 29 日。

10 月,天津市接连出台了《关于促进我市文化与金融融合发展的实施意见》和《关于促进天津市文化贸易发展的实施意见》两个文件。前者围绕构建多层次金融产品体系等五个方面,推出了 16 项具体措施;后者提出,天津市将用 5 到 8 年时间,培养一批具有国际竞争力的文化贸易企业和基地,打造一批具有天津特色的文化贸易重点项目,搭建具有一定国际影响力的文化贸易平台等。2013 年,天津还出台了《南开区文化产业发展规划(2013—2020 年)》,南开区将成为继渤海新区之后天津文化产业发展的又一重要高地。

3. 山西省文化产业规划及相关政策的制定和颁布。

2013 年,国家进一步加大了对山西文化建设的支持、扶持和指导力度。6 月 30 日,文化部与山西正式签订文化建设战略合作框架协议。根据协议,国家对山西发展文化产业,特别是资源型企业发展文化产业给予更多扶持,在特色文化产业发展、文化产业公共服务平台建设等方面加大指导扶持力度。文化部将提高中央文化产业专项对山西文化产业重大项目和重点企业的扶持额度,指导支持山西举办大型文化活动,争取有影响力的全国性、国际性会展节庆和博览会等落户山西。这将给山西的文化强省建设再添新动力。

4. 内蒙古自治区文化产业规划及相关政策的制定和颁布。

自《内蒙古自治区"十二五"文化发展规划》发布以来,内蒙古在其整体经济社会发展布局中不断强化文化产业的重要地位。2013 年年初,内蒙古在其"8337"发展思路中,明确提出了"把内蒙古建成体现草原文化、独具北疆特色的旅游观光、休闲度假基地"的新定位。8 月,《内蒙古自治区人民政府关于加快推进服务业发展的指导意见》发布,提出要"实施重大文化工程带动战略,推动文化产业规模化、集约化、专业化发展,建设民族文化强区",并指出要规划建设 40 个自治区级文化产业示范基地,实施《内蒙古自治区文化产业发展系统性融资规划》,组建内蒙古文化产业投资股份有限公司,积极开展银企合作。

(二)文化体制改革

1. 河北省文化体制改革。

2013 年,河北省对全省文化体制改革、省级文化企业国有资产监督管理、加快河北文化建设进入全国第一方阵步伐等进行了工作部署。按照部署,河北省的文化体制改革着重抓好三个重点,即已完成改革任务的文化单位要在深化拓展上下功夫,省级文化企业国有资产管理要在提高科学管理水平上下功夫,文化事业单位改革要在创新机制上下功夫。

由于文化改革发展进入到了破解深层次矛盾和问题的新阶段,河北省采取了推进文化体制改革深化、科技创新兴业、骨干文化企业培育、文化产业项目带动、文化市场体系打造、县域文化产业振兴、文化产业园区提升、文化资产管理创新、公共文化服务提升、文化精品创作生产等十项行动，以重点突破带动活跃全局。

2. 天津市文化体制改革。

2013 年，天津市先后在全市的宣传思想文化工作、文化广播影视系统工作部署等会议上继续强调，要深化文化体制改革，强化政策扶持，出成果、出效益，加快推进文化产业规模化、集约化、专业化发展。

天津文化广播影视系统特别提出，要制定切合实际的人员进出、创作生产、资金扶持和市场开拓的政策措施；鼓励有条件的知名艺术家牵头成立工作室或演出队；探索以目标责任制为核心的剧目制作人制度；引入竞争机制，深化院团内部人事、收入分配和社会保障制度改革，激发内在活力；加大市场开拓力度，探索董事会、俱乐部和会员制等新机制，积极开发适销对路的文化产品和服务，形成稳定通畅的营销网络。严格审核、切实发挥超场次演出补贴政策的引导作用，鼓励文艺院团面向市场多出精品、多办演出，增强自我发展能力，争取社会效益和经济效益的双丰收。

3. 山西省文化体制改革。

6 月，全国文化体制改革工作座谈会在北京召开，成功创造了文化体制改革"山西样本"的山西省，在会上作了经验交流。2013 年，山西省文化体制改革要再接再厉，将从以下几个方面取得新的突破：首先，从体制机制改革创新方面入手，进一步探索管人管事管资产管导向相结合的"四统一"的文化资产管理模式和有效途径。其次，加大力度，推动山西省文化产业发展。继续培育壮大六大文化集团，加快体育、旅游、文博、工美四个集团启动运营；进一步加强文化产业专项资金的引导激励作用；加快广电网络实质性整合工作；加快文化科技融合发展，推动传统文化产业升级换代。再次，强化各级政府在公共文化服务体系建设中的责任。

4. 内蒙古自治区文化体制改革。

在 2013 年内蒙古自治区人民政府工作报告中，对内蒙古的"深化文化体制改革"进行了具体部署：重点抓好非时政类报刊社、重点新闻网站的转企改制，推动盟市、旗县区两级文化、广电、新闻出版局实现"三局合一"。深化文化事业单位改革，对保留事业体制的文艺院团、公益性出版社实行企业化管理。选择部分图书馆、博物馆、文化馆进行三项制度改革试点，建立健全国有文化资产管理体制和运行机制。实施文化"走出去"战略，加强与国内外的文化交流与合作，塑造民族文化品牌。

按照国家和自治区文化体制改革相关规定和要求,呼和浩特、包头、鄂尔多斯等 10 盟市电台、电视台合并组建了广播电视台,由盟市广播电影电视局依法实施行政管理。

（三）优势或特色产业的发展趋势及潜力

1. 河北省优势或特色产业的发展趋势及潜力

近年来,河北省紧紧依托本地特色文化资源和优势主导产业,建成一批富有活力、独具特色的龙头企业、产业集群。如河北出版传媒集团 2012 年主营业务收入达 85.5525 亿元,在全国图书出版传媒集团经济规模综合排名中位列第 8 名,成为河北省跻身全国同行业第一方阵的首家国有文化企业。河北金音乐器集团,是中国目前最大的管弦乐器制造企业之一,年产量超过 80 万件,产品远销美国、欧盟等四十多个国家和地区。同时,河北省已经形成了秦皇岛山海关长城文化产业园区、宁晋 393 工笔画艺术集聚区等许多富于地方特色的文化产业集聚区。

2012 年 12 月,首届河北省特色文化产品博览交易会在石家庄举办。特博会以具有"中国气派、燕赵特色"的文化产品为主,集中展示了衡水内画、藁城宫灯等数百种各具特色的文化精品,以及常山战鼓、井陉拉花等一批国家级非物质文化遗产项目。

2. 天津市优势或特色产业的发展趋势及潜力

2012 年底,天津市"十二五"期间重点文化产业建设项目——"天津市历史风貌建筑示范点及五大道历史文化街区项目"正式启动。该项目将对天津五大道历史文化博物馆区、五大道名人故居景观线、鞍山道辛亥革命文化景观线等"一区两线"进行整理工作,使历史风貌建筑与时尚文化产业相融合,焕发出新的生机。该项目总投资金额近 30 亿元。

2013 年,天津市首批 25 个文化科技融合重点项目通过立项。这些项目是天津市近年来不断促进文化与科技融合、发展的一个缩影。目前,在国家级文化和科技融合示范基地——天津滨海高新区内,已经拥有国家影视网络动漫实验园、国家级滨海广告产业园等多个国家级文化技术创新平台,并且确立了"文化＋创意＋科技"的文化产业发展模式。

3. 山西省优势或特色产业的发展趋势及潜力

在第八届中国北京国际文化创意产业博览会上,山西百余种优势特色文化产品集中亮相,将山西自身的灿烂文化积淀与朝气蓬勃的文化气息展现在全世界面前,吸引了很多的眼光,展现出山西特色文化的强大魅力。

为了更好地推介"晋"字牌文化产品与项目的展示与交易,山西省于 2013 年

6月底举办了首届文化产业博览交易会。文博会以"文化三晋、美丽山西"为主题，从内容设计到产品交易、项目招商，都体现了三晋文化的整体形象，挖掘出了传统文化资源的现代经济价值。展会签约项目161个，签约金额735亿元。

4. 内蒙古自治区优势或特色产业的发展趋势及潜力。

2013年，内蒙古继续扶持有发展前景和竞争力的优势文化产业和重大特色文化产业项目。具体措施包括：推进文化产业园区建设，开展首批自治区级文化产业园区评审命名工作，把符合规定的盟市级文化产业集聚区升格为自治区级文化产业区；加强骨干龙头企业和特色中小微企业发展，提升文化产业核心竞争力；激励各类中小微文化企业向"专、精、特、新"方向发展，增强文化产业活力；扶持特色演艺产业集聚区打造常年性大型文化旅游演出节目，支持演出企业打造演出基地、特色小剧场、演出场所；重点打造节庆会展品牌，鼓励发展演出交易、工艺品交易、动漫产品交易等专业化、特色化文化展会；培育新兴文化产业和文化业态，以东联、漫影、天风等6家动漫企业为重点，培育骨干企业，提高产业规模。①

（四）文化产业集聚区

1. 河北省文化产业集聚区。

2013年，在河北生文化产业"三个十"［每年重点培育打造十个文化产业强县（市、区）、十个大型文化产业集聚区、十个重点文化产业项目］名单中，迁安滦河文化旅游产业区、中国武强国际乐器产业基地、石家庄市高新技术开发区国家软件开发产业园、南戴河国际娱乐中心文化旅游休闲园区、涿鹿中华三祖文化产业园、滦南县北河水城文化产业集聚区、内丘县扁鹊文化产业集聚区、曲周童车文化产业集聚区、黄骅文化产业集聚区、磁县历史文化产业园区，被评为"河北省十大文化产业集聚区"。

随着文化产业集聚区的建设日渐高涨，河北省对园区的建设提出了更高的要求，即要结合当地产业发展规划和城市建设规划，合理确定园区主题，做好功能定位，加强内涵建设，突出特色优势，真正实现文化企业集中布局，文化产业集群发展，服务功能合力构建，资源设施集约利用。②

2. 天津市文化产业集聚区。

2013年，天津市又有5家园区被确定为天津市级创意产业园。至此，天津市

---

① 哈丽琴：《内蒙古将每年投3亿专项资金 扶持特色文化产业项目》，http://inews. nmgnews. com. cn/system/2013/03/26/010939511. shtml，2013年11月23日。

② 孙懍：《河北文化产业发展工作现场会在唐山召开》，http://tangshan. huanbohainews. com. cn/system/2013/08/15/011263154. shtml，2013年8月15日。

授牌创意产业园区已达 22 个。天津市还命名了 17 个文化产业园区为天津市首批文化产业示范园区。这些示范园区中,有不少都在各自区域优势和资源特点定位上形成了自己的特色。如红桥区的意库创意产业园利用老建筑打造出一个全新的文化产业园,绿领创意产业园运用工业遗址实现了文化再生,滨海广告产业园与项目内其他业态形成了一个"高新技术 + 文化创意"的产业链等。这些文化产业园区的建设将对天津文化产业整体格局的形成,起到积极的促进作用。

3. 山西省文化产业集聚区。

2013 年,山西省的文化产业集聚区建设水平不断提升,日益呈现出文化特色鲜明和内涵式发展的特征。

首先,新开工的文化产业园区地域文化特色突出。如投资 68.77 亿元建造的山西帝尧文化主题生态公园,将成为山西继黄河文化、洪洞大槐树移民文化等之后中国根祖文化的又一张名片。阳泉平定刻花瓷文化传习园,主要致力于山西非物质文化遗产平定刻花瓷及其他艺术陶瓷的研究开发与传承推广。

其次,文化产业园区建设日趋内涵化。2013 年,"阳泉市矿区基层文化园区国家级服务业标准化试点项目"获得国家标准委批准正式开始创建。目前,园区已经制定并实施了《阳泉市矿区基层文化园区文化艺术节活动管理规范》等 6 项企业标准,明显提升了山西基层文化园区的规范化水平。此外,把小剪纸做成了大产业的广灵剪纸文化产业园区,在"龙腾奖——2013 第八届中国创意产业年度大奖"评选中荣获创意产业最佳园区奖,同时还被认定为 2013—2014 年度国家文化出口重点企业。

4. 内蒙古自治区文化产业集聚区。

2013 年,《内蒙古自治区级文化产业园区申报认定管理暂行办法》出台,对于推动重点文化产业园区建设,促进文化产业集中、集聚发展,将产生积极的作用。6 月,呼和浩特市与西部发展控股有限公司等六家企业举行内蒙古(国际)文化产业新城合作协议签约仪式。该项目落户呼和浩特市土默特左旗台阁牧镇,核心区占地 10000 亩,并将以此为基础形成 10 平方公里以上的新城规划区域。项目拟投资超过 150 亿元,以影视文化发展为主题,打造一个集文化创意产业、影视科技发展、文物保护资源利用、餐饮娱乐、旅游休闲度假等功能为一体的文化产业发展集聚区。

(五) 文化产业重大项目

1. 河北省文化产业重大项目。

在 2013 年度河北文化产业"三个十"评选中,石家庄东方文化创意产业基地、正定华武文化产业园、中捷世博欢乐园、滦州古城文化旅游产业园、邯郸市文化产业发展基地、高碑店鑫宏源印刷包装产业园、秦皇岛歌华营地、丰宁大汗行宫、崇礼县文化旅游新区、廊坊壹佰文化综合体等，被评为"河北省十大文化产业项目"。

与此同时，河北省还启动了一些新的重点文化产业项目。6月，国内规模最大、功能最多、服务最全面的大型文化艺术时尚园区——"中国音乐城"项目落户开滦。7月，由文汇（香港）投资集团有限公司投资278亿元的"中华成语文化园"在河北省邯郸县开工建设。该项目是河北省投资规模最大的文化产业项目。8月，总投资15亿元的省级重点项目——河北数字印刷产业园（保定基地）签约仪式举行。

2．天津市文化产业重大项目。

2013年，天津市新推出第四批40个文化重点项目，计划总投资256亿元，2013年计划投资75.9亿元，总建筑面积259万平方米。第四批40个重点项目包括文化产业项目30项。其中包括市级文化产业园区建设项目、支持实体书店发展项目、搜狐视频总部建设项目、航母军事体验中心改造项目、民营博物馆建设项目、图书批发市场改造、国家级会展项目等。文化产业园区项目包括"西青·津版传媒·慧谷"产业园、棉三天鼎纺织创意园等。航母军事体验中心是坐落于滨海新区的航母主题公园，民营博物馆建设则包括天津华夏瑰宝博物馆、"国粹宫"典藏博物馆以及健业红山文化博物馆。①

3．山西省文化产业重大项目。

近年来，山西省一直在大力推进文化产业重大项目的建设。在《山西省国家资源型经济转型综合配套改革试验2013年行动计划》确定的2013年要积极实施的30个重大项目中，就包括平遥县九成文化旅游投资有限公司"印象平遥"系列文化演艺建设项目、武乡八路军文化产业园区、榆社云竹湖风景区开发有限公司云竹湖风景区旅游产业综合开发项目等文化产业重大项目。

同时，一大批新的重点文化产业项目在2013年签约实施。在山西首届文化产业博览会上，161个山西重点文化产业项目在文博会上签约，项目总金额达735亿元人民币。在第八届北京文博会上，山西省文化厅与保利文化集团股份有限公司签订山西文化保税区和山西文化广场两个重点项目，这是双方继山西大剧院携手合作后取得的又一成果。

---

① 《天津市计划投资256亿元新推40个文化重点项目》，《每日新报》2013年4月28日。

4. 内蒙古自治区文化产业重大项目。

2013 年,内蒙古确立了一批文化产业重大项目。如草原豆思文化产业园项目,由于其舞台剧《豆思牛与鬼狐狸之神秘来客》在 12 盟市巡演成功,被自治区和呼和浩特市两级政府确定为重大文化产业项目。海拉尔区中俄蒙文化创意产业园建设项目 2012 年 6 月由呼伦贝尔市发改委批准立项建设,也被列为 2013 年内蒙古文化产业重大项目。

往年立项的一批文化产业重大项目在加快推进中。如国庆期间呼伦贝尔中俄蒙文化创意产业园区所有九个在建施工项目实现全部顺利封顶,位于内蒙古鄂尔多斯市伊金霍洛旗境内的蒙古源流文化产业园建设年内进入尾声。

(六)财政扶持和金融支持

1. 河北省财政扶持和金融支持。

据 2013 年河北省文化产业"三个十"建设工作调度推进会透露,河北省 2012 年下拨的、作为"三个十"补贴资金的 1.26 亿元省文化产业发展引导资金,共撬动投入文化产业的社会资金达 400 多亿元,真正起到了四两拨千斤的作用。

2013 年出台的《河北省文艺精品创作生产扶持奖励办法》规定,对弘扬社会主义核心价值观、体现河北文化底蕴和燕赵文化精神内涵、在艺术上具有创新性的文艺作品给予引导性扶持。重点支持项目每件给予 200 万元至 500 万元扶持,一般性支持项目每件给予 50 万元至 100 万元扶持,引导性支持项目每件给予 10 万元至 50 万元扶持。

河北省文化厅还分别与中国工商银行河北分行、中国建设银行河北分行、中国人民财产保险股份有限公司河北省分公司等签订合作协议,建立了全面战略合作关系,共同推动全省文化产业快速发展。

2. 天津市财政扶持和金融支持。

2013 年天津市不断予以文化产业发展各种财政资金和信贷支持。9 月,天津市制定了《支持高端演出、高端展览和公益文化普及活动专项经费管理暂行办法》,对部分成本过高的高端文化演出、展览和文化普及活动进行财政补贴,从而降低演出票价,让市民切实得到实惠。10 月底出台的《关于促进我市文化与金融融合发展的实施意见》,推出 16 项具体措施,促进文化产业与金融业实现深度融合。此前,11 家金融机构与市委宣传部签署战略合作协议,授信额度达 260 亿元,提供贷款 40 多亿元。天津广播电视网络有限公司与中国民生银行天津分行签署了战略合作协议,共同搭建社区文化金融服务平台。北京银行天津分行联合天津市创意产业协会召开了文化金融融合发展对接会,为文创产业小微企业提供更为便利的金融服务。

3. 山西省财政扶持和金融支持。

据财政部网站消息,为壮大山西省文化产业发展规模,山西省财政和中央财政逐年加大资金投入力度。省级财政投入文化产业的资金,从 2010 年以前的 5000 万元增加到 2012 年投入 1 亿元,并累计争取到中央文化产业专项资金 2.5 亿元。2013 年,山西省决定今后 3 年,每年投入 1500 万元财政专项扶持资金,对 30 个乡村旅游点进行基础设施改造,帮助乡村旅游提档升级。

山西省还不断促进文化产业与金融机构的对接。8 月以来,山西省文化厅相继与工商银行山西省分行、建设银行山西省分行签署了《支持文化产业发展战略合作框架协议》。根据协议,工商银行山西省分行今后 5 年内,将预计提供总额度 100 亿元资金用于支持山西文化产业发展。建设银行山西省分行则已经同部分优质文化企业签订了 7 项总额达 10 亿元人民币的合作协议。

4. 内蒙古自治区财政扶持和金融支持。

内蒙古自治区政府从 2013 年起,将每年拨付 3 亿元文化产业专项资金,重点扶持新兴优势文化产业和重大特色文化产业项目,推进文化产业园区建设,着力打造能够代表自治区形象的民族文化产品品牌。

内蒙古金融业支持文化产业的力度在不断加大,截止到 2012 年底,中国银行、建设银行、农行、工行、交行等对内蒙古文化产业的授信融资达到了 1000 多亿元,相继支持了成吉思汗旅游区、阿尔丁会堂等文化企业。2013 年自治区金融办出台了《关于进一步加强金融支持自治区重大项目建设的指导意见》,提出对包括自治区文化产业项目在内的重大项目建设加大信贷支持,扩大直接融资规模,并引导鼓励民间资本参与建设。

(七)本年度文化产业大记事

6 月 19 日,内蒙古呼和浩特市与西部发展控股有限公司等六家企业举行内蒙古(国际)文化产业新城合作协议签约仪式。

6 月 29 日至 7 月 3 日,首届山西文化产业博览交易会在中国(太原)煤炭交易中心展览中心举办。

8 月 29 日至 9 月 2 日,第四届中国(天津滨海)国际文化创意展交会在天津滨海国际会展中心举行。

12 月 20 日至 22 日,第二届河北省特色文化产品博览交易会在石家庄举行。

### 三、区域文化产业发展中的问题

第一,文化产业地区发展不平衡。

经过近年来的发展,华北四省、自治区和直辖市的文化产业都取得了一定的成就,但仍未改变发展不平衡的局面。2013 年,从文化产业发展指数来看,天津进步很快,与北京的差距在明显缩小,正在快速挺进全国领先的第一梯队;河北、山西发展迅速,但仍然维持在中游;内蒙古暂列下游。整个华北地区的文化产业整体格局并未得到明显改变。在每一个省、自治区和直辖市内部,同样也存在着发展不平衡的现象。山西、河北、内蒙古等地的文化产业,基本上还保持着各地市自成一点、整体规划还未实现的局面。如仅仅在太原高新区就差不多集中了山西省超过近乎一半规模的文化产业。

第二,文化产业结构不够优化。

华北四省、自治区和直辖市的文化产业结构,仍然以传统的新闻、出版发行、广播影视、文化艺术等为核心,以本地特色文化为内容的产品为主打品牌,而新兴业态的文化产品和文化服务整体上发展得不够充分。同时,文化产业整合也比较欠缺。如很多地市的文化产业开发,往往以文化资源为地域分界,缺乏以文化资源为基础的联合开发,未形成地域内的文化产业整合,各产业间也没有形成合理的承接和延伸。

第三,政府主导的色彩依然浓厚。

由于政府和政策的导向偏重于大项目、大工程,华北四省、自治区和直辖市在文化产业建设上,一定程度上已经表现出盲目发展、恶性竞争的趋势。具体体现在规划和建设的园区和基地的数量大增,但经常功能定位雷同,缺乏自己的特色和比较优势,忽视其应有的建设条件和产业内涵。同时在文化产业的管理方面,一些地方的文化事业和文化产业并没有完全独立,政府的调控之手很强势,管理上存在错位、越位、缺位等现象,对国有文化企业有所偏重,对民营文化企业支持不够。

第四,投资驱动的倾向十分明显。

随着华北四省、自治区和直辖市政府对文化产业财政投入的不断增加和一系列促进金融支持文化产业政策的推出,资本进入文化产业的速度不断加快。据粗略统计,四省、自治区和直辖市的财政投入和金融机构信贷支持的资本总额早已突破千亿。尤其是动辄投资过亿的文化产业园区建设,集聚的资本十分惊人。但目前真正投入运营并且盈利的大项目、大产业园区却很少。同时,民众的文化消费一直不足。据国家统计局统计,天津市 2012 年居民文化娱乐服务消费支出人均 776 元,2013 年上半年山西省城镇居民人均文教娱乐消费 791 元,而河北省社科院发布的《2012—2013 年河北发展蓝皮书》显示,河北省人均文化娱乐消费甚至不到全国平均水平的 60%,都维持在比较低的水平。这无疑直接造成了文化产业过度依赖投资驱动的状况。

### 四、区域文化产业发展的对策

第一,加强省、自治区和直辖市之间的协调发展。

虽然早在 2011 年,京津冀蒙晋五省、自治区和直辖市就共同签署了《华北五省、自治区和直辖市文化发展战略合作框架协议》,其后,京津冀文化主管部门还签署了《京津冀三地文化产业协同发展战略合作备忘录》,并实施了北戴河"歌华文化产业示范区"等合作项目,但整体来看,这种合作还很少,推进合作的速度还很慢,远未达到共同协调发展的目标。为此,华北五省、自治区和直辖市应在"合作框架协议"的基础上,经过科学规划、多方磋商和全面统筹,进一步制定华北五省、自治区和直辖市文化发展规划及其推进路线图,有计划、有步骤、有措施地进行大力推动。只有这样,华北地区的文化产业发展才能做到既整体化又有差异性地快速协调发展。

第二,进一步优化文化产业结构。

在优化文化产业结构过程中,一方面,华北四省、自治区和直辖市应努力增强科技与传统文化产业的融合,大力推进数字电影、数字电视、数字出版的发展,促进传统文化产业的升级换代。应该主动参与高新技术研发和标准制定,在重点领域和关键环节形成更多具有自主知识产权的创新技术,努力抢占文化产业发展的制高点。另一方面,华北四省、自治区和直辖市应依托特色资源加快发展以商务休闲、文化娱乐等为主导的现代文化产业,布局环京津商务休闲旅游产业带、文化娱乐休闲产业带等。其间,要加强文化资源的整合开发,要注意文化产业的集聚,要完善文化产业链,提升区域相关文化产业的核心竞争力。

第三,增强文化产业的市场主导。

政府的强势主导,对于处于起步期、整体市场运行机制还没有建立起来的华北各省、自治区和直辖市的文化产业来说,是必要的。因为只有政府能够调动各种资源进行高效配置,迅速形成推动产业发展的合力。然而,文化产业作为一种经济形态,真正应该在资源配置中发挥基础性和决定性作用的是市场。政府对于文化产业的作用,主要应该是推动文化产业市场化体系的建立与健全,将其"扶上马，送一程"后使之回归市场。因此，政府相关部门应该一方面继续加大政策、资本、人力等资源的调配力度，起好"造血"作用，全力创建文化产业发展的良好市场环境；另一方面实行彻底的管办分离，逐步将国有文化企业交还市场，使之成为独立运营的市场主体，使地区的文化产业在市场竞争中不断壮大。

第四，采取切实措施提振文化消费。

投资无疑是推动文化产业发展的切实可行的路径，但只有扩大文化消费才能实现文化产业的永续发展。华北四省、自治区和直辖市要提振文化消费，远非举办一两个活动就能达到目标，它往往需要一系列相关因素的系统性安排。首先，必须不断增加城乡居民的收入水平，健全社会保障体系，降低积蓄需求，以保证居民有富余的钱投入到文化消费当中，释放人们的文化消费需求；其次，应该通过减税、降低流通和管理成本等各种措施，规范文化产品的价格体系，使电影票、演出票、书刊的价格降下来，从而让更多的普通民众跨进文化消费的门槛；再次，要完善政策机制，创造良好的文化消费环境。如政府应加大公共文化体系的建设，搭建各种文化活动平台，完善社区文化、教育设施，促进文化产品市场自由、快速流通，以带动文化消费的快速增长。

# 上海市文化产业年度发展报告

解学芳*

在推动上海国际文化大都市与设计之都建设的大战略背景下,积极发展文化产业是上海深入实践"创新驱动,转型发展"战略的必然选择。从文化产业总规模来看,2012 年上海文化产业总营收实现 4177.26 亿元,文化产业增加值突破 1247 亿元。总体来看,文化产业发展继续保持了稳健增长的态势,新兴文化产业领域优势日益明显,龙头文化企业的示范性效应开始释放,文化与科技实现了深度融合,文化产业发展的贸易环境日益优化。从文化产业政策支撑力度来看,2013 年,出台了《青年编剧项目资助扶持办法》《2013 年专项资金项目申报指南》《2013 年度上海青年高端创意人才促进计划》《上海加快动漫产业发展三年行动计划 (2013—2015)》等文化产业相关政策,进一步落实了《上海推进文化和科技融合发展行动计划(2012—2015)》《国家对外文化贸易基地(上海)发展三年行动计划》《上海市文化创意产业紧缺人才开发目录》《上海市促进文化创意产业发展财政扶持资金实施办法》等政策措施,对文化产业原创、创新与文化创意人才的扶持力度加大。

## 一、上海文化产业规模和发展态势

(一)文化产业规模的数据分析

1. 文化产业增加值及占 GDP 比重。

2012 年,上海文化产业增加值实现 1247 亿元,比上年度增长 7.93%。从图 1 历年数据来看,自 2006 年以来,上海文化产业增加值呈现稳健增长趋势,特别是 2010 年以来,文化产业增加值的年增长额超过百亿元,由 2009 年的 847.29 亿元增加至 2010 年的 973.57 亿元,2011 年实现 1155.40 亿元,2012 年增加值涨幅稍有回落,比 2011 年高 91.6 亿元。此外,文化产业占 GDP 的比重呈现持续上升趋

* 作者系同济大学人文学院文化产业系,博士,副教授,媒体产业研究所副所长,主要从事文化产业管理研究。

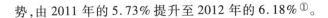

势,由 2011 年的 5.73% 提升至 2012 年的 6.18%①。

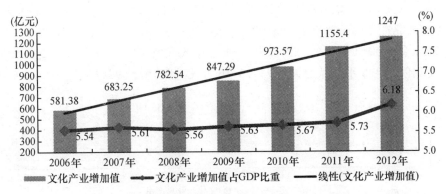

**图 1　2003—2012 年文化产业增加值及占 GDP 比重**
数据来源:根据历次公开发布数据进行统计整理。

2. 文化产业发展增速与 GDP 增速比较。

2012 年,上海文化产业发展速度保持了稳健增长的态势。从图 2 统计数据可以看出:2012 年,文化产业增加值增长了 7.93%,增长速度比上一年度明显回落,但高于 2012 年上海 GDP 增速(7.5%)0.43 个百分点。2010 年以来,上海文化产业增长速度均高于 GDP 的增速,但 2011 年文化产业增加值增速是近三年最高的。与此同时,文化创意和设计服务、工艺美术品生产、文化产品生产辅助生产等产业经济规模较大,增加值超过百亿元;但广播电视电影服务出现负增长,为 −24%②,反映出传统的广播电视电影业在新时期面临转型发展的困境与亟需改革的迫切性。

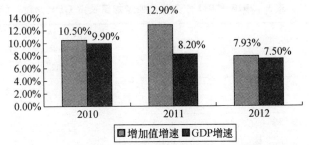

**图 2　2010—2012 年文化产业增加值增速与 GDP 增速比较**
数据来源:根据历次公开发布数据进行统计整理。

① 上海市文化创意产业推进领导小组办公室:《2013 年上海文化创意产业发展报告》,2013 年 6 月 28 日。
② 朱咏雷:《发展文化产业加快创新转型》,《光明日报》2013 年 8 月 30 日。

3. 文化产业营业收入与从业人员的数量。

从文化产业总规模来看,按照国家统计局"文化及相关产业"统计口径,2007年上海文化产业总营收突破两千亿元,2010年实现三千亿元大关,为3335.44亿元;2012年,突破四千亿大关,文化产业总营收实现4177.26亿元。此外,2012年,文化创意产业平均从业人员为129.16万人,同比增长9.44%①。

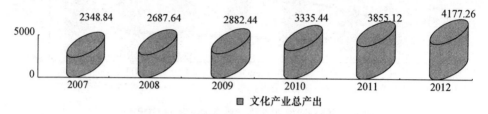

**图3　2007—2012年文化产业总产出比较**

数据来源:根据历次公开发布数据进行统计整理。

4. 最近三年的文化产业平均增加值和占GDP比重。

2010年以来,上海文化产业增长速度加快,文化产业增加值持续稳增,平均增加值达到1125.32亿元,突破千亿大关。与此同时,文化产业增加值占GDP的比重也逐年增加。2010年,文化产业增加值占GDP比重为5.67%,2012年实现6.18%。从近三年文化产业总体发展态势来看,文化产业增加值增长幅度较大,文化产业平均增加值占GDP比重也提升至5.96%,文化产业对上海经济增长的贡献率进一步提升。

**表1　2010—2012年文化产业增加值及占GDP比重**

| 年份 | 年度增加值与占GDP比重 | | 2010—2012年文化产业平均增加值 | 2010—2012年平均增加值占GDP比重 |
|---|---|---|---|---|
| 2010 | 增加值(亿元) | 973.57 | | |
| | 占GDP比重 | 5.67% | | |
| 2011 | 增加值(亿元) | 1155.4 | 1125.32 | 5.96% |
| | 占GDP比重 | 6.02% | | |
| 2012 | 增加值(亿元) | 1247 | | |
| | 占GDP比重 | 6.18% | | |

数据来源:根据历次公开发布数据进行统计整理。

①　朱咏雷:《发展文化产业加快创新转型》,《光明日报》2013年8月30日。

5. 文化产品与服务贸易。

上海文化产品和服务进出口总额持续增长,文化贸易结构日趋合理化。2012年,上海文化产品和服务进出口总额达 168.8 亿美元,同比增长 3.7%,其中,进口 65.2 亿美元,增长 2%,出口 103.6 亿美元,增长 4.8%,实现贸易顺差 38.4 亿美元。上海文化核心产品和服务进出口结构趋向合理化,进出口规模实现 32.4 亿美元,其中,进口 9.5 亿美元,出口 22.8 亿美元,增长了 19.2%,实现顺差 13.3 亿美元;顺差幅度比较大的产业门类主要集中在图书、报刊出版印刷业,音像及电子出版物,广告和会展文化服务,文化用品、设备及相关文化产品等方面。上海逐渐在新闻出版、广播影视、文化艺术、网络文化等领域涌现了一批具有较强的"走出去"能力的文化企业,国家对外贸易基地集聚了 120 多家文化贸易企业,入驻企业注册资本达 16.9 亿元,贸易总规模实现 17.2 亿元[①]。

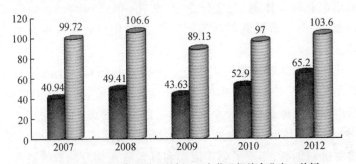

**图 4　上海文化贸易进出口总额(单位:亿美元)(2007—2012 年)**
数据来源:根据历次公开发布数据进行统计整理。

6. 文化产业新兴领域。

2012 年,上海网络视听、动漫产业、网络游戏、网络文学、新媒体等新兴产业发展优势明显,市场份额与产业规模居于全国前列。网络视听产业营业收入规模达 42 亿元,同比增长 100%,覆盖全国 60% 的用户;动漫产业年产值达到 70 亿元,占全国动漫产业总规模的 10%,同比增长 16.7%;网络游戏产业规模达 190 亿元,同比增长 35.8%,占据全国 31.6% 的市场份额,拥有网络游戏出版许可的企业 44 家,居全国第二,网络游戏从业人员达 6 万余人;会展服务业增加值为 46.69 亿元,以 32.7% 的增速稳健发展;工业设计与建筑设计发展迅速,增速分别

---

① 鲁哲:《2012 年上海文化出口顺差达 38.4 亿元》,《新民晚报》2013 年 06 月 28 日。

为 15.3%、11.8%，保持高速增长，为上海"设计之都"增色添彩[①]。

（二）小结：文化产业的发展态势

从以上数据分析表明，上海文化产业发展保持了增长态势，虽然文化产业增加值增速减缓，但文化产业总产出突破四千亿大关且文化产业占 GDP 的比重也逐年提高。此外，网络游戏、网络文学、动漫产业、移动新媒体等文化产业新兴领域正在崛起，在文化产业市场份额中的占比越来越大，成为上海文化产业发展的新亮点。

## 二、上海文化产业的发展特征

（一）文化管理体制与文化政策环境日趋完善

文化管理体制机制逐渐理顺。建立了由 22 个委办局和 17 个区县参与的网络型文化创意产业推进体制，与文化企业、文化（创意）产业园区、行业协会以及科研院校构成了"产学研协调创新机制"[②]，为文化产业步入更高的发展阶段提供体制保障。

国有文化企业的体制改革深入推行。上海杂技团作为上海市首家完成转企改制的国有文艺院团，积极探索现代文化企业管理模式，建立演出项目责任制、整建制引进剧组演员整体运作以及全面采用项目预算管理；上海文广演艺集团获得 2012 年度"全国文化体制改革先进单位"，其所属的院团、剧场、公司等 19 家单位通过深化体制机制创新，实现了创作演出和经营收入攀升的双效益[③]。

文化产业政策扶持力度进一步加大。一是鼓励、扶持原创政策导向明显。2013 年 4 月，上海文化发展基金会出台《青年编剧项目资助扶持办法》，扶持与培育 45 周岁以下的青年编剧人才，对青年编剧人才创作的舞台剧（话剧、戏曲、歌剧、舞剧、音乐剧、儿童剧、木偶剧等）与影视剧（电影、电视剧与广播剧等）给予 1—5 万不等的资助，推动上海文艺原创能力的提升与剧本的孵化；5 月，上海市文化广播影视管理局与上海市文物局编制了《2013 年专项资金项目申报指南》，通过贷款贴息、资助、补贴与奖励等方式重点扶持本地优秀原创漫画、原创动画、原创动画电影与原创网络游戏产品，外向型民营院团与优秀原创剧目，原创网络剧

① 上海市文化创意产业推进领导小组办公室：《2013 年上海文化创意产业发展报告》，2013 年 6 月 28 日。

② 东方网：《市文创办组织开展本市文化创意产业"十二五"规划中期检查》，http://shcci. eastday. com/c/20130924/u1a7678467.html，2013 年 9 月 24 日。

③ 邹瑞玥：《上海原创杂技〈十二生肖〉赴欧洲巡演 100 场》，http://www. chinanews. com/cul/2013/11-04/5462168. shtml，2013 年 11 月 04 日。

与微电影等网络视听节目与优秀网络视听企业等为代表的八大行业。二是给文化企业减负,在全国率先试点征收增值税,部分文化产业行业纳入"营改增"试点,超过9成的文化试点企业税负得以下降;2013年促进文化创意产业发展财政扶持资金为创意设计、现代服务、文化艺术、信息技术等领域的246项平台项目与课题项目给予市级财政扶持,比上年度增长84.96%;三是扶持科技、人才与文化产业深度融合的政策力度加大。修订了《上海市专利资助办法》,突出对文化产业的扶持导向;积极实施了《2013年度上海青年高端创意人才促进计划》与《上海市文化创意产业紧缺人才开发目录》,强调要集聚海外高层次紧缺人才、推进领军人才选拔与高技能人才队伍建设、深化社会化人才培训机制,健全文化创意人才评价体系,并对新型产业领域内具有"专、精、特、新"和核心技术、自主知识产权的文化创意企业和个体文化创业者给予重点扶持。此外,加大了对动漫产业的扶持力度,发布了《上海加快动漫产业发展三年行动计划(2013—2015)》,积极建设由内容原创、市场营销与衍生授权构成的动漫产业链,力争到2015年上海动漫产业核心产值突破100亿元规模,使上海成为国内外优秀动漫作品的版权交易中心、市场推广中心与优秀动漫作品的首发、首播与首映中心。①

(二)文化和科技融合全面铺开、新兴业态发展迅速

2013年是深入推行《上海推进文化和科技融合发展三年行动计划》的关键一年,在文化与科技融合战略导向与政策倾斜下,文化科技企业作为融合的活跃主体,文化产业(创意)园区作为文化科技融合的重要载体的作用日益突出。

文化与科技融合形成了以科技创新为核心的"点、线、面、体"的发展大格局,既推动着传统媒体创新、转型,又推动新兴媒体"三屏"(电视屏、电脑屏、移动屏)融合发展。一是致力于核心技术与关键技术的文化科技企业发展起来,在3D制作、高清传输、激光投影、"四屏"(移动屏、电脑屏、电视屏、电影屏)融合、4D动感体验、大数据建设以及声光电控制等方面培育起技术优势;二是依托高新技术的新兴文化业态驶入发展的快车道,网络视听产业、数字出版产业、移动新媒体产业、网络文学等领域出现了百视通、聚力传媒、幻维数码、复旦上科、张江超艺以及盛大文学等龙头文化科技型企业②。三是文化与科技的融合应用范围不断扩大。中华艺术宫、上海当代艺术博物馆2013年10月推出"全景游览式"数字博物馆,通过信息实体虚拟化、信息资源数字化、信息传递网络化与信息提供智能化、信息

---

① 《上海加快动漫产业发展三年行动计划(2013—2015)》,2013年7月11日发布。
② 戴丽昕:《文化与科技辉映 创新与创意齐飞》,《上海科技报社》2013年10月31日。

展示多样化等实现移动媒体、网络媒体与平面媒体三屏合一,多角度、高精度展示藏品,让观众观赏到真实的数字藏品①。此外,致力于文化和科技融合的文化产业园区发展迅速,如上海张江国家数字出版基地入驻龙源期刊网,乐活宝宝、狂龙科技等知名文化企业已超过 400 家,国家网络视听产业基地设立投资基金与内容产业创作基金,积极培育网络视听运营商、形成年产值 50 亿元的网络视听产业基地②。

专注移动互联网的新型文化企业规模与竞争力也不断提升。2013 年 6 月,公布了上海市首批以中国银联、携程、上海中兴软件等为代表的 12 家移动互联网龙头型企业,37 家成长型企业与 63 个优秀案例。其中,盛大文学移动互联网用户规模增长迅速,起点读书客户端与云中书城客户端的网民规模攀升,截止到 2013 年 6 月 25 日,起点移动端用户规模高达 1000 万,日均付费订单量 128 万单;云中书城移动端用户规模则超过 2300 万,累计完成付费订单规模约 3600 万,电子书种类下载规模高达 80 万余种,第三方内容合作伙伴则超过 330 家③,引领着移动互联网与内容创新融合的新发展阶段的到来。

**表 2　上海市首批移动互联网龙头型企业名单**

| 序号 | 企业名称 | 序号 | 企业名称 |
| --- | --- | --- | --- |
| 1 | 中国银联股份有限公司 | 7 | 上海宏文网络科技有限公司 |
| 2 | 锐迪科微电子(上海)有限公司 | 8 | 联芯科技有限公司 |
| 3 | 上海中兴软件有限责任公司 | 9 | 上海润欣科技股份有限公司 |
| 4 | 盛趣信息技术(上海)有限公司 | 10 | 网宿科技股份有限公司 |
| 5 | 龙旗科技(上海)有限公司 | 11 | 上海微创软件股份有限公司 |
| 6 | 腾讯科技(上海)有限公司 | 12 | 携程旅游网络技术(上海)有限公司 |

数据来源:上海市经济信息化委,2013 年 6 月 27 日。

(三) 文化产业与金融业实现高度融合

上海积极引导金融机构对列入《国家文化出口重点企业名录》的外向型文化企业优先给予信贷支持,引导保险机构对列入《国家文化出口重点企业名录》的外向型文化企业提供保险计划、优惠的风险管理与完善的保险服务,并积极完善

---

① 孙丽萍:《上海两大美术馆喜迎周岁 中华艺术宫"十一"上线数字博物馆》,http://news. xinhuanet. com/local/2013-09/26/c_117512950. htm,2013 年 9 月 26 日。

② 朱咏雷:《上海 6.2% 助推上海创新转型》,《光明日报》2013 年 9 月 5 日。

③ 陶文冬:《盛大文学入选首批"上海移动互联网龙头型企业"》,http://tech. huanqiu. com/Enterprise/2013-07/4088210. html,2013 年 7 月 3 日。

对外向型文化企业的外汇管理与服务,简化外汇管理流程,方便对外文化贸易,为文化企业成功"走出去"提供完善的金融服务;华人文化产业投资基金则不断加大投资力度,相继投资星空中国、人人网、东方梦工厂等①。

上海动漫行业协会与中国动漫游戏博览会、工商银行、民生银行签约,致力于小微动漫企业的融资难等金融问题,落实抵押贷款、订单抵押、版权抵押、应收账款质押、票房担保(在银行设计票房账户,票房款直接进入账户,归还贷款)等融资方式,实现融资手段的多元化。例如,上海目前大约10个动漫项目以订单、应收账款等作为质押,向民生银行申请300万—500万的融资②。世界最大画廊敬华艺术空间落户上海静安区,采用保值回购与分期付款的模式,既可以确保消费者购买到真品,也可以时时变现、盘活资金,创新了艺术品的商业模式;而在创意设计领域,由9家机构的社会资本共同设立的上海市创意(设计)产业投资基金联盟,为创意设计产业的发展带来了新机遇。此外,上海文交所不断拓展文化产业战略合作的新领域,在2013年上海艺术博览会举办期间首次推出"上海虹桥T2公共艺术空间"项目,将国内外各类文化要素与社会资本对接,全力打造一个集展览、推广、交易为一体的多元化公共艺术平台③。

**(四)龙头文化企业示范效应逐步释放**

在全国文化市场具有较强竞争力的文化企业数量逐渐增多。2013年第五届中国"文化企业30强",出版发行类的上海文广演艺(集团)有限公司、上海东方传媒集团有限公司、上海电影(集团)有限公司,文化科技类的上海盛大网络发展有限公司、百视通新媒体股份有限公司等五家文化企业入选。其中,百视通拟与迪斯尼合资成立公司,进入内容产业,运营新媒体业务④。同时,在创意设计领域涌现出木马工业设计、上海指南工业设计、泛亚汽车设计、家化企业等龙头企业;在网络信息服务领域,涌现出东方网、东方财富网、巨人网络、第九城市、久游网、淘米网、携程网、大众点评网、丁丁网等代表性企业。

龙头文化企业在文化产业领域的示范效应进一步释放。上海炫动卡通作为制作方将《秦时明月》搬上大银幕,首部3D华语武侠CG电影《秦时明月之龙腾万里》亮相2013年第九届中国国际动漫游戏博览会"星秀场";淘米科技则推出《赛

① 朱咏雷:《上海6.2% 助推上海创新转型》,《光明日报》2013年9月5日。
② 黄远、方海平:《质押"预期票房"动漫行业找钱记》,《第一财经日报》2013年7月16日。
③ 崔斌、邹瑞玥:《上海文交所首推"上海虹桥T2公共艺术空间"》,《中国新闻网》2013年11月15日。
④ 孙琪:《百视通牵手迪斯尼》,《青年报》2013年12月05日。

尔号大电影3》，嵌入基于 LBS 技术的"摇一摇"体验，增强互动性，并全力打造从虚拟社区、游戏到图书、杂志、动画、电影的儿童娱乐全产业链①；上海文广集团2012 年营业收入规模实现 214.5 亿元，同比增长 11.9%；上海电影集团 2012 年全年共发行影片 18 部，全国发行票房总规模为 8.33 亿元，主营业务收入实现21.19 亿元，同比增长 5.12%，利润规模为 2.64 亿元，同比增长 21.54%②；新文化传媒集团，主要从事影视剧和电视栏目的制作、发行，2013 年 7 月企业市值实现 40 亿，2013 年 1—9 月份，营业总收入实现 2.9417 亿元，较去年同期增长13.62%，作为国家文化出口重点企业向海外输出 500 多部集影视剧作品；大众点评网覆盖全国 2300 多个城市，收录 260 万家商户，月均访问人数 6400 万、月均访问量达 17 亿多次，2500 多万份消费者点评，在一、二线城市团购市场占有率第一，为 41.95%，并开始积极布局移动互联网业务，成为三星 Note3 与智能手表的首批战略合作伙伴，打造全国性顶级生活消费服务网络平台③；盛大网络则开始致力于构建全新的文化创意产业综合生态系统，其文化创意产业城市社区项目"盛大天地"进驻了天蚕土豆、跑盘、鹅是老五等知名网络作家的个人工作室，并和新华新媒在数字阅读、版权开发与信息服务、电子报刊杂志分销平台等方面展开合作④。

（五）文化交流与文化品牌影响力进一步提升

文化品牌建设进入快速发展轨道，有了夯实的组织保障与政策支撑。上海市品牌建设工作联谊会议成立，出台了《关于本市加强品牌建设的若干意见》《上海市加快自主品牌建设专项资金管理办法》等一系列政策，截止到 2012 年底，上海有中国驰名商标 134 个、上海市著名商标 1037 个、上海名牌 1122 个、中华老字号180 个，并制定了 2012—2013 年上海市品牌工作重点推进方案，确定了首批 23 个重点推进的品牌企业⑤，为文化品牌的创新、成长、升级提供了平台。

文化交流品牌影响力进一步提升。联合国教科文组织"创意城市"（上海）推进工作办公室和意大利佛罗伦萨市政府共同建设了"上海佛罗伦萨—中意设计交流中心"，上海设计之都的品牌影响力进一步提升。2013 年上海设计之都活动周，以"设计智造梦想"为主题，在上海展览中心以及多个创意园区中推出 30 余场

---

① 本报记者：《东方梦工厂打造世界最大 3D 电影制作基地》，《新闻晚报》2013 年 7 月 1 日。

② 温源、陈恒、易运文：《改革创新 做大做强》，《光明日报》2013 年 5 月 18 日。

③ 姜虹：《大众点评成三星首批战略合作伙伴》，《中华工商时报》2013 年 9 月 10 日。

④ 李方宇：《盛大文学获新华新媒公司战略投资 巩固提升行业领导地位》，http://news. xinhuanet. com/photo/2013-07/16/c_125018436. htm,2013 年 07 月 16 日。

⑤ 叶薇：《上海跟踪推进 23 个重点品牌》，《新民晚报》2013 年 5 月 23 日。

活动,推动着传统企业尝试利用创意设计实现蜕变,新兴企业通过创意设计构建核心竞争力。此外,2013年,第16届上海国际电影节、第19届上海电视节、第九届中国国际动漫游戏博览会、第11届中国国际数码互动娱乐展览会、第15届中国上海国际艺术节等文化活动品牌如期举行,对上海文化国际影响力的提升作用日益突出。其中,2013年10月第15届中国上海国际艺术节演出交易会38个国家与地区参会,中外各方达成255项合作意向,"走出去"项目115项、"引进来"项目意向82项,国内机构间合作项目达成意向58项,包括爱丁堡艺术节、墨尔本艺术节、维也纳艺术节等主流买家40余家,约占国外机构总量的40%①。

文化产品品牌的国际知名度提升。上影集团、上海美术电影制片厂出品、制作的3D影院动画片《大闹天宫》荣获第32届夏威夷国际电影节的动画片杰出成就奖;上海木偶剧团的3D动漫木偶剧《八仙过海》获得第21届国际木偶皮影艺术节最高奖项"最佳剧目奖";上海广播电视台炫动传播出品的《喜羊羊5》获第九届中国国际动漫节金猴奖的动画电影金奖、《麦兜当当伴我心》获电影剧本金奖、《兔子帮》获动画系列片银奖;上海杂技团的原创大型杂技《十二生肖》由国外著名演出商全权委约,2013年11月14日赴欧洲商业巡演100场,在目前世界最大的流动剧场凤凰马戏大篷车进行全球首演②,开创了国内杂技商业演出的新模式。

（六）自由贸易区的成立为文化贸易带来新契机

2013年9月29日,上海自由贸易区正式揭牌为全国文化贸易发展带来新机遇。一是在金融与行政审批方面,尝试利率市场化、汇率自由汇兑、金融业对外开放,实施备案制取代审批制,降低了文化企业准入门槛,提高了运作效率;二是文化服务领域扩大了开放力度,允许试验区内设立外资经营的演出经纪机构、演出场所经营单位、娱乐场所,允许外资企业在试验区内从事游戏游艺设备的生产和销售,通过文化主管部门内容审查的游戏游艺设备可面向国内市场销售,从而加快了内外文化贸易一体化的发展③。上海自由贸易区成立仅一个月时间就入驻了东方网、佳士得拍卖、华谊兄弟、中国图书进出口公司、东方明珠、百视通、盛大网络等各类文化企业150余家,新增注册资金总额超20多亿元;其中,外资拍卖行佳士得以1.53亿元人民币总成交额实现中国内地首拍,体现出自贸区艺术品

① 李峥:《艺术节演出交易会闭幕,中外各方达成255项合作意向》,《解放日报》2013年10月23日。
② 李峥:《上海杂技团〈十二生肖〉赴欧巡演 传播民俗文化》,《解放日报》2013年11月05日。
③ 文化部发布《文化部关于实施中国（上海）自由贸易试验区文化市场管理政策的通知》,2013年9月30日。

交易的政策优势；百视通新媒体股份有限公司与微软则适时成立合资企业上海百家合信息技术发展有限公司，一周完成注册备案，既致力于面向中国市场的家庭游戏娱乐中心的打造，也积极引进全球一流技术和利用自贸区对游戏游艺设备的利好政策，加快了我国主流文化产品的产业化输出进程①。

此外，上海围绕实施文化"走出去"国家战略与利用浦东新区综合配套改革及浦东外高桥保税区的特殊政策，构建国家级文化"走出去"综合服务平台——上海国际文化服务贸易平台，立足上海、辐射长三角、服务全国、面向世界发展文化贸易，在整合上海特色文化贸易资源的基础上，进一步提高了文化产品"走出去"的能力与对外文化交流的国际影响力。

### 三、上海文化产业发展中的问题

从总体状况来看，2013 年，上海文化产业发展速度稳健，但在文化产业发展格局、文化产业园区集聚效益、外向型文化企业竞争力、文化产品国际影响力等方面还存在诸多问题。

（一）文化产业发展格局还需要进一步优化

从目前文化市场主体来看，上海市核心类文化企业 1.4 万余家，非公有制文化企业规模庞大，占总规模的 88%，约为 1.2 万家，特别是在文化娱乐业、网络游戏业与艺术品经营行业非公有制文化企业占比高达 95% 以上②。但和享受政策红利的国有文化企业相比，还存在诸多影响非公有制文化企业发展的不合理的显性规定与隐性壁垒，如何给予非公有制文化企业更多平等竞争、规则平等的机会，形成不同所有制文化企业平等竞争、共同繁荣的格局，是目前上海文化产业格局面临的、亟需落实的难题。

（二）对小微文化企业的支持力度还需要加强

目前，大量的影视、动漫、广告设计、网络信息服务、移动互联网等领域的小微文化企业发展还面临准入门槛高、风险高、资金短缺的发展瓶颈，特别是金融服务机构对小微文化企业的金融支持还不到位，银行缺乏适合小微文化企业特点的多元化金融产品，一定程度上影响了这些文化企业的发展。

（三）文化产业园区的集聚效益不高

文化产业园区建设还存在重数量、轻质量，"集""群"分离的问题，缺乏上海

---

① 诸葛漪：《自贸试验区优势吸引佳士得拍卖等文化行业龙头前来抢先机》，《解放日报》2013 年 10 月 30 日。

② 朱咏雷：《发展文化产业加快创新转型》，《光明日报》2013 年 8 月 30 日。

本土特色。一方面,孵化能力不高,注重孵化企业的数量而忽视孵化质量,公共孵化平台建设与园区创新网络(由文化企业创新中心、技术创新联盟、大学科技园/研究中心等构成)不完善,影响了园区整体的运营水平;另一方面,文化产业园区整体创新能力不高,商业模式还比较单一,由于投入高、风险高带来文化企业生命周期短等问题突出,且在自主研发与核心技术方面缺乏龙头企业与源头创新,制约了园区文化企业规模集聚与创新效益的释放。

(四)外向型文化企业国际竞争力还亟待提高

对外文化交流频繁,外向型文化企业规模不断增加,但具有一定市场占有率与国际影响力的文化品牌数量太少,且外向型文化企业的目标市场还停留在非主流国际文化市场,缺乏到发达国家开拓主流文化市场竞争力强的外向型文化企业。与此同时,文化产品"走出去"形式主要局限在商业演出、版权输出等方面,亟需走多元化的国际化道路。

**四、上海文化产业发展的对策**

在深入建设"国际文化大都市"与"设计之都"的大背景下,上海文化产业的发展将立足深化文化管理体制改革,进一步破除阻碍文化产业发展的体制机制,提升新兴文化产业与金融业的融合力度、提高文化科技园区的集聚效益,并利用自由贸易区发展契机提升上海文化产业国际竞争力、提升龙头文化企业在国际文化市场的话语权与影响力。

(一)深化文化管理体制改革破除体制机制障碍

不断完善文化产业发展的管理体制,充分发挥市文创领导小组牵头、统筹协调全市文化产业发展的组织功能,切实推动文化管理部门从"办文化"向"治理"文化的角色转变。一方面,推动国有经营性文化单位的转企改制,落实现代企业制度,积极参与文化企业的跨行业、跨地区重组兼并,提高上海文化产业的规模化与专业化;另一方面,进一步破除非公有资本进入文化产业领域的体制机制障碍,积极鼓励非公有制文化企业参与国有文化企业的经营,扶持创新型小微文化企业的快速发展、繁荣文化市场。此外,积极改革不利于文化产业发展的政策阻碍。例如,根据文化娱乐业的20%的高营业税现状,上海地方税务局出台了《关于调整上海市娱乐业营业税税率的通知》,大幅下调了营业税税率,除高尔夫球适用10%的税率外,其他娱乐业营业税都降为5%税率,从而大大降低了上海娱乐行业的整体税负,推动了上海娱乐业的发展繁荣。基于此,应分阶段、分行业深入调研、挖掘出上海文化产业各领域的发展瓶颈与体制机制的制约因素,积极调整、出台文化产业相关政策,有的放矢,真正破除阻碍文化产业健康、快速发展的不利因素。

（二）提升金融服务与新兴文化产业的融合度

根据文化产业新兴行业的发展动向,金融机构应不断完善金融服务体系、做出新的制度安排。由于高风险的存在,资金匮乏是新兴文化行业发展的关键制约,为适应科技创新与新文化市场的快速变化趋势,新兴行业的创新过程需要投入大量的资金、信息、技术、人才等资源用于新技术、新产品的研发与应用,倘若没有夯实的金融服务支撑,其原创与技术革新活动都将无法顺利实现。鉴于此,应积极为网络游戏、网络视频、网络动漫、数字阅读、移动新媒体等新兴文化行业打造适宜的"金融土壤",引导与鼓励商业银行、风险投资机构等积极为新兴文化行业提供投融资服务,建立风险资本退出机制,为文化企业提供资本扶持,为其创新活动提供良好的生态环境。例如,中国工商银行上海市分行和上海市动漫行业协会、中国国际动漫游戏博览会签署战略合作协议,为上海动漫企业和重点动漫项目提供账户结算、投融资等金融服务,截至 2013 年 6 月底,文化产业贷款余额高达 70 亿元,并计划未来 3 年对文化产业服务覆盖率提高 20%、文化产业贷款余额实现倍增[1]。此外,进一步释放中小文化企业融资银企对接机制的功能,鼓励银行对新兴文化产业领域的中小企业降低授信准入标准、放宽授信担保的条件、提高贷款审批效率以适应新兴文化产业市场多变幻的特点。

（三）进一步提高文化科技园区的集聚效益与龙头企业示范效应

虽然上海形成了比较完善的文化科技创新服务体系,但文化科技企业大多还处于产值大、利润低的发展阶段,在推动文化科技园区效益释放方面还缺乏切实可行的政策支撑。鉴于此,在园区文化科技企业集群化初期,政府应强化财税政策扶持,优化文化产业发展的生态环境——为文化科技企业成长提供一个完善的技术研发、产品开发的基础设施,金融、培训、市场配套与健全的政策法规生态环境;在集群化成长期,政府需致力于提供良好的公共服务,为园区文化企业提供共性技术服务和创新创业服务,打造开放、有序的文化市场体系以及高效的制度供给,推动园区创新网络的形成;在集群化成熟期,针对集群化稳态形成的路径依赖和刚性,政府需在遵循集群发展规律和文化企业特性的基础上,加快文化产业领域共性技术与关键技术的革新、产品研发和文化品牌打造,实现文化产业集群的优化升级。此外,积极发挥文化科技园区的龙头企业在新技术扩散过程中的引领

---

① 周轩千:《工行上海市分行文化产业贷款余额超 70 亿元》,《上海金融报》2013 年 7 月 19 日。

作用,推动文化科技企业积极对接高新技术,例如,百视通提供互联网电视集成播控平台和中国银联合作自主研发了智能电视支付平台,成为第一个基于智能电视平台的电视支付商用系统;而出版行业的世纪出版集团、盛大文学、新华传媒股份有限公司等则积极和电子阅读器科技对接,打造由数字出版转档、内容平台搭建、电子阅读器终端设计制造和销售构成的新型文化产业链。

（四）利用自由贸易区发展机遇提升上海文化产业国际竞争力

抓住上海自贸区的建设契机,加速文化产业"走出去"的进程、提升文化产品在国际文化市场的影响力。一是积极打造知名文化品牌。在引进国际知名文化品牌的同时积极打造本土特色文化品牌,分行业、分品类建立文化品牌库。上海在本土文化品牌创建方面已形成成功经验,应进一步加快核心文化品牌的打造,扶持其走到主流国际文化市场,并鼓励其利用国际性文化博览会、国际影视节、国际演出交易会等平台,积极进行文化品牌的推介与营销。二是利用开放契机,提高文化产业的国际化水平。在利用文化交流品牌扩大对外文化传播范围与提高国际传播能力的同时,重点支持外向型龙头文化企业打造适应国际文化市场的文化精品、积极开拓海外主流文化市场,提高文化企业的国际话语权与世界影响力。三是进一步推动对外文化贸易服务平台与文化产业金融服务平台的衔接与配套,完善并落实金融服务文化产业的相关政策,设立专项基金,积极探索无形文化资产贷款质押、担保质押等融资方式,为积极"走出去"的文化企业提供融资担保,扶持其做大做强;同时,利用文化贸易服务平台为优秀的文化出口企业与文化出口项目引入战略投资者,引导社会资本积极投入文化"走出去"项目。

# 华东地区文化产业年度发展报告*

王 晨 徐 堃**

## 第一节 区域文化产业发展总体格局

2012—2013 年华东文化产业发展总体保持快速发展势头。由于部分省、自治区和直辖市 2013 年的统计数据还没有公布,这里主要以 2012 年的数据加以总结。其中:据山东省文化厅信息,2013 年前三季度,山东省文化创意产业增加值达到 2224.2 亿元,同比增长 18%,占同期 GDP 的比重达到了 5.6%。据初步测算, 2013 年全年文化创意产业增加值有望突破 3000 亿元;江苏省 2013 年文化产业增加值 2330 亿元,占 GDP 的比重为 4.3%,高于地区生产总值和第三产业增幅;浙江省 2012 年文化产业增加值已经达到 1581.72 亿元,占当年全省地区生产总值的 4.56%;福建省文化产业保持平稳较快增长,2013 年前三季度文化产业实现增加值 754.95 亿元,同比增长 22.9%,高于同期 GDP 增速 11.5 个百分点,占地区生产总值比重为 5.4%;安徽省正在努力追赶千亿元大关。根据统计数据,2012 年五省文化产业增加值增速都大幅超过区域 GDP 增速,文化产业已逐渐成为经济发展的主要力量和支柱型产业。

## 第二节 各省、自治区和直辖市文化产业发展主要情况分析

### 一、浙江省

2012 年底,浙江省拥有各类文化企业 7 万多家,在新闻出版、广播影视、数字

---

* 由于部分省份尚未正式公布 2013 年的统计数据,本报告的数据主要来源为稿件截至 2013 年 2 月的政府相关部门的正式信息发布渠道,数据为 2012 年和 2013 年的数据。

** 作者系南京艺术学院文化产业学院副院长、教授;徐堃,南京艺术学院文化产业学院,讲师。

动漫、文化旅游等方面领跑全国,文化产品和服务已出口到 70 多个国家和地区。2013 年 7 月,《2013 中国文化产业发展指数报告》出炉,综合各方数据显示,浙江省成为中国文化产业发展"新三强"之一。

现浙江省拥有影视制作机构 797 家,国家影视基地 2 个,城市电影院线 4 条,城市多厅数字影视 247 家。2013 年以来,不仅保利、北京传奇等省外院线品牌争相进驻西溪湿地、城西银泰等场所,本土院线品牌同样成为这股热潮的参与者。全国知名院线品牌之一的浙江时代院线,目前已在全省开设 15 家影院,其 2012 年的票房收入高达 7.16 亿元,2013 年预计达到 9 亿元,稳居全国院线前列。

在资本的拉动下,浙江文化产业发展活力进一步释放。浙江日报报业集团抢抓经营性资产整体上市和互联网新媒体发展的有力契机,精心打造浙江在线新闻网站、边锋娱乐网和腾讯大浙生活网等三大平台;数字阅读、网络游戏、数字动漫产业加速成长。2013 年,宋城集团以"千古情系列演出"为依托,斥资数十亿元打造"中国演艺谷"项目;华数数字电视传媒集团公开发行募集资金 7.2 亿元,一举"吃"下网通信息港旗下宽带业务和相应资产;12 月初,华策影视与克顿传媒强强联合不到半年,又宣布收购最世文化 26% 的股权。2013 年 12 月,在首届浙江省文化产业项目推介会上,随着资本与文化的握手,签约总金额最终定格在 1500 亿元。

以浙江出版联合集团等为代表的新闻出版业,以桐庐分水制笔业等为代表的文体制造业,以"浙产剧"为代表的广播影视业,都确立了在全国的优势地位,而以原创动画为代表的文化创意业,以横店影视城、象山影视城等为代表的文化旅游业,也都实现了可喜的发展。宋城千古情、印象西湖、国际沙雕节、印象普陀等一大批文化旅游品牌项目,正成为全国业态融合创新的样板。现阶段,浙江省重点文化企业逐步由大变强,成为文化产业发展的主力军和战略投资者;骨干民营文化企业加快发展,成为文化产业发展的生力军;民营文化企业与重点产业区块相融合,初步形成了一些具有一定产业集聚性和规模效应的文化产业区块。①

## 二、山东省

2013 年,围绕扩总量、提质量、增效益的原则,山东省大力推动文化产业项目建设。前三季度,山东文化创意产业固定资产投资施工项目 3678 个,当年新开工

---

① 浙江省《关于进一步加快发展文化产业的若干意见》,http://www.64dw.com/article-403.html,2013 年 9 月 30 日。

2708 个,累计完成投资 2529 亿元,同比增长 30%;实现增加值 2224.2 亿元,同比增长 18%。

2013 年,山东大力实施舞台艺术精品工程、"十艺节"重点剧目创作工程、社会文化艺术创作工程和重点美术创作工程,全省新创剧目 62 台,群文节目 4000 多个。全省重点文化产业项目库进一步完善,从全省筛选取重点文化产业项目 230 个,建立 2013 山东省重点文化产业项目库,入选文化部 2013 年度国家文化产业重点项目。项目涉及演艺、动漫游戏、文化创意、艺术品、网络文化、影视、艺术培训、文化旅游、图书报刊、博物及会展、文化用品生产、综合等多个类别。

2013 年是山东省文化体制改革深入推进的一年。2013 年 9 月,山东演艺集团牵头的山东剧场院线成立。此次院线首批 21 家剧场将本着资源共享、互惠互利、优势互补、共同发展的原则,构建剧场联合发展平台。此前,山东演艺联盟组建,联盟积极创新整合演艺资源发展模式,发挥山东演艺集团的龙头带头作用,联合全省 188 家艺术院团、剧场、演出经纪机构,建成剧场院线、票务系统、联盟理事会三位一体的大型演艺产业发展平台,有效提升了转制院团市场竞争力。

山东省图书馆、山东博物馆、省艺术馆、山东美术馆"四馆"实施了"大师引进工程",并开始探索实施公共文化场馆理事会制度。同时,通过评选文化创新奖,推动文化体制机制创新,为文化事业单位发展改革探索了路径,也启动了山东文化强省建设的新引擎。

截至 2013 年 12 月底,全省国家级、省级文化产业园区(基地)年主营业务收入达 1029.9 亿元,带动就业 12.9 万人,有效激发了山东省文化产业的生机与活力。

"济南 798"西街工坊为山东最大创意文化产业园,历时一年多的紧张建设,作为济南市首批七大创意文化产业园区之一的西街工坊创意文化产业园已于 2013 年开园,目前已经有来自全国 40 余家高端企业以及 30 余家大学生创业团队入驻,总投资超 1 亿元,总建筑面积 30000 平方米。园区拿出 3000 平方米区域建立了西街工坊大学生创业孵化基地,为艺术创意类大学生免费搭建优质的发展孵化平台,帮助有艺术梦想的大学生创业。

齐鲁文化创意基地以文化创意、制作、贸易、交流为主要功能,承载着综合性文化创意园区的使命,是济南市高新区东部的门户,是连接外部与内部的桥梁。目前园区确定入驻企业 83 家,入驻率约占园区 95%,其中主要文化企业共计 62 家。文化企业约占入园企业总数的 71%,占园区面积 106000 平方米,约占园区面积 73%。预计年营业总收入为 80 亿元左右,年创税收约 39900 万元;增加相关就业岗位 5 万余人,产业效益可达上千亿,创造的经济效益和社会效益都非常显著。①

### 三、江苏省

江苏全省现有文化及相关产业法人单位近 8 万家,文化产业法人单位数和增加值总量均居全国前列。2013 年全省有 47 家文化企业获得 1.7836 亿元的中央文化产业发展专项资金,比 2012 年增长 203%,创历年新高,其中文化艺术类贴息项目 14 个,获贴息补助 5510 万元,列全国第一;1 个项目入选国家文化创新工程重点项目,8 个项目获得"国家社科基金艺术学课题"立项;28 家企业、6 个项目入选国家文化出口重点企业和重点项目,名列全国前茅。南京、无锡获得全国第二批文化科技融合示范基地称号。1 件作品获得国家"动漫品牌"奖,3 件作品获得国家"动漫创意"奖,有 7 家动漫企业被文化部认定。下达省级文化产业引导资金 2.09 亿元,扶持了 245 个文化产业项目,带动项目总投资额达 231 亿元,命名17 家企业为第四批江苏省文化产业示范基地。成功举办第二届苏州创博会、第九届深圳文博会江苏馆、第十届常州动漫艺术周、第三届中国(无锡)国际文化艺术产业博览交易会等活动,累计有 1500 多家企业参展,签约金额 45 亿元。文化与金融融合取得新进展,苏州成立了文化产业担保基金、创业投资基金;无锡成立了文化产业引导投资基金和中小企业投资基金;徐州举办文化产业银企对接会,签订了 3 年 20 亿元的文化产业融资合作协议。

### 四、福建省

福建省文化产业实现增加值从 2005 年 163.39 亿元到 2012 年约 1000 亿元,年均增速约为 29.5%,高于同期 GDP 增长速度。尤其是近两年,文化产业增加值年均增量约为 200 亿元左右,超过 2005 年全年总量。

2013 年前三季度,福建省文化产业保持平稳较快增长,文化产业实现增加值754.95 亿元,同比增长 22.9%,高于同期 GDP 增速 11.5 个百分点,占地区生产总值比重为 5.4%,同比提高 0.5 个百分点。优势文化产业继续领跑,文化制造业继续保持主体优势,全省规模以上工业文化企业实现增加值 310.29 亿元,占全省文化产业增加值的 41.1%。全省文化服务业(不包含批零业)法人单位实现增加值

---

202.03 亿元,同比增长 17.3%。区域文化产业发展势头良好,文化产业增加值总量超过 150 亿元的有泉州、福州和厦门,其中福州和厦门文化服务业占全省文化服务业比重达 58.1%。文化消费保持快速增长,全省城镇居民人均教育文化娱乐服务支出 1842.2 元,同比增长 12.5%,对居民消费支出的贡献率继续在消费八大类中列第二位。文化产业贷款持续放量,全省新增文化产业贷款 32.13 亿元,主要是工艺美术业和文化旅游业新增贷款较多,分别新增 18.94 亿元和 8.8 亿元。

2012 年以来,福建省深入实施"310 行动计划",深化"310 行动"计划融资信贷对接,2012 年金融机构对纳入"310 行动"计划的 32 家文化企业累计发放贷款 18.45 亿元,并从省级文化产业发展专项资金中拨出 2000 余万元支持十大重点园区公共和配套设施建设,省文改办牵头与金融机构签订授信协议,各地也出台扶持政策。截至 2013 年 6 月,十大文化产业园区累计完成投资 100.2 亿元,十大文化产业园区中六个园区产值超亿元,最大的惠安雕艺文创园达 88 亿元。省级文化产业专项资金累计资助各种重大公共平台建设、骨干文化企业培育、区域性特色文化产业等项目 70 个,下达专项资金 18170 万元,促进了一批特色文化产业项目实施,提升了部分文化产业平台和重大活动功能。

福建省文化产业整体结构不断完善,据 2012 年的统计,以演艺娱乐业、广告业和动漫游戏业为代表的新兴文化服务业持续保持较快发展。从三产结构看,文化制造业所占比重从 2005 年的 58.5% 下降到 2012 年前三季度的 53.5%,减少 5 个百分点;服务业比重持续提高,从 2005 年的 41.5% 上升到 2012 年前三季度的 46.5%,提高了 5.0 个百分点。从业态结构看,以演艺娱乐业、广告业和动漫游戏业为代表的新兴文化服务业持续保持较快发展,全省动漫游戏产业实现业务收入 102.3 亿元,获播出许可动画片 44 部 2.35 万分钟,居全国第 4 位;以出版发行、广播影视、演艺娱乐业为代表的文化传媒核心服务业维持平稳增长,其中新闻出版业实现增加值 147 亿元,同比增长 12.8%,高于全国新闻出版业增幅 2.1 个百分点。工艺美术产业完成工业产值 543 亿元,比上年增长 29.6%。从区域结构看,福州、厦门、泉州三个设区市文化产业增加值预计均突破 200 亿元,占全省文化产业比重超过 20%;莆田、厦门、福州三个设区市占比超过 5%,其中莆田市文化产业增加值占 GDP 的比重预计达 8.9%。

福建省重点文化产业快速增长,2012 年福建省文化企业十强户均主营收入、税前利润、净资产分别为 8.88 亿元、1.28 亿元、9.75 亿元,与上届十强企业相比分别增长 38.5%、88.2%、117.1%,整体规模和实力比上届有较大提升。福建省属骨干企业:《福建日报》、省广播影视、海峡出版发行三大省属集团全年营业收入、税前利润、净资产等指标分别比 2011 年增长 9.76%、14.27%、6.17%。在稳定提升主业的同时,省属重点文化集团不断拓展领域、延伸产业链。

福建省文化产业贷款保持较快增长,截至 2012 年末,全省(含厦门)文化产业贷款余额 168.13 亿元,比年初增加 44.29 亿元,贷款余额同比增长 35.75%,高于全省平均贷款增幅 17.6 个百分点。银政战略合作协议深化落实,省委宣传部、文化厅、广电局与国家开发银行、工行、中行、招行等银行业金融机构签订战略合作协议,截至 2012 年末上述银行文化产业贷款余额 55.53 亿元,占全省文化产业贷款余额的 33.03%。

文化产业外向经济方面。据商务部统计,2012 年福建省文化产品进出口额为 19.53 亿美元,比前三季度增长 63.3%,比 2011 年增长 44.4%,居全国第 4 位,其中出口额为 19.41 亿美元,比 2011 年增长 45%。海峡两岸文博会、图交会等文化经贸活动品牌影响不断扩大,海峡两岸文博会升格为国家级文化展会。福建省文改办与香港贸发局签订《关于促进闽港文化产业战略合作框架协议意向书》,举办香港文化产业招商活动,22 个招商项目完成投资 1.71 亿美元;13 个深圳文博会签约项目到位资金 4.87 亿元,完成投资 1.7 亿元。2013 年 8 月,福建省文化产业招商推介暨项目签约会在香港举行。挪亚方舟爱情度假基地、国际影画创意中心等 14 个招商项目成功签约,合同金额近 13 亿美元,迈出了走向国际市场的坚实步伐。

**五、安徽省**

目前,安徽省文化产业的规模化、集约化、专业化发展趋势正日趋显现。安徽全省文化产业增加值连续 6 年保持在 20% 以上的增幅,2012 年达到 713.57 亿元,占 GDP 的比重达到 4.15%。而安徽省"十二五"规划确定,到 2015 年,文化产业增加值将超过 1200 亿元,占 GDP 比重超过 5%,成为国民经济支柱性产业。

截至 2013 年末,安徽省共有文化馆 121 个,公共图书馆 102 个,博物馆 141 个(含民营博物馆),乡镇街道综合文化站 1432 个。全国重点文物保护单位 56 处、合并国保项目 2 处,省级重点文物保护单位 708 处。国家级非物质文化遗产名录 60 项,省级名录 273 项。广播电台 15 座,中波发射台和转播台 23 座,广播综合人口覆盖率 97.85%。电视台 15 座,有线电视用户 518.8 万户,电视综合人口覆盖率 98.1%。全年出版报纸 98 种,总印数 12.7 亿份;期刊(杂志)180 种,总印数 0.6 亿册;图书 9692 种,总印数 2.6 亿册;电子、音像出版物 98 种,出版数量

40.6 万盒（张）。有各级国家档案馆 142 个,馆藏档案资料 1747.2 万卷（件、册）,库馆总建筑面积 23.8 万平方米。

据统计数据显示,安徽省部分文化产业指标居全国前列。截至 2012 年底,安徽省动漫企业获国家认定数 24 家,名列全国第 6;艺术表演团体 1015 个,位居全国第 1;群众文化事业机构数增加 22 个,达 1554 个,位居全国第 11;文化市场经营机构 10707 家,位居全国第 10。同年我省博物馆事业加快发展,新增机构 10家,达 141 家,位居全国第 10。

但是,在全国各地纷纷加大投入的形势下,安徽文化事业费等主要指标总量不足、均量落后的局面没有得到明显改观。2012 年安徽文化事业费为 9.03 亿元,总量居全国第 25 位;全省人均文化事业费 15.08 元,为全国均量的 42.5%,排名全国第 31 位。

"十一五"以来,安徽省通过实施重大项目带动战略、着力培育骨干龙头企业、促进文化和科技融合,大力推进了文化产业的发展。截至 2013 年 8 月,安徽建成和在建的文化园区（基地）52 个,入园企业 2000 多家,实施省"861"文化产业项目 896 个,完成投资 988.66 亿元。

安徽省在发展文化产业过程中,着重实施重大项目带动战略。2013 年 8 月初,安徽省"861"项目民生工程和文化产业项目正式公布,一系列主打名人牌的文化产业项目成功入选,包公、刘铭传、老子、钟馗等都成为文化产业项目的创意来源。在安徽省政协副主席、省文化厅副厅长李修松看来,这样的创意对文化产业来说很有必要。他强调,我们要运用我们的智慧和我们的知识对资源进行创意、进行策划,把我们的文化资源变得生动活泼起来。

除了重大项目带动,安徽省还着力培育龙头骨干文化企业,一批企业在业界崭露头角,综合实力不断增强。其中出版集团、发行集团双双进入"全国文化企业30 强",综合实力分列同行业第四位、第二位,并荣获全国文化体制改革优秀企业、先进企业称号。

为了促进文化产业转型升级,提高文化产业的核心竞争力,安徽省正大力推进文化与科技的深度融合。从文化和科技融合中获益的芜湖方特欢乐世界,游客总数和门票收入都超过了黄山、九华山,成为我国第四代主题公园的标志。芜湖华强文化科技有限公司营销部部长王伟说:"以中国传统文化为核心,再运用一些现在的科技手段,包括计算机控制、舞台表现、音响、光学幻影成像等等各种现代技术手段表现在一块儿,让更多的年轻人能够坐下来静静地欣赏中国传统文化的魅力。"

## 第三节  区域主要文化产业政策

### 一、浙江省

2013 年 8 月,浙江省委政府正式印发了《关于进一步加快发展文化产业的若干意见》。《意见》从资金、税收、土地、金融、人才和组织等方面对浙江省文化产业发展提供强大支撑,助推文化产业早日成为浙江省国民经济重要的支柱性产业。这也是浙江省首个以省委省政府名义印发的支持文化产业发展的省级专项政策。

根据该《意见》,文化产业增加值年平均增长 20% 以上,到 2015 年,全省文化产业增加值比 2010 年翻一番,占全省生产总值的比重力争达到 7% 左右,成为浙江省国民经济的重要支柱性产业。《意见》进一步明确了文化产业发展的重点任务:鼓励原创内容发展、提升文化产业优势、培育壮大文化市场主体、推动文化产品和服务走出去、降低文化市场准入门槛。比如,一般性文化服务业企业注册资本金放宽到 3 万元人民币;注册资本金 300 万元人民币以上的出版及文艺场馆、体育俱乐部及场馆,可申请冠"浙江"省名。而在政策支持力度方面,除了加大财政支持力度,强化土地政策支持外,税收也有一定的优惠,比如按规定认定为高新技术企业的文化企业,减按 15% 税率征收企业所得税。

《意见》重点阐述了浙江省文化产业发展的"三大战略"和"三化要求",即实施文化创新驱动战略、重大项目带动战略、特色文化产业发展战略和规模化、集约化、专业化要求;重点强调了"四个基本原则",即坚持把握导向、坚持改革创新、坚持内涵发展、坚持形成合力;重点明确了"四个进一步"发展目标,即规模质量进一步提升、文化市场主体进一步扩大、产业结构进一步调整、市场体系进一步优化等。

在原创内容生产方面,支持和鼓励舞台艺术、新闻出版、影视、动漫游戏等文化内容生产单位提升创意水平,健全完善以市场为导向的生产奖励扶持机制,争取每年打造一批在国内外有重大影响的原创文化产品;制定原创内容生产奖励扶持管理办法,对产生较大市场影响力的优秀浙产原创内容产品给予奖励。

在提升文化产业优势方面,加快发展影视服务、新闻出版、文化会展、文体休闲娱乐、文体用品制造等优势产业,大力发展文化创意、动漫游戏、电子竞技、数字出版、移动多媒体等新兴文化产业,推动文化产业与工业、农业、商贸、旅游、体育、信息、教育、建筑等产业的融合发展；大力发展民营文化产业，鼓励社会资本参与国有文化单位的转企改制和股份制改造，形成以公有制为主体、多种所有制共同发展的文化产业格局。

此外，《意见》针对培育壮大文化市场主体、推动文化产品和服务走出去等也给出了专门的支持政策。

浙江省对现有土地政策进行了研究梳理，提出"对符合土地利用总体规划且列入省级重大产业项目的文化产业项目优先予以用地保障""鼓励企业利用低丘缓坡、荒滩等未利用的土地发展文化产业"等颇具含金量的政策条款，最大限度发挥协调效应和集成效益，形成政策合力。

在进一步完善文化产业投融资服务体系方面，支持符合条件的省级文化企业联合实力雄厚的民营企业，探索设立面向中小文化企业的小额贷款公司，扶持发展优秀中小文化企业；支持符合条件的文化企业进入主板、创业板上市融资，鼓励已上市文化企业通过公开增发、定向增发等方式实施再融资和并购重组；鼓励国有大型企业和社会资本以各种方式组建文化产业风险投资基金，抓紧制定和完善著作权、专利权、商标权等无形资产评估、质押、登记、托管、流转和变现的管理办法，为金融机构开展无形资产质押贷款业务等提供配套支持。

## 二、山东省

近年来，中央有关部门先后出台《文化产品和服务出口指导目录》《关于金融支持文化出口的指导意见》《关于促进文化产品和服务"走出去"的总体规划》等一系列政策，着力培养外向型文化企业，鼓励文化企业加快走出去步伐。山东省也积极促进对外文化贸易与交流，提高齐鲁文化的影响力，发挥山东各地在文化产业"走出去"的区域性优势，以山东省 20 余家国家文化出口重点企业、项目和61 家省级重点文化出口企业为依托，推动形成具有一定规模的外向型文化企业聚集，努力构建山东省对外文化贸易平台。

开展 2013 年山东省"文化项目社会办"项目推介活动，征集各类文化项目280 个，投资总额 867 亿元，并在《中国文化报》、山东文化产权交易所等媒体及平台宣传推介；联合省商务厅、省委宣传部、省财政厅、省文化厅、省广电局、省新闻出版局共同评审认定了山东省杂技演艺有限公司等 61 家 2012—2013 年度山东省重点文化产品和服务出口企业，旨在促进省对外文化出口，扩大对外文化贸易，培育具有国际竞争力的文化贸易龙头企业，打造省文化产品和服务出口品牌。山东省《省会城市群经济圈发展规划》和《西部经济隆起带发展规划》于 8 月经省委、省政府研究通过。这是继蓝黄两区两大国家战略之后,山东深入实施重点区域带动战略、促进区域协调发展的重大战略选择。至此,山东四大区域战略板块实现全省覆盖。"一圈一带"规划的出台,对带动中西部崛起、加快经济文化强省建设,具有重要的战略意义和现实意义。

山东省文化厅文化产业处与省财政厅、省国税局、省地税局联合印发《关于进一步做好动漫企业认定管理工作的意见》,组织我省符合条件的 5 家动漫企业申报国家动漫企业认定,4 家企业通过文化部、财政部、国家税务总局的认定。

### 三、江苏省

2013 年江苏省以完善政策体系和培育创新能力为重点,加快促进文化产业健康发展。认真贯彻《文化部"十二五"时期文化产业倍增计划》,加强分类指导,进一步完善政策体系、培育文化创新能力,一手抓传统文化产业,一手抓新兴文化产业,推动文化产业继续成为新的经济增长点。深入实施文化产业基地(园区)提升工程,命名第四批省级文化产业示范基地,开展新一批省级文化产业示范园区申报评审工作,创建了 2—3 个省级文化产业示范园区。与省科技厅等部门联合建设 10 个文化科技产业园。继续实施重大项目带动战略,做好文化产业引导资金申报评审工作,重点扶持一批带动性强、成长性好的项目,推动各地区、各行业门类形成一批文化龙头企业。通过开展文化创新团队和文化高层次创业创新人才评审,促进文化和金融、科技深度融合,大力培育新兴文化业态。积极组织全省动漫企业和动漫作品申报"中国文化艺术政府奖动漫奖"和"国家动漫精品工程"等各类动漫评奖。组织文化企业参加深圳文博会、北京文博会等全国性展会,办好第二届中国·苏州文化创意设计产业交易博览会和第十届中国(常州)国际动漫艺术周。

以南京为试点,建立与现代科技相结合的电子票务销售系统,进一步完善演出市场体系,规范演出市场秩序,遏制高票价,支持和倡导低票价和梯度票价,促进演出市场的繁荣。成立全省艺术品行业协会和鉴定咨询中心,加强对艺术品市场的管理,努力营造主体合法、经营有序、守信自律、健康繁荣的艺术品经营秩序。承办第 21 届江浙沪演出洽谈会暨第七届长三角国际演出项目交易会。

实施"精彩江苏"走出去工程,不断扩大江苏文化影响力。立足将江苏的精彩传向全国和世界,把世界和全国的精彩引进江苏,实施"精彩江苏"走出去工程,开展多渠道多形式多层次文化交流活动,不断扩大江苏文化的影响力。积极推动江苏省苏州昆剧院赴美国商演。精选一批民国时期文物,筹备赴台举办"老南京(1912—1949)文物展",促进文化认同、民族认同和国家认同。举办美国洛杉矶"2013 欢乐春节·江苏文化周"、荷兰及马耳他"2013 欢乐春节"活动。实施省文化厅与埃及开罗中国文化中心对口年度合作计划。完善对港澳台文化交流长效合作机制,推动文化精品进入港澳台主流渠道。积极搭建对外文化贸易平台,加大对文化出口重点企业和项目的支持力度,推动优秀文化产品和服务参与国际竞争。

以艺术名家培育工程为带动,大力推进文化人才队伍建设。启动实施艺术名家培育工程,以舞台、书画艺术领域的人才培养为重点,资助扶持一批造诣高深、成就突出、影响广泛的文化杰出人才,进一步助推其成名成家。着眼文化人才基础性培养和战略性开发,采取及早选苗、重点扶持、跟踪培养等特殊政策,开发培养一批青年文化人才,打造一批新人展示平台。立足发展新兴文化业态,大力引进国际先进或国内领先的"文化创新团队"、高端文化创意人才和文化经营管理人才。完成"333 高层次人才培养工程"第四期培养对象的推荐工作,增加文化人才在"333 工程"中的比例。研究制定《关于加强干部队伍建设的意见》,进一步深化干部人事制度改革,建立竞争上岗、公推公选、考察任用等多种方式并举的干部选拔任用机制。根据科学化、民主化、制度化的方针,坚持德才兼备、以德为先、注重实绩的原则,按照《党政干部任用条例》要求,进一步充实调整干部,推动人才结构不断优化、队伍素质明显提高。组织重点骨干人才多形式、多渠道参加各类培训进修,注重普遍轮训与重点培训相结合,提高培训效果。加强基层人才队伍建设,提高基层文化人才素质能力。

## 四、福建省

2012 年以来,福建省深入实施文化产业"310 行动计划",全省重点文化产业加快集聚,重大建设项目有序推进,骨干文化企业辐射作用增强,招商引资和项目对接取得新进展,文化产业总体实现平稳较快发展。

"310 行动计划"是指:在全省重点培育 10 个重点文化产业园区、打造 10 强文化骨干企业、争取 10 家文化企业上市。福建省安排 1 亿元开展此项计划,评出2011 年度福建文化企业十强、十大重点文化产业园区,确定了一批重点上市后备文化企业。

福建省培育一批龙头企业,扶持一批文化集团,加快推动文化产业成为国民经济支柱性产业。文化改革发展被纳入福建省经济社会发展总体规划,列入各级政府效能和领导干部政绩考核体系。另外,福建还完善国有文化资产管理、文化外贸出口、产业融合对接、银政企合作等工作机制和联席会制度,健全每季度文化产业发展形势分析机制,建立文化产业项目管理服务信息系统,开通省文化产业官方网站,形成全省上下推动文化产业发展的工作格局。福建制定出台了《关于进一步推动福建省文化产业发展的若干政策》《重点文化产业园区评选管理办法》《关于进一步加强文化产业园区建设管理的指导意见》《关于促进文化产业对外开放的若干政策》《关于加快推进文化和科技融合发展的实施意见》《加快文化和旅游融合发展的实施意见》等政策措施,从财税扶持、市场准入、土地供给、鼓励出口等方面为加快发展文化产业创造良好环境。与此同时,积极培育文化市场,推动设立福建省首只文化产业投资基金,总规模30亿元,首期规模10亿元,成立了海峡文化艺术经纪有限公司。

旅游产业方面,福建省确立文化产业为支柱性产业,旅游产业为主导产业。影视产业方面,第六届海峡两岸文博会举行了厦门影视服务中心挂牌仪式。动漫产业方面,福建省信息化局出台《2013年动漫游戏产业发展专项行动计划》,进一步推动动漫游戏产业快速发展。

壮大一批园区、扶持一批企业,支持引导福州、厦门发挥人才技术聚集优势,继续发展原创动漫游戏产业园;支持泉州、漳州发挥轻纺工业发达优势,推动发展动漫游戏衍生品产业园区;支持三明、南平、龙岩等地发挥生态旅游资源优势,发展动漫游戏周边产业园。指导相关园区按照国家级标准进行建设配套,积极创造条件,申报国家级产业园区;鼓励厦门软件园国家影视动画产业基地争创年产值50亿元的动漫游戏产业园区。支持骨干动漫企业兼并重组、发展总部经济;支持网龙公司继续开发"91助手"系列产品,进一步拓展市场,努力使旗下"博远无线"年内成为集团第二家上市公司;支持网龙公司申报国家文化30强企业,厦门游家、福建神画时代申报福建省文化10强企业,中国移动手机动漫基地申报福建省十大文化产业重点项目;力争2013年网龙公司收入达到20亿元,中国移动手机动漫基地收入达到10亿元。建强一批平台、培育一批品牌,指导协助动漫节组委会做好国内外知名动漫企业招商招展,努力推动把厦门国际动漫节办成集大赛、展示、论坛、招商对接于一体的国际知名展会;支持中国动漫集团中娱公司在有关高校开展"我要画春晚"宣传推介和征集活动等,努力把"全国动漫春晚"培育成国际知名动漫品牌。大力扶持原创动漫游戏,鼓励动漫游戏企业与传统产业结合,创作开发本省著名商业品牌、优秀人文历史动漫作品,重点培育一批拥有自主知识产权,具有中国风格、国际影响的动漫形象和动漫品牌。引导和鼓励本省优秀动漫游戏作品参加国内外知名展会与大赛,重点组织或支持本省企业参加法国戛纳动漫节、日本动漫节、中国香港及台湾电玩展等展会,大力宣传福建优势动漫企业和优质动漫品牌,帮助企业招商引资和拓展国际国内市场。

### 五、安徽省

安徽省委办公厅、省政府办公厅印发《关于加快文化贸易发展的意见》,从企业、项目、园区和平台四个层面,加快文化贸易发展。企业层面,我省将对入选国家和省文化出口重点企业目录的、出口额居全省前列且增幅超过全省平均水平的文化贸易企业给予支持;项目层面,建立文化贸易重点项目库,重点扶持体现安徽文化内涵、附加值较高的新兴行业和具有安徽特色的文化艺术、传统技艺项目;园区层面,建设和认定一批具有一定出口规模、出口潜力较大、出口配套条件较好的示范园区;平台层面,积极打造文化贸易海外基地和国际高端文化贸易合作平台。同时从财政、金融、税收、出口等方面强化政策保障,具体包括:文化强省资金、省外贸促进资金等省级财政资金向文化贸易领域倾斜;对合肥市所辖区域内经有关主管部门认证的技术先进型文化类服务外包企业进口设备,按照有关规定给予保税政策;简化境外投资项目和企业核准手续,提高通关效率等。《意见》还明确,建立省文化贸易促进工作联席会议制度,将文化贸易指标作为文化强省建设综合评价指标体系的重要组成部分。

而为促进文化和科技深度融合,安徽省委、省政府于2012年4月发布《关于加快推进文化科技融合发展的实施意见》,明确提出要实施包括文化和科技融合示范基地建设在内的"六大工程"。合肥、芜湖现已成功入选国家级动漫基地、数字出版基地,合肥入选首批国家级文化和科技融合示范基地。

## 第四节　存在的问题

### 一、区域内各省发展不平衡,产业结构不完善

华东地区沿海四省文化产业发展速度较快,其中山东、江苏位居全国前列,而相比之下内陆省份安徽则有较大差距。从产业结构来看,产业门类以本地特色文化为内容延伸的文化服务产品为主打,以传统的相关产品和服务为核心。而与高新技术紧密结合的新兴业态仍处于扶持发展阶段,文化科技新兴产业和创意设计等行业的占比还不高,在新兴的文化产业领域知名度高的行业龙头企业不多。

此外,各省的文化产业企业结构中依然以大量中小文化企业为主。中小文化

企业在产品创新和商业创新上的能力还不十分强。政府部门热衷于大项目和国有大企业集团,在扶持中小企业方面重视不够,虽然各地区都通过产业园区的方式鼓励文化产业的发展,在园区的配套服务方面尚待不断完善,大量中小企业在技术、信息、人才孵化上缺少公共平台的扶持。

## 二、文化产业与金融业深度交融发展不足

华东五省文化产业发展主要仍依靠政府专项资金的支持,与金融机构的合作有限。中小型文化企业由于财务管理体系不规范,会计制度不健全,盈利模式不清晰,信用低,贷款过程中企业自有的固定资产少,有形资产大多来自租借形式,导致这些中小企业无法向银行提供足够的抵押资产来申请贷款,通常贷款难以成功。文化企业用于贷款的无形资产难以评估。文化创意产业的核心生产要素和市场价值是商标、著作权、核心技术等无形资产。而无形资产都存在着价值不稳定、流动性大、侵权成本低等特点,使得资金供给方有关债权充分保障的要求无法满足。这就导致愿意提供贷款的银行不多,民营资本不够活跃。

文化产业中的大量小微企业很难从银行等常规融资渠道得到资金扶持。虽然政府对于文化产业的引导资金规模在增加,但是国有文化企业集团在获得政府补贴和资金扶持方面更具有优势,大量民营小微企业无法与之竞争。金融领域对文化小微企业在投融资和税收扶持方面需要出台相关配套政策。

## 三、区域内文化产业层面交流不足

总体上来看,华东主要省、自治区和直辖市除部分上市公司外,大部分地区文化企业在文化产业的跨区域、跨行业的资源整合依然不够,区域市场分割和行业分割问题依然存在。华东区域内各省文化产业发展差距较大,各有各自的优势产业,文化产业人才和资金支持分布不均。面对这种局面,需要并存各省、自治区和直辖市的文化产业差异、互补相互之间的优势资源、融合产业链上的人才和创新文化产品。2012 年 4 月,在义乌举办的文博会首届华东文化产业高峰论坛上发布了《华东六省一市文化产业发展联盟宣言》。华东六省一市将相互交流经验、研究文化产业、创新合作模式,共同探寻文化产业大发展的路径。

# 华中地区文化产业年度发展报告

柏定国　赵　晴　苏晓芳[*]

## 一、华中地区各省文化产业发展概述

### （一）湖南

2013 年,湖南广电、出版、报业等均取得较好成绩,全省文化产业同比增长约 20%,占 GDP 的比重约 5.3%。这一年,湖南省文化旅游担保投资公司正式挂牌;长沙入选首批国家级文化和科技融合示范基地;湖南广播电视台位列"亚洲品牌 500 强"第 146 位、"亚洲电视 10 强品牌"第 5 位;中南传媒集团与湖南教育电视台、民主与建设出版社达成战略合作;中南传媒获评全国首届数字转型示范单位。从 2006 年开始,连续 6 年,湖南省文化产业年均增长 20% 左右,文化创意产业增加值占 GDP 比重超过 5%,2012 年已达 5.2%,进入全国第一方阵。对经济增长的贡献率达 8%,从业人数超百万,3 家文化企业进入全国"文化企业 30 强",4 家文化企业上市。文化产业主要指标明显高于其他产业平均水平,对经济社会发展贡献持续稳定,在湖南省"稳增长调结构"战略中的作用凸显,成为湖南发展新引擎。

在文化旅游方面,大湘西文化旅游产业加快融合步伐。2013 年 10 月,湖南省省委宣传部组织开展专题调研,召开大湘西文化旅游产业融合发展推进会,重点扶持洪江古商城等 11 个大湘西文化旅游产业项目,凤凰县、新宁县入选文化旅游产业特色县。

在广播电视领域,2013 年的湖南卫视又再次证明"老大哥"的实力。2013 年年初《我是歌手》节目首期播出后,收视就一直居高不下,几乎每期的收视率都保持在 2 以上,热度也从大陆延续到了台湾,在台湾的收视率是平时的两倍。三个

---

* 作者系厦门理工学院文化发展研究院研究员。

月的时间里,《我是歌手》的搜索量高达 8000 多万,占据各大微博和搜索排行的榜首。参赛歌手身价翻了十倍以上,总决赛广告费 15 秒单价飙到了 63 万,而第一季的广告收入也达到了 3 亿元之多。10 月份接档《快乐男声》的《爸爸去哪儿》这档以星爸萌娃为主打的亲子真人秀的收视自开播始,便在一片成人选秀的夹击中持续走高,最终以全国网平均收视 2.16,平均份额 15.25% 收官最高单期份额 20.37% 的成绩,成为年度上星频道中收视最高的季播节目。第二季《爸爸去哪儿》独家冠名商中标价更是达到 3.119 亿元。在电视剧方面,50 集长篇史诗电视剧《毛泽东》,从 2013 年 12 月 25 日晚起在央视一套和湖南卫视黄金时间段联合播出。这部由中央电视台、湖南广播电视台、湖南和光传媒有限责任公司等联合出品的史诗大剧获得了业界与观众的一致好评。索福瑞提供的收视数据显示,央视一套播出的《毛泽东》在全国同类时间段的收视率一直排名第一。

在区域文化交流上,竞相绽放的"文化湘军",相继亮相"两岸四地",在更宽广的舞台展示湖南形象。深圳文博会现场签约 28 个项目,"港洽周"之"湘绣湘瓷艺术精品展示拍卖活动"成交率 70% ,"2013 湖南两岸文化创意产业合作周"在台湾举办湖湘艺术精品展示、湖南电视优秀节目展播、湘台文化产业合作研讨会,湘台经贸文化交流合作会长沙与台湾文化创意产业项目签约,澳门首届"国际文化艺术品交易会"宣传推介湖南工艺美术产品。

在出版领域,2013 年,中南传媒集团跨行业发展取得历史性突破,成功获批中国文化行业首家企业集团财务公司;跨区域发展取得关键性突破,成功并购民主与建设出版社;跨媒介发展取得战略性突破,与湖南教育电视台合资成立湖南教育电视传媒有限公司旗下的天闻数媒数字教育产品进军海外市场。

在对外文化方面,2013 年《中国湖南》形象片在美国纽约时报广场"中国屏"播出;策划组织"行走中国·2013 世界华文媒体高层湖南行""两岸四地摄影家合拍大湘西 24 小时""亚洲主流媒体湖湘行"等大型主题外宣活动;宣传报道汉语桥、香港企业湘西行、非洲英语国家新闻官员湖南行、中国湖南国际旅游节等重大经贸旅游文化活动;同时,2013 年 9 月张家界国际乡村音乐周起航,五大洲 30 支乐队在森林中、峡谷间、溪涧边、草坡上,奏响了各具风情的乡村音乐,成千上万的中外游客驻足倾听。

(二)湖北

2013 年 11 月,湖北省召开第十二届人大常委会第六次会议,听取省"十二五"规划纲要实施情况中期评估报告。从主要指标完成情况看,"十二五"规划期末预计湖北省文化产业增加值占生产总值比重达到 3.4% 左右,而 2011 年、2012

年湖北省文化产业增加值占生产总值比重分别为 2.58% 和 2.7%，未达到规划进度要求。报告分析，规划期前两年，湖北省文化产业增加值增速均高于生产总值的增速，但由于全省文化产业骨干企业数量少、类型趋同、文化产业基数低，加上全省地区生产总值基数大等原因，预计 2015 年实现规划目标有较大难度。

近几年，湖北省动漫产业快速发展，自 2010 年实施动漫产业发展扶持政策以来，共计投入了 5974 万元，其中原创精品补助 3603.6 万元，占扶持总额的 60.3%，有效推动了湖北动漫产业尤其是原创动漫的发展。湖北现有 150 余家动漫关联企业，通过国家认定的动漫企业 19 家，其中重点动漫企业 3 家。产业链从业人员约 10000 人。10 余部动画片在央视播出，2 部动画电影在全国院线上映。2012 年全省动漫产业总产值 35.63 亿元，比上年增长 33%，成为全省文化产业新的增长点。2013 年，武汉市全年完成动画电视片制作 23 部 8971 分钟，同比增长 150%，其中 15 部动画电视片在央视、地方电视台和新媒体播出；40 余家武汉游戏企业推出 20 余部汉产网页游戏、手机游戏及棋牌游戏进入游戏推广运营渠道，全年实现销售收入约 3 亿元。工程动画、虚拟技术应用全年实现销售收入约 6 亿元。尤其值得一提的是，漫画期刊出版发行总量超过 1 亿册，销售收入近 10 亿元，占全国漫画期刊发行总量的一半以上，继续稳居中国第一。在文化部去年公布的 2013 年国家动漫品牌建设和保护计划评选结果中，全国共有 50 个项目入选，湖北省有三部动漫精品入选，占所有入选项目的 6%。其中武汉治图文化传媒有限公司的《招财童子》入选国家动漫品牌建设和保护计划（动漫品牌），海豚传媒股份有限公司的《米可米乐》和武汉博润通数码科技有限公司的《UP 喵》入选国家动漫品牌建设和保护计划（动漫创意）。此前，湖北知音传媒股份有限公司制作的《偷星九月天》入选了 2012 年国家动漫品牌建设和保护计划（动漫品牌）。

值得一提的是，2012 年初，长江出版集团旗下长江出版传媒股份有限公司借壳 ST 源发（SH.600757），成为湖北省文化产业第一股，是长江出版集团利用资本市场进行直接融资的第一次金融创新，此次债券的成功注册则为湖北省文化产业企业开拓了又一条全新的直接融资渠道。2013 年 9 月 27 日，湖北长江出版传媒集团有限公司（以下简称长江出版集团）发行的"中期票据"和"短期融资券"（以下统称债券）通过了中国银行间市场交易商协会的审核，并成功注册。这标志着湖北省首家文化产业企业债券获批发行，对推动湖北省文化产业发展有着重要的示范意义。此次企业债券发行成功注册，是长江出版集团的又一次金融创新。

（三）河南

2013 年河南省文化产业增加值占 GDP 比重达 2.45%。河南省政府在 2013 年 3 月出台的《河南省文化产业发展战略重点方案》中提出，今后河南省将重点发展数字传媒、创意设计、动漫游戏、文化旅游和工艺美术五大文化产业，通过重点产业带动全省文化产业提速，推动文化产业跨越式发展。到 2015 年，五大文化产业增加值占河南省文化产业增加值比重将超过 50%。

在工艺美术方面，镇平作为全省玉雕大县，成为世界玉石的集散地，国内外 100 多个玉种的原石汇集于此，5000 多种玉雕产品远销美英法日等 50 多个国家和地区。此外，镇平有 25 万从业人员遍及世界各地，从事玉石的开采、加工和销售。百余万人的城市玉雕专业户近两万。在去年年底结束的 2013 年省玉石雕刻大师评选中，全省共有 100 人荣获"河南省玉石雕刻大师"称号，其中镇平县就有 71 人上榜，占全省的 70% 以上。至此，镇平县省级玉雕大师达 191 人。

在文化旅游上，河南省将大力发展乡村旅游，在未来两年内，河南省旅游局将打造 10 个乡村旅游示范县、20 个旅游示范乡镇、300 个特色旅游村，全省乡村旅游年接待游客超过 1 亿人次，年收入达到 480 亿元。在去年黄金周期间，全省接待游客 3719.54 万人次，实现旅游收入 211.9 亿元，按可比口径同比增长 15.8%、16.2%。在 2013 年五一期间，国家 5A 级旅游景区、国家产业文化示范基地——开封清明上河园收入同比增长 30%，大型水上实景演出《大宋·东京梦华》更是一票难求。

在对外文化传播上，2013 年 11 月，嵩山少林寺武术馆少林功夫表演团北美巡演完美收官，该团在美国、墨西哥 2 年巡演 80 个城市，796 场次，观众达 300 万人次，创下一个团队国外演出时间最长，巡演城市、场次和观众最多的纪录。嵩山少林寺武术馆作为少林武术文化的传播者，已先后组织 200 多批次 2000 多人次的功夫表演团赴 80 多个国家和地区进行武术表演和文化交流，是我国首家进入奥地利金色大厅、英国皇家剧院、美国百老汇演出的文化团体。

（四）江西

2013 年，江西省出台对县级 3 厅以上数字影院建设给予奖励补助的政策，激发了各类资本投资兴建城镇数字影院的热情。截至 2013 年 12 月底，江西全省建有数字影院 123 座，影厅 528 个（含 3D 厅 346 个），座位 70711 个。2012 年以来，全省建有县级影院 68 家，覆盖全省 52 个县（市、区），为实现公共服务均等化打下良好基础。

在文艺剧作上，过去一年体现江西风格、江西特色、江西气派的文艺精品层出不穷。围绕全国道德模范龚全珍,组织创作了歌曲《老阿姨》《大爱无声》,广播剧《将军和他的夫人》,并着手策划微电影《龚全珍》。创作 30 集重大革命题材电视剧《领袖》、30 集电视剧《油菜花香》、纪录片《江右》等全国热播的影视作品。赣剧《那杆秤》、采茶戏《阳台上的野菊花》、大型情景主题歌舞《记忆庐陵》等一大批具有浓郁地域特色的文艺精品在第五届江西艺术节舞台上绽放。与历届不同的是,参演艺术节的 28 台剧目,来自 19 个国有改制院团、8 个民营院团、1 个高校院团,其中省直 5 个改制院团都排出新剧目。

在出版刊物上,2013 年出版图书 4538 种,同比增长 18.8%;报纸 63 种 6.7 亿份,期刊 163 种 6400 万册,音像电子出版物 504 种,数字网络出版物 2026 种。《价值观的力量》入选"第五届优秀通俗理论读物推荐书目",全国仅 12 种入选;《中国有个毛泽东》等 5 种图书入选"新中国成立以来百种优秀图书",全国占比 5%。

在文化"走出去"上,全年对外及对港澳台文化交流项目 123 个,比上年增长 36.7%,文化交流出入境 2076 人次,比上年增长 88.9%。第九届中国(深圳)文博会,江西 132 家文化企业和单位、400 多个文化项目参会,实现现场交易额 4756.3 万元,同比增长 300% 以上。

在动漫游戏上,2013 年江西动漫产业主营业务收入达 4.38 亿元。2013 年江西省围绕动漫产业采取了有力举措:一是建立了以文化厅牵头,教育、科技、财政、广电、新闻出版等 10 多个部门组成的扶持动漫产业发展厅际联席会议制度;二是制定出台了《江西省人民政府动漫奖专项资金管理办法》;三是由泰豪动漫人才奖上升到江西省人民政府动漫奖。据悉,目前全省从事动漫产业的企业约有 60 家,国家认定动漫企业 13 家,国家认定重点动漫企业 3 家,预计 2013 年动漫产业主营业务收入达 4.38 亿元。

## 二、区域文化产业政策分析

### (一)湖南

2013 年是贯彻落实党的十八大精神的开局之年,文化产业发展对湖南建设文化强省具有重要意义。过去的一年,湖南省继续落实支持院团体制改革的有关配套政策;抓紧组建湖南省艺术研究院,推动转制院团加快公司制、股份制改造;加强与资本市场对接,重点支持湖南省文化艺术品产权交易所健康发展。同时,积极引导民间资本投入文化产业,继续推进文化产业行业协会建设。

2013 年湖南省重点完成 40 亿元的文化基础设施建设,根据湖南省文化厅规划财务处统计,湖南省在去年年初已经启动市县两级大型公共文化设施建设项目284个,总建筑面积1968万平方米,计划总投资855亿元,已完成投资65.8亿元。另一方面,大力引导民间资本投入助力文化产业发展,2013年1月12日,"文化名城·创意中心"知名文化企业长沙行活动举行,200余家知名文化企业现场签约20个重大项目,投资总额达154亿元。活动现场,湖南非凡投资有限公司引入知名珠宝企业东莞金叶珠宝、深圳恒星珠宝等,投资5亿元进军文化创意产业的项目格外引人注目。

2013年5月,国家开发银行湖南省分行和电广传媒承办的"金融支持文化产业发展恳谈会"在长沙召开。会议举行了产业信贷签约仪式,共计签约15个信贷协议,涉及金额93亿元,其中信贷合同31亿元,合作协议62亿元。国家开发银行与电广传媒签订湖南省农村电视数字化项目银团贷款合作备忘录(30亿元)、农业银行与洪江古商城文化旅游公司签订洪江古商城旅游开发项目合作协议(8亿元)、中国银行与拓维信息系统股份有限公司签订合作协议(2亿元),金融机构通过信贷对文化产业的支持,不只是为文化产业的发展增添动力,也是为金融机构自身的创新发展注入活力。

2013年7月,湖南省文化厅与建设银行湖南省分行战略合作框架协议在长沙签署。这次战略合作框架协议的签订,是贯彻党的十七届六中全会精神,落实国务院《文化产业振兴规划》和湖南省委、省政府加快发展文化产业若干意见的具体举措,是湖南省文化产业与金融业的直接有效对接,将有力助推湖南省文化产业快速发展。

（二）湖北

2013年10月,湖北省出台了《湖北省文化厅关于文化产业园区(集聚区)的管理办法》(以下简称《办法》)。《办法》对文化产业园区(集聚区)的评定设定了具体条件,要求符合国家和湖北省文化创意产业发展导向和发展规划,有切实可行的园区(集聚区)中长期建设发展目标和规划;有较完善的基础设施和硬件环境保障,并具有合法、完备的审批手续;具有完善的管理制度和有效的运营机制等。该办法重点提出文化企业数量占园区(集聚区)企业,总数比例须达到60%以上或文化产业总产值/营业收入占园区(集聚区)总产值/营业收入达到60%以上。为加大对文化产业园区(集聚区)的扶持,经认定的园区(集聚区),将适用湖北省有关促进文化产业发展政策、金融支持文化产业发展政策、文化科技融合发展意见政策、对外文化贸易发展意见政策、鄂港澳服务贸易自由化推动政策、设计产业发展政策和促进民营经济发展等意见政策中对园区(集聚区)的有关优惠政策和措施。

2013 年,湖北省对动漫产业发展继续采取扶持政策。湖北省文化厅与省财政厅共同拟定了《2013 年湖北省动漫产业发展专项资金分配方案》,46 个动漫项目获得资金扶持,其中,原创项目 19 个。扶持资金总额 801 万元。湖北省自 2010 年实施动漫产业发展扶持政策以来,共计投入了 5974 万元用于扶持动漫产业发展,其中原创精品补助 3603.6 万元,占扶持总额的 60.3%,有效推动了湖北动漫产业尤其是原创动漫的发展。湖北现有 150 余家动漫关联企业,通过国家认定的动漫企业 19 家,其中重点动漫企业 3 家。产业链从业人员约 10000 人。10 余部动画片在央视播出,2 部动画电影在全国院线上映。2012 年全省动漫产业总产值 35.63 亿元,比上年增长 33%,成为全省文化产业新的增长点。

（三）河南

2013 年年初召开的河南省文化工作会议指出,河南省财政将建立 1 亿元的农村文化发展资金,用以提升农村文化建设。重点加强建设华夏历史文明传承创新区、新型城镇化中的文化建设、文化工作信息化和文化建设等 4 个方面的工作。

2013 年 6 月,河南省文化体制改革和发展工作领导小组办公室公布《河南省文化产业"双十"工程实施方案》,方案指出,从全省选出 10 个重点文化产业园区和 10 个重点文化企业进行培育和扶持,到 2015 年,形成年营业收入超百亿元文化企业 1 个、超 50 亿元文化企业 2 个、超 20 亿元文化企业 7 个,形成主导产业突出、产业链条健全、服务设施完善、经济效益明显的重点文化产业园区 10 个。到 2020 年,形成一批在全国有影响的重点文化企业和文化产业园区,有 2 至 3 个文化企业入选全国文化企业 30 强,力争使河南省文化产业法人单位增加值占全省生产总值的比重达到 5% 左右。

2013 年 9 月,河南省政府办公厅下发《2013 年河南省服务业重点领域发展行动方案》(以下简称《方案》)。《方案》指出,河南省将以文化园区和骨干企业为抓手,推动产业集聚集群发展,提升文化产业规模化、集约化、特色化水平。打造郑州区域性文化中心,加快华强文化科技产业基地一期工程、河南出版产业基地、河南文化产业影视基地等 7 个重点项目建设,力争开工建设中原国际演艺中心("水舞间")、大河文化物流、创意岛项目,加快动漫衍生品创意产业基地、河南媒体城、郑州现代传媒中心项目前期工作。文化产业重点园区和骨干企业方面,将培育年营业收入超过 50 亿元的企业 2 家,超过 10 亿元的企业 8 家。其中,备受市民关注的清明上河城一期、鼓楼复建、大唐古镇、禅宗少林音乐大典二期、少林武术基地等项目将加快建设。同时将不断推动河南奥斯卡院线公司在武汉、西安等城市扩张布局,力争全年新增影城 12 座,票房收入超过 4.6 亿元。

2013 年 9 月,为加快乡村旅游发展,形成以旅富农、以农促旅、农旅结合、城乡互动的乡村旅游发展新格局,河南省出台《关于加快发展乡村旅游的意见》(以下简称《意见》)。《意见》提出,到 2015 年,河南省将打造 10 个乡村旅游示范县、20 个旅游示范乡镇、300 个特色旅游村,全省乡村旅游年接待游客超过 1 亿人次,年收入达到 480 亿元,直接从业人数达到 68 万人,乡村旅游经营户人均年收入达到 1.5 万元。到 2020 年,打造 20 个乡村旅游示范县、30 个旅游示范乡镇、400 个特色旅游村,培育一批特色突出的现代农业休闲农庄,全省乡村旅游年接待游客达到 2.7 亿人次,年收入达到 1370 亿元,直接从业人数达到 110 万人,乡村旅游经营户人均年收入达到 2.5 万元,形成一批具有河南特色、中原风貌、时代特征和较高知名度的乡村旅游品牌,成为全国重要的乡村旅游目的地。

(四)江西

在 2013 年江西省人民政府工作报告中提到,要大力发展服务业,大力发展印刷复制、演艺娱乐、创意文化、数字出版等文化产业。提升“江西风景独好”品牌影响力,做大做强旅游业,力争旅游接待超过 2.5 亿人次,旅游总收入超过 1700 亿元。积极推进服务业综合改革试点。新增省级服务业集聚区 10 个、省级服务业龙头企业 20 家。实际上,2013 年全年,江西省旅游接待总人数达 2.5 亿人次,同比增长 22%;旅游总收入达 1896.06 亿元,同比增长 35.18%。

2014 年新年伊始,江西省政府出台《关于加快文化创意产业若干政策措施》(以下简称《措施》),这是江西省首次系统出台促进文化产业发展的文件,它突出政策引导和要素扶持,将为江西省文化产业发展带来福音。省政府出台《措施》,加快经济转型升级,更好呼应省委“发展升级、小康提速、绿色崛起、实干兴赣”十六字方针。

《措施》提出要加大对江西文化创意产业的政策引导和扶持,全方位推动江西文化创意产业的发展,打造文化产业大省。根据《措施》,江西省将鼓励各市、县(区)加大对文化创意产业的资金投入力度,搭建投融资平台,鼓励民间资本进入文化创意产业领域,让文化企业向科技、生态、电商等方向融合发展,助推媒体数字化、信息化建设。同时,《措施》规定,要降低注册门槛、减少运营成本、打造公共服务平台、优化发展环境,着力为创业型、中小型文化企业扫清障碍。在做强新闻出版业方面,《措施》提出扶持传统媒体与新媒体融合、原创创意作品出版、绿色高端印刷、现代出版发行等。对新入选“三个一百原创工程”“全国百强报刊”“全国百强印刷企业”的单位给予奖励;对荣获国际奖项或国家级奖的作品、单位、个人给予奖励;对获得国家数字出版转型示范单位给予补助。

### 三、区域文化产业发展趋势

（一）湖南

近年来,湖南文化产业发展呈现总量、质量、均量"三量"齐升的良好局面,这离不开金融对文化产业的大力支持。然而,现阶段快速发展的湖南文化产业,需要大量的资金支持,大型文化产业集团需要更多的资金开发大型文创项目,中小文化企业需要资金获得自我突破,资金约束在未来较长时期仍将是制约湖南文化产业发展、也是全国文化产业发展的主要瓶颈,破解融资难题仍是湖南文化产业发展的当务之急。

解决湖南文化产业的融资难题需要主管部门、金融机构以及文化企业共同努力。文化产业主管部门应进一步增强协调、服务意识,主动加强与财政、金融部门的联系,积极探索协调服务新途径;金融管理部门进一步研究政策,帮助文化企业,特别是中小文化企业提供更多金融政策、金融形势和融资模式等方面的信息和服务;各金融机构进一步加大文化产业信贷投入,加大金融产品创新力度,帮助文化企业解决燃眉之急、筑牢发展之基;文化企业进一步建立健全现代企业制度,完善公司治理结构,提高综合融资能力,不断提升经营效益和发展质量。

（二）湖北

近几年来,湖北文化产业虽努力赶上,但仍处于"大文化·小产业"的发展局面,全省文化产业骨干企业数量少、类型趋同、文化产业基数低。产业发展速度较慢,虽具有先发优势,但发展速度不快,产业总量不大,产业规模在全国范围内处于中等水平,与第一梯队差距较大。人才的缺乏,产业链的不完整,产业组织化、集约化程度低,文化市场竞争仍处于低端状态,这些都是制约湖北省文化产业发展的主要问题。

湖北文化产业发展,应制定完善推动文化产业突破性发展的政策措施,加快政府由办文化向管文化转变;继续推进国有经营性文化单位转企改制,提升国有企业市场活力;支持文化企业跨地区、跨行业、跨所有制兼并重组,提高文化产业规模化、集约化、专业化水平;降低社会资本进入门槛,鼓励非公有制文化企业发展,增加文化市场竞争力;加快公共文化基础设施和重大文化设施项目建设,促进公共文化资源和服务体系向基层延伸;构建均等化、标准化、多元化公共文化服务体系,推动公共文化服务社会化发展。

（三）河南

河南是当之无愧的资源大省，但仍不能称得上是文化产业强省。河南是中华文明最重要的核心发源地，拥有丰富的历史、旅游、文化娱乐、艺术品交流等资源优势，故都开封、少林寺、豫剧、汴绣等都在海内外享有盛誉，凭借这些资源开发出的实景演出《大宋·东京梦华》《禅宗少林·音乐大典》《梨园春》等节目更是深受国内外观众的喜欢。然而，文化产业优势品牌的匮乏、产业集聚效应不明显、跨界整合能力不强等因素制约着河南省文化产业的发展。

因此，为促进河南这个资源大省的文化产业发展，政府应致力于进一步加大政策、资金的倾斜，同时牵线搭桥，建设文化产业公共服务平台，如信息商务共享平台、文化企业投融资平台等；同时，重视文化产业园区的建设与发展，在用地紧缺、融资难的情况下，应重点扶持发展几个文化产业园区，加强文化资源的整合和再生能力，带动周边文化产业业态的发展和布局。金融行业应提供更多的融资模式与方法，为不同的文化企业提供相应的信贷支持，解决中小文化企业融资难的局面。文化企业应加强区域合作，充分利用周边省份的优势资源，形成互补，形成合力，为文化企业更好更快的发展形成一股良好的市场氛围。

（四）江西

江西省有着丰富的旅游资源，文化旅游一直是江西省文化产业的一大法宝。近几年来，凭借新闻出版业、动漫游戏业、广播影视业的快速发展，江西省文化产业的发展逐渐向第一梯队靠拢。然而，仍有一些问题制约着江西省文化产业的发展，如骨干文化企业较少、叫得响的文化品牌不多、文化企业市场融资困难、旅游资源分散等，这些问题都亟待解决，如此才能进一步推进江西省文化产业的整体发展。

围绕旅游产业，江西省应努力促进旅游资源由分散开发向整体开放开发推进转型、促进旅游消费由观光旅游为主向休闲度假观光并重转型、促进旅游收入由门票为主向综合收入转型，让文化旅游为江西省文化产业的发展贡献更大的力量。为促进全省文化产业整体发展，江西省政府应着力于政策引导和要素扶持两大方面，通过加大资金投入、加大税费支持等方面来多角度、全方位推动江西文化创意产业发展。具体来说，针对骨干文化企业较少、叫得响的文化品牌不多这一现状，江西省应着力壮大市场主体，吸引一些非文化企业集团参与到文化创意产业发展，一是要发挥现有几个大集团的领头雁作用，比如江西出版集团，推动与新型业态的融合发展；第二要吸引在外赣商回来投资文化创业产业，吸引他们关心和关注文化产业领域。要素支持则重点是解决小微文化创意企业的融资难问题，江西省应逐步增加文化产业发展资金，重点向文化创意产业倾斜，同时积极引入民间资本。

# 东北地区文化产业年度发展报告

张　伟　吴晶琦[*]

## 第一节　东北地区文化产业发展的现状和态势

2013 年,东北三省文化产业增加值预计超过 1700 亿元,文化产业发展增速均超过了国内生产总值(GDP)的增速,文化产业的发展无论在规模、体系、政策制度、人才储备和品牌竞争力等方面都取得了长足的发展。东北地区文化产业发展不盲目追求增长速度,而是注重文化产业发展的实效,切实解决文化产业发展中的瓶颈问题,提高文化产业规模化、集约化、专业化水平,推动文化产业与其他产业的融合,建立"文化＋创意""文化＋科技""文化＋金融""文化＋旅游""文化＋信息"等融合发展模式,实现文化产业的跨越发展。

**表 1　东北三省文化产业发展规模状况对比**

| 省份 | 2013 年 GDP 总量 (单位:亿元) | 2013 年 GDP 总量 全国排名 | 2013 年 文化产业 增加值(估算) (单位:亿元) | 2013 年 GDP 增速 | 2013 年 文化产业 发展增速 | 文化产业 增加值占 GDP 比重 |
|---|---|---|---|---|---|---|
| 辽宁省 | 27077.7 | 7 | 约 820 | 8.7% | 30% | 3% |
| 吉林省 | 12981.5 | 21 | 约 470 | 8.3% | 30% | 3.6% |
| 黑龙江省 | 14786.9 | 16 | 约 500 | 8% | 25% | 3.4% |

数据来源:根据相关资料汇编。

### 一、辽宁

2013 年度中国省、自治区和直辖市文化产业发展指数发布,其中,辽宁省的

---

\* 作者系鲁迅美术学院文化传播与管理系主任、科研处处长、教授;吴晶琦:鲁迅美术学院文化传播与管理系,副教授。

文化产业发展综合指数为 74.5,排名第十;生产力指数 74.2,排名第十;驱动力指数 76,排名第六。辽宁省委省政府高度重视文化产业的发展,把文化产业的发展放在了重要的战略地位,从政策扶植、资金扶持及人才等方面为文化产业发展建立了切实的保障体系。全省现有国家级文化产业示范园区和示范基地达 14 个。2013 年命名首批 6 个省级文化产业示范(试验)园区和 16 个省级文化产业示范基地。近年来,辽宁省文化产业发展增速保持在 30% 的快速发展水平,辽宁正在实现文化大省向文化强省的跨越。

（一）深化文化体制改革,为文化产业发展奠定体制基础

辽宁省一直走在我国文化体制改革的前列,被中央评为文化体制改革先进省。沈阳市从 2009 年开始,连续 4 年被中宣部、文化部、国家广电总局、新闻出版总署授予"全国文化体制改革工作先进地区"称号。2013 年,辽宁省省委宣传部等 9 部门联合下发了《关于转发九部委〈关于支持转企改制国有文艺院团改革发展的指导意见〉的通知》,不断健全文化政策法规体系;完成了《下一代》杂志社转企改制工作;清理整顿社团组织和民办非企业单位,由 39 个减少到 12 个;清理和减少行政审批项目,取消 7 项、下放 3 项。

（二）创新演出形式,演艺娱乐业实现跨区域发展

辽宁省国有文艺院团转企改制任务已经全面完成,文化体制改革解放了艺术生产力,演出市场日益活跃,优秀剧目不断涌现。全省 40 个国有演出团体,演出剧(节)目 8000 场。辽宁剧院联盟立足项目首次运作"演出季",为培育各地演出市场发挥了积极作用。各大演艺团体不断创新演出形式,深入挖掘辽宁历史文化资源创作实景演出形式。沈阳演艺集团在沈阳故宫博物院推出了《新春朝贺》《海兰珠归嫁皇太极》两部实景清文化演出剧目;沈阳京剧院在故宫戏台推出"清宫戏台京剧折子戏"《坐宫》等经典折子戏表演;沈阳话剧团在张氏帅府博物馆推出系列实景情景剧《东北王传奇》,在沈阳二战盟军战俘营旧址陈列馆推出史实实景剧《难忘的岁月》。以本山传媒为代表的民营演艺团体规模不断扩大,跨省连锁经营取得新突破。2013 年本山传媒新建立深圳刘老根大舞台、山东泰安刘老根大舞台,至此本山传媒在全国已经开办 10 家连锁剧场。2013 乡土盛典发榜,赵本山获文化风采年度人物。辽宁省已经形成了门类比较齐全、覆盖全省城乡的大众娱乐产业。现有各类娱乐场所近 2 万家。2013 年辽宁城镇居民人均文化娱乐服务支出为 671 元,同比增长 13.4%,人们的文化消费能力增强,消费方式越来越追求高品质。

（三）新闻出版产业主体不断壮大，印刷产业项目取得新的突破

2013 年，辽宁的新闻出版产业取得了重大发展，辽宁报业集团、辽宁出版集团、北方联合出版传媒集团、辽宁党刊集团等产业主体不断壮大，深入推进辽宁北方期刊集团组建工作。2013 年，重点图书入选国家各类规划、项目、获奖名录的选题 36 种，图书品牌"金色年华""金色乡村""金色夕阳"新增项目 218 个，策划推出了"天下视点"丛书《冷眼向洋看世界——西方民主的反思》《百名大使话中国》等一批以重大时政、重大理论建设及社会主义核心价值体系为主要内容的重大图书出版项目。

辽宁目前有 3600 余家印刷企业，印刷产业规模壮大。2013 年辽宁印刷产业实现了新的突破。推进以胡台为主体的国家印刷包装产业基地建设和辽宁出版集团绿色印刷产业园开工建设工作。高精尖印刷技术取得新成果，中国科学院和丹东金丸集团共同研发的"滚筒式纳米材料直接制版机"正在进行功能验证测试；实施绿色印刷工程，辽宁绿色认证中心挂牌运营，辽宁高仿真印制技术正式走向市场；建设沈抚新城现代印刷产业基地，建成后将形成与我国长江三角、珠江三角印刷产业并列，辐射中国东北乃至整个东北亚地区的印刷产业基地。

（四）影视创作活跃，消费市场快速发展

辽宁影视有着雄厚的基础，具有优秀的创作力量与资源。2013 年《县长达仁》等 7 部 220 集电视剧通过总局备案公示，《老家门口唱大戏》等 4 部电视剧获发发行许可证。《低碳爱情》等 11 部电影通过总局备案公示，6 部电影完成审查，2 部电影获发公映许可证，《雷锋在 1959》被中宣部等 5 部委列为今年全国学雷锋活动的重点宣传影片，在全国公映。《烛光之约》作为光明日报社、中央电视台联合主办的"寻找最美乡村老师"大型公益活动唯一一部主题宣传影片，在全国中小学校和全国农村放映。2013 年，卫视上半年电视剧收视排行榜单公布，在收视率前 20 名中，本山传媒的剧集占 7 席，《乡村爱情变奏曲》《第 22 条婚规》《樱桃红》等多部电视剧收视飘红。辽宁广播电视台《中国好人》栏目荣获国家新闻出版广电总局 2013 年广播电视创新创优栏目。广播电视村村通工程有序推进。设立了 56 家直播卫星接收实施专营服务网点专营店，发展 1 万多户直播卫星用户。目前，全省共有院线 15 条，影院 122 家，银幕总数 716 块。通过政府扶持和市场运作相结合的方式，加快推进县级城市数字影院建设。截至目前，全省 21 个县（县级市）建有数字影院，覆盖率达到 50%。2013 年沈阳电影票房总收入为 3.31 亿元，比上一年增长 26.8%，继续雄踞东北三省票房首位。沈阳市共有营业影城 45 家，比 2012 年增加了 8 家，观影人次 1086 万。2013 年，大连市电影票房达

2.58 亿元,同比增长 19.3%。新增影院 5 家,电影放映经营单位增长到 31 家,银幕 192 块,观影人次 849 万,并将建全国首家 6D 观影剧场。

（五）展会自身活力不断增强,专业化程度不断提高

2013 年 9 月 20 日—24 日,由文化部、国家新闻出版广电总局和辽宁省政府、吉林省政府、黑龙江省政府共同主办的"第五届中国东北文化产业博览交易会"在辽宁沈阳召开。东北文博会是国家级展会,是东北文化产业的重要展示平台。此次文博会与第四届相比,呈现出了规模更大、内容更新和市场化更强的特点。本届展会共有来自东三省、内蒙古通辽市及俄罗斯、港澳台的 3200 余个参展商参展,设展位 6500 个,展览面积 15 万平方米,观众累计 150 余万人次;共推出文化产品和文化服务 8 大门类 5 万余种;展场零售文化商品额 1000 余万元,实现大宗合同购销 2400 余万元;共推出文化产业招商项目 250 余项,推介会现场签约额达 427 亿元,比第四届文博会现场签约额增长 58%。2013 中国锦州世界园林博览会成功举办。锦州市围绕"城市与海,和谐未来"的主题,建成了世界上面积最大的海上世界园林博览会。锦州世博园被文化厅授予"辽宁省文化产业示范园区"称号,将发展成为集文化旅游、观光休闲、娱乐体验为一体,多项文化产业项目集聚的国家级文化产业园区。2013 年,"中国葫芦岛·兴城国际沙滩·泳装文化博览会"跻身中国十大最具发展潜力展会。

（六）深入挖掘中小城市旅游资源,加快区域文化产业发展

2013 年,辽宁省抚顺市提出把旅游业作为城市转型的牵动性产业和支柱产业以及战略切入点,明确了建设旅游型城市的目标。抚顺的旅游产业取得了多项可喜成果,在全省率先成立旅游产业发展委员会,抚顺旅游服务中心落成,成功举办中国(抚顺)满族风情国际旅游节,旅游重大项目获得突破,有力助推抚顺市旅游业快速发展。2013 年,丰远热高乐园投入 19 亿元,建设了巴厘岛水世界二期梦幻世界项目及嬉雪、滑冰、温泉三大项目。朝阳市积极探索地域特色旅游,2013 年"地域文化与特色旅游研讨会"在朝阳市召开。此次研讨会由辽宁省社科联、省旅游局、省文化厅等多家单位联合召开,旨在挖掘辽宁西北具有浓郁特色的人文资源,整合辽西具有旅游考古价值的历史资源。本溪市推进枫叶之都建设,开始着手实施《本溪市加快推进中国枫叶之都建设行动纲要》,全市接待国内外游客增长 13.2%,旅游总收入增长 15%。在由新华网主办的"最美中国·2013 旅游业融合与创新论坛暨最美中国榜发布会"在京召开,葫芦岛市入选"最美中国·文化旅游目的地城市"榜。在由中央电视台主办的"2013 美丽中国·魅力湿地"颁奖典礼上,位于盘锦的双台河口国家级自然保护区,荣膺"中国十大魅力湿

地"称号。

**（七）对外交流水平不断提升，文化产品出口能力进一步增强**

在商务部、中宣部、文化部、广电总局和新闻出版总署开展的 2013—2014 年度国家文化出口重点企业评选工作中，北方联合出版传媒（集团）股份有限公司、沈阳杂技演艺集团有限公司、抚顺平天蜡制品有限公司、大连理工大学出版社有限公司、大连博涛多媒体技术股份有限公司、大连金山互动娱乐科技有限公司和大连坐标数码科技有限公司 7 家企业成功入选 2013—2014 年度国家文化出口重点企业。

积极开展对外文化交流。锦州满族刺绣项目代表东北三省参加了联合国教科文组织和文化部联合举办的第四届中国成都国际非物质文化遗产节。辽宁芭蕾舞团参加巴西"中国文化月"大型文化交流活动受到好评。辽宁省与毛里求斯中国文化中心对口年度合作进展顺利。文化交流合作重点项目和国家品牌项目"欢乐春节"活动顺利进行。波兰在辽宁省成功举办"辽宁—波兰友好周"，引进国外文化交流项目水平不断提高。

**（八）开拓文化产业发展的新思路，成立"辽宁文化创意产业协同创新中心"**

为了积极推进文化与其他产业的融合、实现文化＋创意、文化＋科技、文化＋信息等融合发展模式，东北地区首家培养文化产业专门人才的高校鲁迅美术学院牵头筹建"辽宁文化创意产业协同创新中心"。该协同创新中心以鲁迅美术学院为主体，协同沈阳经济区工作领导小组办公室、东北大学、辽宁大学、三一重型装备公司等 9 家单位组建而成，于 2012 年 12 月 26 日被辽宁省教育厅批准为 2012 年"辽宁省级 2011 协同创新中心（筹建）"（以下简称"中心"）。中心已搭建了一个理论研究中心和七大设计研发平台，把各方力量整合起来，打破学科、校际、校企、校府壁垒，实现强强联合，推进多主体联合攻关的协同创新研究，直面文化创意产业领域的基础性、战略性、前瞻性课题，为辽宁省文化创意产业的发展提供智力支持。近一年来，累计投入达到 2330 万元，其中包括"十二运"视觉形象设计、与金融博物馆合作的策展项目、与三一重装公司合作研发产品的项目在内的 23 个已规划项目。《辽宁省文化创意产业规划》和《沈抚同城文化创意产业协同发展研究报告》项目，调研阶段已经完成，预计产生经济效益达 6 亿元。中心的成立大大促进了辽宁文化产业的发展，提升了辽宁文化产业的核心竞争力。

**二、吉林**

吉林省委十届二次会议和吉林省"两会"首度提出了建设文化大省的目标。

2013年,吉林省出台了第一个支持文化产业发展的综合性政策;顺利完成了扶持建设农村文化大院、社区文化活动室和"送戏下乡"三项省政府年度民生实事项目;省图书馆新馆、大众剧场开始试运行;省演艺中心、省美术馆、东北抗联展览馆项目启动建设工作稳步推进;长春市公共文化服务体系示范区建设项目通过国家验收;文艺精品创作取得丰硕成果,2013年全省有65项文艺作品荣获全国大奖;在第五届东北文化产业博览会和第九届中国(深圳)国际文化产业博览交易会等国家级重要文化产业博览会上,具有浓郁吉林特色的文化企业和项目全面展示了吉林文化产业所取得的丰硕成果;实施"吉剧振兴工程",省戏曲剧院吉剧团入选"全国地方戏创作演出重点院团"。

（一）深化文化体制改革,壮大文化骨干企业

培育了以长影集团、吉林出版集团、吉视传媒股份公司、吉林日报报业集团、吉林省影视剧制作集团、吉林歌舞剧院集团、吉林动漫集团等为代表的省属骨干企业,形成了合理的国有文化产业发展布局。中央领导同志多次批示宣传吉林文化改革发展经验,长影集团、吉视传媒股份有限公司被评为全国文化体制改革先进单位。培育形成了以"吉林歌舞""吉林电视剧""吉林期刊"等为代表的一批具有吉林特色的文化品牌,吉林市歌舞团连续16年走进央视春晚。吉林省42种综合性市场消费类期刊有20种期发行量超过10万份,有5种超过50万份。吉林省建成了以东北亚文化创意科技园、知和国际动漫产业园、吉林动漫游戏原创产业园等为代表的国家和省级文化产业园区12个,推动吉林省文化产业集聚。吉林出版集团有限责任公司、吉林省宇平工艺品制造有限公司、辉南诗梵纺织工业有限公司、吉林皇星漫画设计制作有限公司、长影集团有限责任公司5家企业成功入选2013—2014年度国家文化出口重点企业。

（二）建设完备的文化产业政策支撑体系,提升吉林省文化产业综合竞争力

2013年,吉林省召开了全省文化体制改革和文化产业发展工作会议,出台了吉林省第一个支持文化产业发展的综合性文件《关于进一步支持文化产业发展的若干政策》以及《关于金融支持文化产业振兴发展的实施意见》《关于加快推进文化科技融合发展的实施意见》和《关于促进文化与旅游融合发展的实施意见》三个相关配套文件,构成一个比较完整的文化产业政策支撑体系,从金融、科技和旅游等方面为文化产业发展提供保障。《关于进一步支持文化产业发展的若干政策》共11个部分,39条,政策覆盖面广、含金量高、力度大,从培育骨干文化企业、推动文化产业集聚、支持文化企业上市、扶持民营文化企业发展共十个方面加大政策支持力度。2013年,吉林省文化产业促进会成立,这是吉林省首家以促进文

化产业发展为宗旨的省级社会团体。促进会现有 151 家单位会员,涵盖了影视制作、出版发行、演艺娱乐、动漫游戏、创意设计、会展服务、文化旅游等文化产业各门类。2013 年,吉林省文化产业投资集团出资成立了吉林省文化产业信用担保有限公司和吉林省文化产业股权投资基金管理有限公司,这将有效突破文化产业发展的资本瓶颈。

（三）延伸产业链条,促进产业集群发展

吉林省委省政府高度重视文化产业园区、基地和产业集群的建设。加强文化产业园区的孵化,发挥其孵化培育功能,加快扶持省级文化产业园区发展。2013年,吉林省数字内容和数字媒体两个现代服务业产业化基地被科技部认定为国家级现代服务业产业化基地,这是吉林省首次获批国家级现代服务业产业化基地,基地集聚了知识、技术、人才、资金、政策等要素。长影世纪城文化主题公园、吉林省东北亚文化创意科技园、吉林动漫游戏原创产业园、吉林省知和国际动漫产业园、长春软件与动漫服务外包产业园五个园区入围"2013 年度吉林省省级文化产业重点园区"。吉林省不断延伸产业链条,做大做强以歌舞为代表的演艺产业链、以动漫网游为代表的新兴文化业态产业链、以松花石砚、剪纸、农民画、刀画为代表的工艺美术产业链以及以歌舞、琵琶、古筝为代表的艺术培训业产业链,进一步提高附加值和竞争力。今后吉林将不断推动文化创意产业集群化发展。努力建设动漫产业集聚区、影视集聚区、冰雪文化景观产业集聚区、汽车文化产业集聚区、历史文化产业集聚区、民俗民族文化产业集聚区、长白山文化产业集聚区和红色文化旅游产业集聚区这八大文化产业集聚区。

（四）实施吉林文化品牌战略,演艺市场繁荣演艺产品不断丰富

2013 年吉林省 65 项文艺作品荣获全国大奖,无论是从数量上还是质量上都在全国名列前茅。2013 年,吉林省委省政府出台一整套文艺创作生产的扶持引导机制,实施重点作品项目制和季度调度制,建立健全文艺精品创作的"项目化运作模式"。宣传文化部门也对全省文艺创作资源进行了摸底梳理,征集了 200 余项优秀作品,确定了 71 个项目进行重点扶持,实现了文艺精品创作的欣欣向荣。2013 年,在电影华表奖、金鸡奖,电视剧飞天奖、国家舞台艺术精品工程、全国优秀少儿文学奖、央视青歌赛、中国出版政府奖等重要奖项的评选中,吉林省共获得 65 个奖项,其中作品获奖 29 项,单位和个人获奖 36 项。"吉林歌舞"新增演艺产品,吉林省歌舞团与万达集团强强联手打造了展现长白山丰富文化的大型梦幻情景传奇秀《天地长白》,填补了吉林省旅游业无大型专场晚会演出的空白。同时吉林省歌舞剧团与万达集团合作,剧场投资 5.85 亿元,剧目投入 1000 万元,为吉

林的演艺市场繁荣创造了有利条件。

2013 年 12 月 12 日召开"吉剧振兴工程"会议,加快吉剧振兴。在 2013 年召开的全省文化体制改革和产业文化产业发展工作会议上,也出台了《关于实施"吉剧振兴工程"的意见》,明确了吉剧振兴的发展目标。省委宣传部、省文化厅、省文联组织省内十余位吉剧艺术家、理论家和专家学者,全面整理吉剧的相关资料,编撰并出版首批 9 卷《吉剧集成》。省戏曲剧院吉剧团入选"全国地方戏创作演出重点院团"并获得 100 万元资助资金。省吉剧团的经典剧目《桃李梅》实现了历时 45 天、辗转 4 省 10 余个城市,共计 33 场的巡演圆满成功。

(五)动漫产业不断壮大,开发创意新产品

2013 年中国吉林东北亚动漫游戏产业基地评为"吉林省省级文化重点园区"。该基地有动漫综合大厦、中小企业孵化基地、游戏游艺工程中心等项目,重点发展动漫游戏原创及衍生品开发,打造动漫游戏产业综合服务平台。在 2013 中国国际动漫节金猴奖评选中,吉林艺术学院原创的 52 集动画片《昆虫联盟》获金猴奖最具潜力奖,是东北唯一获奖作品。2013 年吉林省禹硕公司原创 3D 动画电影《青蛙王国》在全国投放院线,这是中国第一部由高等院校自主制作和出品的 3D 院线电影,票房累计 1625 万元人民币。吉林动漫集团紫晶动漫公司出品动画片《参娃与天池怪兽》在中央电视台少儿频道播出,广受欢迎。2013 年,吉林动画学院成功获批吉林动漫文化研究基地,为吉林动漫发展提供支持。2013 年吉林还举办了第二届吉林松花江动漫节、第六届中国吉林国际动漫游戏论坛等大型动漫节会、论坛活动,促进了吉林的动漫产业的发展。

(六)深入实施品牌战略,新闻出版业整体实力雄厚

吉林出版集团的市场销售占全国销售总额已近连续六年居于全国 33 家出版集团(局、总社)的第二位,使吉林出版速度保持年均 20% 以上的增幅,"吉林出版""吉刊现象"影响力进一步扩大。2013 年首届中国期刊交易博览会举办,吉林荣获"优秀组织奖"和"优秀创意设计奖"两项大奖。在第四届中华优秀出版物奖评选中,吉林省获优秀出版物图书奖 1 种、优秀出版物图书奖提名奖 4 种、优秀出版科研论文奖一篇,取得了吉林省历史最优成绩。在第二十三届全国图书交易博览会中,吉林省 23 家出版单位参展,设立展位 30 个,共推出参展图书 1348 种、3790 册,订出图书成交码洋 5600 万元。在第三届中国出版政府奖的评选中,吉林省的《作家》《光学机密工程》分别获得期刊奖和期刊奖提名奖,省作家协会副主席、《作家》杂志主编宗仁发荣获优秀出版人物奖。在 2013 年度中国百强报刊评选中,《吉林日报》《吉林大学社会科学学报》等 5 种报刊入选。《意林》和《作家》

入选年度全国最受读者喜爱的 50 种期刊。《意林》月发行量 170 万册,已成功销往北美市场。《意林》《演讲与口才》《幽默与笑话》入选年度中国邮政发行报刊百强。

（七）影视产业链条完整,口碑市场双丰收

吉林省具有深厚的影视文化积淀,"吉林电影""吉林电视剧"品牌影响力不断扩大,现在正向影视产业大省、影视产业强省快速迈进。2012 年年底,吉林省影视剧制作集团在中国电视艺术评论发展高峰论坛上荣获"行业领跑机构"殊荣。2013 年初,吉林省新闻出版广电局编委会设立年度优秀纪录片扶持项目,《东北抗联》《人参》《二人转》等 7 件作品获得资金扶持。吉林电视台《身边发现》栏目荣获国家新闻出版广电总局 2013 年广播电视创新创优栏目。电视连续剧《我的土地我的家》获得第 29 届中国电视剧飞天奖长篇电视剧奖一等奖。2002年以来共有 11 部吉林电视剧获得飞天奖各层次奖项。《风云之十里洋场》《大掌门》《东北抗联》等多部电视剧在央视黄金时间播出,取得较高收视率。长影《辛亥革命》《索道医生》和《马达加斯加 3》三部影片分别荣获第 15 届中国电影华表奖优秀故事片、优秀农村题材故事片、优秀译制片等三项大奖。长影老艺术家于敏、刘学尧获得第 29 届中国电影金鸡奖终身成就奖,赵林山获"亚洲杰出导演奖"。2013 年,吉林启动"我的中国梦"微电影大赛,推进了吉林微电影产业的发展。

### 三、黑龙江

2013 年,黑龙江省文化产业呈现跨越式发展态势,文化产业增加值约达到500 亿元,比上年增长 25.44%。全省现有国家级试验园区 1 个、国家级示范基地8 个、省级重点园区基地 56 个,建设了一批文化产业重大项目。2013 年被列为省政府重点推进的文化产业项目 15 个,总投资 253.8 亿元,年度完成投资 45.6 亿元;促进文化与科技融合,建设中国云谷,已签约重点项目 12 项,协议投资近 300亿元,汇聚企业 300 余家;哈尔滨新媒体产业基地获得国家首批"文化和科技融合示范基地"称号;同源文化发展有限公司获得国内首个儿童创意国家级文化产业示范基地;省委宣传部与国家开发银行股份有限公司黑龙江省分行签署规划合作协议,为文化产业项目建设融资 67 亿元。"哈尔滨市文化产业引导资金"正式启用,用于在中小城市建设城市文化综合体。七台河、北安等地城市文化综合体相继开工,计划到 2015 年全省建成 20 个以上城市文化综合体。

（一）深化文化体制改革,解放艺术生产力

黑龙江全面推进全省第二批非时政类报刊出版单位转企改制,推进省、自治区和直辖市京剧评剧院团整合重组,推进黑龙江广播电视网络股份有限公司、黑龙江出版集团等企业股权合作、上市融资。推动广播电视网络"三网融合"工作,加快多媒体平台、集成播控平台和监管平台建设。大庆市整合文化、体育、旅游资源,成立大庆文体旅集团,其经验被列入全国文化改革发展典型案例。2013年,黑龙江省激活和创新演出机制,文化精品创作成绩突出。电视剧《闯关东前传》在央视热播并连夺收视冠军,实现经济效益社会效益双赢。电影《萧红》全国院线上映并获金鸡奖最佳女主角奖。京剧《月照塞北》、龙江剧《鲜儿》在第十届中国艺术节上获得6项大奖。大型魔术歌汇《笑满神州歌满天》实现驻场演出。成功推出大型民族交响音乐会《满族风情》、大型冰上晚会《惊美图》《梦幻图》。在中国少儿戏曲小梅花荟萃活动中,4名选手获金花奖。在第九届中国音乐金钟奖复赛上,9名选手入围,3名杀入半决赛,创历年之最。①

(二)完善振兴文化产业政策,积极突破产业发展资金瓶颈

2013年,黑龙江省制定了《省级重点文化产业项目认定管理办法》《黑龙江省重点文化产业项目名录》等10余个规范性文件。这一年,大力推进国家财政资金重点扶持项目21个、列入省发改委重大项目计划的项目15个、省文化产业发展"十二五"规划年度项目33个。与省国家开发银行合作确立《黑龙江省文化产业系统性融资规划》,签订总额50亿元的下一代广播电视网平台建设项目融资协议。积极推进城市文化综合体建设,齐齐哈尔中环广场项目自上年投入运营以来,取得经营收入6800万元、安排就业800人的骄人业绩。这一年,黑龙江省还加强国家级园区基地、科技带动型园区、文化与旅游融合园区基地建设。建成文化旅游园区基地15个,打造10个俄罗斯元素文化旅游园区,总投资额122亿元。黑龙江动漫(平房)产业基地在册动漫企业124家,年动画生产能力超过30000分钟,完成招商引资签约额5.7亿元,同比销售收入增长17%,利税增长15%。省委宣传部与国家开发银行股份有限公司黑龙江省分行签署规划合作协议,为文化产业项目建设融资67亿元。作为地方政府扶持非公企业发展重要举措之一的"哈尔滨市文化产业引导资金"正式启用,主要用于支持重点文化产业项目和文化企业发展,并发布《哈尔滨市文化产业引导资金管理暂行办法》。首批八家文化企业成为贷款授信企业,获得贷款授信额度3180万元。

(三)实施"文化+旅游"战略,打造文化旅游新品牌

黑龙江省各个地方城市特色文化鲜明,深入挖掘冰雪、生态、边境、民族、民

---

① 东北网:《2013年黑龙江省宣传思想文化工作综述》,http://heilongjiang.dbw.cn/system/2014/01/16/055419758.shtml,2014年1月16日。

俗、历史等文化内涵,突出俄罗斯元素和冰雪等特色,整合自然旅游资源和历史文化资源,大力发展文化旅游产业。冰雪节从 1985 年至今已经是第 30 届,哈尔滨冰雪旅游产业已占据全市旅游经济的半壁江山。2013 年 10 月,哈尔滨注册成立文化旅游集团。11 月,由文旅集团与马迭尔集团共同出资成立冰雪四季乐园公司,对冰雪大世界进行提档升级。推进哈尔滨伏尔加庄园二期、哈尔滨太阳岛俄罗斯风情小镇文化产业拓展、中华巴洛克保护更新、哈尔滨万达文化旅游城等四个骨干项目。预计到 2015 年,仅这四个项目总投资即达 230 多亿元,年接待游客超百万人,实现营业收入 70 多亿元,拉动就业 5 万多人,增加税收 8 亿多元。

**(四)图书出版业成果丰硕,抓精品抓市场初见成效**

2013 年,黑龙江省共有 3 家出版单位的 4 个项目与国家出版基金办公室签订协议,获得国家出版基金资助 217.49 万元。黑龙江美术出版社《向日葵男孩》《猫兔疯 3——工作也要很快乐》入选 2013 年"原动力"中国原创动漫出版扶持计划。实施精品图书出版工程,2013 年黑龙江省共有 10 家出版社 27 种图书入围 8 种国家重点出版奖项。黑龙江教育出版社《明代澳门史论稿》(上·下)和黑龙江朝鲜民族出版社《中韩词典·韩中词典》入选第三届中国出版政府奖图书奖获提名奖。2013 年,黑龙江省共有 7 种图书入选新闻出版广电总局"三个一百"原创图书出版工程,有 5 个项目入选"十二五"国家重点图书、音像、电子出版物出版规划增补项目。有 5 种图书获第四届中华优秀出版物奖。其中,黑龙江教育出版社《精神家园——新文化论纲》获第四届中华优秀出版物图书奖,黑龙江人民出版社出版的《仰视你,北大荒》、黑龙江美术出版社《中国民间情歌精选》、黑龙江少年儿童出版社《感动一个国家的人物·第 1 辑》、哈尔滨工业大学出版社《纵弯模态压电金属复合梁式超声电机》4 种图书获图书提名奖。①

**(五)打造动漫游戏产业平台,做强原创+自主知识产权**

2013 年,黑龙江动漫产业(平房)发展基地成立七年,现已发展成为国家级文化和科技融合示范基地、国家文化产业示范基地、国家火炬计划新媒体特色产业基地等多项国家级基地。入驻企业由最初的 8 家发展到现在的 320 多家,动漫产品输出到 40 多个国家,实现了规模化运营。基地企业走出了自身特色发展道路,现拥有 57 项自主知识产权技术,其中涉及硬件、动漫、游戏、网络存储系统等四个类别专利技术 32 项、知识产权 25 项,3 项被列为国家火炬计划项目。2013 年基地

---

① 李博、高智博:《2013 年黑龙江省图书出版业丰硕成果》,http://heilongjiang.dbw.cn/system/2014/02/04/055466298.shtml,2014 年 1 月 14 日。

年产值超亿元,打造了资金融资、产品运营、品牌交流、产品出口四大服务平台,为动漫产业的发展提供了重要平台。2013年底基地完成固定资产指标28亿元人民币,招商引资企业20户;招商引资签约额57536万元,重点跟踪项目20个,其中亿元以上项目8个。2013年,基地共完成原创动画片约5000分钟,网络网页游戏3款,手机游戏14款,其中4款上线运行,13款正在研发制作中。引进3D打印技术,成立全省3D打印体验中心。2013年,基地企业投资3500万元打造龙江首部3D动画电影《008倒霉熊》。成功扶持亿林网络公司完成天交所上市,实现了吉林登陆场外市场科技板块零的突破。

(六)深度挖掘工艺美术文化资源,产业集聚发展势头强劲

目前,黑龙江工艺美术产业逐渐壮大,改变了以往资源丰厚、开发不足创意不足和市场意识不够的局面,产业集聚区的发展取得重大成果。黑龙江省工艺美术产业现有雕塑、花画、天然植物编织、金属工艺等十大类100余个品种,工艺美术产业工人近20万人,在哈尔滨、齐齐哈尔、牡丹江、佳木斯和绥化等一些原料产区城市,充分挖掘具有鲜明地域文化特征、民族文化特征的工艺美术样式,产业集聚发展势头强劲。已形成哈尔滨冰雕、哈尔滨麦秸、伊春木制工艺品、方正剪纸、兰西亚麻编织、绥棱黑陶、逊克玛瑙、鄂伦春族桦树皮、佳木斯鱼皮、松江编结绣等工艺美术品牌,2015年黑龙江省工艺美术总产值预计突破50亿元。黑龙江省积极通过举办展会,参加展会等形式向外推介省内的工艺美术产品。在哈尔滨民间民俗艺术博览会、深圳国际文化产业博览交易会、龙港文化产业投资洽谈会等展会中黑龙江工艺美术品都得到了很好的推介,知名度、市场占有率显著提高。积极推进民间工艺品产业基地建设。在加格达奇建立了鄂伦春族桦皮产业研发基地,在东宁创办了黑龙江宝玉石产业基地,在佳木斯建立了赫哲族鱼皮产业研发基地,在齐齐哈尔建立了鹤乡剪纸产业研发基地,在勃利建立了黑陶产业研发基地,在鸡西建立了民间文艺创作基地。

(七)积极开展对外文化交流,提升文化产品出口竞争力

2013年,黑龙江省积极举办及参与多项文化产业重要展会,推介重点文化产业项目。2013年,黑龙江省参展深圳文博会和哈洽会共有61个文化项目签约,签约额达335亿元,分别比上年增加9.26%和31.9%;参展第五届东北文博会,签约额达69亿元;成功举办第八届龙江文博会,实现交易额1.12亿元。中国·哈尔滨国际冰雪节、中国(哈尔滨)国际青少年动漫周、中国·哈尔滨之夏音乐会、中俄文化大集、黑龙江友城文化周(中俄文化周)等文化节会品牌影响力进一步增强。已连续举办六届的中国(大庆)湿地旅游文化节并荣获"2013中国节庆

产业金手指奖·十大人气节庆奖"。

在商务部、中宣部、文化部、国家新闻出版广电总局开展的 2013—2014 年度国家文化出口重点企业评选工作中,黑龙江朝鲜民族出版社、黑龙江省冰雪艺术发展有限公司、东宁县新华美经贸有限公司、牡丹江和音器有限公司、哈尔滨英立科技开发有限公司、哈尔滨三六九科技开发有限公司、黑龙江龙德天合动漫有限公司、哈尔滨凯赛科技有限公司、哈尔滨极光文化传播有限公司、哈尔滨品格文化传播有限公司、尚志市联宇木业有限责任公司和黑龙江译捷翻译服务有限公司 12 家企业成功入选 2013—2014 年度国家文化出口重点企业。

## 第二节    东北地区文化产业发展存在的问题

### 一、辽宁省文化产业发展中存在的问题

#### (一) 文化产业发展不平衡

辽宁省文化产业品类齐全,有着深厚的文化基础。但就目前来看,辽宁省的文化产业发展不平衡。辽宁省的文化产业发展基础较好,以演艺为例,辽宁省的演艺单位基础雄厚,例如沈阳杂技团、辽宁演艺集团、辽宁人民艺术剧院等演艺团体都曾经在全国有着很深的影响力,但原有的雄厚基础却并没有在今天的市场竞争中表现出应有的实力。从演艺团体来看,辽宁省有演出团体近 600 家,其中演艺收入中相当大的一部分来自于刘老根大舞台。而来自全省 13 个市的 22 家剧院联盟全年运作演出场次也不足够多,这与刘老根大舞台的天天有演出相去甚远。辽宁省国有的演艺团体在今天的市场竞争中还是处于弱势,这与其深厚的文化基础是不相符的。以辽宁人民艺术剧院为例,曾经的成绩令全国瞩目,沈阳杂技团的作品多次获得国际奖项,曾代表中国走进美国白宫,是中国杂技外交的重要文化使者,然而,众多的奖项和成绩与文化产业的演艺收入相比,还是不相称的。

#### (二) 文化产业链条不完整

辽宁省的文化产业还没有形成完整的市场链条。文化产品缺少与市场衔接的桥梁和纽带。文化产品的种类和形式与大众的需要存在不相适应的情况,群众喜闻乐见的文化产品不够丰富,文化产品的市场运作体系不够完善,成熟的文化产品市场运作机制还没有建立。以出版业为例,随着 2003 年辽宁出版集团正式转企,全省的图书出版种类逐年增加,而计划经济时代的习惯却沿袭着,出版社不

重视图书发行过程中的市场规律,图书的发行渠道不畅,很多图书出版单位在长时间的事业单位体制下市场意识淡薄,不重视销售渠道的市场化运作,直接造成了图书的大量积压。同时,图书缺少市场宣传策划,这使得在竞争日益加剧的图书市场,大量的好书被埋没。市场意识的欠缺贯穿了从图书的选题策划到销售策划,宣传更是欠缺,从产品到市场的运作过程中,缺少了专业策划公司的参与,产品与市场经营脱节,缺乏多层次的市场运作公司的专业操作。

（三）文化产业市场化程度低,缺少品牌意识

大到一个国家,小到一个城市、地区,打造地区和城市鲜明的地域特色及塑造良好的城市文化品牌是文化产业发展的必要条件。以美国为例,一个个鲜明的文化符号在影响着全世界,好莱坞的大制作电影、FOX的电视新闻、百老汇的娱乐模式、迪斯尼乐园等都被打上了"美国制造"的商标,成为了美国文化对外输出的文化品牌。辽宁省历史悠久,文化基础非常深厚,但深厚的历史文化优势、清文化的发源地并没有让辽宁省形成突出的地域文化特色,缺少品牌塑造是辽宁文化产业发展的一个明显的问题。同时,好的产品需要好的市场运作经营,虽然辽宁地区的文化资源丰富,但缺少良好的市场运作,很多文化企业单位缺少市场意识、市场宣传和文化产品的包装,难以形成文化品牌。以辽宁人艺为例,辽宁人民艺术剧院成立于建国初,是我国最具有影响力的艺术剧院之一,出品过像《高山下的花环》等全国人民耳熟能详的艺术作品,然而近年来,辽宁人艺严重衰落,产品和市场严重脱节,出品的优秀艺术作品也缺少市场宣传、品牌化运作,最终使得文化作品在市场上都昙花一现,不能形成持续效应。再以沈阳杂技团为例,作品多次获奖,然而好的产品却并没有为其在辽宁的文化产业市场带来相应的市场效益,在市场竞争激烈的今天,产品同质化日趋严重,品牌成为企业竞争的核心竞争力,文化产业的品牌战略也是文化市场竞争重要的因素,而从辽宁省的文化产业来看,产品开发的同时却缺少了文化品牌的打造,市场营销意识不强。

（四）文化产品缺少创意,跟风模仿现象严重

现代文化产业的核心在于创意,其魅力也在于创意。根据文化特色与优势进行构思、创作融入艺术品味的文化产品,是文化产业发展的基本,创意是文化产业发展的生命线,创意决定着文化产品的影响力。然而以辽宁电视台的节目为例,节目跟风现象严重,原创的节目少之又少。上世纪90年代,辽宁电视台的原创栏目《评书联播》曾经在全国产生过极大影响,而如今,辽宁电视台的节目却缺少原创,大部分节目都在跟风模仿。

### 二、吉林省文化产业发展中存在的问题

#### (一)区域文化特色不鲜明,没有突出文化优势

吉林省区域文化特色表现不明显。吉林省的长春电影制片厂是新中国电影事业的摇篮,而随着改革开放文化体制改革,长影集团并没有发挥自身特色保持住自身的优势,电影文化没有在吉林省的文化事业向文化产业转型中突出出来;同时,吉林的高校在东三省的优势是最强的,但优越的文化基础没有带动相关的文化产业发挥出应有的水准和特色;吉林的旅游资源丰富,以长白山为中心的周边旅游优势是非常明显的,然而优越的旅游资源并没有形成特色鲜明的旅游文化,旅游文化的发展自发性较强,不能形成鲜明的特色优势。

#### (二)文化产品层次不高

丰富的旅游资源、高水平的大学、共和国电影事业的摇篮并没有造就吉林省较高层次的文化产品,从吉林省的剧场演出可以看出,一些低俗的二人转表演节目充斥着吉林的演出市场,而吉林歌舞团排演的众多优秀节目虽然连续多年走进央视春晚,并多次获奖,但这些优秀的文化产品并没有走进百姓的生活,没有总体提高吉林省的文化产品层次,这不能不说是一件憾事。

#### (三)文化产品缺少品牌意识

有着深厚文化基础的吉林省有着丰富的旅游资源、电影文化、工业特色、民俗风情,这些都是吉林省鲜明的文化产业优势,然而好的产品需要好的宣传、好的策划,而吉林省缺少对文化产品的包装策划,文化产业的发展处于自发的状态,文化产品市场混乱,没有统一布局,产品没有形成鲜明的品牌特色。

#### (四)文化产业人才缺失,科技创新能力有待提升

文化产业的发展高度依赖于人才和科技。从总量来看,目前吉林省文化产业人才拥有量不大,远远低于文化产业发达的省份,由于文化企业发展不快,吸引人才、接受人才和储备人才的能力受到限制,甚至还有大批文化人才流失。从文化人才素质结构来看,人才总体素质偏低,受过正规高等教育的人数较少。另外,文化产业科技创新能力有待提升,文化产业科技含量不高,主要表现为企业自主开发能力差,技术创新能力低,科技投入不足,企业没有成为技术创新的主体。

### 三、黑龙江省文化产业发展中存在的问题

#### (一)没有充分发挥资源优势

黑龙江的文化特色是非常鲜明的,边境文化、冰雪文化、民俗文化这都是其他

地区所无法比拟的优势,然而黑龙江的这种文化优势显然和现有的发展水平不相称,相关的文化产业特色也局限在旅游行业,而这种地域优势在其他相关的文化领域却很少涉及。

（二）缺少品牌宣传意识,文化产品附加值低

黑龙江的文化产品宣传力度不足,没有成熟的市场宣传。文化品牌是文化产业市场竞争的核心竞争力,打造鲜明的文化品牌形象是文化产业发展的核心。以美国的迪斯尼公司为例,该公司的文化产品的拓展为该公司创造了极大的经济效益。主题公园、广播网络、有线频道、出版社、音乐公司、网站、迪斯尼消费品世界,带有迪斯尼品牌和形象的产品,从玩具、服饰、书籍到早餐、个人护理用品,常备品、家具、互动游戏和电子产品等不胜枚举。就黑龙江的旅游文化产业而言,冰雪文化和边境文化是黑龙江文化产业中很重要的一个部分,然而,黑龙江的旅游产业多数集中在旅游本身,相关的旅游附加产品单一,产品形式也非常局限。

（三）文化产业整体实力不强,文化产业规模偏小

黑龙江相关的文化产业种类不多、文化产品产量少、龙头骨干企业偏少、创意产品不多,粗放经营现象明显,文化产品核心竞争力不强。虽然近年来黑龙江大力发展文化产业,但黑龙江的文化产业与全国的文化产业发展水平相比还有很大差距,在全国仍处下游。在东北地区处于中游,低于辽宁省,与吉林省大体持平。

## 第三节　东北地区文化产业发展的对策

### 一、持续发挥政府对文化产业的推动作用

从发达国家文化产业发展的实践看,政府对文化产业的发展方向具有决定性作用。政府主管部门通过宏观规划,对文化产业的重点领域进行战略倾斜,可以加速产业布局进程,形成区域产业优势,抢占国际竞争先机。政府应充分权衡国际产业热点和本土文化资源优势,对本土文化产业进行宏观规划,合理确定产业发展方向,有力推动产业发展。政府不仅要有前瞻眼光,充分考虑国际文化产业的热点和发展趋势,恰当确定本土文化产业的国际定位和发展方向,同时还应当明确,本土特色是一个地区文化产业在国际市场中的核心竞争力。文化产业要想具有竞争力必须体现差异性,充分挖掘本土优秀文化资源,激活传统文化存量,打造具有地域特色的文化产品,形成市场竞争优势。

### 二、重视人才培养和引进，提高从业人员的待遇

文化产业的发展，最终是靠人来完成。文化产业的发展离不开创作者的新颖创意。发展要靠个人的创意来有所突破。优秀的文化产业创意人才、开发人才和营销人才是文化产业发展的核心。总体来看，黑吉辽的文化产业发展人才紧缺，人才流失严重，高素质的人才都向南发展，一方面是因为东三省的文化发展状况，另外一方面也是东三省在文化领域的相关待遇和北上广还有很大差距，这都造成了人才的短缺。因此，大力培养优秀人才并能够留住人才，是东三省发展文化产业的重要因素。文化产业中最富创造性的高端创意人才，是文化产业发展的核心，高端创意人才缺乏是制约东三省文化产业发展的瓶颈之一。因此，必须从教育环节入手厉行改革，以培养出符合市场需求的能力型创新型人才。

政府和文化主管部门要积极扶持文化产业人才培养。首先，实施高端紧缺文化人才培养计划。要"抓紧培养善于开拓文化新领域的拔尖创新人才、掌握现代传媒技术的专门人才、懂经营善管理的复合型人才、适应文化走出去需要的国际化人才。"①特别是要瞄准本地区紧缺、急需的文化产业人才缺口，有针对性地选派业务能力强、发展潜力大的骨干人才，汇集优秀培训资源和师资力量，开展集中强化培训。其次，加大对高校文化产业人才培养的支持力度。认真做好文化产业人才需求预测工作，将市场人才需求信息定期反馈给高校，使其及时调整人才培养方案和为在校学生提供就业指导。积极为校企合作、校际合作联手培养人才搭建平台。再次，推进文化产业人才培养的市场化运作，鼓励文化企业与社会培训机构联合培养人才，吸引一批国内外著名的专业化文化产业人才培训机构落户本地区。最后，积极为各类文化产业人才搭建实践锻炼、学习交流平台。发挥高校在文化产业人才培养中的主渠道作用。要加大力度引进急需和紧缺的高层次人才。围绕本地区文化产业优势行业和重点发展领域，加快引进对产业发展有重大推动作用、能带来重大经济效益和社会效益的高端创意人才、领军人才。研究制定高层次文化产业人才向本地区聚集的特殊优惠政策和措施。

### 三、加大投资力度，加大政策扶持，同时引进民间资本投入

政府应逐年增加对文化产业的投入，切实发挥政府在公共文化服务领域的主导作用。随着文化体制改革的逐步深入，文化事业转向了文化产业，在产业整合

---

① 新华网授权发布：《中共中央关于深化文化体制改革推动社会主义文化大发展大繁荣若干重大问题的决定》，news.xinhuanet.com/politics/2011-10/25/C_122197737.htm，2011 年 10 月 25 日。

过程中,很多原有的文化单位资金短缺,资金的缺口使很多文化产业在面对市场竞争过程中无力排演新剧目,出产新产品,虽然很多文化企业单位拥有着创作优势,但资金的短缺成了这些文化企业的发展瓶颈。政府在这方面应该充分支持这些文化企业的优势,加大资金的投入,让这些文化企业重新焕发新的生机。保证政府资金支持的同时,在文化产业市场化运作规范化的前提下,通过政策吸引民间资本。由于市场化的运作,良性的文化市场的运作能够保证民间资本的源源不断进入,在市场驱动下让民间资本最终成为文化产业的有力资金来源。

### 四、深入文化体制改革,激发文化创造活力

要实现文化产业长期持续健康高速发展,必须从文化体制的合理建构和文化制度的不断创新入手。文化体制改革让原有的文化事业单位走向市场,激烈竞争的市场需要企业及时应变,然而东三省的文化体制改革虽然在形式上全部转企,但并没有完全放开企业的手脚,很多行政性的“监管”严重地束缚着企业的手脚。以出版社为例,图书市场放开,竞争激烈,然而书号、刊号等因素极大地限制了出版社的市场竞争,最终导致这些企业不能根据市场信号和规律生产适销对路的产品。因此应进一步深化体制改革,彻底放开企业的手脚,让文化企业彻底进入市场。

### 五、重视文化产品的社会责任,增强文化企业的责任意识

近年来,文化产业蓬勃发展、成效显著,但也出现了部分文化企业片面追求经济效益,一味迎合大众口味,助长“低俗、庸俗、媚俗”之风等问题。如果没有文化内涵,文化产业就没有精神和价值支撑。推动文化产业持续健康发展,应坚持经济效益与社会效益的有机统一。文化产品不仅供消费者消费,同时,文化产品还有着重要的社会责任。低俗的文化产品最终会毁坏文化产业的美誉度,进而损害一个地区的文化产业形象。大力发展文化产业,一方面要以市场为导向,并且从市场需求角度来发展文化产业,因为对于文化产业来说,要想提高自身的竞争力,必须针对市场需求来开发产品或服务;另一方面要采用“驱动顾客”的营销观念,驱动市场、引领公众的消费趋势。东三省文化产业要想能够提高在国际市场的竞争力,驱动市场需求是必须的,其必须在文化创意产品和服务方面高瞻远瞩,开发出能够引领未来潮流的文化产品来。首先应把满足人们不同层次的精神需求作为根本出发点和落脚点,提供种类丰富、层次多样的文化产品和文化服务,充分保障人民群众的文化权益。文化产业不能一味迎合大众的消费需求,而应坚持社会主义先进文化的发展方向,充分发挥教育引领作用,促进人的全面发展。

# 西北地区文化产业年度发展报告<sup>*</sup>

王铁山　贾　莹<sup>**</sup>

## 第一节　西北地区区情

中国西北地区包括陕西省、甘肃省、青海省、宁夏回族自治区、新疆维吾尔自治区5个省区,总面积310.87万平方公里,占全国陆地面积的32.38%。根据国家统计局的数据,2013年西北地区5省区的生产总值约35558.21亿元,占全国生产总值(GDP)的6.25%。西北地区是历史上的丝绸之路的起源和贯穿的地区,丝绸之路沿线地区的历史文化资源丰富。

## 第二节　西北地区文化产业发展概述

### 一、陕西文化产业发展概述

（一）陕西省情与文化产业概况

2013年陕西省实现生产总值16045.21亿元,比上年增长11%。2013年全年实现文化产业增加值643.4亿元,比上年增长27.4%,占生产总值的4%。旅游业再次实现历史新突破。2013年,陕西全年接待境内外游客2.85亿人次,比上年增长22.5%;旅游总收入2135亿元,增长24.6%。其中,接待入境游客352.06万人次,增长5%;旅游外汇收入16.76亿美元,增长5%;接待国内游客2.82亿人次,增长22.8%;国内旅游收入2031.1亿元,增长26.2%。

＊　本文是陕西省教育厅专项科研计划项目(编号:2013JK0112)的阶段性成果。

＊＊　作者系经济学博士,西安工程大学管理学院副教授、高级经济师,陕西省经济文化合作促进会副会长兼秘书长;贾莹:西安工程大学管理学院硕士研究生。

2013年末,陕西省常住人口3763.7万人,比上年增加10.61万人。其中,城镇人口1931.15万人,占51.31%;乡村人口1832.55万人,占48.69%。城乡居民收入分别达到22800元和6500元,增长10%和13%左右。

陕西的公共文化设施和文化产业具有良好的基础。截止到2013年底,全省共有图书馆112个,文化馆120个。全年出版报纸87种、7.5亿份、47.33亿印张;出版各类杂志267种、6387万册、4.35亿印张;出版图书9663种、1.79亿册、14.19亿印张。全省拥有国家综合档案馆119个,馆藏709.98万卷、251.33万件。其中省档案馆馆藏65.81万卷(册)、8.47万件。全省共有省级广播电视台1座,市级广播电台10座,电视台10座(西安、咸阳、延安、榆林、安康、商洛6个市两台合并),县级广播电视台88座。

2013年陕西文化惠民和文艺精品创作成果丰硕。全年完成150万户广播电视户户通工程,农家书屋实现行政村全覆盖,政府购买演出服务1500多场次,为1831个乡镇、街道、社区建设了公共电子阅览室,一批精品力作登陆央视或获得全国大奖。成功申办第27届世界佛教徒联谊大会和第十一届中国艺术节。[①]

2013年5月,在全国众多企业激烈竞争中,陕西的曲江文化产业投资集团脱颖而出,入选全国文化企业30强,西安曲江新区和高新区荣获全国首批"国家级文化和科技融合示范基地"。[②]

(二)陕西推进文化强省建设的措施

1. 实施项目带动战略促进文化产业发展。

2013年9月10日陕西出台了《陕西省人民政府关于实施项目带动战略促进文化产业发展的意见》,推出了一系列涉及投融资、土地等7方面内容的配套支持政策,这为支持陕西建设文化强省注入了新的活力。这些内容主要包括:[③]

第一,完善投融资机制。整合部分现有文化资金,设立文化产业项目专项资金。通过资本金注入、贷款贴息、奖励等方式支持项目建设。对重点文化项目的建设资金新增国内贷款部分,省财政按照实际发生利息的30%—50%给予贴息补助。充分发挥省文化产业投资基金优势,通过股权、债权投资等方式参与重大文化项目,撬动更多社会资本投入文化领域。

第二,建立担保补贴、保险补贴和风险补偿机制。鼓励国有大中型企业为省

① 娄勤俭:《政府工作报告》,《陕西日报》2014年1月22日。
② 孟雄薇:《陕西:实施文化产业发展工程,推动文化强省建设工作》,《深圳商报》2013年8月28日。
③ 刘国英:《我省出台一揽子政策"利好"文化产业》,《陕西日报》2013年9月12日。

内重大文化产业项目提供贷款担保或直接投资,对实行国有资本收益上缴的省属企业,可按其担保或投资额当年新增部分的 1%—2% 抵缴国有资本收益;尚未实行的企业,省财政按照担保或投资额当年新增部分的 1%—2% 给予奖励补助。对符合条件的担保机构、再担保机构为中小文化企业提供融资担保业务的,省财政按照年担保额的 1%—2% 给予担保补助。对符合条件的担保机构,经批准可免征 3 年营业税。对文化企业重大项目实行保险的,按实际发生保险费的 30%—50% 给予补贴。投资文化企业实现上市的风险投资公司,按投资额的 1% 给予一次性奖励;风险投资公司投资文化产业项目,盈亏相抵后的净损失,给予一定的风险补偿。民营文化企业在享受以上政策方面按奖励标准上限执行。

第三,实施土地倾斜政策。文化产业重点项目用地优先纳入各级土地利用总体规划和土地利用年度计划,优先保障项目用地计划指标。对经营性文化产业重点项目用地,经市、县政府同意,可按国家有关规定分期缴纳土地出让金,全部土地出让金可在两年内缴清。文化产业重点项目新增用地,当地政府可以采取土地招拍挂成交后以出让金或土地使用权作价出资(入股)的方式支持项目建设。国有文化单位将原划拨土地用于文化产业项目的,可以按文化事业单位改制的政策,经文化单位资产主管部门和国土资源部门批准,采取作价出资或者授权经营方式对涉及土地进行处置。

第四,减免行政事业性收费。对认定的国家级、省级文化产业示范园区基地单位,在认定后 3 年内减免所有行政事业性收费,减免办法由财政、物价部门制定。

第五,放宽注册资本限额。一般性文化公司注册资本不低于 3 万元人民币。放宽企业集团设立条件,母公司注册资本在 1000 万元以上且具有两个以上控股子公司,可以申请登记企业集团。

2. 实施文化精品工程,实现文化产品质量突破。

陕西重点扶持"大戏、大片、大剧、大作"的策划与创作生产,抓好重大革命和历史题材、现实题材、农村题材、青少年题材的文艺作品生产创作。实施好"五个一工程"、国家舞台艺术精品工程、广播影视精品工程、文学艺术创作工程、精品图书出版等工程。借助国内外一流策划团队、演艺精英、技术手段,以文学陕军、西部影视、陕西戏剧、三秦书风、长安画派、黄土画派、陕西文物、陕西旅游演艺、陕西民歌等特色文化品牌为重点,打造一批具有中华气派、体现陕西特色、深受群众喜爱的一流精品。①

3. 以项目推动文化旅游产业发展。

2013 年 9 月 11 日,陕西省召开了文化产业发展会议,在审议通过的《陕西省人民政府关于实施项目带动战略促进文化产业发展的意见》中,确定了 30 个重点文化建设项目,其中培育提升岐山西周文化景区、商於古道文化景区等十大文化旅游景区项目在列。这 30 个项目均要在明年 6 月底前完成建设规划编制工作,2017 年前基本完成建设任务。②

4. 文化旅游名镇建设。

从 2013 年开始,陕西启动户县祖庵镇、周至县厚畛子镇、蓝田县葛牌镇等 31 个文化旅游名镇(街区)建设项目。从 2013 年至 2015 年,陕西省将分批次给予每个文化名镇(街区)200 亩城乡建设用地增减挂钩指标,省级财政给予每镇每年 500 万元专项资金支持。另外,每年评出 10 个文化旅游名镇(街区)建设先进镇并在年终给予 100 万元奖励。

5. 下一步的目标与举措

陕西省省长娄勤俭在 2014 年陕西省政府工作报告中提出,2014 年陕西将大力促进文化产业、现代服务业与相关产业融合发展。挖掘人文底蕴,创新体制机制,积极培育文化市场主体,加快实施 30 个重大文化项目,力争文化产业增长 25% 以上。打造高水平文化资产运营和投融资平台,将文化产业投资基金扩增到 10 亿元。加快建设西安国家级数字出版基地、印刷包装产业基地和广告产业园,支持西影集团和陕文投集团融合发展。促进文化与创意、旅游、信息、科技、金融等产业相互融合,引导出版、影视、演艺、动漫等产业互动发展。同时要加强对古村落的保护,大力发展小城镇,建好 43 个重点县城、35 个省级重点示范镇和 31 个文化旅游名镇,吸引农村居民就地城镇化。

(三)陕西加快构建公共文化服务体系的措施

1. 抓好国家公共文化服务体系示范区创建。

陕西将进一步抓好国家公共文化服务体系示范区创建和陕北文化生态保护实验区建设。加快建设陕西大剧院、陕西文化艺术中心等标志性工程,加强县级公共体育场馆、数字影院和乡镇文化站建设,继续实施农村广播电视户户通工程,

① 孟雄薇:《陕西:实施文化产业发展工程,推动文化强省建设工作》,《深圳商报》2013 年 8 月 28 日。

② 陕西传媒网:《2013 年陕西旅游十大新闻》,http://www.sxdaily.com.cn/n/2013/1223/c266-5309186.html,2013 年 12 月 23 日。

完善全省应急广播体系，做好农家书屋出版物补充更新工作。继续推动丝绸之路联合申遗，加强文化遗产、历史文物和革命遗址保护。大力支持文化艺术精品创作，广泛开展群众文化和全民阅读、全民健身活动，启动第二批政府购买公共演出服务工作。办好第 27 届世界佛教徒联谊大会和第 15 届全省运动会、第七届省艺术节，积极筹备第 11 届中国艺术节。

2. 加快旅游休闲产业发展及公共服务体系建设。

为了加快全省旅游休闲产业发展和旅游休闲体系建设，陕西省政府办公厅公布了《关于贯彻落实国民旅游休闲纲要（2013—2020 年）的实施意见》（以下简称《意见》）。《意见》除了要求大力挖掘陕西丰富的旅游文化资源，按照差异化、特色化发展思路，加强旅游休闲产品创新，打造"山水人文、大美陕西"的旅游休闲产品体系外，还特别强调要加强旅游休闲公共基础设施建设。值得一提的是，在旅游惠民政策上，《意见》指出，凡由政府投资兴建的公共博物馆、纪念馆、美术馆、文化馆、图书馆、爱国主义教育基地、科普教育基地、城市公园、体育场馆等，原则上实行免费开放。免费开放确有困难的，要实行价格优惠，或设立免费开放日，并逐步实行免费开放。

（四）陕西文化体制改革

2013 年 6 月 4 日，陕西省文化体制改革与文化产业发展领导小组会议在西安召开。省委常委、省委宣传部部长、领导小组组长景俊海要求，当前，陕西省正处在以文化建设为引领，全面建设"三强一富一美"西部强省的重要时期，也是文化改革发展的重要机遇期，要深化"抓文化就是抓发展，加快文化发展就是推动科学发展"的认识。要面向全国，突出对文化资源优势和潜力的挖掘利用，在全面建设西部强省中，以文化建设的适度超前为引领和支撑，重点突破，错位发展，实现争先进位。①

**二、甘肃省文化产业发展概述**

（一）甘肃省情与文化产业概况

甘肃省面积 45 万平方公里，占全国 4.72%。2013 年全年甘肃省生产总值6300 亿元，增长 12.1%；公共财政民生支出 1755 亿元，占总支出的 76%。城镇居民人均可支配收入 19044 元，增长 11%；农民人均纯收入 5093 元，增长 13%。

---

① 赵波：《陕西省文化体制改革与文化产业发展领导小组会议召开》，《三秦都市报》2013 年 6 月 5日。

甘肃着力促进文化旅游融合发展,文化产业增加值增长38%,占全省GDP比重达1.71%。旅游接待人数突破1亿人次,旅游综合收入增长31.6%。甘肃省2013年全年共开建重点文化产业项目70个。截至2014年1月底,全省文化法人单位达到7958家,从业人员17.1384万人,总资产513.89亿元,较2012年分别增加了3205家、5.93万人和215.63亿元,同比增长了67%、53%和72%,增速明显。此外,2013年全省各地还通过"走出去"招商,运用网络和短信招商,签订了实质性文化产业项目金额1545.3亿元,实际到位资金394.45亿元,同比增长了148%和467%,首次实现三位数增长;资金到位率25.5%,比2012年提高了将近15个百分点,各项增幅均为历史新高。①

甘肃扎实推进重点文化惠民工程,博物馆、图书馆、文化馆、美术馆和乡镇综合文化站全部向社会免费开放。文化体制改革顺利推进,成立了甘肃省文化产业发展集团。成功举办第十九届兰洽会暨民企陇上行活动、世界旅游组织第六届丝绸之路国际大会、第三届敦煌行·丝绸之路国际旅游节、公祭中华人文始祖伏羲大典等重要节会。②

(二)甘肃文化产业重要事件

2013年10月10日丝绸之路文化峰会在兰州开幕。此次峰会由甘肃省委宣传部主办,新华社甘肃分社承办,甘肃武酒酒业(集团)有限公司协办。峰会以"丝绸之路的文化传播"为主题,以世界眼光、世界水平、世界影响为标准,吸引了国内外专家学者、知名企业家、文化名流以及主流媒体人士约300人参加,是一次规模大、层次高、观念新的大型国际文化交流学术会议。丝绸之路文化是华夏文明传承创新区建设的"中轴线",希望此次峰会通过全面解读丝绸之路文化,为助推华夏文明传承创新区建设和文化大省建设提供强有力的智力支撑。③

(三)甘肃文化产业发展规划

1. 丝绸之路经济带景区与旅游规划。

2013年,随着《"丝绸之路经济带"甘肃段大景区建设规划》编制出台,敦煌、张掖、兰州、麦积山、崆峒山等11个综合大景区和19个核心景区规划编制全面启动。"丝绸之路经济带"甘肃段大景区建设总体布局已基本成形。未来,甘肃省将以"丝绸之路经济带"甘肃段重点城市为依托,旅游精品景区为核心,周边知名景区为辐射,高速公路、铁路、航空为连接,形成"丝绸之路经济带"甘肃段黄金旅

① 张霖:《2013年甘肃省文化产业增加值达108亿》,《甘肃经济日报》2014年1月22日。
② 刘伟平:《政府工作报告》,《甘肃日报》2014年1月19日。
③ 施秀萍:《发挥战略通道作用 复兴丝绸之路文化》,《甘肃日报》2013年10月11日。

游线路,重点建设 19 个核心景区和 11 个综合景区,其中核心景区年接待游客将达到 200 万人次以上,综合景区年接待游客预计达到 500 万人次以上。①"丝绸之路"(敦煌)国际文化博览会启动申报,新华物流园启动运营等一系列重大项目的实施,不仅提升了全省文化产业的核心竞争力,也促进了全省文化产业向集约化、规模化、全要素发展。

2. 推进"1313"工程,促进文化事业繁荣发展。

2014 年,甘肃省将立足文化资源优势,坚持保护传承与创新发展并重,坚持文化事业与文化产业并重,坚持助推转型跨越发展与满足群众文化需求并重,扎实推进"1313"工程,促进文化事业繁荣发展。

第一,全面推进"一带三区"建设。加强文物保护和大遗址保护。加快实施嘉峪关长城、夏河拉卜楞寺等文化遗产保护工程。推进秦安大地湾国家考古遗址公园建设。加强文化资源普查,实施分级分类管理。充分挖掘历史文化资源,发挥沿线城市群落辐射带动作用,加快建设丝绸之路文化发展带。发挥省会城市对周边城市的带动作用,大力发展影视制作业、演艺业、出版业、发行业、广告业等文化产业,推进以黄河文化为核心的兰州都市圈文化产业区建设。以发展文化旅游、文化创意、民俗农耕文化展示、红色旅游等产业为重点,推进以始祖文化为核心的陇东南文化历史区建设。以促进文化生态发展和保护文化形态多样性为重点,加快文化产业综合开发,建设以敦煌文化为核心的河西走廊文化生态区。启动敦煌国际文化旅游名城建设。

第二,大力加强文化事业建设。以"乡村舞台"建设为重点,整合现有资源,建设综合性文化服务中心;支持县级城市数字影院、乡镇电子阅览室设备补充、数字图书馆推广等公共文化项目。抓好省文化馆、图书馆、美术馆、科技馆、演艺剧场和市州级博物馆、文化馆、图书馆等重点公益文化设施建设,不断提升公共服务能力。积极申办公祭中华人文始祖伏羲大典。做好丝绸之路申报世界文化遗产和甘肃省整体申报全国文化产业示范区工作。促进文化艺术精品创作,提升原创文化产品与作品的水平。

第三,推动文化产业加快发展。加快"文化集市"建设,培育劳动密集型文化产业,带动农村文化产业发展。加强文化产业园区建设,促进文化与旅游、科技深度融合,打造特色文化产业集群。培育支持有实力的文化企业跨地区、跨行业、跨所有制兼并重组,鼓励和引导民间资本投资文化产业。加强少数民族优秀传统文化的保

---

① 秦娜:《"丝绸之路经济带"甘肃段大景区规划出炉》,《甘肃日报》2013 年 12 月 12 日。

护、传承和创新,加快民族文化产业发展。建立健全现代文化市场体系。着力搭建面向"丝绸之路"沿线国家的文化产品交易平台。加大文化产业招商引资力度,积极申办第三届国际文化产业大会暨第七届甘肃省文博会,抓好已签约招商引资项目的落地实施,文化产业投资额超过 250 亿元,文化产业增加值增长 30% 以上。①

### 三、宁夏文化产业发展概述

#### (一)宁夏区情和文化产业概况

2013 年宁夏地区生产总值 2600 亿元,增长 10% 以上,其中第三产业增长 7%;地方公共财政预算收入 308 亿元,增长 16.7%;城镇居民人均可支配收入 22013 元,增长 11%;农民人均纯收入 6922 元,增长 12%。

2013 年,宁夏地区组建了宁夏旅游集团,推进旅游与文化产业、城乡建设融合,激活旅游消费大市场。2013 年全年接待游客 1650 万人次,实现旅游总收入 140 亿元。同时出台了《加快第三产业发展的意见》,启动贺兰山东麓百万亩葡萄文化长廊建设,在全国各省会城市、港澳台开展了声势浩大的宁夏形象宣传,宁夏地区成为国际媒体推荐的全球 24 个必游地之一。成功举办香港经贸文化旅游等重大活动。实施文化惠民工程,秦腔《花儿声声》等剧目摘得国家大奖,卫星电视户户通受益群众 76.4 万户。

2013 年,宁夏始终把文化发展的着眼点放在满足人民群众文化需求和促进人的全面发展上,完善公共文化服务体系,推进文化惠民工程。扎实开展公共文化服务体系示范区创建工作,巩固和发展广播电视村村通、直播卫星户户通、文化信息资源共享工程等。图书馆、博物馆、文化馆、科技馆等全部向社会公众免费开放,充分发挥公共文化设施的服务功能。广泛开展丰富多彩的群众文化活动,支持创作一批富有特色的艺术精品。2014 年,宁夏地区将进一步完善公共文化服务体系,实施文化惠民工程,免费开放公共文化设施,加强文物和非物质文化遗产保护,不断提高公共文化的供给和服务能力。加快发展文化产业,拓展投融资渠道,做大一批骨干文化企业和产业园区,培育创意、动漫等文化新业态,推出更多文艺精品,满足群众多样化的精神需求。

#### (二)宁夏文化产业重要事件

1. 宁夏成功举办第二届文化装备技术创意产品展览会。

2013 年 4 月 14 日,第二届宁夏文化装备技术创意产品展览会在银川国际会

---

① 刘伟平:《政府工作报告》,《甘肃日报》2014 年 1 月 19 日。

展中心圆满结束。本届展会是完全运用市场化运作模式组织的一届宁夏文化领域的新年首场专业展览会。展会共邀请到来自国内各省、自治区和直辖市106家参展商家，由四个专题展览会组成：第七届宁夏广告展览会、第七届宁夏印刷包装展览会、第七届宁夏办公设备暨耗材展览会和第二届宁夏创意产品展览会。整个展览，让人们了解到如何合理利用现代先进的文化装备、技术和新型材料，如何传承和经营传统文化产品，为文化产品如何产业化发展提供全新的思路和模式。①

2. 宁夏召开2013年旅游产业发展大会。

2013年4月26日，宁夏回族自治区召开全区旅游产业发展大会，全面部署推进旅游业持续健康发展、做大做强旅游产业的各项工作。国家旅游局局长邵琪伟对宁夏旅游业提出了四点建议：要做好旅游"综合性产业"文章，以旅游与农业、工业、交通、文化、信息等产业融合为重点，将旅游业作为综合性产业加以布局和培育；要抓好旅游规划，注重引进国内外先进的开发保护理念，高起点、高水平、高标准做好旅游规划；要强化软环境建设，抓好法制、社会、市场、人才等环境建设；要重点做好穆斯林旅游，把宁夏打造成我国穆斯林旅游的"窗口"。宁夏自治区主席刘慧和邵琪伟在会上签署了国家旅游局支持宁夏国际旅游目的地建设的合作备忘录。②

3. 成功举办第五届中国（宁夏）国际文化艺术旅游博览会。

2013年9月25日，第五届中国（宁夏）国际文化艺术旅游博览会闭幕式暨第三届"黄河大合唱"合唱邀请赛颁奖晚会在石嘴山市文化艺术中心大剧院举行。本届文艺旅博会共举办3大板块6项活动，有3个国家、5个国家部委及港澳台和28个兄弟省（区、市）参加各项活动，参会嘉宾达3000余人。第三届"感恩母亲河"活动成功举办，展示了沿黄流域民俗风情、非遗等地方特色文化；首届中国（银川）国际动漫微电影金脸谱奖颁奖典礼暨宁夏大中专院校第十三届导游服务技能大赛同期举办，推动了宁夏地区动漫微电影产业创新与发展；全新打造的"塞上江南"旅游演艺大舞台突出文化旅游融合发展主题，各地艺术团队与旅游景区合作发展的新成果得到展示，并达成多项合作协议；第十一届中国（西部）民歌花儿歌会、"黄河大合唱"合唱邀请赛已成知名品牌。③

---

① 邱娟：《2013年第二届宁夏文化装备技术创意产品展览会圆满闭幕》，http://www.cnci.gov.cn/content/2013419/news_78605.shtml，2013年4月19日。

② 张晓芳、李徽：《建设特色鲜明的国际旅游目的地》，《宁夏日报》2013年4月28日。

③ 房名名：《第五届中国（宁夏）国际文化艺术旅游博览会落幕》，http://www.nxnews.net/dz/system/2013/09/26/010948991.shtml，2013年9月26日。

4. 宁夏成功举办首届文化创意设计大赛。

2013 年 12 月 1 日,由宁夏回族自治区文化厅主办的"2013 年宁夏首届文化创意设计大赛"圆满落幕。本次大赛从 9 月份开始征集作品,陆续收到参展作品 210 件(组),包括剪纸、刺绣、贺兰石雕刻、泥塑彩塑、纸织画、芦苇画等。经过专家评审,评出一等奖 2 个,二等奖 4 个,三等奖 6 个,优秀奖 10 个。本次大赛以树立和强化文化产业"创意为源"为理念,更好地挖掘利用宁夏文化资源,研发更为优秀的宁夏文化创意产品,通过搭建宁夏回族自治区文化创意展示及成果转化平台,调动和保护全社会文化创意积极性,鼓励宁夏回族自治区文化企业级设计师从传统文化中发掘创意灵感,推出一批优秀文化创意产品,助推宁夏经济转型升级。①

**四、青海文化产业发展概述**

(一) 青海区情与文化产业概况

青海面积 72.23 万平方公里。2013 年青海地区实现生产总值 2103 亿元,增长 11%。第三产业增加值占地区生产总值的比重为 32.8%,对地区生产总值的贡献率为 30%。城镇居民人均可支配收入 19498.54 元,比上年增长 11%,农牧民人均纯收入 6100 元,增长 14%。城镇居民人均生活消费支出 13539.5 元,比上年增长 9.7%。在 2013 年经济总体下行压力增大的形势下,青海省文化发展逆势上扬,文化事业和文化产业两项基本指标上都取得了新突破。文化事业全年共争取各类资金达 6.03 亿元,创历史新高;全省实现文化及相关产业增加值 35.57 亿元,比上年增长 20.8%。

2013 年年末青海省常住人口 577.79 万人,其中少数民族人口 271.45 万人。按城乡分,城镇 280.3 万人,占常住人口的 48.5%;乡村 297.49 万人,占 51.5%。

2013 年末青海省有艺术表演团体 29 个;文化馆 55 个,公共图书馆 49 个,博物馆 22 个,档案馆 62 个;广播电台 4 座,中短波广播发射台和转播台 21 座,广播综合人口覆盖率 95.7%,比上年末提高 1.6 个百分点;电视台 9 座,有线电视用户 62 万户,其中有线数字电视用户 60 万户,电视综合人口覆盖率 96.9%,比上年末提高 0.6 个百分点。全年出版杂志 406.4 万册、报纸 11331 万份、图书 1315 万册(张),其中少数民族文字图书 381 万册(张)。

---

① 胡钰:《2013 年宁夏首届文化创意设计大赛圆满落幕》,http://www.nxnews.net/wh/system/2013/12/02/010969594.shtml,2013 年 12 月 2 日。

青海文化旅游商贸融合发展势头强劲,旅游总收入增长 28.1%,西宁机场旅客吞吐量突破 300 万人次,省外游客首次突破 1000 万人次。

青海文化惠民不断深化。文化建设八大工程扎实推进,公共文化服务网络基本建成。置换地面卫星接收设施 35.4 万套,提前两年完成广播电视"十二五""村村通"工程目标。

青海公共文化服务体系建设更趋完善。2013 年青海省争取公共文化建设资金 3.8 亿元,实施了 10 个文化惠民和公共文化设施建设项目。实施了市(州)县级公共图书馆图书配发工程、建成 140 个公共电子阅览室,建设了省图书馆及西宁市、海南、海西、海北、果洛州 6 个数字图书馆。

青海特色文化产业加快发展。2013 年青海省文化中国移动农信通网站产业增加值增速高于 GDP 增速(可比价)8.5 个百分点,占全省生产总值的比重为 1.88%。省文化新闻出版厅组织省内近 90 家文化企业及单位参加深圳文博会、厦门海峡两岸文博会和北京文创会,累计销售收入超过千万元,签约、订货突破 1 亿元。

青海文化遗产保护稳步推进。玉树灾后文物抢救保护工程全部完工。全年争取文物保护资金 1.37 亿元,国保单位达 45 处,省保单位达 415 处,分别比原来增加了 27 处和 32 处。全省 66 个 3A 级以上景区中,有 34 个景区引进"非遗"项目及民间艺人的产品展示、销售。

青海文化体制改革不断深化。经营性文化单位深化体制机制改革,全部实现盈利,发展良好。省演艺集团有限责任公司全年共实现收入 1353.1 万元,人均工资达到 4000 元,比转制前增长了 10%。13 家非时政类报刊出版单位全部完成转制并挂牌运行。[①]

(二)青海文化产业发展规划

1. 加快建设高原旅游名省。

深度开发生态、休闲、体育、文化等复合型产品和冬春季旅游市场,培育独具特色和魅力的旅游业态,促进旅游业由数量推动向质量提升转变。加快重点景区基础设施提档升级和综合服务能力建设,建立西宁游客集散中心,两年内再创建 3 个 5A 级景区。力争全年接待游客突破 2000 万人次,旅游总收入达到 200 亿元。

---

① 姚兰:《青海省文化发展逆势上扬》,www. tibet3. com/jingji/2014-02/11/content_1453943. htm, 2014 年 2 月 11 日。

2. 深入实施文化科技惠民工程。

抓好黄南国家级热贡文化生态保护区、喇家考古遗址公园和文化产业园区等建设。实施好省级"三馆"、藏区广播影视建设和全民健身工程,为 400 个行政村活动室配齐文化设备和器材。推进"西新"五期等工程,完成 5.4 万套"户户通"设备安装任务,提升州县广播电视制作能力和水平,广播、电视人口覆盖率分别提高到 97% 和 97.5%。深入开展科普进校园进社区进工地和"三下乡"等系列活动,发挥好省科技馆展教功能,服务社会、惠及民生。①

(三)青海文化产业重要事件

1. 2013 青洽会青海文化产业项目推介签约会在西宁举行。

2013 年 6 月 10 日,2013 青洽会青海文化产业项目推介签约暨国家藏羌彝文化产业走廊项目青海沿线重点项目发布会在西宁举行,省委常委、宣传部长吉狄马加,副省长张建民,文化部文化产业司巡视员孙若风等有关领导参加了项目推介签约会。截至 2013 年,青海省初步走出了一条以昆仑玉、热贡艺术、藏族织毯、民族服饰、工艺美术等为重点的特色文化产业发展之路。全省共有国家文化产业示范基地 8 个,省级文化产业示范基地(单位)61 个。②

2. 青海省"2013 年全省特色文化产业培训班"举行。

青海省文化和新闻出版厅主办的"2013 年全省特色文化产业培训班"在西宁市湟中县举行,来自全省的国家、省级文化产业示范基地(单位)负责人,各市、州及部分县文化局负责人等 110 多人参加培训。③

(四)青海省文化体制改革

2014 年是青海全面深化文化体制改革的第一年,青海省文化新闻出版系统将围绕青海文化名省建设总目标,深化文化体制改革,推进体制机制创新,推动各项工作取得新进展。2014 年全面深化文化体制机制改革有新动作,将进一步完善文化管理体制、逐步健全完善文化市场体系、构建现代公共文化服务体系、提高文化开放水平。

在逐步健全完善文化市场体系方面,加快培育合格文化市场主体。继续推进经营性文化、新闻出版单位公司制、股份制改造,建立符合现代企业制度要求的文

---

① 郝鹏:《2014 年青海省政府工作报告》,《青海日报》2014 年 1 月 20 日。

② 雪念心珠:《2013 青洽会青海文化产业项目推介签约会在西宁举行》,http://qh.people.com.cn/n/2013/0610/c346783-18845185.html,2013 年 6 月 10 日。

③ 搜狐网:《2013 年全省特色文化产业培训班圆满结束》,青海省文化厅,http://roll.sohu.com/20130923/n387075180.shtml,2013 年 9 月 23 日。

化市场主体;加快建立多层次文化产品和要素市场。重点发展青海省工艺美术、图书、电子音像制品、演出娱乐、动漫等产品市场,加快培育产权、版权、信息等要素市场,鼓励金融资本、社会资本、文化资源相结合,完善公有制为主体、多种所有制共同发展的文化产业格局;落实文化经济政策。继续执行文化体制改革配套政策,加强版权保护,鼓励文化原创,加大对拥有自主知识产权、弘扬民族优秀文化的产业的支持力度,推出更多文化精品。在构建现代公共文化服务体系方面,将现阶段公共文化服务体系从"保基本"向"广覆盖"和实用高效提升。①

### 五、新疆维吾尔自治区文化产业发展概述

#### (一)新疆维吾尔自治区区情与文化产业概况

2013 年新疆维吾尔自治区完成地区生产总值 8510 亿元,增长 11.1%;第三产业增加值 3080 亿元,增长 10.3%。公共财政预算收入 1128 亿元,增长 24.1%;城镇居民人均可支配收入 19982 元,增长 11.5%;农民人均纯收入 7394 元,增长 15.6%。人口自然增长率控制在 11‰ 以内,物价基本平稳,涨幅为 3.9%。新增城镇就业 46 万人。城镇第三产业投资完成 3387 亿元,增长 40.9%。旅游业稳步发展,旅游外汇收入和国内旅游总花费分别增长 6.3% 和 17.6%。同时,投入 5.7 亿元用于广播电视村村通户户通等工程。实现了乡乡能上网,村村通电话、通广播电视。

2013 年末新疆总人口 2264.3 万人。其中,城镇人口 1006.93 万人,乡村人口 1257.37 万人。城镇化率 44.5%。

2013 年接待旅游总人数 5205.59 万人次,增长 7.1%,其中,接待入境旅游 156.73 万人次,增长 4.6%;国内旅游 5048.86 万人次,增长 7.2%。实现旅游总收入 673.24 亿元,增长 16.9%,其中,旅游外汇收入 5.85 亿美元,增长 6.3%;国内旅游收入 637.38 亿元,增长 17.6%。

2013 年年末新疆共有艺术表演团体 111 个,文化馆 116 个,公共图书馆 105 个,博物馆 75 个,国家综合档案馆 109 个,开放档案 45.87 万卷。拥有广播电台 6 座,电视台 8 座,广播电视台 88 座,中、短波广播发射台和转播台 66 座。广播综合人口覆盖率 95.7%,电视综合人口覆盖率 96%。有线电视用户 199.5 万户,下降 8%,其中,有线数字电视用户 186.36 万户,下降 7%。译制少数民族语故事片 70 部。广播电视农村直播卫星用户 256.44 万户。区地县乡四级公共文化服务

---

① 暖暖:《青海文化体制改革促文化产业发展》,2014 年 2 月 10 日。

网络基本建成。

（二）新疆文化产业发展与改革

2013 年,新疆维吾尔自治区将紧紧围绕文化体制改革推进现代文化大发展。

第一,坚持中国特色社会主义文化发展道路,发挥一体多元、融合开放、具有新疆特色现代文化的强大精神作用,凝心聚力,引领经济社会发展。培育和践行社会主义核心价值观,强化马克思主义国家观、民族观、历史观、文化观、宗教观教育,增强对祖国、中华民族、中华文化、中国特色社会主义道路认同,大力弘扬爱国爱疆、团结奉献、勤劳互助、开放进取的新疆精神,用现代文化全面提升公民素质。

第二,抓好文化人才队伍建设,激发文化创造活力,鼓励原创,多出精品。健全公共文化服务体系,加快城镇社区文化设施、文化服务网络建设,合理配置基层文化资源,提升公共文化服务能力。加大基层文体惠民投入,用现代文化占领农牧区文化阵地。鼓励社会力量参与公共文化建设。加强文化遗产保护,建立优秀传统文化传承体系。积极开展对外文化交流与合作,扩大新疆文化影响力。继续抓好西新工程、东风工程、村村通工程、户户通工程、农村电影放映工程。做好语言文字工作,加强翻译队伍建设。繁荣哲学社会科学。抓好地方志编修。加强全民健身设施建设,办好自治区第十三届运动会和第八届少数民族传统体育运动会。

第三,积极稳妥有序推进文化体制改革,创新内部机制。健全国有文化资产管理体制。完善文化经济政策,扩大政府文化资助和文化采购。加快文化单位体制改革,鼓励文化企业创新。引导社会资本进入文化市场。加快竞争有序的现代文化市场体系建设,促进具有新疆特色文化产业发展。①

（三）新疆文化产业重要事件

1.“文化走出去”助推新疆文化产业发展。

2013 年 5 月 17 日至 20 日,第九届中国(深圳)国际文化产业博览交易会在深圳会展中心举行。本届文博会新疆代表团共落实或达成合作意向的文化产业项目有 14 个,为新疆文化产业的发展注入新的血液,成为新的推动力。这 14 个文化产业项目的落地也是近年新疆文化产业发展的缩影。②

2.新疆文化产业人才培训班在乌鲁木齐举办。

2013 年 7 月 3 日,在国家文化部文化产业司和中央文化管理干部学院的支持

① 努尔·白克力:《政府工作报告》》,《新疆日报(汉)》2014 年 1 月 22 日。
② 米娜:《“文化走出去”助推新疆文化产业发展》,http://news.ts.cn/content/2013-05/20/content_8180471.htm,2013 年 5 月 20 日。

和帮助下,2013 年新疆文化产业人才培训班在乌鲁木齐市举办,来自全疆各地州
(市)文化行政部门、国家和自治区级文化产业示范基地以及重点文化企业的代
表约 80 人参加了培训。①

3. 2013 年新疆文化创意产业博览会开幕。

2013 年 9 月 14 日至 10 月 20 日,由自治区文化厅、新疆国际会展中心联合主
办的 2013 年新疆文化创意产业博览会在新疆国际会展中心举办,展期 37 天。本
次文创会以"创意·启迪未来"为主题,以展示文化创意产业发展成果、搭建文化
产品交易平台为核心。在 3 万平方米展会面积上,划分了新疆文化创意展区、国
内优秀文创企业展区、国际文创品牌展区、创意美食文化展区、文创互动活动展
区、原创音乐季活动和舞台展演区等六大板块,汇集了 50 余家新疆优秀文化企业
和 137 家国内外知名文创企业。②

4. 2013 年 11 月 29 日,2013"维吾尔汗腾格里文学奖""哈萨克·柯尔克孜飞
马文学奖"蒙古族"金马镫文学奖"揭晓,20 部作品荣获新疆三大少数民族文
学奖。

## 第三节　西北地区文化产业面临的机遇与对策

2013 年 9 月 7 日,中国国家主席习近平在哈萨克斯坦纳扎尔巴耶夫大学作重
要演讲,提出共同建设"丝绸之路经济带"的观念,以一种国际化视野为中国确定
了一个向欧亚内陆开放的全新战略方向。商务部数据显示,中国已经成为乌兹别
克斯坦、塔吉克斯坦的第一大投资来源国,也是哈萨克斯坦、土库曼斯坦的第一
大贸易伙伴。1992 年中国与中亚五国的双方贸易额只有 4.6 亿美元,而 2012 年,这
个数字达到了 460 亿美元,增长近 100 倍。可见,中国和中亚各国经济往来潜力
巨大。"丝绸之路经济带"的建设,不仅有利于我国实现产业升级,传统行业向中
亚各国转移,还能为中亚打开对外交往的新窗口。

西北地区作为古老丝绸之路在中国境内的最主要延伸区域,因丝绸之路而重
新引起全世界的关注。丝绸之路成为时下西北地区文化产业发展的最重要机遇,
将对该区域文化产业的发展具有深远意义。因此,在"丝绸之路经济带"背景下

---

①　张迎春:《新疆文化产业人才培训班在乌鲁木齐举办》,http://news.ts.cn/content/2013-07/04/content_8379347.htm,2013 年 7 月 4 日。

②　李莉、吴玲:《2013 年新疆文化创意产业博览会开幕》,,http://www.xjdaily.com.cn/xinjiang/002/958346.shtml,2013 年 9 月 15 日。

思考西北地区文化产业的发展是当前最重要的主题。

## 一、"丝绸之路经济带"上的西北文化产业发展举措

### （一）沿线省区协同发展，建设国际化文化产业和创新园区

丝绸之路沿线省区应形成合作机制，避免恶性竞争和相互拆台的情况出现。要把握方向，注重内涵，突出特色，挖掘与丝绸之路相关的历史文化信息，打响丝绸之路重要支点历史文化品牌，在"丝绸之路经济带"建设中发挥重要作用。依托西北地区文化资源优势，在沿线地区依据现有的基础和平台推进国际（民族）文化产业园区建设，争取享受现代服务业试验区的政策，在"丝绸之路经济带"沿线中心城市高起点规划建设富有丝路沿线国家传统建筑文化风格且互联互通的国际化高端商品街区和国际化城市板块。[①] 文化产业园区是文化创意密集、技术密集的经济实体，这可以充分发挥西北地区地方性文化尤其是民族文化资源丰富的优势，在因地制宜发展和改善区域投资环境、引进外资、促进产业结构调整、产业升级和发展区域经济等方面具有辐射、示范和带动作用，是提升区域文化产业实力的助推器。同时，在更高的全球化水平上提升创新能力，还有利于培育一批国际知名品牌，打造具有国际影响力的企业和文化产业集群。

这方面，西北地区有较好的基础。比如，宁夏在连续三届举办中阿论坛和启动"主宾国"机制的基础上，于2013年9月成功举办了首届中阿博览会，逐步建立了面向阿拉伯国家、穆斯林地区重要的清真食品、穆斯林用品生产服务基地和中阿优势特色产业对接基地，具备了率先构建"丝绸之路经济带"的坚实良好的历史、民族基础和现实社会条件。[②] 而青海具有多民族聚居、多宗教并存、多文化交融的特点，积极开展与"丝绸之路经济带"沿线国家之间的民族交流、文化交流，积极促进会展业与旅游业融合发展，有利于各民族民间手工产品、藏医药、清真食品等特色资源与文化产业协同开发。[③] 新疆将昌吉州建设为"丝绸之路经济带"旅游创新区。昌吉州是丝绸之路上的重镇，拥有丰富的自然、历史、人文等旅游资源。将昌吉州建设为"丝绸之路经济带"旅游创新区具有一定的规划性、指导性，以"丝路旅游"品牌打造为核心，以精品建设为抓手，以市场开拓为重点，全面提升旅游业综合竞争力，让企业在旅游产业发展中更好地发挥作用，并加大新的旅

① 沙莎、樊星：《丝绸之路经济带上的陕西思路》，《陕西日报》2013年10月21日。
② 李新文：《构建"丝绸之路经济带"，宁夏应有大作为》，《宁夏日报》2013年11月20日。
③ 马洪波、孙凌宇：《丝绸之路经济带与青海转型发展》，《青海日报》2013年12月9日。

游业态的发展。①

（二）积极争取国家政策支持，发展外向型出口基地

发展外向型出口基地是不断提高对外开放水平、大力发展开放型经济、促进经济持续快速健康发展和社会全面进步的必由之路，是顺应建设"丝绸之路经济带"新形势的战略选择。甘肃要积极主动地参与国际国内合作，有效弥补资源与市场的不足；以更加积极的姿态参与国际经济竞争，在全球范围内优化资源配置，变资源优势为商品优势和产业优势，提高出口产品的市场竞争力，拉动经济快速增长，促进社会全面进步。

首先，要发挥政策导向作用进行结构调整，充分利用现行政策，并积极争取国家特殊政策支持。重点利用国家"西部大开发"政策和"丝绸之路经济带"政策，加大对经济结构和产业结构的调整转型和重点企业的技术改造。对有能力自我调整出口产品结构的企业，政府要在税收、用地等方面给予不低于外商的种种优惠，同时对利税大户在出口产品结构调整方面给予优先扶持。要充分利用国际国内两个市场、两种资源，实施全方位的对内对外开放，坚持对内招商与对外招商一起抓、内资与外资一起引。②

其次，申请建设西安自由贸易试验区。西安将切实担负起丝绸之路经济带新起点重任，全力打造亚欧大陆桥中国段经济带金融中心、中国东西部物流商贸中心、西部地区科技教育中心、中国历史文化旅游中心和我国内陆最大的交通通信中心，把西安建设成为亚欧合作交流的国际化大都市。有必要借鉴上海自贸试验区、深圳前海服务业试验区的经验，选择沿线具备条件的中心城市如西安，积极研究建设以西安国际港务区为核心，联手西安高新保税区、空港保税区的国际化城市板块，共同规划"西安国际自贸试验区"。

再次，发挥新疆的贸易金融作用。乌鲁木齐是"亚心之都"，将大力推进交通枢纽中心、商贸物流中心、金融中心、文化科技中心、医疗服务中心以及科技园、工业园、生物与医药产业园、装备制造产业园等的建设，把乌鲁木齐打造成丝绸之路经济带上的核心城市。霍尔果斯口岸目前是我国西北最大的公路口岸，具备国际铁路、高速公路、管道输送的综合交通枢纽功能。将以霍尔果斯经济开发区建设为龙头，打造国际物流港、国际金融港和国际航空港；与沿线城市建立合作开发旅游资源的机制，把伊犁打造成国际旅游目的地。③

---

① 张晓艳：《建设"丝绸之路经济带"旅游创新区》，《新疆日报（汉）》2013 年 10 月 31 日。
② 许尔君：《强化对接意识共建丝绸之路经济带》，《甘肃日报》2013 年 11 月 18 日。
③ 杨英春、孔玥：《寻求撬动丝绸之路经济带的支点》，《新疆日报（汉）》2013 年 12 月 1 日。

（三）加强与丝路沿线国家的交流

我国西北很多地区比如宁夏、新疆等地与丝路沿途各国和地区的穆斯林风俗习惯相近，宗教信仰相同，有着较强的民族认同感和深厚的传统友谊。争取西北地区更多城市地区与丝路沿线国家的城市建立友好城市，开展商品贸易、服务贸易、跨境投资、人才技术交流和旅游文化合作。

同时，发挥好西安欧亚经济论坛等平台作用，构造各类交流合作大平台，将西北地区城市与中亚城市的交流广度、深度提升到更高层面。尤其是，将西安国际化大都市建设的发展定位与国家"丝绸之路经济带"发展战略实现兼容，加强城市之间的紧密联系。西安作为丝绸之路经济带的新起点，以西安为核心，发起建设丝绸之路经济带城市群。还可依托西安浐灞生态区高起点规划建设好"欧亚经济论坛综合园区"和国家批准的领事馆街区，积极争取丝路沿线国家率先在西安开设领事馆。

## 二、丝绸之路经济带上的西北文化产业发展的支撑体系

（一）加强沿线城市交通和基础设施建设

道路是城市联通的基础，要想促进贸易畅通，扩大经贸合作，就一定要抓住机遇，不断提高自身基础设施水平。沿线城市应紧紧围绕丝绸之路经济带建设空中、路面、路下立体交通网。借助这种独特的区位交通优势，加快发展现代物流业，搭建丝绸之路经济带上现代物流大通道和多层次经贸交流与合作平台，发挥作为中国中东部连接欧亚非的陆路通道、交通枢纽的关键性作用，成为中国崛起的战略支点。同时，加快我国高速铁路等基础设施建设能力向丝绸之路经济带周边国家输出。铁路建设技术是启动陆路文明、陆路现代化的关键性技术，交通基础设施建设是加快丝绸之路经济带发展的基础与核心。

（二）积极营造良好的投资环境，加强与亚欧各国的经济合作

整个丝绸之路沿途各省基础设施普遍落后，青海、宁夏尤甚。因此今后一段时间西北地区转型发展的一个重要推动力就是加大投资强度，提高基础设施水平。首先，需要各级政府大力加强投资软环境的建设，提高政府职能部门的办事效率和服务水平，拓宽民间投融资渠道，形成多元化、多领域、多形式的投资格局。其次，加强区域金融体系建设。内容包括设立"丝绸之路经济带开发银行"等，为"丝绸之路经济带"内的商品贸易和生产要素流动提供有力的金融支持，还要加强沿线国家和地区的金融合作，促进货币流通；陕西和新疆要争取设立"国家金融改革开放综合配套创新试验区"，重点在西安、乌鲁木齐、霍尔果斯经济开发区和

喀什经济开发区等地区,分别建设区域性国际金融中心、人民币离岸中心、金融贸易创新示范区,促进货币流通;以银川为基础发展和扩大伊斯兰银行的作用。再次,基于中亚国家软环境亟待改善、贸易便利性差的现实需求,中国应联合各国打击贪污腐败,改善服务和商业环境。实现我国西北市场与亚欧国家市场的对接并逐步完善,形成良性互动、协调发展的局面。

（三）加强与亚欧各国的文化交流

首先,加强教育领域合作,充分利用国家相关政策,发挥陕西科教资源优势,吸引中亚学生来陕留学,发展留学经济,并为长期合作培育和储备人才与人脉资源。

其次,加强陕西与中亚地区国家的文化交流,通过有组织的考察学习,了解中亚地区各国的文化资源与文化产业发展状况。

再次,挖掘丝路沿线各国各地区的文化共同点,增强我国相关省区在中亚地区的影响力和文化亲和力,从而增强竞争优势,促进经济合作向广领域、深层次、永续化发展,进一步提高外贸出口企业的生产能力、技术水平和科学管理水平,提高文化产品的创意和科技含量,最终提高市场竞争力。

# 西南地区文化产业年度发展报告

洪 波[*]

## 一、区域经济和文化产业发展状况综述

2013年前三季度,西南五省区实现国内生产总值41008.17亿元,去年同期国内生产总值为37293.61亿元,本期同比增长速度为10%,其中,渝、川、贵、云、藏地区国内生产总值分别为8637.1亿元、19138.94亿元、5110.66亿元、7545.74亿元、575.73亿元,各(省、区)增速分别为5.9%、9.1%、16.5%、12.6%、15.4%,四川、重庆两省市在经济总量日益可观的基础上增速较上年相对放缓,其他三省(区)增速继续保持上扬态势(见图1、图2)。据最新数据显示,2013年全年同全国平均水平相比西南这五个省(市、区)的增速均超过了全国水平,而2013年云南省GDP达11720.91亿元,同比上年增长12.1%,四川省依然以2.6万亿元的GDP总量列居五省(市、区)之首。

随着深入贯彻落实党的十八大精神,各省(市、区)开始注重文化产业的改革与发展,实现中国特色社会主义,打造富强、民主、文明的中国梦。西南五省(市、区)在2013年,经济增长速度略有波动但总体呈上升趋势。在经济发展过程中,文化产业在经济收入中所占的比重不断增加。文化产业作为文化与经济相互交融的集中体现,以其低污染、低消耗、科技含量高、发展潜力大的优势被誉为"朝阳产业"。在许多发达国家和地区,文化产业正成为经济增长中异军突起的力量,并最终将成为国民经济的重要增长点和支柱产业。当下,大力发展文化产业成为贯彻落实科学发展观、转变经济发展方式、推动经济发展的重要途径。

---

[*] 作者系云南艺术学院艺术文化学院副教授。

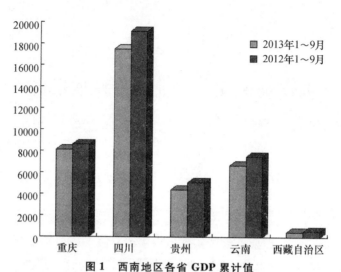

**图 1　西南地区各省 GDP 累计值**

数据来源：国家统计局,http://www.stats.gov.cn。①

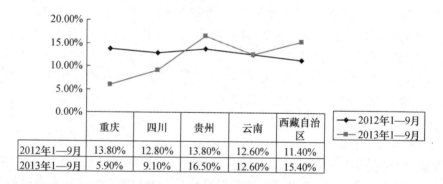

|  | 重庆 | 四川 | 贵州 | 云南 | 西藏自治区 |
|---|---|---|---|---|---|
| 2012年1—9月 | 13.80% | 12.80% | 13.80% | 12.60% | 11.40% |
| 2013年1—9月 | 5.90% | 9.10% | 16.50% | 12.60% | 15.40% |

**图 2　西南五省经济增长速度**

数据来源：国家统计局,http://www.stats.gov.cn。②

（一）重庆

2013 年,为促进经济结构调整与经济发展方式转变,重庆市实施创新驱动发展战略,大力推动现代服务业创新发展示范城市、国家级文化科技融合示范基地建设,现代服务业与文化科技创新取得新进展,成为重庆市经济社会发展新的增长点。

---

① 由于数据统计时间问题,目前提供仅为 2013 年 1—9 月份数据。
② 同上。

重庆市坚持文化创新,充分发挥科技创新对文化发展的重要引擎作用,增强文化领域自主创新能力和文化产业核心竞争力。截至 2013 年上半年,重庆市已培育文化科技创新型企业 50 多家,文化产业实现增加值 200 亿元。经过一年多的发展,具有高附加值、多功能、多业态的新兴文化产业集群区正在重庆形成。重庆市在国家文化创新工程 2013 年度项目中共有 4 个项目获准立项,目前一些文化科技创新成果已经得到应用。如重庆享弘影视股份有限公司推出的科普动画电影《乐乐熊奇幻追踪》成为了"平安中国"防灾宣导系列公益活动的重要组成部分,面向全国青少年儿童进行防灾知识宣传教育;课堂内外"电子书包"的发布,借助云服务和知识点微课堂系统构建了一套数字化学习辅助及科学人文素质拓展系统并受到广泛好评。重庆市文化科技创新人才团队正在不断壮大,目前已培养创新人才超过 2000 人,通过攻克 100 余项共性技术,培育出了 10 个拥有自主知识产权、核心竞争力的重庆特色文化科技品牌,使重庆市公共文化服务质量发展到西部较高水平。

　　2013 年重庆市文化产业的发展进一步升级,不仅成为国家数字出版基地并且实施国民旅游休闲纲要,打造都市、乡村精品旅游区,发展特色温泉、三峡邮轮等旅游新体验,推出 72 小时过境免签优惠,不断彰显城市魅力。其次,挖掘打造有南岸特色的文化产业,在南滨路成功创建国家级文化产业示范园区,并受到社会各界的广泛关注。再次,规划打造反映巴渝文化的米市老街、慈云寺老街、弹子石老街"三条老街",重现抗战陪都文化的枣子湾抗战遗址群,发展体现开埠文化的城市公园等文化项目,使巴渝文化、宗教文化、开埠文化、大禹文化、抗战文化、现代文化艺术遍布南滨路沿线,形成文化产业一条街。

　　重庆市深化文化体制改革,始终坚持把社会效益放在首位,以改革为动力,推动文化繁荣发展,创新工作思路和办法,促进文化事业和文化产业"两繁荣",市场机制和政府支持"两加强"。具体措施如下:

　　一是明确思路,制定规划,明确重庆市文化产业发展方向。科学、合理的文化产业发展战略是提升重庆市文化产业竞争力的前提条件。二是整合资源,寻求优势,打造独具重庆市特色文化产业品牌。文化产业需要整合各种资源,集聚化、集群化发展趋势日益明显。重庆将紧紧抓住"十二五"发展规划带来的机遇,加强政策引导,着力打造产业集聚度较高的特色文化产业集聚区。三是加大宣传,强化包装,营造良好的文化产业发展氛围。加大文化产业项目包装推介力度,通过积极参加国内举办的各类文化产业活动、文化产业盛会,强力推介重庆市文化产业项目,借用外力推进文化产业加快发展。四是加强领导,建章立制,优化文化产业发展环境。坚持把发展文化产业纳入到全市经济社会发展的总盘子中,摆上重要位置,制定出台扶持引导政策。同时加大文化产业的投资力度,增加文化产业发展基金,用于扶持文化产业发展。运用市场化的模式,引进或聘请发展文化产业的高级人才参与到重庆市文化产业项目开发,提高文化产业的创意与策划运作水平。

### (二) 四川

2013 年四川省文化系统坚持以科学发展观为指导,以深入学习贯彻党的十八大精神为主线,以提高文化发展质量和效益为中心,牢牢把握科学发展、快速发展的工作基调,着力深化文化体制机制改革,推动文化发展方式转变;牢固树立以人民为中心的创作导向,创作生产更多的文艺精品;始终坚持硬件和软件并重,提升公共文化服务质量和水平;努力加大文化和科技、旅游融合的力度,繁荣发展文化市场,提升文化产业整体竞争力;全面推进文物和非物质文化遗产保护,传承中华民族优秀文化;坚持对外文化交流和贸易两手抓,拓展对外及对港澳台文化交流的广度和深度;围绕提升首位、突破次级、夯实底部,全面提高四川省文化建设水平,为推进四川科学发展、加快发展和全面建成小康社会构建多点多极的文化支撑。本年度四川省文化产业的发展取得了显著的成绩,主要表现在以下几个方面:

第一,公共文化进步飞速,迈入全国第一方阵。

四川公共文化投入进步指数全国第一,公共文化投入人均进步指数全国第二,公共文化服务进步指数全国第三。2013 年,四川坚持把公共文化服务体系建设作为文化惠民的首要任务,按照体现公益性、基本性、均等性、便利性的总体要求,创新公共文化服务管理体制和运行机制,提高公共文化服务质量和水平。目前,四川省已建成公共图书馆 188 个,文化馆 205 个,乡镇、街道文化站 4596 个,成为全国数量最大、战线最长、网点最多、服务人口众多的公共文化服务网络。自 2010 年至 2012 年,全省人均文化事业费由 17.89 元跃升至 30.04 元,排名从全国第 23 升至全国第 18。

第二,收入剧增,文化产业织"金网"。

2013 年,四川省文化产业在"经济寒流"的环境下,成为一缕"暖阳"。据统计,2012 年时四川省文化系统文化产业实现增加值 340 亿元;而到了 2013 年,全省文化系统文化产业实现增加值增长 33%,已达 452 亿元。

过去一年,四川在全省 21 个市州和厅直属单位梳理了总共 160 个涉及投资金额近千亿元的重点文化产业项目,出台了《关于推动全省文化系统文化产业倍增发展的指导意见》,提出到 2017 年,全省文化系统文化产业增加值达到 700 亿元,较 2012 年翻一番的发展目标。

2013 年,四川产业集聚效应进一步显现。安仁(中国)博物馆小镇、广元蜀汉文化产业园、遂宁观音文化产业园成为全省首批省级文化产业示范园区,目前,四川省共有国家级文化产业示范园区 1 家、国家级动漫游戏基地 1 个、国家级文化产业示范基地 13 个,省级文化产业示范园区 3 个,省级文化产业试验园区 2 个,省级文化产业示范基地 44 个,全省特色文化产业发展聚集成效显著。

第三,百花争艳,文艺创作的"春华秋实"。

2013 年,四川省文艺创作以满足人民群众日益增长的精神文化需求为出发点和落脚点,坚持实施舞台艺术创作精品战略和创作生产滚动计划,全省艺术事业呈现出健康发展、全面繁荣的良好局面。据统计,去年省直院团和各市州积极组织送文化下乡文艺演出 3500 余场,观众总人次达 170 余万。

在 2013 年春天举办的舞蹈新作比赛共吸引来自 19 个参赛单位的 500 余名参赛选手的 45 个舞蹈作品参加激烈角逐,精彩的赛事和高质量的演出引起社会强烈关注,吸引各界观众 3000 余人次,比赛主题涉及范围广,作品质量上乘,展示了四川省舞蹈创作的蓬勃生机和活力,成为四川舞蹈事业发展的一个重要里程碑。2013 年,四川省舞蹈新作比赛中涌现出来的优秀作品《老两口的菜地》等 10 个作品入选参加第十届全国舞蹈比赛;舞剧《红军花》和话剧《第 29 棵树》参加第十四届全国文华剧目奖的展评,《红军花》获优秀文华剧目奖、《第 29 棵树》获文华剧目奖、陈巧茹荣获文华表演奖、马东风获文华导演(编导)奖、林晨获优秀表演奖、李东昌获表演奖。

在舞台艺术蓬勃发展的同时,四川省美术事业也翻开了新的一页。四川省首届文华美术奖评选和作品展览,共收到来自全省 21 个市州及各级画院、省级文化单位、大专院校等单位参赛者的共计 500 余件各类美术作品,经过专家评审委员会评选,最终产生了 265 件优秀作品参加展览,集中展示了四川省过去 5 年来的优秀美术作品,体现了四川省的美术实力。四川文华美术奖是新中国成立后四川首次设立的政府美术奖,四川也成为全国少有的几个设立文华美术奖的省份之一。四川省画家马一平的《动地长歌木卡姆》、何冠霖的《开花纪》等 7 幅作品入围十一届全国美术作品展,美展组委会还特邀了四川省李焕民、阿鸽、徐匡、彭先诚、罗中立等 5 位著名画家参展。

在高雅艺术硕果累累的同时,四川省也加大政府采购力度,进一步建立健全文化下乡长效机制,承办专业赛事与文化惠民相结合,让广大群众共享文艺创作生产成果,送文化下基层开创了新的局面。各市州专业文艺院团积极开展"每周戏聚""高雅艺术进校园""精品剧目进校园"等公益性活动,深入到社区、厂矿、学校、军队、山区等基层演出,极大地满足了当地群众的精神文化生活需要。

第四,四川文化扬名四海,对外交流乘风破浪。

2013年四川省对外和对港澳台文化交流展演项目190项,参与文化交流人数为2450人;在境外举办550场(天)展演活动,海外观众达1235万人次;在省内举办涉外和涉港澳台文化展演4750场(天)。以"欢乐春节"活动为平台,省文化厅分别组派四川交响乐团"天姿国乐"民乐团赴新西兰巡演、甘孜州歌舞团赴保加利亚和斯洛文尼亚巡演,推动成都民族歌舞剧院艺术团赴英国和以色列演出、自贡彩灯赴中国台湾举办灯展,对四川省春节文化品牌起到有力的推广作用。

2013年夏天,两年一度的中国成都国际非物质文化遗产节也成功举办。本届非遗节以"人人都是文化传承人"为主题,包含了成都国际非物质文化遗产大会暨纪念《保护非物质文化遗产公约》通过10周年大会、国际非遗博览会、第26届中国戏剧梅花奖赛事、中国书法篆刻艺术国际大展、主题分会场和配套活动以及闭幕式等7项主要节会活动,吸引了107个国家(地区)的600多名代表,以及国内各省、自治区和直辖市的3000多名代表参加了主要展演和观摩活动。

2013年,四川省核心文化产品出口达到约4.26亿美元,其中视觉艺术品等出口达到3.89亿美元。而成都金山、魔方、数字天空、尼毕鲁等游戏公司则已通过联合开发、授权代理、独立运营等形式将原创网络游戏和手机游戏销往海外。恒风动漫出品的《蔬果宝贝》和《星系宝贝》系列动画片,已在欧洲和亚洲一些国家进行授权海外销售。成都铁皮人科技原创的幼儿教育类插画销往台湾、香港地区和韩国、日本等市场。自贡灯贸和自贡新亚彩灯企业继续巩固韩国和美国商展渠道,并尝试在境外以自主办展的形式拓展商机。

(三)云南

2013年云南省以深入学习贯彻党的十八大精神为主线,围绕建设民族文化强省总目标,落实服务"三个发展"总要求,突出文化惠民总抓手,以科学发展为主题,着力在"打基础、抓机遇、重民生、求创新、强跨越"上下功夫,做大事业、做强产业、做优精品、做实项目、做活市场、做响品牌,努力探索充满活力、凸显实力、独具魅力的云南文化转型跨越发展新路子。

2013年云南省文化产业发展取得了丰厚的成果,主要体现在以下几个方面:

第一,2013年6月22日,在柬埔寨金边,联合国教科文组织第37届世界遗产委员会决定将红河哈尼梯田文化景观列入世界遗产名录。红河哈尼梯田文化景观成为我国第 45 处世界遗产地,同时也是我国第一个以民族名称命名的世界遗产。

第二,2013 年,全省累计接待海外旅游者 533.5 万人次,同比增长 16.5%;接待国内旅游者 2.4 亿人次,同比增长 22.1%。全省实现旅游业总收入 2111.24 亿元,同比增长 24.1%。全省旅游业对本省交通运输业、住宿业、餐饮业、娱乐业、商品零售业的贡献分别达 416.8 亿元、375 亿元、315 亿元、122.9 亿元、439.6 亿元,游览花费达 275.9 亿元,产业综合带动作用进一步凸显。

第三,2013 年,全省旅游重大项目建设顺利推进。十大历史文化旅游项目建设全年完成投资 41.5 亿元。昆玉红色旅游文化产业经济建设完成旅游重大(重点)项目投资近 50 亿元。全省旅游重大项目约 350 个,已建成和部分建成的重大项目共 76 个。"美丽乡村"建设启动首批 50 个民族特色旅游村寨的开发建设工作。全省累计建成高端度假及商务酒店 47 家,其中在建和将开建的 53 家,总投资超过 550 亿元。目前已引进 24 家海内外知名酒店管理集团旗下 48 个品牌,策划推出旅游招商引资项目 156 个,积极开展经贸合作旅游项目洽谈。推进保山腾冲火山热海、大理古城等 5A 级景区创建,曲靖会泽大海草山、红河弥勒湖泉生态园等 4A 级景区创建,加快四川省高等级旅游景区智能化和信息化建设步伐,提升云南景区知名度和竞争力。元阳哈尼梯田申遗成功,玉溪庄园、西双版纳野象谷跻身首批全国生态旅游示范区。着力推进公共服务设施建设,启动建设"云南旅游市场监管平台",现已完成一期工作,具备了合同电子化管理、旅游团队动态化管理等功能。

2013 年是云南省委、省政府确定的"产业建设年"。云南省将重点发展新闻出版、影视动漫、民族演艺、文化旅游、休闲娱乐等十大主导文化产业,建设十大标志性文化设施,培育十大展会品牌,扶持一批龙头和骨干企业,建设 50 个重大文化产业项目。2013 年度云南省加速推进 50 个重点文化产业项目建设,尽快建立包括 1000 个项目的项目库,利用深圳文博会、北京文博会等平台,吸引海内外资本、非文化产业资本、民间资本注入云南文化产业,力争协议引资 200 亿元,项目落地和资金到位率达 20%。同时,还将打破行政区划限制,连片规划发展大型文化产业基地,推进跨地区、跨行业、跨所有制整合重组。在云南省规划建设一批综合性大型文化产品交易市场和富有特色的专业市场,构建覆盖广泛、功能完善的文化产品流通网络。近年来,通过抓规划引导、抓思路创新、抓招商引资、抓项目建设、市场主体培育、扶持文艺创作、培养文化人才等工作,云南走出了一条边疆民族地区发展文化产业的新路子。根据出台的《云南省"产业建设年"三年行动计划》和《云南省"产业建设年"2013 年实施方案》，云南将重点发展新闻出版、影视动漫、民族演艺、文化旅游、休闲娱乐、节庆会展、珠宝玉石、民族民间工艺、茶文化、体育产业十大特色主导产业；围绕"七彩云南""香格里拉""茶马古道""聂耳音乐"四大文化品牌，办好四大品牌展会；通过 3 至 5 年的努力，形成 3 至 5 个资产和收入均超过 100 亿元的大型文化企业，30 个资产和收入均超过 10 亿元的骨干文化企业；建设昆明金鼎 1919 文化艺术高地、昆明泛亚文化传媒中心、昆明老街等 50 个重大文化产业项目。

根据云南文化产业的资源优势和发展条件，云南省文产办正在起草十大产业空间布局规划，引导省内 14 个州市从自身优势资源和市场需求出发，围绕本地重点产业策划重大项目。同时，储备一批文化产业发展重大项目，建设至少包括 1000 个项目的云南文化产业项目库。以多渠道、多载体形式加强项目推介，做好招商引资工作，吸引海内外资本、非文化产业资本、民间资本注入云南文化产业。引导培育一批具有产业引领作用的龙头企业和骨干企业，培养一批上市公司。

近 10 年来，云南文化产业增加值年均增长 20% 以上。2012 年，云南省文化产业增加值达到 635 亿元，占地方国内生产总值的 6.1%，文化产业已逐步发展成为云南省新兴支柱产业。

（四）西藏

2013 年，西藏自治区文化产业继续呈现快速发展势头，各地假日旅游产品丰富、文化活动特色独具、文化公共基础设施进一步完善、旅游市场秩序井然、对外交流加强。

自从 2012 年西藏出台《西藏自治区文化产业发展专项资金管理暂行办法》以来，西藏文化改革发展的政策体系不断完善，文化体制改革和文化产业发展有了良好的政策环境。目前西藏 2013 年度文化产业发展专项资金申报工作进展顺利，西藏有 160 个文化产业发展项目进行文化产业发展专项资金申报，其中拉萨市有 21 个文化产业发展项目进行申报。

近年来，西藏自治区连续开展了一系列文化下乡、进社区等活动，2013 年西藏自治区各级各类文艺团体下乡演出场次达到 2270 场以上。目前全区 80% 以上的博物馆、图书馆、群众艺术馆、县综合文化活动中心和乡镇综合文化站等公共文化设施实现了"无障碍、零门槛"免费开放目标。在不断加大公共文化设施建设的同时，西藏也不断加快文化产业发展，提升文化产业竞争力。开展了一系列文化活动，如"千村送戏巡演工程"，配合"强基惠民"活动，同时还举行小型图片巡展，全面发挥文化引领社会、教育人民、推动发展、促进稳定的功能，另外总投资

13 亿余元的"十二五"文化建设项目得到有效落实。① 2013 年 4 月,在日喀则市江当乡举行了"十二五"全区乡镇综合文化站建设项目开工仪式。目前 543 个乡镇综合文化站和 23 个县民间艺术团排练场所落实投资 4.9 亿元,完成投资 1.08 亿多元,完成工程量 48%。启动了七地市图书馆、群艺馆和博物馆新建改造项目前期工作,部分项目已经开工。2014 年将继续做好"十二五"重点项目"西藏综合艺术中心"建设项目的前期工作,争取完成项目选址、项目建议书编制、可研报告工作。加快推进文化信息资源共享工程建设,力争完成 589 个乡镇基层点建设,继续加快完成 6 地市支中心建设。

随着近年来国家对文化产业的大力扶持,西藏本土也涌现出了一大批优秀的文化企业,这些企业将传统手工艺最精髓的部分保留下来,在关键环节还是采用纯手工的方式进行,只在一些可以用机器完成的部分加以改变。这样下来,不但扩大了产品的覆盖面,也让大众能更多地接触到西藏的传统文化,而一些"非遗"也可以采取产业化运作的方式进行保护。

（五）贵州

2013 年,贵州认真贯彻落实党的十八大精神,坚持把推动贵州文化发展大繁荣作为中心任务,较好完成了以下重点工作:

第一,大力推进公共文化服务体系建设。

省博物馆新馆、贵州文化广场等项目建设进程加快,遵义会议纪念馆改扩建工程进入开工建设准备阶段。推进基层文化设施建设,为 323 个乡镇综合文化站、18 个社区文化活动中心、94 个社区文化活动室配置了设备,为 498 个乡镇综合文化站、24 个社区文化活动中心、124 个社区文化活动室配置了公共电子阅览室设备,数字图书进农家工程为 400 户农家配送了电脑及内容资源。遵义市作为首批国家公共文化服务体系示范区通过验收,贵阳市和 2 个项目通过国家第二批公共文化服务体系示范区(示范项目)创建评审。制定下发了"两馆一站"设备管理和免费开放有关制度,并完成了"两馆一站"设施设备资产登记和免费开放绩效考评;开展了第五次公共图书馆评估定级和第一次乡镇综合文化站评估定级。图书馆服务宣传周系列活动在活动规模、活动形式等方面创贵州省同类活动历年之最;正安县图书馆馆长冯康入选 2013 年度中国图书馆榜样人物。参加宁夏银川举办的"第十一届西部民歌(花儿)大赛"取得 1 金 3 银 2 铜的好成绩;黄果树

---

① 麦朵:《西藏明年将出台〈文化产业发展的指导意见〉——加快文化产业发展,不断提升西藏文化产业竞争力》,《西藏商报》2012 年 11 月 21 日。

艺术团选送的《地戏情韵》参加"十艺节"群众文化节目展演获优秀组织奖;省老年合唱团参加全国老年合唱比赛获得 1 金 1 银的好成绩。举办了贵州省馆办业余文艺团队调演,协同举办了贵州省第五届少数民族文艺汇演和第八届贵州省残疾人艺术汇演;参加第八届全国残疾人艺术展演四川省获得 4 个一等奖、5 个二等奖、2 个三等奖、团体二等奖;省直剧团赴威宁、平塘、德江等地"送欢乐、下基层"演出 20 余场,受众近 6 万人次。

第二,文艺创作生产上新台阶。

改编、修排 4 个剧目赴"十艺节"参展,大型花灯剧《枫染秋渡》最终入围并荣获文华剧目奖,主演邵志庆获"十艺节"优秀表演奖。组织优秀器乐、美术作品、舞蹈节目等参加"十艺节"各项活动,器乐节目"四滴水组合"获比赛二等奖,3 个舞蹈节目入选复赛,《追恋》进入总决赛,《水寨龙珠》获全国木偶戏、皮影戏优秀剧(节)目展演优秀剧目奖。成立了贵州省精品剧目打造工作领导小组,实施精品剧目重点立项管理,初步确定了 3 个重点立项项目;与贵州省广播电台合作制作了大型交响组曲《贵州》(暂名);重点支持了省黔剧院开心剧场等项目;贵州首部在国家大剧院演出的舞台剧目民族管弦乐苗族歌舞剧《仰欧桑》受到好评。成功举办了全省第三届美术专业比赛,推出了新人。组织举办了 2013 年贵州省春节团拜会文艺演出、欢迎华润集团拓展贵州市场专场文艺晚会、"瑞士·贵州之夜"文艺演出、"中华文化四海行——走进贵州"联谊文艺晚会等。

第三,优秀文化遗产传承保护稳步推进。

贵州海龙屯与湖南、湖北联合申报的土司遗产被国家文物局确定为 2015 年我国唯一申报世界文化遗产的项目;32 处文物被列入国务院公布的第七批全国重点文物保护单位名单;推荐海龙屯、赫章可乐遗址等申报第二批国家考古遗址公园;推荐湄潭永兴镇等 8 处城镇及村落申报第六批中国历史文化名镇名村;推荐石阡老街等申报第五届中国历史文化名街。启动了贵州省全国第一次可移动文物普查。编制申报了有关文物保护维修、安防和可移动文物修复方案,35 个方案获得国家文物局批准或立项。实施了 30 余项文物保护维修工程,编制了 49 项重大基本建设用地范围内的文物调查及保护方案。海龙屯考古项目获评为 2013 年度"十大考古新发现"。新增国有博物馆、民办博物馆各 4 家,六盘水市建设的全国第一家三线建设博物馆正式向社会开放。黎平堂安生态博物馆转型提升并通过国家文物局验收,印江合水传统造纸生态博物馆和乌当渡寨音乐生态博物馆资料信息中心建设正式启动,地扪侗寨被列为国家文物局传统村落保护试点项目之一。推荐申报第四批国家级非物质文化遗产代表性项目 35 个,开展了省级以上非物质文化遗产代表性项目督查工作;推荐申报第二批国家级非物质文化遗产生产性保护示范基地 10 个,开展第二批省级非物质文化遗产生产性保护示范基地评审并命名了 14 家单位。积极做好黔东南国家级民族文化生态保护实验区保护规划和黔南水族国家级文化生态保护实验区申报工作。翻拍苗族木鼓舞传承人万政文、苗族芦笙舞(滚山珠)传承人王景才两人荣获第二届中华非物质文化遗产传承人薪传奖。组织了有关论坛、研讨会,通过以会代训形式推进非遗项目保护传承。贵州省被文化部列为 2013 年全国非物质文化遗产数字化保护工程试点地区。注重做好文化遗产宣传推介和研讨工作,承办了 2013 年中法乡村文化遗产保护与发展学术研讨会。

第四,着力推进特色文化产业体系建设。

启动了县域文化产业发展"三个一工程",评选并资助第一批文化产业示范村 9 个、优秀演出团 4 个、特色文化产品 10 个。推动文化企业做大做强。多彩贵州文化艺术有限公司、贵阳朗玛信息技术股份有限公司、遵义奇利动画影业有限公司等骨干文化企业不断创新工作思路,拓展业务范围,总体呈现出较快发展态势。利用各种平台助推文化企业加快发展。与省、自治区和直辖市有关单位成功举办 2013 中国(贵州)国际民族民间工艺品、文化产品博览会,分别组织有关企业和负责人参加了第九届中国(深圳)国际文化产业博览交易会、第八届中国(北京)国际文化创意产业博览会等活动并初步列入文化部藏羌彝文化产业走廊建设项目。

第五,着力提升文化市场服务监管能力和水平。

以行政审批大检查和岗位大练兵与技能大比武为抓手,加强文化市场服务和监管。组织开展了文化市场行政审批大检查,进一步规范了全省文化市场行政审批工作。通过抓文化综合执法岗位大练兵与技能大比武促进文化市场综合执法工作质量提升。全省网吧技术监控平台实现了安装率、在线率两个 80%,完成了全省游艺娱乐场所调查摸底和文化市场技术监管及服务平台基础数据库初始化工作。加强执法督导检查,启动全省经营性互联网文化单位清理;开展了文化市场专项整治行动以及校园周边文化场所专项检查;加强了对涉外演出的现场检查和指导督查;查办了 5 起文化市场重大案件。

第六,深化文化交流与合作。

全年对外及对港澳台文化交流项目共计 30 起,519 人次(出访 26 起,479 人次;来访 4 起,40 人次)。赴澳大利亚参加墨尔本中国戏剧节展演、赴台湾参加"欢乐春节·醉美多彩贵州——2013 年第三届海峡两岸春节民俗庙会"展演、赴香港举办"根与魂——贵州非物质文化遗产展演"等文化交流活动,展示和宣传了多彩贵州,扩大了贵州文化影响力。承办国家文物局组织的第八届"驻华使节走进中国文化遗产"活动,塞舌尔等8个国家的驻华使节走进贵州,关注民族、红色历史文化遗产,积极筹备2014年与马德里中国文化中心合作项目各项工作。

第七,深入推进文化体制改革。

支持推动贵州文化演艺集团完善法人治理结构,建立现代企业制度,积极探索公益性演出和商业演出新途径。推动保留事业编制的贵州省黔剧院初步形成了企业化管理体系,该剧院新开办的钟幺爷开心剧场在经济和社会效益方面作了积极尝试。推进"两京"整合后续工作,正着力解决整合后有关遗留问题。推进文化市场综合执法机构人员参公管理,相继解决了遵义市、黔南州、安顺市和贵阳市文化市场综合执法机构人员参公问题,贵州省实现参公管理的市(州)文化综合执法机构达到7个。对行政审批事项进行清理合并,合并了2项,下放了1项,行政许可事项由原来的15项压缩为12项。

## 二、西南五省文化产业发展中的突出问题及政策分析

西南地区,尤其是后发展地区要想实现"后发优势",必须加快经济发展方式转变。后发展地区在人才、资源和资本上处于弱势的地位,但却具有独特的民族文化和传统文化优势。党的十八大对社会主义文化大发展大繁荣提出了新任务、新要求,这是后发展地区实现快速发展的又一次重大机遇。文化产业理应成为后发展地区发展的主要支柱之一,纳入西南地区科学发展观的发展体系之中,并在资源硬件和管理软件上加大创新力度。为了全面贯彻十八大和十八届三中全会关于深化文化改革的部署,结合西南五省各地文化产业发展的自身情况,西南各个省区在过去的一年针对突出问题提出相应的建议和策略。

(一)重庆

重庆正处于工业化中期阶段,工业化、城市化高速发展,转型发展的任务迫切而艰巨。客观分析重庆文化产业发展现状和面临环境,对建设西部文化产业高地和全国前列的文化产业强市意义重大。

在《重庆市文化产业"十二五"发展规划纲要》中,针对文化与产业融合存在的政策支持、资金、人才、技术等方面的问题提出了分析和解决办法:

第一,明确思路,制定规划,明确我市文化产业发展方向。科学、合理的文化产业发展战略是提升重庆市文化产业竞争力的前提条件。

第二,整合资源,寻求优势,打造独具重庆市特色文化产业品牌。文化创意产

业需要整合各种资源,集聚化、集群化发展趋势非常明显。重庆将抓住"十二五"时期推动重大项目建设的时机,加强政策引导,着力打造产业集聚度较高的特色文化产业集聚区。

第三,加大宣传,强化包装,营造文化产业发展良好氛围。加大文化产业项目包装推介力度,通过积极参加国内举办的各类文化产业活动、文化产业盛会,强力推介重庆市文化产业项目,借用外力推进文化产业加快发展。

第四,加强领导,建章立制,优化文化产业发展环境。坚持把发展文化产业纳入到全市经济社会发展的总盘子中,摆上重要位置,制定出台扶持引导政策。同时,要加大文化产业的投入力度,增加文化产业发展基金,用于扶持文化产业发展。

另外,运用市场化的模式,引进或聘请发展文化产业的高级人才,参与重庆市文化产业项目开发,提高文化产业的创意与策划运作水平。

"十二五"时期,重庆市全市文化产业总的发展目标是:实现"十百千万"目标,基本建成西部地区文化产业高地、全国前列的文化产业强市。具体的发展目标:

第一,文化产业规模大幅提升。实施 10 个西部一流的市级重大项目,培育一批产值 10 亿级和 100 亿级的大型文化企业,年增加值迈上 1000 亿元台阶,产业规模和产品竞争力位居全国前列,文化产业增加值占地区生产总值的比重超过 5%,发展速度明显快于同期地区生产总值,文化产业成为全市新的经济增长点和结构调整的重要突破口。

第二,文化产业结构更加优化。建成 10 大文化产业集聚区、各具形态的文化产业园区和 100 个市级文化产业基地,培育 10000 个中小文化企业。在优势行业上形成前端研发、中端拓展、后端衍生、资源循环利用的产业链结构。核心层、外围层、相关层对产出增长贡献值的比重不断优化,文化产业三大层次增量贡献值的比重调整为 25∶20∶55。

第三,形成创新水平高的品牌群。文化企业自主创新能力和知识产权保护能力全面提升,产业研发投入占增加值的比重提高到 2.5%,打造形成西部一流、全国知名的文化产品和文化服务品牌 40 个以上。

第四,文化产业综合效益更加凸显。文化产业年均新增就业岗位不少于 2 万个,2015 年末行业从业人员占全社会就业人数的比重超过 3%;文化产业与相关产业互动融合度显著提升,促进制造业升级作用更加凸显;城乡居民人均文化娱乐服务消费支出占全部消费支出的 6% 以上。

在《重庆市文化产业"十二五"发展规划纲要》中提出加快构建全市"442"文化产业发展体系,大力发展文化创意、文化旅游、数字文化内容、文体会展4大新兴文化行业,着力提升广播影视、出版发行、印刷包装、演艺娱乐4大传统文化行业,积极培育文化商品制造、艺术品创作和交易两大行业,促进文化产业多层次、多元化发展。

(二)四川

四川省拥有丰富的文化资源,承载着深厚的文化底蕴,是一个名副其实的文化资源大省。凭借资源上的绝对优势和不可替代性,且不论目前或将来四川文化产业的规模会发展到何种程度,至少四川文化产业在全国文化产业发展的过程中,是不可忽视的一个部分,甚至可能成为全国文化产业发展的主要推进器之一。

近年来,四川着力推动文化产业由粗放型向集约型转变,推动文化与科技深度融合,促进特色文化产业聚集,全面提升四川文化产业竞争力和综合实力。四川省积极加快文化产业集团化建设,组建了四川日报、四川广播电视、四川出版、四川新华发行、四川党建期刊和成都日报、成都文旅等7大国有文化集团,总资产超过100亿元。同时,鼓励集团之间在资本、网络、技术、人才和市场等方面相互合作,完善产业链条,调整产业结构,优化产业布局,带动影视制作、出版发行、印刷复制、广告、演艺、娱乐、文化会展、文化旅游、数字内容和动漫等九大文化产业联动发展。

发展四川文化产业的建议:

第一,构建文化产业发展格局。

在四川地区,要充分发挥重点文化产业在推动产业发展中的引领和带动作用,加大资源产业化开发力度。通过大力发展区文化旅游业、演艺娱乐业、工艺品制造业等主导产业,形成以重点产业为主导、相关产业联动发展的格局。

第二,建设重大文化产业项目。

按照资源配置的集中度和项目的辐射力,做好四川文化产业重大项目规划。依托地区丰富的文化资源,投资建设一批发展水平高、集聚作用强的重大项目,发挥项目在推动文化产业发展中的支撑作用。加大投资和项目管理力度,把现有项目做实做深做强。

第三,打造特色文化产品。

突出特色、突出重点发展文化产业,对促进四川文化产业整体发展具有重要意义。应着重发展文化旅游、演艺娱乐、艺术品、创意设计等新兴业态,充分发挥文化产品在推动文化产业发展中的承载作用。一是发展文化旅游业,依托丰富的人文与自然资源,建设文化名镇、名街、名村,打造文化旅游集聚区和特色文化旅游目的地。二是发展演艺娱乐业,充分利用高新技术、数字技术、全息成像技术,研发创作具有深厚文化内涵的影视剧目、实景演出以及参与性、互动性较强的体验情景剧目。三是发展工艺品业,在保护和传承传统手工艺技艺基础上,开发文化用品、工艺品和旅游纪念品,逐步壮大民族工艺品产业。四是发展创意设计业,促进地区文化元素与音乐制作、时尚设计、广告设计、家居装饰结合,大力发展文化创意设计。

第四,培育文化产品品牌。

充分利用地区文化资源优势,坚持政府引导,充分发挥市场在配置资源中的积极作用,吸引社会资本参与四川文化产业建设,培育文化产业骨干企业和战略投资者,着力打造一批文化精品,形成具有国际影响的文化品牌。

(三) 云南

经十余年的发展,云南文化产业的组织保障体系已初步建立,政策保障机制渐趋完善,产业基础架构开始形成,民族演艺、珠宝玉石、民族民间工艺品等行业走在全国前列。近年来,云南文化产业迅速发展,"云南模式"在海内外形成了较高的知名度和影响力,树立了整体品牌形象。但目前,云南文化产业仍面临较多制约,下一步云南将着力推动文化产业的转型升级、提速发展:发展方式由外延扩大向内涵提升转型,产业结构由特色产业为主向核心产业为主转型,发展动力由政府推动向市场驱动转型,融资模式由间接融资为主向直接融资为主转型。

目前云南文化产业已建立了组织保障体系和政策保障体系:省文产办设有综合处、产业规划处和产业发展处,省财政厅则设立了国有文化资产管理办公室;省里先后出台了一系列《意见》,在财政扶持、税收优惠、土地使用、市场管理、金融支持等方面出台一系列优惠措施。2013 年,省级文化专项扶持资金已从过去的每年 2500 万元增加到今年的 14000 万元,今后每年增加 2000 万元,同时,省里单列了 10000 亩的文化产业机动用地指标。

近年来,云南省文化产业一直保持较好的发展势头,尤其是在旅游与文化融合发展、珠宝与民族工艺品以及演艺市场等领域已经形成一定的品牌效应,但目前云南文化产业受资本、人才和技术等方面制约的现状同样不容忽视。

第一,资本制约。文化产业投资活力不足、总量不大、实力不强,如世界 500强企业、驻滇央企均未介入文化产业,每年云南投资于文化产业的资本还较少等。面对文化产业的资本制约,云南省正积极推动文化产业与金融产业融合发展,通过拓展多元化的融资方式,建立良性循环机制,加快文化产业的转型升级,更好地与资本市场对接。云南省与国家开发银行共同签署了"文化产业融资合作行动计划"，促进重大建设项目资金的落实，以融资推动支持云南省文化旅游、民族工艺、新闻传媒、出版发行等各类文化产业发展，为文化产业与金融企业搭建融合平台。在文化产业投融资体系建设中融资渠道单一、金融创新不够、贷款结构失衡、中介服务欠缺、融资信息不畅、融资成本较高等问题突出。针对资本制约，今后云南省在继续加强间接融资的同时，还将拓展其他多元化的融资方式，如强化股权融资和债务融资为主的市场融资体系；探索艺术品、版权、知识产权等无形资产抵押贷款办法；拓展融资担保，创新民营中小企业的互助担保和以产业链为基础的关系伙伴担保；打造产权交易体系，完善资本进入和退出机制等。

第二，人才制约。文化产业人才队伍在数量和结构上存在不足，尤其缺乏创意策划、艺术设计、项目运作、资本运营等方面的高层次人才。

第三，市场制约。全省没有一家上市融资的文化企业，一些企业甚至还没有资本运营意识，咨询、策划、创意等新兴要素市场尚未真正起步。此外，在科技、创意等方面也面临一些制约。

面对目前云南文化产业发展的问题，今后云南省重点解决资本、人才、品牌、科技、市场等五大问题。着力构建服务平台：为企业搭建完善的信息传播平台，在法律咨询、政策指导、信息发布、企业广告、产品销售等方面提供有效服务；建立包括1000个项目信息的全省重点文化产业项目库，通过一些平台和渠道向海内外招商，吸引资本注入等；搭建宣传推介平台、技术支撑平台、产品营销平台等。

（四）贵州

文化体制改革在激发企业内生动力的同时，也唤醒了贵州人的文化自觉和文化自信。贵州文化人、企业人从文化资源尤其是非物质文化资源丰富的现实出发，注重创意创新，不断提升文化产品品质。

依仗秀美山水和深厚人文，贵州充分发挥多民族文化资源丰富的优势，重点推动文化与旅游融合发展。涌现出一批独具特色的知名文化旅游景区景点和镇远古城、青岩古镇、大方贵州宣慰府等一批享誉省内外的文化名城名镇，形成了北部长征文化、东南部苗侗文化、黔东佛教文化、黔西南布依文化、黔西北彝族文化等与旅游有机融合的发展格局，既提升了旅游产业竞争力，又彰显了贵州多民族文化特色。

贵州以深入贯彻党的十八大精神为主线，立足贵州实际，坚持文化自觉自信，不断探索发展规律，彰显文化资源优势，努力探索走出一条欠发达地区文化跨越发展的新路，更好地引领风尚、服务社会、推动发展。

首先,贵州省要加大对文化资源的开发和配置力度。后发展地区具有独特的自然风貌和丰富的人文资源,如黄果树瀑布等大小景点星罗棋布,都可谓宝贵的自然、人文财富。另外,多元化民族文化产品的开发,为地区特色文化产业发展提供了巨大的资源潜力。

其次,必须充分把握文化产业发展的关键环节,加深对文化产业核心竞争力的认识。文化产业的核心竞争力是指核心文化的创新力,要有不断开发出新知识、新内容、新服务的能力。只有具备了文化产业的创新能力,才能更好地形成以文化内涵为主体,以文化产品为载体,带动文化产业发展的产业模式。

贵州省能否取得良好的效益,取决于该地区能否充分挖掘和开发文化产业价值链上各环节的文化价值。贵州省少数民族众多,各民族大都能歌善舞,民族文化、历史文化都富有极强的表现力和展示力,可以此大力发展旅游业、演艺业,并结合书籍出版、影视制作、会展博览等活动,形成多种文化产品形式的融合,带动第三产业的繁荣。

在政府主导下,借助市场机制,建立现代企业制度,组建实力雄厚、运行灵活的文化产业集团,在以国有资本为主体和基础的情况下,广泛吸纳民营资本,以完善企业法人制度为主体,优化文化产业要素市场建设,完善人才培养机制。

(五)西藏

西藏是文化资源大区,传统的历史和民族文化源远流长。千百年来,以藏族为主体的各族人民以其勤劳、智慧和顽强的精神开发和创造了雪域高原独具特色的民族文化,在世界上有着一定的影响。西藏的文化资源丰富而独特,开发难度小,成本低,为文化产业的发展具备了良好的资源条件。近几年来西藏文化产业的地位有了明显的提升,在发展的形式上也多种多样,文化产业活动日益活跃,文化产业和文化市场的建设成效显著。基于这些发展现状,西藏显然已经将文化产业作为支撑产业加以发展。在壮大文化产业发展的规模中,提升其质量和效益,走有中国特色、西藏特点的文化产业发展之路就需要我们探索更好的发展模式,2013 年,自治区政府在前期发展的基础上进一步提出策略和建议:

第一,发挥资源优势,打造文化品牌,大力发展特色的优势文化产业。西藏拥有浓厚的地域风情和丰富的文化特色资源,但开发程度较低,开发潜力没有真正发挥出来,因此应着力促进文化资源转化。

第二,优化产业结构,扩宽领域空间,大力发展支柱文化产业。根据西藏现状,在调整和优化产业结构的基础上,结合西藏特有的藏民族文化元素大力发展创意设计,演艺表演等高附加值的产业。

第三，提升服务功能，促进对外开放。通过开发、开放多层次、宽领域、全方位的文化市场，发展文化贸易，提升文化资源转化能力。

### 三、区域文化产业年度大事记

1. 2013 年 11 月 18 日第十三届亚洲艺术节开幕式在昆明举行，奏响了魅力亚洲、文化中国、七彩云南的华彩乐章。亚洲艺术节是经国务院批准的我国唯一的区域性国际艺术节，是亚洲文化交流展示的重要平台和窗口。本届艺术节由国家文化部、云南省政府联合主办，省文化厅和昆明市政府共同承办，汇聚了 11 个国家和地区的 15 个艺术团队的 1000 多名艺术家和文化工作者，将举办亚洲舞台艺术展演、亚洲艺术家"走进人民"巡演以及首届亚洲图书馆馆长论坛、第二届亚洲文化论坛、"四海一家"驻华使馆馆藏精品展、朝鲜艺术家美术精品展等异彩纷呈的活动。

2. "云南记忆非物质文化遗产展"在瑞士日内瓦举办。2013 年 8 月 27 日下午 5 点半，"感知中国 美丽云南"文化周在瑞士日内瓦正式拉开帷幕。"云南风情图片展""云南记忆非物质文化遗产展""生态云南，美食天堂——中华美食欢迎招待会"以及"彩云追梦"文艺演出精彩亮相，异彩纷呈，惊艳万国宫。

3. 2013 年 12 月 19 日贵州首获"国家级文化和科技融合示范基地"称号。以贵阳高新区为主体申报的贵阳国家级文化和科技融合示范基地位列中国第二批 18 家"国家级文化和科技融合示范基地"名单，而这也是贵州省首次获此殊荣。

4. 贵州省文化产业发展基金正式运作。2013 年 3 月 19 日，经省政府批准，贵州省文化产业发展基金已开始正式运作，基金先期规模为 4.5 亿元。贵州省文化产业发展基金的正式运作，是贵州省大力推进文化产业项目建设的又一重大举措。基金由政府引导国有文化企业及其他国有企业等共同出资发起募集，以贵州省文化产业为投资方向的私募股权基金，兼具部分引导基金功能，投资方向主要为文化创意、影视制作、出版发行、印刷复制、会展广告、演艺娱乐、广电网络、文化旅游、民族民间工艺、动漫、数字内容等领域。

5. 云南在京推介旅游文化产业签订 10 个合作项目投资总额 115.95 亿元。2013 年 8 月 15 日，由云南省政府主办，省招商合作局、省旅游发展委、省政府驻京办共同承办的云南旅游文化产业推介会在北京举行。会上，省旅游发展委对云南旅游文化资源、产业发展政策和产业布局进行了说明，欢迎全国企业家参与云南旅游建设。大理白族自治州、曲靖市及红河哈尼族彝族自治州分别作专题推介。为充分展示云南省丰富的旅游文化资源，省招商合作局编印了《云南旅游文化合作交流活动招商引资项目》,推介了 110 个具有一定规模及比较成熟的旅游文化项目。推介会上,省旅游发展委、远东国际租赁有限公司、大理市政府、今典投资集团有限公司等签订了 10 个合作项目,投资总额 115.95 亿元。

6. 重庆市三峡博物馆被文化部命名为"海峡两岸文化交流基地"。经文化部和国台办评审,重庆中国三峡博物馆被文化部命名为"海峡两岸文化交流基地"。重庆中国三峡博物馆作为国家首批一级博物馆,拥有馆藏文物 18 万件,现有基本陈列和专题陈列 10 个,年均推出和引进展览 50 个,年均接待观众 170 万人次,该馆作为中国抗战陪都文物和三峡文物保护的主要承担者,以其特有的抗战文物和三峡文物促进了重庆与台湾间的文化联系和交往。其中,"抗战民间西迁文物"引起台湾极大的关注,与台湾合作举办的《重庆岁月——海峡两岸抗战文物展》获得两岸专家学者的肯定和好评。

7. 四川香港文化产业合作取得新进展。由四川省文化厅和香港中国商会指导,四川天府文化产业促进中心等单位举办的四川省藏羌彝文化产业走廊(精品)交流会于 2013 年 6 月 26 日在香港成功举行,交流会上展出了四川省近 20 家龙头文化企业生产的 500 余件工艺美术品,涵盖竹编、唐卡、蜀绣、羌绣、年画等 10 余种文化产品。

8.《动漫川剧古诗词曲》入选 2013 年"国家动漫品牌建设和保护计划"。在四川省委宣传部、省财政厅、省文化厅、省新闻出版局的大力支持下,四川文艺音像出版社与四川新闻网传媒(集团)有限公司联合制作的《动漫川剧古诗词曲》多媒体课件已成功入选 2013 年"国家动漫品牌建设和保护计划"(动漫创意)。

9. 西藏获中国国际文博会"主展馆最佳展示奖"。由文化部、国家新闻出版广电总局、北京市人民政府共同主办的"第八届中国北京国际文化创意产业博览会"于 2013 年 11 月 6 日至 10 日在北京举办。西藏自治区以"弘扬西藏传统艺术、创建中国唐卡之都"为主题,以唐卡艺术为主,附带部分文物高仿产品,利用"文博会"平台宣传和推介重点文化产业项目,拓宽招商引资渠道,取得了良好成绩。获中国国际文博会"主展馆最佳展示奖"。

10. 西藏非遗课题首获国家社科基金资助。西藏大学关于《西藏非物质文化遗产的整理、传承研究与数字化保护》课题获得 2013 年度国家社科基金重大招标项目立项资助,这是西藏高校获得的首个国家社科基金重大招标项目。该课题是由西藏大学联合西藏非物质文化遗产保护中心、西藏艺术研究所联合申报的,获得资助经费 80 万元。西藏拥有包括舞蹈、音乐、戏剧、美术、手工技艺等在内的丰富多样的非遗资源。

# 华南地区文化产业年度发展报告

秦　晴[*]

2013 年 11 月,中共十八届三中全会顺利召开,会上提出建设社会主义文化强国,增强国家文化软实力,并进一步深化文化体制改革,建立健全现代文化市场体系,构建现代公共文化服务体系,提高文化开放水平。在此发展背景下,华南地区(广东、海南、广西三省区)是中国文化产业发展特色突出、发展前景广阔的区域之一,文化产业发展实现了新的突破。

## 第一节　政策环境

### 一、广东省文化产业发展政策概况

(一) 广东省印发园区管理办法,促进园区可持续发展

为加强文化产业园区(集聚区)的宏观调控和指导管理,促进其可持续发展,广东省文化厅于 2013 年 7 月出台《广东省文化厅关于文化创意产业园区(集聚区)的管理办法》,并于 2013 年 9 月 1 日起实施。

自 2004 年文化部命名第一批国家文化产业示范园区及 2006 年广东省文化厅命名第一批广东省文化(创意)产业园区以来,经过近十年的发展,广东的文化创意产业园区已发展至 100 多家。然而,由于种种原因,广东的文化创意产业园区无论在聚集发展的导向和规模,还是在聚集发展的管理和效率方面,仍存在不少问题,如缺乏科学战略规划和产业导向,缺乏统一管理,缺乏全省性创业服务和公共服务平台,出现同质化竞争的状况;缺乏有效的科学管理模式;缺乏与国际市场的沟通联系;现有的产业政策难以实行,而整体配套的产业政策又相对不足等。这些问题严重制约全省园区(集聚区)形成合力的健康发展。为了解决以上问

---

＊　作者系深圳大学文化产业研究院,助教。

题,省文化厅出台了此项政策,以此推动园区健康发展,进而推动广东文化创意产业发展。

新出台的《广东省文化厅关于文化创意产业园区(集聚区)的管理办法》(以下简称《办法》)对文化创意产业园区(集聚区)申报与认定进行了严格的规定,要求具备下列条件:符合国家和广东省文化产业发展导向和发展规划,有切实可行的园区中长期建设发展目标和规划、有较完善的基础设施和硬件环境保障,并具有合法、完备的审批手续;具有功能完善的配套服务设施和公共服务支撑体系等硬条件、具有完善的管理制度和有效的运营机制等,并制定出具体的数字标准,如规定文化企业数量占园区企业总数比例须达到 60% 以上,或文化产业总产值与营业收入之比占园区总产值和营业收入之比的 60% 以上;园区的运营管理机构必须是在广东省内注册的具有独立法人资格和组织健全的专业机构,属于中外合资、中外合作机构的境外资本不得超过 49% 。其中,针对以往文化创意产业园区"重招商、轻服务"的问题,《办法》首次将建设公共和创业服务平台作为申报条件的硬性指标。

此外,该《办法》还规定对园区管理引入退出机制,对省级园区实施考核制度,每两年进行一次考核,考核不合格且限期整改后仍不合格的将予摘牌。

(二)广东省文化厅推出十大举措支持粤东西北地区文化发展

为深入贯彻落实党的十八届三中全会精神和《中共广东省委、广东省人民政府关于进一步促进粤东西北地区振兴发展的决定》,2013 年 12 月广东省文化厅制定了《省文化厅关于进一步支持粤东西北地区文化发展的若干措施》(以下简称《措施》),推动粤东西北地区(珠三角外的粤东、粤西、粤北地区)文化发展繁荣,促进全省文化建设协调发展。

该《措施》提出十项具体做法,包括:加快推进公共文化场馆建设,完善公共文化服务场馆服务,广泛开展各类文化惠民活动,加大文物保护工作的扶持力度,提高博物馆建设的质量和水平,弘扬优秀非物质文化遗产,帮助提升艺术创作生产水平,促进发展特色文化产业,积极推动区域文化"走出去"和着力加强基层文化队伍建设。

在特色文化产业发展方面,该《措施》指出,应充分发挥粤东西北文化资源优势,促进文化与科技、金融、旅游、非物质文化遗产生产性保护等结合;帮助整合优化文化产业结构和布局,重点发展工艺美术业、文化会展业、文化旅游业、玩具业、娱乐业、演艺业、数字文化服务业等。

表1　广东省文化厅关于进一步支持粤东西北地区文化发展的若干措施

| 主题 | 措施 | 具体措施 |
|---|---|---|
| 公共文化服务 | 加快推进公共文化场馆建设 | 加大公共文化服务设施建设推进力度,支持粤东西北欠发达地区新建、改扩建一批县级图书馆、文化馆、博物馆和乡镇综合文化站。 |
| | 完善公共文化服务场馆服务 | 进一步加强基层"三馆一站"免费开放工作,落实中央财政和省财政对粤东西北欠发达地区文化馆站的免费开放专项补助,引导和扶持各地级市、县(市、区)文化馆、图书馆创建服务品牌。 |
| | 广泛开展各类文化惠民活动 | 在省组织开展的优秀舞台艺术作品巡演、文化志愿者义演等惠民演出,全省性定期举办的大型群众文化活动中向粤东西北地区倾斜。 |
| 文物保护 | 加大文物保护工作的扶持力度 | 省级重点文物保护专项经费重点扶持粤东西北文物保护工程,每年争取国家文物保护经费扶持粤东西北地区一批文物保护项目,对粤东西北地区博物馆、纪念馆收藏的文物实施免费巡回鉴定。 |
| | 提高博物馆建设质量和水平 | 将"广东省流动博物馆"流动展览更多放在粤东西北地区,调拨海关罚没文物优先充实粤东西北地区博物馆的馆藏,积极引导珠三角地区博物馆进行对口帮扶。 |
| | 弘扬优秀非物质文化遗产 | 争取中央资金加大对粤东西北国家级非物质文化遗产项目的扶持,省级非物质文化遗产保护专项资金对粤东西北贫困地区、边远山区和少数民族地区非物质文化遗产项目实行倾斜,大力弘扬潮汕文化、客家文化、雷州文化等。 |
| 艺术创作 | 帮助提升艺术创作生产水平 | 积极支持粤东西北地区艺术创作研究机构发挥本土历史文化的优势,挖掘集思想性、艺术性、观赏性于一身的地方特色题材,重点打造潮剧、广东汉剧、山歌剧、雷剧、采茶戏等剧种的优秀作品。 |
| 文化产业 | 促进发展特色文化产业 | 充分发挥粤东西北文化资源优势,促进文化与科技、金融、旅游、非物质文化遗产生产性保护等结合,发展特色文化产业。 |
| 文化贸易 | 积极推动区域文化"走出去" | 利用粤东台乡的人缘优势推动对台文化交流合作,对粤东西北地区对外及对港澳台交流项目和活动给予倾斜,为文化"走出去"提供更多的平台和机会。 |
| 文化人才 | 着力加强文化队伍建设 | 帮助粤东西北地区建立基层文化队伍培训长效机制,在选派人员参加培训、帮扶地方开展培训等方面向粤东西北地区倾斜,并组织合适人员到省文化厅系统单位挂职锻炼。 |

数据来源:根据相关资料汇编。

## 二、广西壮族自治区文化产业发展政策概况

### (一)出台相关政策鼓励和引导民间资本进入文化领域

为贯彻落实《广西壮族自治区人民政府关于印发进一步促进民营经济发展的若干措施的通知》和《文化部关于鼓励和引导民间资本进入文化领域的实施意

见》精神,鼓励和引导民间资本进入文化领域,广西壮族自治区文化厅于 2013 年 10 月出台《关于鼓励和引导民间资本进入文化领域的实施意见》。

该实施意见鼓励民间资本参与国有文艺院团转企改制、公共文化服务体系建设、投资文化产业发展、进入博物馆体系建设、投入非物质文化遗产传承保护以及积极参与对外文化交流和文化贸易,并从六个方面进行详细展开,最后,实施意见从政府职能部门的四个服务角度为民间资本进入文化领域创造良好发展环境进行阐述,并就加强对民间资本进入文化领域的指导和规范管理进行有效的调控和监督。

（二）出台相关政策扶持图书出版领域

2013 年,广西壮族自治区出台《广西精品图书出版项目扶持管理办法（试行）》,以完善精品图书评审资助制度,建立健全精品图书生产长效机制。管理办法指出通过召开精品图书资助项目论证会,组织出版单位积极申报自治区文化精品扶持项目、国家出版基金资助项目以及国家民族文字出版专项资金资助项目等,以扩大资金扶持力度,多出精品力作。

（三）出台相关政策推动文化创意人才发展

2013 年初,广西壮族自治区人民政府办公厅印发《关于培育 20 万创意创业人员的实施方案》（以下简称《方案》）,以推动文化创意产业人才的引进、培养和发展为宗旨,为打造民族文化强区铺垫重要基础。

《方案》提出,到 2015 年,广西全区引进创意产业领军人物 20 名左右、知名专家 200 名左右,培养本土优秀创意创业人才 1 万名左右,实训大学生数量超过 3 万人,全区创意创业人员超过 20 万人。根据该实施方案,广西创意创业人员培育的重点是留学归国、外出经商务工返乡创业人员,复转退伍军人中的自主择业人员,党政机关、科研单位工作人员,大中专毕业生中的初始创业者和个体业主。重点培育工业设计、信息服务、广告设计、现代传媒、文化旅游、节庆会展、动漫游类、培训教育、建筑设计、演艺和工艺美术等 10 个领域。每个领域都既有定性说明,又有定量规定,目标明确、操作性强。

《方案》还明确了培育创意创业人员的一系列政策措施。如强化产学研用相结合的创意创业人才培养、加强创意创业人才引进、强化创意创业专项培训、建设一批高水平的创意创业园区及孵化基地、开展创意创业人才选拔活动、建立创意创业项目库等。

**三、海南省文化产业发展政策概况**

（一）出台园区管理方法规范园区发展

近年来,海南省文化产业发展逐渐提速,各市县建设了一批文化产业园区和基地项目，其中有四家还被授予国家级文化产业示范基地的称号。然而由于种种原因，海南省的文化产业示范园区、基地缺乏统一的管理。为此，海南省文化厅出台《海南省文化产业示范园区、基地评选命名管理办法》，规范文化产业示范园区和示范基地的有序发展。

根据该管理办法的相关规定，海南省将开展首批文化产业示范园区、基地命名活动，示范园区和示范基地采取自愿申报和公开、公平、公正评审的原则组织认定，每两年申报、命名一次，实行动态管理。凡是获得"海南省文化产业示范园区""海南省文化产业示范基地"称号的文化企业，将被推荐申报国家文化产业示范园区、国家文化产业示范基地，并根据省人民政府《关于支持文化产业加快发展的若干政策》，在土地、税收、人才引进、资金、政策等方面，享受省级重点工程的优惠待遇。

## 第二节　广东省文化产业发展概况

在广东省文化产业增加值连续 9 年全国领先的基础上，2012 年广东文化产业法人单位增加值为 2706.5 亿元，同比增长 14.8%，占全省 GDP 比重为 4.74%，已成为广东新的经济增长点和战略性新兴产业。[①]

表2　2008—2012 年广东文化产业增加值及占 GDP 比重

| 年份 | 文化产业增加值（单位：亿元） | 占 GDP 比重 | 同比增长 |
| --- | --- | --- | --- |
| 2008[②] | 2090.90 | / | / |
| 2009[③] | 2151 | 5.6% | 6.1% |
| 2010[④] | 2533.39 | 5.6% | 17.8% |
| 2011[⑤] | 2529 | 4.8% | 30% |
| 2012[⑥] | 2706.5 | 4.74% | 14.8% |

数据来源：根据相关资料汇编。

---

[①]　光明网：《广东文化产业增加值占 GDP4.74%，总量持续扩大》，http://culture. gmw. cn/2013-09/05/content_8807051. htm，2013 年 9 月 5 日。

[②]　广东统计信息网：《广东文化产业发展状况分析》，http://www. gdstats. gov. cn/tjfx/t20101230_83249. htm，2010 年 12 月 30 日。

[③]　新浪网：《广东南方文化产权交易所挂牌》，http://news. sina. com. cn/o/2010-11-08/083018340933s. shtml，2010 年 11 月 8 日。

[④]　广东统计信息网：《广东文化产业发展状况分析》，http://www. gdstats. gov. cn/tjfx/t20101230_83249. htm，2010 年 12 月 30 日。

[⑤]　新浪网：《广东南方文化产权交易所挂牌》，http://news. sina. com. cn/o/2010 - 11 - 08/083018340933s. shtml，2010 年 11 月 8 日。

[⑥]　光明网：《广东文化产业增加值占 GDP4.74%，总量持续扩大》，http://culture. gmw. cn/2013 - 09/05/content_8807051. htm，2013 年 9 月 5 日。

从表2我们可以看出,从2010年开始广东文化产业增加值年均增长超过14%,规模总量持续扩大,结构布局不断优化,质量效益和竞争力明显提升,规模化、集约化、专业化水平逐步提高。广东培育了平面媒体、广播电视、出版发行、印刷复制、文化产品和设备制造等优势产业集群,新型文化业态发展迅猛,多个领域领军全国。广东全省建设了130个文化产业园区,入驻企业2万多家,形成集聚发展格局。

## 一、动漫游戏业

2012年广东省动漫和网络游戏总产值近300亿元,约占全国的三分之一。其中以深圳、东莞为代表,广东原创动漫显示出强劲的发展势头。2012年,东莞市生产原创电视动画片8部,共计时长15214分钟,其中包括:东莞水木动画衍生品发展有限公司的《水木动画学堂》等5部,东莞市天成动漫有限公司的《卡乐·拉拉》,东莞三希堂文化传媒有限公司的《时空趣味讲座》和东莞市功夫龙影视传媒有限公司的《功夫龙—小戏班大智慧》。根据国家广电总局下发的《关于2012年度全国电视动画片制作发行情况的通告》显示,东莞市位居2012年全国原创电视动画片生产十大城市第三位,而东莞水木动画衍生品发展有限公司则高居2012年全国原创电视动画片生产企业榜单之首。深圳动画企业环球数码出品的《潜艇总动员3——彩虹宝藏》获第15届中国电影华表奖优秀动画片大奖,该片以2700多万元的成绩,创造了国产动画电影单日票房最高纪录。

## 二、文化出口位居全国前列

广东大力实施文化"走出去"战略,推动文化产品和服务走向国际市场。探索和创新文化贸易的渠道、途径和方式方法,强化粤港澳台文化贸易合作,大力培育深圳华强文化科技集团、广东出版集团有限公司、广东奥飞动漫股份有限公司等外向型文化企业,着力打造中国(深圳)国际文化产业博览会、中国(东莞)国际影视动漫版权保护和贸易博览会等国际性文化会展,推动拓展海外文化市场。近年来,广东文化贸易规模迅速扩大,文化产品和服务出口年均增长超过20%。据商务部门统计,2012年广东核心文化产品进出口总额116.7亿美元,占全国的42.6%;其中出口总额113.1亿美元,占全国的43.6%。广东形成了全方位、多层次、宽领域的文化贸易格局,文化出口覆盖100多个国家和地区,出口产品科技含量和附加值不断提高,国际竞争力和影响力不断增强。2013年,深圳文化企业继续保持强劲的出口势头:华强集团出口动画片68319分钟,同比增长20%,覆盖

100 多个国家和地区;前三季度,环球数码文化产品 2013 年出口额达 549 万美元,同比增长 30%;力嘉创意文化产业园出口额达 3 亿元人民币,增长 7%。

### 三、公共文化建设取得新发展

2013 年广东各市公共文化建设取得新发展新突破。2013 年广东省公共文化促进会正式成立,东莞成为全国首批、广东唯一的国家公共文化服务体系示范区创建城市,深圳公共文化服务建设取得可喜成绩。作为"图书馆之城"之称的深圳,截至 2013 年 8 月,深圳市共有 211 家公共图书馆及 200 台城市街区"24 小时自助图书馆"已实现统一服务。

### 四、深圳文化产业继续保持领头羊地位

2013 年上半年,深圳文化产业增加值 647 亿元,增速高出全市 GDP 增速近一倍,位居四大支柱产业之首。[①] 第九届中国(深圳)国际文化产业博览交易会成功举办,总成交额达 1665.02 亿元,同比增长 15.99%。作为中国文化产业第一展,中国(深圳)国际文化产业博览交易会成为我国文化产业发展的一个重要风向标和文化贸易的窗口。

表 3　深圳文化产业博览会历年交易额　　　　　　(单位:亿元)

| 时间 | 总交易额 | 同比增加值 |
|---|---|---|
| 2004 | 31.36 | / |
| 2006 | 211.4 | 180.04 |
| 2007 | 499.13 | 287.73 |
| 2008 | 702.32 | 203.19 |
| 2009 | 877.62 | 175.3 |
| 2010 | 1088.56 | 210.94 |
| 2011 | 1245.49 | 156.93 |
| 2012 | 1435.51 | 190.02 |
| 2013 | 1665.02 | 229.51 |
| 9 年累计成交额 | 7756.41 | |

数据来源:根据相关资料汇编。[②]

---

① 人民网:《海关助力深圳"文化强市"上半年文化产业增加值 647 亿元》,http://sz.people.com.cn/n/2013/1028/c202846-19788862.html,2013 年 10 月 24 日。
② 中国文博会首页:http://www.cnicif.com。

## 第三节 广西壮族自治区文化产业发展概况

广西壮族自治区具有独特的区位优势。广西具有沿海、沿边、沿江的区位优势,同时处于我国大陆东、中、西三个地带的交会点,是华南经济圈、西南经济圈与东盟经济圈的结合部,是西南乃至西北地区最便捷的出海通道,也是联结粤港澳与西部地区的重要通道。

据自治区统计局数据,2012 年,广西文化产业实现增加值 356.67 亿元,比上年增长 21.63%,高于同期全区 GDP 增速(11.3%)10.33 个百分点,高于同期全国文化产业增速(16.5%)5.13 个百分点;占 GDP 比重 2.74%,比上年提高 0.24 个百分点。①

### 一、新闻出版业取得长足发展

2013 年,在完成阶段性文化体制改革任务后,广西新闻出版业的几大集团紧紧把握国家层面引导的出版传媒集团"跨媒体、跨行业、跨地区、跨所有制"的发展思路,以集团内部合作、区内行业合作、国内行业合作、社会资本合作、对外交流合作等多种合作方式,从"产品生产"走向"产业发展",进一步增加国有文化企业的竞争力和影响力。通过合作,各集团发挥固有优势,延伸产业链,向多元化经营迈进。

广西日报传媒集团在会展业、物流业、商务零售业、饮料业、文化产权交易、生态农业、教育培训等方面向纵深拓展。广西出版传媒牵手国际一流的油墨专家团队,研发出的环保油墨产品近期正式投产,实现了广西绿色油墨生产实现零的突破;以控股收购方式,向现代农业挺进,旗下 6 家股份制工贸公司涉足国际贸易、房地产、物业、林业、纸浆业、板材加工业、农业等基础产业,并以此为支撑,反哺出版主业。广西出版传媒集团由单一的版权贸易延伸到资本输出、产品落地、管理输出,最新动作是在越南筹建印刷包装企业。广西新华书店集团充分发挥"现代销售渠道商"的市场覆盖优势,新建和改造了一批图书卖场,使实体门店由单一的出版物经营向复合型产品经营业态转变,在各市县推进新华数码卖场建设;联手新媒体公司和教育咨询公司,引进和推广幼教项目"卡乐互动学堂",以此试水出

① 广西文化产业网:《2012 年广西文化产业增加值比上年增长 21.63%》,http://www.gxwht.gov.cn/whcy/news/2013/1217/index_zxzx/105626.htm,2013 年 12 月 17 日。

版发行数字化转型。广西新华书店集团、广西出版传媒集团、广西师范大学出版社集团三方联手,整合出版社及发行商资源,共同组建发行公司,变对手为同盟,共同开拓市场。教辅发货码洋从未整合前的两亿元迅速提升到2013年的5.48亿元,实现了出版发行企业间的强强联合和产业链上下游的良性互动。在近期公布的2012年全国出版能力地区排行榜中,广西出版能力排名第十,继续处于上游位置;广西出版社的出版能力为全国第二位。广西图书销售为25.11亿元,在全国省域图书销售中排名第十。这是广西书业历史上第一次进入全国省域书业销售十强。[①]

## 二、文化旅游业持续为广西文化产业造势

2012年广西全区全年接待游客总人数2.08亿人次,旅游总收入1628亿元,"旅游产业"占整个广西文化产业较大的比重。据广西自治区文化厅一组数据显示:截至2012年底,《印象·刘三姐》共演出3905场,接待游客904万人次,门票收入超过9亿元,累计上缴税费超亿元。[②]

## 三、动漫产业取得新的发展突破

2013年,广西临届动漫设计有限公司、广西天象国际动漫科技产业有限公司、桂林坤鹤文化传播有限公司、南宁峰值文化传播有限公司被列入2013年国家动漫企业名单。截止到2013年12月11日,广西"国字号"动漫企业总数达9家,在全国西部省区名列前茅。[③]

## 四、特色民族工艺美术成为广西文化产业特色名片

目前广西拥有工艺美术行业产品生产企业近2000家,年销售值约200多亿元,从业人员近150万人,已成为广西文化产业一支"潜力股"。[④] 在我国工艺美术品11个类别中,广西主要有8类。代表性工艺美术品有坭兴陶、壮锦、绣球、铜

---

①　蒋锦璐、李湘萍:《广西文化飞扬2013》,http://www.gxwht.gov.cn/whcy/news/2014/0108/index_zxzx/100320.htm,2014年1月8日。

②　孙鹏远:《广西文化产业成热点 如何炼成点石成金的魔法?》,http://www.gxwht.gov.cn/whcy/news/2013/0517/index_zxzx/153729.htm,2013年5月17日。

③　李湘萍:《广西新增4家"国字号"动漫企业》,http://www.gxwht.gov.cn/whcy/news/2013/1217/index_zxzx/105756.htm,2013年12月17日。

④　广西文化产业网:《工艺美术品成为广西文化产业"潜力股"》,http://www.gxwht.gov.cn/whcy/news/2013/0517/index_zxzx/154612.htm,2013年5月17日。

鼓、北海贝雕、博白芒编、桂林木根雕、玉林羽毛画等。近年来,广西注重在工艺美术行业中的传承、保护、创新和发展。继高鼓花樽坭兴陶之后,"插丝蜡染团扇"等3项作品获联合国教科文组织"杰出手工艺品徽章"认证。今后广西将通过组建大师工作室,建立常态的广西工艺美术作品展览、工艺美术大师评授、工艺美术大师精品创作工程等系列工作,加强工艺美术人才队伍建设。3年内,争取达到在广西创业、工作的工艺美术大师、高级工艺美术大师超过500名的目标。

### 五、文化建设新突破

2013年,广西文化建设取得新的突破。全区新建1500个村级公共服务中心,全力推进来宾市、罗城仫佬族自治县国家公共文化服务体系示范区(项目)建设并通过国家验收,玉林市和柳州市鱼峰区、桂林市临桂县成功申报为第二批国家公共文化服务体系示范区,着力探讨构建"民众参与—市场调节—政府主导"的新型农村公共文化服务运作模式。

在文化场馆建设方面,全区45家博物馆、纪念馆在向社会免费开放的基础上,进一步提升管理水平,凸显各自特色。2013年1月18日正式对外免费开放的重大公益性项目广西美术馆,是中国西部省区最大的美术馆,整体建筑形式为"四馆一体",包括广西美术馆、广西书法馆、中国(广西)篆刻艺术馆和阳太阳艺术馆,集展示、交流、研究、传承、收藏为一体,为广西文化产业发展和文化艺术交流提供新平台。开馆一年来,在此展出了一系列重大展览。全区国家一、二、三级博物馆总数达24家,柳州工业博物馆荣获全国十大精品陈列优秀奖。此外,广西着力于数字图书馆推广工程,覆盖全区的数字图书馆虚拟网已初步建成,广西图书馆、桂林图书馆完成与国家数字图书馆的虚拟网连接;南宁、桂林市完成"24小时自助图书馆系统"工程,实现了市、县(城区)图书馆自动化全覆盖;钦州市完成图书自动化管理"一卡通"工程,无障碍数字图书服务到基层乡镇。广西还以文化志愿者带动文化服务社会、服务群众,建立起四级文化志愿者机构网络,成立15个文化志愿者分中心、129个支中心、221个服务站、748个服务点,登记在册文化志愿者11622名,形成点线面结合的辐射带动作用,助推基层公共文化服务均等化的实现。

## 第四节　海南省文化产业发展概况

2013年海南省文化产业增速发展,海南省财政下拨省文化产业发展专项资金 8112.3 万元,专项用于支持海南日报有限责任公司、海南广播电视总台等 40 家单位进行海南新闻历史数据库及云服务平台项目、海南互联网音视频播控平台等 45 个文化产业重点项目的建设。

## 一、文化产业重点项目顺利启动

海南省积极落实大项目带动战略,推动一批筹建、在建大型项目加快建设、尽快开业,已建成的大型项目不断扩大规模、提高效益,发挥引导带动作用。海南省在 2013 年的文化产业重点项目中,呈现出大型项目多、填补空白的项目多、文化特色浓厚的三大特点。其中投资 10 亿元以上的项目有 23 个,比如长影海南"环球 100"总投资 380 亿,泛南山东区智天慧海文化旅游区总投资 65 个亿,海南观澜湖华谊冯小刚电影公社投资 55 个亿,太空家园 30 个亿。亚龙湾热带森林旅游区,以旅游与文化相结合打造森林旅游精品度假区,借助电影《非诚勿扰 2》的传播效应,人间天堂鸟巢度假村已跻身于全国最知名酒店之一。儋州东坡文化旅游区、海口骑楼建筑历史文化街区等项目以挖掘海南本地文化特色为基础打造富有文化内涵的旅游景点或旅游区。

## 二、文化生态旅游促进海南文化产业发展

作为一个资源丰富的大省,文化生态旅游业将成为海南省文化产业独特的优势行业,海南以开发西线文化旅游资源,促进文化和旅游融合,助推国际旅游岛建设为主要目标,创造了以呀诺达热带雨林旅游区等文化与旅游相融合的示范品牌。在海南省文化工作领导小组办公室组织的 2013 年度省文化产业重点项目申报中,文化旅游项目申报 36 个,预计总投资 1016.71 亿元,投资额占所有申报项目的 83.51%。

海南呀诺达雨林文化旅游区 2012 年景区全年共接待游客 130 万人次,实现营业收入近 1.7 亿元,同比增长 40% 以上,上交税收近 2000 万元,实现利润 4000 万元。同样是被列为第五批国家文化产业示范基地的天涯海角景区在游客人数下降的情况下,仍然实现了收入的增长,显示了长足的发展后劲。在 2013 年 36 个文化旅游项目总投资逾千亿元。海洋主题公园,总投资 65 亿元,2012 年完成投资 4 亿多元,计划 2014 年底试营业;长影海南"环球 100",已完成征地 85%,今年拟投入 8 个多亿;文昌太空家园(航天主题公园),总投资 30 亿元,力争 2015 年开园,同时文昌书香小镇也已正式动工;海南观澜湖华谊冯小刚电影公社一期1942 民国风情街及摄影棚基地将于年底竣工;海南金林航空、科技体育文化旅游

项目以航空科技体育运动为特色,以海口基地为母港和示范样板,在海南大力开发建设 4 至 6 个基地,推动项目辐射全岛布局,构建海南通用航空服务网络体系。呀诺达雨林文化旅游区,主打绿色生态品牌,总投资 39 亿元,已累计投资约 5 亿元,建成了梦幻谷、雨林谷,实现接待旅客超百万,营业收入超亿元,解决上千个就业岗位,2012 年被评为 5A 级景区。此外,三亚泛南山东区智天慧海文化旅游区围绕佛教文化进行总体策划,与南海观音形成景观的遥相呼应,形成规模更大的 5A 级佛教文化旅游度假区。三亚天涯文化奇观博览园规划经典文化奇观项目 23 个,创作民族特色雕塑 600 座,重建崖州骑楼 300 间和"博览园",项目以本土经典的历史文化和民俗文化为素材,重点突出新、奇、特文化艺术内涵,力争打造国际旅游岛不可复制文化产业奇观项目。呀诺达雨林文化旅游区,主打绿色生态品牌,总投资 39 亿元,已累计投资约 5 亿元;五指山黎峒文化园,计划投资 12 亿元,目前已动工兴建。南海水下考古基地、南海博物馆、私人博物馆群落等项目正在开展策划包装和招商等前期工作。

### 三、园区发展形成三大特色

2013 年,为了更好地与国家文化产业示范园区和示范基地评选工作实现接轨,推动海南文化产业的聚集和孵化,海南省每 2 年进行一次示范园区和示范基地的评选命名工作,逢单年评选。在 2013 年的首次评选中,共有 11 家文化企业入选首批海南省文化产业示范园区和示范基地,其中 2 家企业为首批文化产业示范园区,9 家企业为示范基地。

2013 年,海南文化产业园区建设取得一定成就,形成文化旅游、文化科技和影视动漫三大主题发展特色。海南省的文化产业园区和基地虽然规模不大,但是在文化创意方面却亮点频现。首先在文化旅游上,在 2012 年国家命名的海南省四家文化产业示范基地中,旅游景区就占了一半。知名网站"天涯社区"、海南生态软件园、海南国际创意港等文化科技园区取得了长足的发展,在从制造走向创造的过程中,创意和自主知识产权成为决定一个文化企业未来发展前景的重要因素。海南绝佳的风景和自然环境,被影视界誉为"天然摄影棚",每年数以百计的中外剧组来此拍戏,也让影视园区建设成为海南文化产业的独特风景。海南观澜湖华谊冯小刚电影公社以冯小刚的《1942》《唐山大地震》《非诚勿扰》《私人定制》等系列经典电影场景打造集电影文化、建筑艺术和文化商业旅游为一体的电影文化主题公园。长影海南"环球 100"则以世界上最先进的影视特效技术,并突破和首创一批新型特效电影表现形式,汇国内外百部经典影片为题材,按照规模化、产业化、科学化、差异化、全球化的五大原则,精心打造世界上独一无二的电影产业园区,永不落幕的动感电影小镇。海南动漫产业基地已累计完成投资 3 亿元,入园的动漫、文化、信息技术企业 50 余家。2011 年 3 月,园区创作的动画电影《鹿回头传奇》在央视播出,成为海南首部登陆央视的动漫影视作品。近三年来,园区实现收入 20 亿元,利税 1.5 亿元。

### 四、海南动漫企业入围国家重点动漫企业

在国家文化部、财政部和国家税务总局 12 月公布的 2013 年度获得认定为动漫企业和重点动漫企业的名单中,海南英立科技开发有限公司荣列榜单之内,成为海南唯一一家上榜的动漫企业。英立动漫是 3 年前入驻海南生态软件园的一家文化创意企业,主营业务是手机动漫、手机游戏以及网络游戏,同时也是一家文化出口创汇企业。作为海南最早的也是唯一一家集 3G 软件开发、手游开发、技术实训为一体的综合高新科技企业,该企业截至 2013 年 10 月份的产品收入已达1052 万元,创汇收入 126 万美元。

### 五、公共文化服务上新台阶

2013 年,海南省累计建设完成 280 个行政村文体活动室;深入推进省、自治区和直辖市县博物馆、纪念馆免费对外开放;"三网融合"三方协议正式签订;三沙卫视顺利开播,"十二五"广播电视村村通工程通过验收;农村公益电影放映33068 场次;2695 家农家书屋纳入了总局的信息监管系统;完成全省 203 个行政村农民体育健身工程的布点和资金下拨任务,安装 65 条全民健身路径。同时,文体基础设施建设也获得新进展。海南省博物馆二期完成主体结构;永兴考古工作站、国家南海考古基地项目有较大的进展;南海博物馆立项获批;观澜湖华谊冯小刚电影公社 1942 街区顺利竣工并试运营。

2013 年,海南致力打造国际文化交流平台,共审批审核全省对外文化交流和营业性演展 124 项,851 人次。组织海南女子爱乐合唱团等相关单位和人员参加2013 加拿大海南文化节暨旅游文化推介周活动,在新加坡举办了民族歌舞表演、民俗手工艺展、旅游和非物质文化遗产图片展等 6 项演展,新加坡总统和总理等政要以及逾 10 万民众前往活动现场参观。活动得到了新加坡各界和中国驻新加坡使馆的高度评价。

## 第五节　区域文化创意产业发展对策

在未来文化产业发展中,华南地区文化产业将在广东这个强有力的领头羊的带动下,以新兴业态的文化产业为突破口,发展文化科技,向着规模化、集团化经营趋势发展,产业规模不断扩大、地位提升,文化产业结构得到优化,布局进一步合理完善,形成一批在全国有竞争优势的主导产业。

### 一、以特色发展模式带动发展,以强扶弱,形成合力

在未来的发展中,华南三省应立足本土资源优势,以特色发展模式带动文化创意产业的长足发展。海南、广西以发展"文化 + 旅游"为主、广东以"文化 + 科技"、"文化 + 金融"等多元模式,走出文化产业发展的特色道路。

目前,华南三省的文化产业发展存在"一强两弱"的失衡格局,为此,华南地区要以强扶弱,加强三地的交流与合作,实现资源互补,形成发展合力,从而树立华南地区文化产业在全国的地位。

### 二、合理引导与规划园区发展

目前,整个华南地区除了广东的文化园区发展处于比较成熟的阶段,广西、海南两省文化产业园区建设仍处于起步、探索、培育、发展的初级阶段,与发达地区相比差距很大。今后两省园区建设要合理规划,避免功能定位雷同等现象。坚持统一规划、高起点、高标准建设产业园区,积极引进对产业发展模式、增长方式具有探索意义的重点项目,为两省建设提供强有力的文化支撑。广东应向两省分享文化园区的发展经验,引领华南地区文化园区走向健康发展的道路。

### 三、构筑"文化走出去"高地

在未来的发展中,华南地区应充分发挥边疆省份优势,构筑"文化走出去"高地,助推文化走出去。广东、广西、海南均为我国重要的边疆省份,其中广东省毗邻香港澳门,广西、海南毗邻东南亚国家。为此,要充分发挥地缘优势,充分利用便利条件,加强与周边国家和地区的文化合作与贸易。如以广西为例,要充分发挥广西面向东盟的优势,拓展文化交流的内容形式,用好"广西文化舟"、经贸文化合作论坛等渠道和平台,推动中华文化走向东盟、走向世界。而海南要充分发挥国际岛建设、博鳌论坛等优势,力推文化贸易。

　　在助推"文化走出去"的过程中,要更多地依靠市场和企业的力量,完善支持文化产品和文化服务走出去政策措施,推动华南地区文化拳头产品走出去。通过旅游、出版、电影电视、音像、网络、演艺娱乐、文化用品、文化信息传输、文博会展、传统艺术等方面的产业链接,形成品牌集合群,努力扩大在周边国家文化市场的份额。

# 台湾、香港、澳门文化产业年度发展报告

邱志勇　吴昱萱[*]

文化创意产业作为新兴产业,在未来数十年间必将成为经济新亮点,发展文化创意产业已是世界先进国家的趋势,"软实力"成为带领国家经济前进的动能。近年来,文创产业的推动普获国际重视,各国相继提出相关计划,并列为国家战略,显然文创产业已成为各国产业发展重点。回望过去,文化创意产业在台港澳地区发展的并不特别顺遂;然而,台港澳三地在 2013 年的文创产业发展确有惊人的突破之举,除政府修订补助与辅导政策再次刺激了产业的发展外,多方面资源的挹注与人才的培育也成为本年度发展的重要基底。

## 一、台湾

从"挑战 2008,重要发展计划"到"六大新兴产业""十大重点服务业",文化创意产业始终是台湾产业转型与刺激经济成长的重要新兴产业之一。2002 年为台湾地区的文化创意产业发展计划启动年,2003 至 2009 年间,从量化数据来看,2003 年国民生产毛额为 11.5 万亿元,占总体 GDP 比重为 2.85% ,2009 年国民生产毛额成长为 12.6 万亿元,占总体 GDP 的 4.13%。同期,文创产业产值从 4930 亿元成长至 5200 亿元,成长幅度 5.48%;2010 年台湾文创产业产值达 6616 亿元,较 2009 年成长 16.1% ,为 2006 年以来最高,显示台湾文创产业的蓬勃发展。[①] 目前,台湾文化创意产业整体环境正处于创意革新、均衡发展的结构调整期,文本内容将扮演主要触媒:不仅可以让文化与创意结合,变得更加有价值,更能成为文化相互流通与转译的载体,让民众对所拥有的台湾特有文化深具信心,更能深植于一般公众生活之中,并且透过文创产业及其相关服务让民众对于生活

---

　* 作者系静宜大学大众传播学系教授;吴昱萱,静宜大学大众传播系学生。

　① "文化部"2013 年度重要社会发展计划书《价值产值化:文创产业价值链建构与创新》,中程(2014年至 2016 年)个案计划书修正版。

幸福更能有所感受;而文创与新兴科技的结合,亦会让民众对未来的美好生活有所想象及期待。因此,如何将价值产值化,建造具有丰富多元文化及创意内涵之社会环境,运用科技与文化创意跨界合作,带动地区新美学经济,实为当务之急。台湾于2011年11月21日由"经济部"提出《2020产业发展策略》获行政机构核定。加上ECFA时代带来拓展大陆市场与国际连结的管道,台湾将面对加速产业结构升级转型的黄金十年,加上高龄化及少子化、气候变迁及能源短缺、科技汇流与整合等趋势,"经济部"提出本项策略,以"创新经济、乐活台湾"为发展目标,并以"厚植产业软实力,优化产业结构""参与全球区域经济整合,提升台湾国际竞争优势""顺应节能减碳潮流,促进产业绿色成长""全面强化产业竞争要素,提升附加价值""提升商业创新力,创造服务产业竞争力""扩大商业国际化,开创服务新视野"及"调整产业人力结构,并兼顾就业"作为产业发展策略。①

在愿景为"创新产业生态,领航美学经济",并期望达到"文创产业化"及"产业文创化"这两大主轴,并使台湾文创企业成为华人文创经济领先者(文创产业化),台湾的文化与生活美学已逐渐累积及建立,人才创新的力量亦是有目共睹,例如:台湾的偶像剧,在企业经营下,输往大陆、东南亚等地销售成绩亮眼,但单点的力量却很难持续,须藉由当局的力量,创造体质优良的环境及产业链。文创产业价值链中除了要有上游的研发设计,中游的经纪人机制之外,还要有下游的营销平台,让好的人才及创新的内容得以产值化。使文创成为产业升级转型的新引擎,带动美学经济(产业文创化)。台湾正面临转型的关键时刻,整个社会也从"制造"的思维,逐渐走向以文化及美学为核心主轴的体验经济世代。除了原有的视觉艺术、表演艺术、设计、音乐、游戏、影视、漫画等皆具有鲜明在地文化特色的文创产业外,亦应积极促成各产业均能于经营、营销策略中融入文创元素,带动国家美学经济的发展。② 具体而言,台湾发展文化创意产业计划预计将达成建构产业价值链,并有以下效益:

第一,建立及云端"文创咖啡厅"媒合平台。

第二,公有文创素材推广与加值应用。

第三,建构串连原创者、授权商、制造商、通路商之文创产业中介服务体系与交易机制。

第四,统筹规划及营运,汇集创意达人进驻之艺术创意聚落。

① "经济部"网页:《2020产业发展策略》(核定本),http://www.moea.gov.tw/mns/populace/news/News.aspx?kind=1&menu_id=40&news_id=23008,2011年9月28日。
② "行政院"文化建设委员会:《工艺产业旗舰计划》,2008年至2013核定本。

第五,统筹管理及营运艺文产业创新育成中心。

第六,建立文创产业咨询辅导单一窗口及产业辅导团。

第七,制定文创无形资产评价制度准则。

第八,建立文创产业供需调查机制,培育文创产业相关人才。①

基于这样的文化目标,"文化部"努力有三个驱动方向,那就是所有施政都要深刻思考"泥土化""国际化""云端化"与"产值化"的做法,亦即,向泥土扎根,服务于庶民;向国际拓展,以"软实力"领航;向云端发展,让文化与科技结合;加速媒合创作者和投资者,协助创意生产其经济价值。②

配合行政院当局六大新兴产业政策,整合"经济部""文化部"等主管部会共同推动《创意台湾—文化创意产业发展方案》,"文化部"除推动电影、电视、流行音乐与工艺产业旗舰计划外,并以"多元资金挹注""产业研发及辅导""市场流通及拓展""人才培育及媒合""产业集聚效应"五大推动策略进行文创产业环境整备:

第一,多元资金挹注。

2013 年协助桃园县、新竹县、苗栗县、宜兰县、台中市、云林县、嘉义市、嘉义县、台南市、高雄市、台东县及连江县等 12 县市推动地方文创产业发展计划,另辅导 21 个文化创意聚落计划,透过群聚效益促进文化创意事业发展。同年度,办理文创产业创新育成补助计划,共 10 家育成中心获得补助,并核定奖助设立 75 家新创公司;另办理文创产业补助项目征件作业,共计 131 家业者送件,计 26 家获得补助。此外,补助民间提供空间供文创事业使用部分,2013 年通过补助 2 案。而奖助参与文创类国际展赛,2013 年截至目前共核定 15 件奖励金及 70 件出国经费,共 85 件。自 2011 年 1 月至 2013 年 9 月,累计 92 件通过优惠贷款审查,获本部推荐至信保基金,其中 69 件获银行核贷 7 亿 1586 万元。最后,运用国家发展基金参与投资部分,自 2011 年 6 月至 2013 年 9 月本部已通过 18 件申请投资案,核准投资金额为 4 亿 8719.5 万元,吸引民间创投投资 6 亿 3968.2 万元。

第二,产业研发及辅导。

成立单一服务窗口,协助文创业者了解文创产业相关法规、提供财务、法律、税务、营销、知识产权等相关经营管理事宜之专业咨询辅导。2013 年迄今,提供文创业者咨询服务计 1529 件、诊断辅导 42 案、办理 4 场次文创特快车巡回说明

---

① "文化部"文化创意产业推动服务网,http://cci.culture.tw/cci/cci/aboutus.php。

② "文化部":《2013 年度施政目标与重点》,http://www.moc.gov.tw/images/egov/2011gpr/cca3.html。

会，计332人参与；另开办"文化创意产业推动服务网"，提供文创辅导资源、补助计划、研究发展等相关信息。

第三，市场流通及拓展。

1. 于2013年11月21日至24日举办的2013年台湾国际文化创意产业博览会，以工艺设计为征展主轴核心，延伸至工艺技术、产制研发等相关产业，包含家具家饰、生活用品及文具礼品等领域。另策划天然染织及"巷弄创作区-Hidden Art"等不同主题区，鼓励国内指针性品牌业者、中小型及微型等各类型文创业者参与展会。

2. 办理"文化创意产业国际拓展计划"，2013年已完成香港礼品及赠品展、深圳文博会、东京家居生活设计展、拉斯维加斯国际授权展、巴黎家具家饰展、英国TENT London展及上海国际时尚家居用品展等7场次展会参展事宜，参展厂商计74家，预估订单合作金额2亿元。

3. 办理"国际文创产业及组织搭桥计划"，将于2013年台湾国际文化创意产业博览会期间邀请一般渠道、网络商店、博物馆商店、展会组织等四类型国际买家来台进行洽商已完成30家文创业者征选，并辅导获选业者加强营销与洽商技巧，协助厂商提升媒合成功率并创造后续商机。

第四，人才培育及媒合。

1. 办理文创中介及经纪人养成课程：包括经营管理、品牌营销、文化转译（如欧、美、亚各国文创市场解析）、专业领域（如艺文产业、设计产业、工艺产业、数字内容等市场研析），总时数为180小时。经审查录取培育学员计85位，课程于2013年4月开始上课至10月底结束。

2. 办理文创中介与经纪国际讲座：已于4月30日及5月1日办理"文创经纪国际讲座—日本系列"、7月4日办理"文创经纪国际讲座—丹麦场"及9月3、4日办理"文创经纪国际讲座—英澳场次"，共计732人参与。

3. 办理文创经纪人工作坊：于8月29日、30日办理"创意授权工作坊 Creative Licensing Workshop"，邀请业界经纪专家以实际演练方式培训文创产业具跨界整合能力之文创中介及经纪人才，培训学员计30名。

第五，产业群聚效应。

1. 华山园区：已于2012年4月完成全区工程，目前分别以电影艺术馆（OT）及文化创意产业引入空间（ROT）形式营运中；华山电影艺术馆于2012年11月正式开馆，截至2013年9月底止，总计已播映3038场次电影、吸引9万余人入场观影，除电影放映外，营运团队同时举办29场各式电影相关活动，以推广艺术电影。

另华山园区 ROT 案至 2013 年 9 月底止,计已办理 1401 场活动,吸引逾 115 万人次参与。

　　2. 花莲园区:已完成全区整建工程,ROT 案厂商业于 2012 年 1 月正式进驻,并于 10 月展开最小规模营运。至 2013 年 9 月底,业已办理包括音乐表演、展览、讲座、工作营及创意市集等 109 场次,吸引逾 8 万人次参与,并已有 12 家文创商家及 18 位艺术家作品进驻展售。

　　3. 台南园区:已于 2013 年 4 月完成全区整建工程。招商案则于 7 月完成厂商评审会议,刻正办理议约作业中,预计 11 月完成签约,未来期望园区在交由厂商营运后,能加速提升园区之文创产业聚集效益,开拓园区建筑空间使用活路,进而发展创新的台南城市生活风格文化。

　　4. 嘉义园区:业于 2013 年 5 月完成全区园区修复再利用及整修改善工程,开放区域现暂时委托嘉义市政府文化局代管,透过策办主题性展演活动、文化创意相关培育及体验活动,带动园区发展;2013 年至 9 月底已办理 14 场活动,计吸引逾 1 万人次参与。

　　5. 台中园区:由"文化部"文化资产局代管,已完成修缮且开放使用之建筑物共 20 栋,预计 2014 年可完成全区建筑整修及内装工程,并开放使用。至 2013 年 9 月底止,计办理 181 场活动,吸引逾 33 万人次参与。①

　　此外,2013 年 11 月 19 日凌晨 2 点 45 分,"国际工业设计社团协会"正式宣布,台北市获选为"2016 世界设计之都",是继首尔第二个亚洲城市获选为世界设计之都,也宣布台北市正式迈向"2016 世界设计之都"的集体改造运动,将启动一连串的设计活动,包括设计展览会、设计论坛、设计奥斯卡等。

　　六大设计导向的整合性示范计划,包括花博园区的"城市博物馆聚落",明年就可以看到雏形;还有明伦小学创造力学园;林荫大道人行环境改善设计计划;都市再生前进基地(URS)都市再生城市针灸术;预计在大直、内湖增设设计产业园区;还有打造新都会服务系统,包括智能型公交车候车亭、整合性交通号志、高龄市民行动友善环境等,预计 2016 年造访台北的人数将成长百分之五,直接观光消费达 96 亿元。继 2011 年在松山文创园区所举办的"台北世界设计大展"在国际获得好评不断,也成功带动台北观光营销。这次台北荣获"2016 世界设计之都"

　　① "文化部":《文创发展》,http://www. moc. gov. tw/business. do? method = list&id = 13;《文化部施政绩效》,http://www. moc. gov. tw/images/egov/2011gpr/cca3. html。

也可望增加台北国际能见度及观光效益。①

## 二、香港

因为地理和历史背景的因素,香港在中华文化上有独一无二的地位,其结合东方与西方文化艺术,创造了独特、多元的香港特色。香港在中国传统文化如粤剧的承传上也有其特殊风格,应该要更加重视香港的特色,继续发挥其优势。过去数十年,香港的电视剧、流行音乐、电影、报刊、杂志和图书,风靡亚洲华人社会。香港的影视既进军亚洲,也大量参与内地和台湾相关的影视制作。一个小小的城市能产生如此巨大的影响力,显示了香港人才济济,创意超群,为影视相关产业之专业人才汇集地。然而,近几年以来,文化创意产业发生重大转变,成为最富现代意义,与高科技数字技术发展成为最紧密结合的产业,并且反过来影响、改变传统文化产业的面貌。香港对于文化创意产业传统定义已过时,现今文化创意产业是一个庞大的产业体系,其产业类别已经超过香港传统界定的 11 种,它们在大规模复制生产技术、快速广泛传播的基础之上,商业动机的目的与经济链的中介,迅速向传统文化艺术原创和保存的基本环节渗透:将原创变成有限资源再开发,将保存变成作品文本展示,并将整个过程奠定在知识产权之上。

香港的文化创意产业,传统上主要是指以创意为主要增值手段的行业。按照现行分类,香港的创意产业包括设计、建筑、广告、出版、音乐、电影、计算机软件、数码娱乐、演艺、广播、古董与艺术品买卖等十一种。部分创意产业,已包含在香港的支柱产业如旅游业之内,而且外延至相关的小区建设和城市形象等方面。2010 年香港文化及创意产业的增值额接近 780 亿港元,较 2009 年增加 23%,并占本地生产总值约 4.6%。2012 年经香港印刷的书籍、报刊、图画等刊物的出口量仅达 15 亿港元,较 2011 年第三季度下跌 11%。同期电影票房和广告市场则分别增长 12% 和 16%。② 近几年,香港的文化及创意产业面对不少困难,尽管特区政府已将文化创意产业列入香港计划发展的六大优势产业之一,但无论从产业规模还是政府支持的力度上,香港在这方面已经落后于内地的主要城市。

2009 年国务院发布《文化产业振兴规划》,首次明确地提出将文化产业建设

①　参见设计台北,http://www.taipeidesign.org.tw/dt_news_content.aspx? key = 128;new.bcc.com.tw/news_view.asp? nid = 2225119?;中时电子报 http://www.chinatimes.com/realtimenews/20131119002432-260413。

②　德勤中国研究与洞察力中心:《中国两岸三地文化产业研究报告 2013》,http://www.deloitte.com/assets/Dcom-China/Local%20Assets/Documents/Industries/Technology,%20media%20and%20telecommunications/cn(zh-cn)_tmt_chinamediareport_170413.pdf,2013 年 4 月。

成为国民经济支柱性行业,内地城市文化创意产业发展态势迅猛。以北京、上海、广州三大城市为例,2010年,文化产业在这三个城市经济总量中的比重分别为12.3%、9.8%和7.8%,而香港只有4.1%。以文化产业所创造的增加值来比较,北京、上海、广州分别为1692.2亿人民币、1673.8亿人民币和719.4亿人民币,而香港同期只有665.1亿港币,是四个城市中最低的。面对香港文化创意产业已经落后于内地主要城市的形势,尤其是北京,在2013年10月24日京港文化创意产业项目推介洽谈会中,北京文创企业与香港文创企业签署3个项目合作协议,签约金额合计1.6亿元(人民币),涉及文创园建设、数码影视制作、手机电影大赛活动、旅游演艺项目展映和网络评选等,对发展香港文化创意产业提出可行性规划。①

香港特区政府十分重视拓展内地庞大的创意产业市场,因此香港地区政府与中央政府商务部及相关部门就"内地与香港关于建立更紧密经贸关系安排"(CEPA)就有关创意产业的开放措施进行商讨,协助香港创意企业开拓内地市场的商机。现行的CEPA协议对影视、网络游戏、印刷和出版服务等多个与创意产业相关的多个行业实施了多项开放市场措施,如允许港商在内地设立独资公司,在多个地点建设或改造多家电影院经营电影放映业务;而国产电影经有关部门批准后,可以在香港进行后期制作。同时,根据CEPA补充协议,香港服务提供商可于大陆设立独资、合资或合作排校制作服务公司,从事图书校对、设计、排版等印前工作,以及股权比例不超过49%的合资出版及印刷企业。②

为进一步加强对创意文化及创意产业的扶持,香港特区政府于2013年将推出多项支持产业发展的新措施及加大相关项目的投资额度,预期在2010—2012至2014—2015财政年度于文化及创意产业方面作出的经常性开支将达4.86亿港元。除了上述提及的软措施外,政府亦将建设硬件配套用以辅助行业发展,由市建局斥资2亿及4.2亿港元活化湾仔绿屋及中环荷李活道的"动漫基地"及"元创方"将分别于2013年年中及年底落成,藉以凝聚本地创意产业,提升社会创

① 杨志强:《施政报告应对发展文化创意产业提出可行性政策措施》,http://paper.wenweipo.com/2013/01/04/PL1301040002.htm,2013年1月4日;博雅、李茜婷:《文创产业将签约1.6亿》,http://www.18kdy.com/archiver/? tid-54.html; http://paper.wenweipo.com/2013/10/22/FI1310220035.htm,2013年10月22日。

② 香港特别行政区政府工业贸易署:《内地与香港关于建立更紧密经贸关系的安排》,http://www.tid.gov.hk/tc_chi/cepa/.

意氛围。①

鉴于香港本土市场规模有限,本地电影业主要依赖海外收益,令香港成为全球最大的电影出口地之一。据统计,2011 年发行约 56 部港产片,电影出口总值达 2.88 亿港元,按年微增 1.3%,是自 2008 年起首次获得正增长。大型电影公司一般均拥有发行部发行旗下影片,但小型独立制片商因缺乏资金,故需依赖发行公司在海外市场销售,当中以国际影展为主要销售管道。据香港影业协会数据显示,2012 年香港上映的影片总数达 303 部,票房总收入达 16 亿港元,均较 2011 年增幅分别达 10% 及 12%。不过,于全年上映影片当中,海外影片较 2011 年增加近 14%,达 250 部,相反本地影片仅占 53 部,按年减少 5.4%,表现较为落后。②

此外,香港国际影视展为全球电影业三大盛事之一,汇聚不少业内人士洽谈影片发行事宜,推广香港作为区内电影发行中心。据悉,2012 年香港国际影视展吸引 648 家机构参展,共 5762 名买家出席;其中海外参展商及买家占 525 家及3265 名,来自 53 个不同国家和地区,较 2011 年大幅增加 13.4% 和 24.8%。③ 香港电影及影视产业萎缩,受于资金及市场压力,加上 CEPA 对影视业的一系列开放的政策下,香港电影导演及制片人均向中国内地发展。内地与香港合作拍摄的电影于 2011 年达 37 套,较 2008 年的 23 套增加六成,占同年的电影制作总数量一半以上。2011 年内地最卖座的十大华语影片,其中有六部是内地与香港合作电影。鉴于两地合作拍制的电影票房成绩理想,使得部分在香港难以回本的电影,在内地上映却不乏观众支持,为香港电影业带来一线生机,此情况势必会吸引更多电影相关从业人才向内地发展。香港电影商协会会长林建岳表示:"近几年港片已有八成是跟内地合作拍摄。既然香港电影有着大陆 150 亿票房潜力的庞大市场作为后盾,结合两岸三地人才,在未来势必能开拓更广阔的空间。"

特别是在香港电影产业的特效方面,从 2004 年推出周星驰的电影《功夫》(内地票房 1.7 亿元人民币),到 2013 年初上映的 3D 电影《西游降魔篇》(内地票

① 汇整自德勤中国研究与洞察力中心:《中国两岸三地文化产业研究报告 2013》,http://www.deloitte.com/assets/Dcom-China/Local% 20Assets/Documents/Industries/Technology,% 20media% 20and% 20telecommunications/cn(zh-cn)_tmt_chinamediareport_170413. pdf,2013 年 4 月;香港特别行政区政府创意香港:《创意香港赞助支持的2013 年创意盛事》,http://www.createhk. gov. hk/text_only/tc/signature_event_index_2013. htm。

② 德勤中国研究与洞察力中心:《中国两岸三地文化产业研究报告 2013》,http://www.deloitte.com/assets/Dcom-China/Local% 20Assets/Documents/Industries/Technology,% 20media% 20and% 20telecommunications/cn(zh-cn)_tmt_chinamediareport_170413. pdf,2013 年 4 月;香港二零一三年施政报告:《文化及创意产业》,稳中求变,务实为民,http://www.policyaddress. gov. hk/2013/chi/p184. html。

③ 同上。

房 12.4 亿人民币），两部电影除了有夸张搞笑的情节外，科技特效也大幅提升了影片在视觉的水平，甚至可以与美国好莱坞的特效电影相提并论，而大陆和台湾的电影在此一方面则相距甚远。[1]

除此之外，新的科学技术将带动新兴的市场。目前内地的视频网站发展快速，为两岸三地的影视剧播出市场带来更宽阔的空间。加上现今智能型移动终端设备的普及率不断提高，毫无疑问，未来视频网站将会有更多影视剧产品深入内地各地城市。

香港文化创意产业要如何振兴，需要有新的思维，特别是针对香港发展文化创意产业所面临到的三大瓶颈，即土地和房租成本高、缺少资金的支持和政策扶持、本地市场狭小，制订针对性可行性的对策。针对香港发展文化创意产业土地和房租成本高的问题，为文化产业企业提供更多的专门用地，除了加快"西九龙文娱艺术区"的基础建设，还应该要开拓更多地区，使更多与文化创意产业相关的企业汇集，形成规模经济。由于文化创意产业大部分皆是个人或中小型企业创作，资金较少，进入市场困难，应考虑以各种形式增加对它们的补助，如低息贷款、税务优惠等，并且降低申请门坎。

针对本地文化创意产业市场狭小的问题，需要从培育香港市场和拓展内地市场两方面下手。在培育香港本土市场方面，"西九龙文娱艺术区"将是全港最大的文艺设施，"西九龙文娱艺术区"的面积约占全港文艺场地三分之一，因此，文艺设施的定位与功能必须详细规划，不容被忽视，尤其是已发展成熟、建立稳定消费者的场馆，这些场馆可以提升市民的艺术水平跟兴趣。而在扩展中国内地市场方面，特区政府可与内地商谈，在中国内地建设共同文化创意产业园区，以便互相交流。因为不少地方政府都希望吸取香港先进的服务业经验，获得更多中央政府的优惠政策，为香港文化产业开创更多发展机会和空间。

### 三、澳门

澳门特区政府锐意推动经济适度多元，制订文化创意产业发展蓝图，经过两年的整备，已具备迈开阔步的基础。澳门第三届特区政府将发展文化创意产业列为推动经济适度多元化重点之一，于 2010 年 3 月及 5 月，相继成立文化创意产业促进厅（以下简称"文促厅"）及文化产业委员会（以下简称"文委会"）。文促厅

---

[1] 新华网：《2013 上半年内地票房排行前十名：〈西游降魔篇〉夺冠》，http://news.xinhuanet.com/fortune/2013-07/18/c_125023594.htm，2013 年 7 月 18 日；维基百科：词条"功夫（电影）"，http://zh.wikipedia.org/wiki/%E5%8A%9F%E5%A4%AB_(%E7%94%B5%E5%BD%B1)。

的职能包括协助政府制订、执行推动文化创意产业政策,并运用文化局的资源,扶持、培养澳门本地文化艺术创意人才,宣传推广澳门文创品牌,建立有利于文创产业发展的商业环境,分析研究澳门文创产业的发展方向及公布产业数据。文委会属咨询机构,成员包括政府多个部门的负责人、来自业界和相关专业的专家学者。特区政府建立这个平台,以广泛听取业界及社会各界对发展文创产业的意见及建议,有助于制订相关政策时能一步到位。特区政府根据文委会建议,将视觉艺术、电影录像、表演艺术、设计、服装、动漫、流行音乐、出版等八个具备基础的行业纳入文化创意产业范畴,制订短、中、长期三个发展目标。①

特区政府于2010年全面启动促进文创产业发展工作。同年3月29日,文化局增设文化创意产业促进厅,8月4日成立由43位来自政府部门代表、专家、学者及文化产业领域被认定为具有政绩、声誉及能力的社会人士组成的文化产业委员会(以下简称"文产委"),社会文化司司长张裕担任主席,为文创发展领航。现阶段,政府推动文创产业方面,以文化局文创产业促进厅为主,有计划地开展六大领域工作:

第一,产业研究。

文化局与文化产业委员会分别委托外地专业学术机构及人士开展"澳门文化创意产业指标体系"及"澳门文化产业定位研究",并于2012年完成。文化局期望透过研究探索澳门文创产业发展;文产委则向特区政府提供产业定位的建议参考。其次是共同参与以研究项目为主导的"中华创意产业论坛",供业界参考不同地区文创经验。

第二,人才培养。

文化局鼓励和支持澳门院校、企业及民间团体开办文创课程,鼓励本地学生海外升学和进修文化创意产业相关科系及课程,为发展文创建立人力资源基础。

第三,产业资助。

文化局自2010年起在年度资助申请中增加了文创产业范畴的资助类别,通过适度提高资助金额和项目数量,以择优原则支持本地文创单位,资助项目涵盖人才培训课程、讲座、工作坊、视觉艺术或设计展览、海外参访文创项目、参加文博交易会、展销会,以及参加电影节、音乐会等。

---

① 汇整自澳门贸易投资促进局,黄奕瑞:《澳门文创,蓄势待发》,http://www.ipim.gov.mo/publish_detail.php? tid=28428&type_id=1767,2012年6月;澳门特别行政区政府文化产业委员会主页:http://www.cic.gov.mo/tc/index.aspx;澳门特别行政区政府文化局:《文创产业资料库征集业界资料》,http://www.icm.gov.mo/dpicc/。

第四,空间资源。

文化局重新规划和再利用辖下文化空间,开发利用闲置空间,藉本地拥有世遗优势,将文化遗产硬件与文化产业软件有机结合,利用澳门具庞大旅客人次及消费客源的优良条件,发展成为本地文创产品宣传、展演及销售平台。部分合适空间,经由公开招商,以租金优惠政策,让更多有意发展文创产业的业界人士进驻使用。另与旅游局合作,于 2011 年 3 至 11 月在耶稣会纪念广场旅游文化活动中心地库一层举行了两期"澳门创意馆"展览销售活动,文创产品集结多种元素,获推广单位逾 80 个。

第五,产业媒合。

文化局尝试建立人才与产业媒合机制,为创作人的创作意念与企业投资者间搭建中介平台,协助创作人与产业接轨,促进创意转化为商品,投入市场。文化局文创产业促进厅分阶段筹建"澳门文化创意产业数据库",推动企业间的商业配对。现有一些企业和政府部门透过文创数据库和文创网,寻找本地文创人士、公司或团体提供服务,承接设计、制作等工作。

第六,产业推广。

当局充分搭建宣传平台,支持业界参与竞赛,开设宣传网站,增进本地及海外文创业界的交流与合作。

文化局文创产业促进厅长陈炳辉表示,2013 年澳门特区政府将加强研究及启动文创产业的重点扶持计划,包括推出"时装设计样板制作补助计划"及"动画创作及制作资助计划"等,以点带面促进文创产业的发展。此外,"文化产业基金"的筹备工作正加紧进行,也于 2013 年开始运作。

2013 年落成并开放的本地文创空间有"艺术电影院""何族崇义堂"文创复合空间,并将计划改建"海事工房"为当代艺术展演及文创空间等。这些空间将与邻近的世遗景点及艺文地标相连结,形成具特色的文化创意区域,增加该区的文化凝聚力。同时,将计划开设"澳门文创地图指南手机应用程序(App)",以更好地开展文化传播工作,促进文化信息的流通。[①]

据经济局统计,澳门 2013 年工业产权注册申请量达历史新高,全年的申请总量突破 1 万件,达到 10086 件,较 2012 年增 12.35%。其中商标共 9581 件申请,较去年增 11.54%;专利申请方面,发明专利申请与去年持平共 56 件,实用新型专利申请较去年上升 62.50% 达 26 件;设计/新型申请方面,全年共 167 件,也较

---

① 《社会文化领域 2013 年财政年度施政方针》。

2012年上升。此外，涉营业场所名称/标志的申请亦有增长，且首次受理原产地名称/地理标记方面的申请。商标及专利的保护意识趋强，申请的意欲显著提高，并逐步向集体商标跨进。

近年经济局在知识产权保护领域下了不少工夫，除2013年在澳举办的三地知识产权研讨会，亦开拓"商标注册网上申请系统"，加强申请的电子化程序。现时是知识经济、信息社会，是知识产权年代，哪个国家和地区拥有最多知识权利，产权保护得好，便最强盛，并非以GDP总量为标准。透过保护知识产权，配合政府的政策，可提升社会重视意识，惠及澳门经济。目前澳门税收主要来自博彩业，收入过于单一，不利于整体发展。为此澳门提出经济适度多元的发展方向，其中尤以会议展览、文化创意、中医药方面为优先重点。这些产业的发展，都与知识产权方面密切相关。

澳门虽已有保护知识产权的基础，但仍有很多地方需要完善和加强。如澳门各类产权申请中，商标方面占各类申请量的94.99%；专利及著作权方面不但量少，且质量也不容乐观。又例如专利申请当中的设计/新型的注册申请量在2011年来自澳门的只有1件；2013年虽已激增至25件，但仍比第一位的瑞士少一半以上。

具体而言，发展文化创意产业，促进澳门经济适度多元化已成为澳门社会共识，如何进一步促进文创产业的发展，从知识产权角度来说，以下方面值得关注：首先，完善知识产权保护的法律法规。从法律制度上未雨绸缪，建立健全知识产权保护的相关机制，为文化创意产业在澳门的落地生根保驾护航。现时与知识产权相关的法律规章有《著作权及有关权利之制度》以及《工业产权法律制度》。其中《著作权及有关权利之制度》经第5/2012号法律修订后，已把著作权的保护范围扩展至数码化作品及网络传播。但由于现时澳门很多文创产品本身的特征性不强，一般难以举证侵权行为，故执行情况仍有待观察。《工业产权法律制度》自1999年通过后，因应经济的快速发展与国际接轨的需要，特区政府已承诺咨询后进行修订工作。

再次，进行知识产权保护的宣传和教育。一方面在社会树立起尊重知识产权的意识；另一方面则要帮助业界提高自我知识产权的保护意识，避免"为他人作嫁衣"，损害澳门文化创意产业的健康发展。现时澳门很多文创产品还处开发阶段，还没有意识到管理自己的商标或专利，且商标大都是区域性的，到产品准备跨出区域开拓市场时可能已发觉在其他地方已被注册，这情况是很多澳门经营者现实的写照。同时应加强知识产权在网络上的宣传，比如现时网络都流行俗称"二次创作"的戏仿行为,虽然世界各地对戏仿的定义不一,但多从对被侵权者有否构成实际经济损失着手,故加强网络宣传有助于避免一些创作堕入侵权误区。

最后,打造澳门成为知识产权交易的平台。目前澳门区域及中葡经贸服务中的平台作用日益突出,无论是产品的引进还是促进出口,都有较成功的实践。未来在实体经济合作的促进之外,亦可在新技术、艺术创作和创新型专利等知识产权交易或配对过程中发挥作用。[①]

澳门要发展成区域性的知识产权交易平台,特别是涉及文化创意产业的知识产权,并不是空谈之说。澳门已有一些娱乐事业公司投资开拍非本地创作的电影、留澳艺术工作者的作品成功打入国际知名的艺术拍卖网站等成功例子,关键是怎样吸引行内专业的经理人、鉴评家、专利代理人等相关产业链的专业人才,视澳门为合适的发展基地,再配合发展起来的国际性会议展览,打造合适的文创知识产权交易平台。此外,贸易投资促进局主办的第 17 届澳门国际贸易投资展览会,文创产业展区规模进一步扩大,除加强本地文创产业宣传推广,亦邀来不少内地文创企业参展与会,推动交流合作,并达成多宗境内外合作。2011 年,澳门一家文创公司参加在深圳举行的文博会,便接到 60 多份订单。[②]

澳门电影业被纳入八大文创产业范畴,因为底子薄弱,有人认为培育极不容易。文化创意产业促进厅厅长陈炳辉并不讳言目前的条件未够完备,并且说:"澳门发展文创产业,需要解决的难题之一是人才缺乏。以电影业为例,目前澳门的电影工作者,导演占多数,其他如灯光、化妆、服装及后期制作技术等方面相对较弱,编剧人才亦不多;另一方面,电影艺术与电影产业关系不匹配,行政管理、营销专业可说是一片空白。针对这种现象,文促厅特别推出艺术行政人才培养计划,培训这方面的专业人才。"但他认为在开发文创产业的大环境中,澳产电影未来发展空间广阔,问题是一定要提升自身水平。[③]

过去,看电影是在电影院,如今互联网发达,可以在计算机甚至手机看电影,观众面不受地域局限。尤其是微电影,正在网络世界蓬勃发展。陈炳辉认为,澳

① http://www.macaodaily.com/html/2013-07/17/content_820665.htm;澳门社区学习人论坛,王希富:《培育与保护相结合,促进澳门文创产业发展》,http://mlearn.cool5forum.net/t9323-topic,2011 年 1 月 6 日。

② 第十七届澳门国际投资贸易展览会(MIF):《第十七届澳门国际投资贸易展览会招标通知》,http://www.mif.com.mo/MIF2012/tc/news_detailo.php? id = 21,2012 年 2 月 15 日;澳门贸易促进局:《发挥商贸平台作用,拓展区域合作机遇——第十七届澳门国际投资贸易展览会(MIF)圆满举行》,http://www.ipim.gov.mo/group_detail.php? tid = 31418&mode = print。

③ 成城:《特区政府锐意推动文创产业》,http://www.macauzine.net/? action-viewnews-itemid-512,2013 年 2 月 4 日。

门发展电影业可以微电影作为切入点。当然,澳门电影产业化仍须假以时日,首先是通过培训、观摩和参与实践去培养人才及提升质量。2011 年,澳产微电影（30 分钟之内）有 46 部,长片（80 分钟以上）1 部,产量虽然不高,但已远超过去。目前澳门有大批年青人投入电影创作,作品都是微电影。针对这个现状,文促厅将考虑协助他们向长片方向发展。①

社会文化司司长张裕表示,特区政府将拨出大约两亿元成立文创产业基金,加强扶助本土文创产业的力量。这项基金将于 2013 年启动,陈炳辉满怀信心地展望:在特区政府大力支持及业界努力下,再过两年,澳门的文化创意产业面貌将焕然一新。②

### 四、结语

两岸三地在文创产业的发展上各有特色,呈现出相对的互补性。内地文化创意产业发展快速,拥有丰富多元的文化资源和庞大的市场需求,积极建设许多文创产业园区,发展据点大,资金充足、巨大的市场与高消费能力,其文创产业的优势在于土地、原物料、劳动人口、营销市场和研发人才培训等;而台湾文化创意产业起步较早,拥有完整文创产业架构理念并具有发展文创产业的核心关键技术,在文化商品化、高科技数字制造技术和国际营销拓展方面较有优势。两岸文化产业可充分善用彼此优点,取长补短,形成优势。在商品研发、创新人才、市场销售等三个面向相互合作,积极整合两岸的特色文化资源,以扩大两岸整体文创产业的规模,开创两岸文创产业的新局面,共同经营华人文创品牌,携手走向世界舞台,将会是两岸文化产业合作的重点。

特别在台湾的黄金十年、内地“十二五”规划当中,皆将文创产业列为未来经济发展重点之一,两岸文创产业互相合作成为未来发展走向。在内地“十二五”规划纲要积极发展文化事业与文化产业,推动文化创意、影视制作、出版发行、印刷复制、演艺娱乐、数字内容和动漫等重点文化产业,而台湾在文化创意产业方面,则将发展电视、电影、流行音乐、数字内容、设计及工艺之六大旗舰文化产业,两者之间有着相当程度的重叠性。

未来两岸可以在文化产业这个新兴产业加强合作:包括资金如何支持文化产业、文创园区如何吸引各企业进驻等,都是两岸文创产业未来合作的关键,在政府

---

① 澳门杂志:《特区政府锐意推动文创产业》,成城,http://www. macauzine. net/? action-viewnews-itemid-512,2013 年 2 月 4 日。

② 同上。

相关政策支持下,如何妥善运用资本、人才、与专业性,打造出具有市场口碑的品牌,是两岸在文创产业要一起努力的方向。对于两岸的文创产业,可以从研发技术、商品设计、大量生产制造、资金、品牌营销、人才培育等不同面向加强合作。首先,在华人文化的共同基础上合作发展出相关的华人素材,研发出相关文化产业项目;其次,在人才养成与培训方面加强合作,培养出具有文化创意与设计革新的人才;再次,在推动与营销方面,加强品牌营销与市场开发,发展出具有国际竞争力的国际品牌,促进两岸文化创意产业共利共生。充分利用两岸文创产业的互补优势,在商品研发、创意人才、市场营销等三个面向加强合作,扩大两岸整体文创产业的经济规模。

专题报告

# 以上海自贸区建设为契机,
# 推动更高水平的文化对外开放[*]

花 建[**]

## 一、国际自贸区潮流与中国的探索

党的十八届三中全会通过的《中共中央关于全面深化改革若干重大问题的决定》明确提出:"建立中国上海自由贸易试验区是党中央在新形势下推进改革开放的重大举措,要切实建设好、管理好,为全面深化改革和扩大开放探索新途径、积累新经验。"

建立上海自贸区既顺应了国际范围内通过建立经济特殊区域,推动国际自由贸易的潮流,又是中国以开放促改革,探索中国对外开放的新路径和新模式,打造中国经济"升级版"的重要举措。

从狭义上说,自由贸易园区(Free Trade Zone)是指在某一个国家或者地区境内设立的,实行优惠税收制度和特殊监管政策的小块特定区域。正如1973年国际海关理事会签订的《京都公约》所提出的"自由区"概念,那就是:"指一国的部分领土,在这部分领土内运入的任何货物,就进口关税及其他税而言,被认为在关境之外,并免于实施惯常的海关监管措施"。

从广义上说,自由贸易区是该设区域的国家为达到一定的经济目的,通过实行特殊的经济政策,而开辟的与其他地区相隔离的特别经济区域。这一个定义涵盖了自由贸易园区、自由贸易港、自由区、对外贸易区、出口加工区、自由工业区、自由边境区、过境区、保税仓库区等多种特殊经济区域。

* 本文系2013年国家社会科学基金重大项目"增强我国文化整体实力和竞争力研究"(项目编号13&ZD038)研究成果。

** 作者系上海社会科学院文化产业研究中心主任、研究员,北京大学文化产业研究院研究员,长期从事文化产业、创意经济、城市文化方面的研究和决策服务工作。

　　自由贸易园区的作用主要体现:利用该特殊区域在进口关税及其他税方面的优惠政策,推动商品集散中心的地位,扩大出口贸易和转口贸易,提高设置国家和地区在国际贸易体系中的有利地位,增加外汇收入;促进吸引外资和国外的先进技术及人才,扩大劳动就业机会,带动所在国的交通运输业和区域经济的发展。

　　从20世纪后半叶特别是80年代以来,自由贸易园区在国际上获得了广泛的认可和发展,犹如一座座活跃的枢纽和引擎,成为全球开放度和自由度最高、国际贸易的辐射和集散功能最强的特殊区域,也成为跨国公司和金融机构在全球配置资源的核心区域。根据国际海关理事会和联合国贸发会议等机构的数据,目前全球已经有1200多个自由贸易园区,其中15个发达国家设立了425个,占总数的35.4%;67个发展中国家设立了775个,占64.6%。其中如阿联酋迪拜港自由贸易港区,占地为48平方公里,区内出口占阿联酋出口总额的50%以上;而美国纽约港自由贸易园区,面积8.41平方公里,为全美260个对外贸易区中最大的区域,也是服务效率最高、辐射力最强的自由贸易园区之一。这1200多个自由贸易园区大体上可以分为7大类型:

表1　主要自由贸易园区的类型

| 类型 | 主要功能 | 区域特点 | 代表性区域 |
| --- | --- | --- | --- |
| 自由港型 | 装卸、储存、包装、买卖、加工制造 | 对在规定的自由港范围内进口的外国商品,原则上不征收关税 | 香港、新加坡、直布罗陀自由贸易园区 |
| 转口集散型 | 港口装卸、货物储运、货物商业性加工和货物转运 | 利用自然地理条件和港口优势,进行集散转运 | 汉堡自由港和不来梅自由区,巴塞罗那自由区 |
| 贸易工业型 | 既有国际贸易,又有简单的加工和制造 | 集加工贸易与转口贸易于一身 | 土耳其伊斯坦布尔自由贸易园区 |
| 出口加工型 | 以出口加工为主,辅助以国际贸易、储运服务 | 加工为主,贸易为辅 | 韩国、印度的出口加工区 |
| 保税仓库型 | 保税仓储,允许进行再包装、分级、挑选、抽样、混合、处理等 | 主要起保税作用,允许外国货物不办理进口手续就可以连续长时间处于保税状态 | 意大利巴里免税仓库、罗马免税仓库、西班牙阿利坎特免税仓库 |
| 商业零售型 | 从事商业展示和零售业务 | 专门开辟商业区,从事商品零售 | 智利伊基克自由贸易园区 |
| 自由边境型 | 加工工业 | 在边境地区开辟的工业自由区 | 墨西哥马魁拉多边境工业区 |

跨入 21 世纪以来,全球的自由贸易园区在不断发展,形成新的发展模式,其总的趋势是:(1) 园区的功能向多样化和综合化发展,包括了金融、证券、物流、商业展示、货物仓储等多层次的服务;(2) 竞争的优势从政策优惠向加强服务能力转变,如新加坡自由贸易园区在全面推出艺术品储藏服务之后,只用一年多的时间,仓库的出租率就达到百分之百;(3) 海关监管模式趋向对区内的经济活动减少或者不予干预,"一线放开,二线管住,区内不干预";(4) 各国在优惠政策方面的竞争更加激烈,如阿联酋自由区对企业经营给予 15 年免税期。

环顾全球,潮起潮落,中国(上海)自贸区的建立,从迎接新一轮更高水平的全球贸易规则来看,是势在必行;从引领全国走向更高水平的对外开放来看,是先试先行,成为中国顺应全球经济贸易发展新趋势,实行更加积极主动开放战略的一项重大举措。上海自贸区跨越了保税区和综合保税区的功能定位,主要任务是要探索中国对外开放的新路径和新模式,推动加快转变政府职能和行政体制改革,促进转变经济增长方式和优化经济结构,实现以开放促发展、促改革、促创新,形成可复制、可推广、可借鉴的经验,服务全国范围内的发展与改革。建设上海自贸区有利于培育中国面向全球的竞争新优势,构建与各国合作发展的新平台,拓展经济增长的新空间,打造中国经济"升级版",也为中国提升文化产业的国际竞争力,提供前所未有的强大动力。

### 二、国际贸易新趋势和中国对外文化开放的升级版

从全球范围看,在贸易自由化的大趋势下国际文化市场正面临着进一步开放的巨大压力。从《1947 年关税和贸易总协定》签订至今,各国关于贸易和文化问题一直进行着激烈的争论。WTO 框架内的各个成员立场迥异、分歧巨大,尤其是美国和法国、加拿大等双方关于文化贸易自由化的争论非常激烈。

鉴于 WTO 框架内各国对于国际文化贸易争议不断,而发展国际文化贸易的巨大利益,则推动着双边、区域和诸边贸易协定蓬勃发展,正在重塑国际文化贸易的规则体系。特别是美国利用双边贸易协定推动全球范围内的文化贸易自由化,已经生效的 20 个协定均取得了重要进展。美国努力倡导的 TiSA、TPP、TTIP 推行高规则、高标准的国际贸易新体制,其中最关键的两条,即负面清单管理方式和准入前同等国民待遇,将进一步突破各国的文化市场壁垒,促进文化市场上各类要素的自由流动,推动国际文化市场进一步开放。此外,美国还试图通过电信服务、电子商务谈判等,不断突破现有的文化贸易壁垒。而中国于 2013 年 9 月 30 日正式宣布参加服务贸易协定(TiSA)谈判,标志着中国对参与更高水平的服务贸易

和全球贸易体系采取积极的态度。而在 2013 年 12 月，世界贸易组织第九届部长级会议在印尼经过艰难的谈判，终于通过了"巴厘一揽子协定"，也被称为多哈回合谈判的"早期收获"。它包括 10 份文件，体现了 WTO 大多数成员相互体谅、共克时艰的决心，也避免了 WTO 在国际贸易中逐渐被边缘化的趋势。这不仅增强了人们对世贸组织谈判功能的信心，也为最终完成多哈回合谈判创造了有利条件。

这些风起云涌、波澜突起的新动向，无疑对国际文化市场的开放带来了巨大压力，也对中国的进一步开放包括文化领域的改革开放带来了新的机遇。改革开放 30 多年来中国综合国力有了巨大的提升，在文化产业的国际竞争力方面也有了历史性的巨大增长。这集中体现在：中国文化产业的综合创新能力，中国生产力的整体规模、中国文化市场与国际市场的相互融合、中国文化贸易的规模和结构、中国文化开放的渠道和路径等多个方面。比如：2012 年中国文化产业增加值达 18071 亿元，中国的影视剧、视听产品、出版物和版权、工艺美术品、电子游戏等主要文化产品的生产，都有了巨大的增长。2012 年我国贸易总额为 38667.6 亿美元，已经超越美国，成为全球第一大对外贸易国。截至 2013 年 5 月，中国正式与五大洲的 29 个国家和地区建设 16 个自贸区。其中已经签署并实施 10 个自贸协定，涉及到文化贸易的许多领域和内容。

而面对建设社会主义文化强国的战略目标，中国文化产业的竞争力还有很大的差距，由于长期以来中国文化管理体制是以条线管理为主的，对内的文化市场和对外的文化开放又实施了不同的政策和机制，国家有关主管部门包括文化部、商务部、海关、新闻出版广电总局、外交部、贸促会、外汇局等涉及文化开放的主管部门各有自己的管理重点及运作规则，而增强我国文化整体实力和竞争力，扩大对外文化开放，是一个有机的整体，需要打破各种条块和行业的限制和垄断，焕发全民族的文化创造活力，推进协同创新。

上海自贸区建设所提供的重大历史性机遇之一，就是改革不适应文化生产力发展和扩大对外文化开放的体制和机制，形成政府主导、企业主体、市场运作、社会参与、协同创新的新机制，加快中国文化产业对外开放的步伐，为增强中国文化整体竞争力和开放能力，释放强大的制度红利。其中的重点是：

创新文化投资管理制度，探索负面清单管理模式，为更多的社会资本参与中国的文化投资，打开方便之门。特别是鼓励和培育科技含量高、创意含量高、国际化程度高的数字出版、新媒体、动漫游戏、创意设计、影视制作、先进文化装备制造等新兴文化业态和企业，让更多的社会资源和文化财富获得充分涌流。

创新金融资本制度,在风险可控的前提下,在文化产业的资本项目可兑换、人民币跨境使用、利率市场化方面先行先试,建立与自由贸易区相适应的外汇管理制度,充分利用境内外金融机构提供各种服务,包括允许区内的企业设立两类账户,即普通账户和离岸账户,为中国文化企业参与国际市场竞争,创造有利条件。

创新综合监管制度,逐步减少行政审批事项,从事前审批转化为注重事中事后监管,执行宽进严出的指导思想,利用自贸区特殊区域先行先试的优势,采取保税租赁等多种方式,将推动中国的文化企业更加有效利用国际市场上的先进设备、金融资本和资源,培育更多外向型、国际化的文化企业。

创新服务业开放制度,包括在文化服务领域,允许设立外商独资的演出经纪公司,允许设立外商独资的娱乐活动场所,允许外资企业生产和销售游戏和游艺机。由于在国内投资中,不同所有制的准入待遇有差别,不同项目对投资准入要求也不一样,因此可以预期,随着上海自贸区负面清单 2014 版、2015 版等的出台①,将会为中国服务业包括文化产业的双向开放,创造更有利的条件。

### 三、依托负面清单机制,壮大外向型文化企业

屹立在大江和大海的交汇处,上海自贸区建设,为培育中国外向型文化企业集群,壮大中国对外文化开放主体,提供了新的重要机遇。上海自贸区包括上海市外高桥保税区、外高桥保税物流园区、洋山保税港区和上海浦东机场综合保税区等 4 个海关特殊监管区域,总面积为 28.78 平方公里。这四个特殊区域具有良好的基础,特别是外高桥作为改革开放之后中国设立的第一个特别保税区,其产出占到全国 100 多个保税区营业收入的 50% 以上、税收的 50% 以上。经过多年来的运作,上海的保税区已经成为境内关外的运作实地,包括推动中国文化产业企业提升国际竞争力,积累了很丰富的经验。

从全球范围看,西方发达国家在形成文化竞争优势方面,主要依托一批文化跨国公司。在 2013 年的世界 500 强企业排行榜上,中国上榜公司数量达到 95 家,创下新高。美国上榜公司为 132 家,与 2012 年持平。但是,必须看到:世界 500 强中的 8 家文化媒体类企业中,在联合国贸发会议报告指出的全球 20 家最大的视听企业中,在全球最大书展——法兰克福书展上占有优势的出版物和版权进出口企业中,绝大部分为西方所拥有,如索尼公司(排名 94 位),营业收入 818.97

---

① 上海 WTO 事务咨询中心总干事王新奎认为:上海自贸区的试验突破口在于:投资准入环节各阶段的同等国民待遇和负面清单的管理模式。上海自贸区在推出负面清单 2013 年版后,将逐步推出 2014 年版和 2015 年版。见《东方早报》2013 年 10 月 14 日。

亿美元,利润 5.18 亿美元;亚马逊公司(排名 149 位),营业收入 610.93 亿;谷歌(排名 189 位),营业收入 522.03 亿,利润 107.37 亿;时代华纳(排名 402 位),营业收入 287.29 亿,利润 30.19 亿①。

发达国家在文化产业方面的优势,不仅仅是规模的巨大,更重要是创新的活力。比如:近期巴克莱银行 Barclays 的研究报告指出:以 YOUTUBE 为代表的网络视频巨头正在引领一轮新的发展势头。2010 年 YOUTUBE 每月的视频观看次数为 620 亿人次,2011 年为 860 亿人次,2012 年为 980 亿人次,2013 年达到了 1300亿人次。Google 在 2006 年投入 16.5 亿美元收购了当时成立仅一年的 YOU-TUBE。2013 年 Google 在 YOUTUBE 上的年收入为 30 多亿美元。这样快速增长的投资和产出效益体现了文化资源的资本化、文化产权的资本化、文化未来预期效益的资本化,如果没有国际化的金融支持,是难以想象的。这些文化领域跨国公司的形成,与发达国家良好的市场环境,特别是发挥了市场的关键作用,推动各类产业要素包括产权的自由流通和优化配置,能够在全球范围内整合各类资源与开拓市场,具有非常密切的关系。

中国要提升文化产业竞争力,必须发挥市场配置资源的关键作用,培育一大批具有国际竞争力的龙头企业。改革开放以来,中国文化企业的实力不断增长。这方面的一个重要标志,是由《光明日报》《经济日报》等联合评选的中国文化企业 30 强。2013 年评选的第五届"文化企业 30 强"呈现出文化企业总体实力稳步增强、涵盖门类更广的特点。这一届文化企业 30 强企业总的主营收入首次超过2000 亿元大关,达到 2047 亿元,比上届增长 28%,也就是平均每个企业的主营业收入达到 70 亿元左右。在 30 强所涵盖的门类上,包括了工艺美术企业、新媒体企业和跨领域、跨行业经营的综合性文化企业等入选。通过连续五届"文化企业30 强"的评比,反映出转制后的国有文化企业和民营企业均可以释放出良好的活力。在 2013 年的 30 强企业中,国有文化单位转企改制的企业共有 19 家,占总数的 63.3%。国有或国有控股企业 23 家,占总数的 76.7%,主营收入超过入选企业主营收入总和的 80%。在这一个评选榜单上,民营文化企业有 7 家,占总数的23.3%,创造了历届新高,其中 3 家为首次入选。

而在 2013 年中国文化企业上市公司 10 强中,第一位腾讯控股有限公司的市值港股达 5089 亿元,折合人民币 4096 亿元,第二位百度公司的市值美股 329 亿元,合人民币 2055 亿元,其他的第三位深圳华侨城,到第十位中南出版,也分别达

---

① 《2013 年财富世界 500 强排行榜》,美国《财富》杂志 2013 年 7 月。

到市值人民币 501 亿元到 167 亿元①。这反映了中国的文化产业领军企业阵营正在不断壮大,体制机制的创新成果得到进一步显现,企业经营管理水平和市场竞争力稳步增强。在国家积极引导社会资本投资文化产业的政策环境下,民营文化企业正逐步成为推动文化产业发展的重要力量。

从总体上看,中国文化企业的实力稳步提高,但是与发达国家的跨国公司相比较,还有明显的差距,仅仅从营业收入角度看,就需要一个从目前全国文化企业 30 强的平均每户营业收入不到 30 亿美元到未来每户 200 亿美元以上这样一个能级的跨越,可谓任重而道远。这就需要从战略引导、政策扶持、资源配置、市场培育、人力培育等方面协同努力,形成培育中国文化企业的正资产和正能量。要把握好提升中国文化企业国际竞争力的“量”和“质”的辩证关系,鼓励文化、房地产、科技、商贸、物流、金融、教育、装备制造等领域的主体转型参与文化贸易,形成强大的外向型文化企业集群。

大量事实证明,近年来中国在文化开发、生产、服务和贸易方面卓有建树的一批优秀企业,如亚洲联创、北京光线传媒、北京万达、杭州宋城、盛大网络、深圳华强、湖南广电传媒、华策影视、上海文广演艺、安徽出版集团等,既有国有企业,也有民营企业,既有源自文化系统转型改制的大企业,也有跨行业组成的新锐部队如百视通,更多地来自其他各行各业的有为之士,他们汇聚了多个行业的资源、智慧和路径,丰富了我国文化贸易的形态,也有助于文化贸易产品向科技型、创意型、高附加值型升级。自 2013 年 7 月国务院会议原则通过了《中国(上海)自由贸易试验区总体方案》之后,8 月中旬国务院正式批准设立中国(上海)自由贸易试验区以来,新入驻和洽谈入驻位于外高桥保税区内的国家对外文化贸易基地(上海)的企业数量迅速增加。国家对外文化贸易基地依托自贸试验区的发展契机,先后吸引佳士得拍卖、华谊兄弟、中国图书进出口公司、百视通、盛大网络等国内外知名文化企业入驻;截至 2013 年 12 月,基地入驻企业累计超过 170 多家,企业注册资本突破 35 亿元,年文化贸易总额达 50 亿元,形成了全国范围内规模最大的外向型文化企业集群。这说明,各个行业的许多有识之士和企业具有参与文化产业发展和国际文化贸易的积极性和敏锐眼光,应该以更加开放的姿态,形成发展中国文化企业集群的百川归海之势。

要充分利用上海自贸区建设的重大机遇,运用负面清单即准入前同等国民待遇加负面清单的管理模式,试行在特定区域建立各类文化企业和机构的便利制

---

① 陈少峰主编:《中国文化企业报告 2013》,华文出版社 2013 年版。

度,破除各种形态的行业垄断和行业壁垒,破除不利于文化开放的各种体制和政策瓶颈,有理有节地扩大吸引外资,形成百川归海、各显神通的宏大主体。比如:要积极争取利用自贸区的政策优势,试点允许符合条件的外商独资和合资文化企业,包括中外合作拍卖公司等,在自贸区内从事相关的文化经营业务,以开拓这些领域文化企业主体的多样化和增加国际竞争的活力。又比如:要启动试点入区企业自用文化设备享受减免税,为中国企业开展外向型的文化生产,特别是文化外包服务创造有利条件,以有利于中国文化企业降低使用进口设备的成本,借助国外先进设备提高文化生产质量,特别是通过文化企业装备和创意能力、技术能力、服务能力的建成创新,逐步提高中国文化产业开展国际文化服务外包的能力。

### 四、占领文化出口高端,拓展国际文化服务贸易

跨入 21 世纪的第二个十年,全球文化出口产业链正在发生新的变化,在平面延伸和垂直集聚的两个方向上不断进行重组。在平面产业链的意义上,随着信息化、数字化、网络化技术的普及,全球文化产业链、文化资源的供应链、文化品牌的服务链正在平面延伸,逐步从发达国家更多地向金砖国家和发展中国家拓展,以便充分利用发展中国家的廉价劳动力和丰富资源及庞大的市场,而在垂直价值链的意义上,发达国家正在利用自己在金融、保险、科技研发、优秀人才、信息流通、基础设施、全球市场联系等方面的优势,加快形成集聚的优势,逐步向产业链的高端汇聚,继续保持自己在全球文化出口方面的效益优势和规模优势。这在文化服务贸易方面显得尤其突出。

服务贸易是指跨境进行服务交易的商业活动,主要体现为服务进出口、商务存在和自然人移动等贸易形式。文化服务贸易和文化货物贸易是国际文化贸易的共同组成部分,而且越来越成为全球文化市场的重要引擎。从 2000—2012 年,世界服务贸易发展随着世界经济整体走势的变化而波动,各国服务贸易活动频繁,世界服务贸易增长迅猛,贸易规模持续扩大。在文化贸易领域中,服务贸易与货品贸易越来越多地呈现融合趋势,高端文化装备、移动终端、视听产品、电子游戏等文化货品包括了越来越丰富的服务内容,全球市场上的各种文化货物和文化服务贸易正在彼此融合与相互替代,文化的货物产品中包含了大量服务内容,服务产品从制作、传输到销售与计算机、手机等货物产品紧密结合在一起,形成了重组后的新型产业链。国际文化贸易的"在场、在地、在线"三种形态越来越走向交融。

根据 WTO 的有关研究数据,2000 年世界服务出口额(不包括政府服务,下

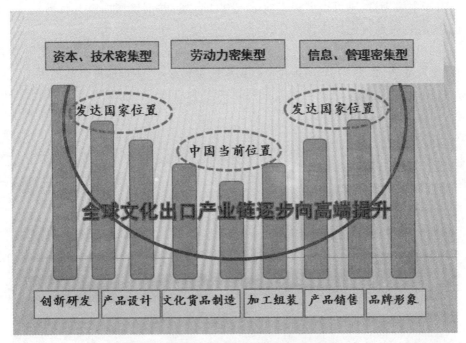

**图1　全球文化出口产业链逐步向高端提升**

同)为 1.44 万亿美元,2008 年达到 3.78 万亿美元的历史新高,2010 年达到 3.65
万亿美元。世界服务贸易年出口规模从 1 万亿美元增加到 2 万亿美元,大约用了
10 年时间,而从 2 万亿美元扩大到 3 万多亿美元,只用了 4 年多时间。同样,在文
化贸易领域中,自 2008 年全球金融危机以来,虽然世界贸易市场遭受猛烈冲击,
但是国际文化服务贸易的增长幅度明显超过国际文化产品贸易。NCTAD 数据库
的资料显示,2002—2010 年,国际文化商品贸易出口总额从 1982.4 亿美元增长
到 3832.1 亿美元,年均增速为 8.6%;国际文化服务出口总额从 495.9 亿美元增
长到 1450.3 亿美元,年均增速为 14.4%,在全球贸易各门类的增长中表现突出。

　　中国于 2013 年 9 月 30 日正式宣布参加服务贸易协定(TiSA)谈判。该谈判
从 2013 年 3 月正式启动,目标是制定服务贸易国际新规则,推动全球服务贸易进
一步自由化。TiSA 谈判发源于世贸框架,起因是美欧等国认为 20 年前达成的
《服务贸易总协定》(GATS)远远落后于时代,主张用列"负面清单"的谈判模式推
动达成更高标准的服务贸易协议。目前已有 48 个国家加入了 TiSA 阵营,覆盖了
全球 70% 的服务贸易额。而中国已经成为世界服务贸易第三大国,没有中国加
入的服务贸易协定是不完整的。中国加入 TiSA 谈判对其他国家意味着更多的机

会;对于中国来讲,则可以更深入地融入全球市场,并倒逼国内服务贸易发展,通过服务业的发展促进经济转型升级。

加快发展服务贸易包括文化服务贸易,是中国的全球化背景下提升国际竞争力的重要战略,根据 CEIC 中国经济数据库的资料显示,中国服务贸易经历了三个阶段:2003 年之前,是进出口服务贸易基本均衡;2003 年到 2008 年,中国服务出口大于服务进口;2008 年至今,服务进口大与服务出口。中国服务贸易总额增长迅速,但是随着中国经济跨入转型阶段,国内经济对国际服务供给的需求大量增加,而中国服务贸易的出口所占比例十分有限,中国服务贸易的逆差仍然十分明显。中国总体上还在全球产业链的较低位置。这在中国的对外文化贸易结构中也有比较明显的反映。

**图 2　中国服务贸易的三个发展阶段**
资料来源:根据 CEIC 中国经济数据库的资料绘制。

以全国对外贸易最发达的城市之一上海为例。2012 年上海服务贸易进出口总额为 1515.6 亿美元,同比增长 17.2%,在全国各省、自治区和直辖市中居领先地位,在全国服务贸易额中占有举足轻重的地位。而从国际文化贸易的角度看,2012 年按贸易方式划分的上海文化产品和服务进出口额中,一般贸易占 30.9%,加工贸易占 40.37%,而服务贸易占 15.48%。上海的情况是这样,其他省、自治区和直辖市在对外文化贸易中的服务贸易方面所占的比重就更小了。这表明:中国对外文化贸易亟待提高结构,在发展对外文化服务贸易方面,尽快形成优势。

有鉴于此,我国有关省、自治区和直辖市要选择具有较大市场潜力,依托上海自贸区的建设,能够发挥自身文化产业优势的服务贸易门类,重点发展新兴互联网信息技术和内容服务,包括鼓励基于互联网的新兴电子商务与网络金融信息服务、网络文化娱乐服务、网络媒体服务、基础应用服务等,以及 IaaS、PaaS、SaaS 等模式云计算服务平台提供的平台软件设计开发和平台管理运管等服务;鼓励数字内容软件及服务,包括从事数字软件、游戏设计制作相关的软件,包括数字出版软件、动漫游戏制作引擎和开发系统、图形制作及处理软件等多媒体软件和相关服务;鼓励会展、新闻出版、广播电视、文化艺术类等各类文化服务。当前,有关省、自治区和直辖市要依托上海自贸区先行先试的制度创新优势,尽快发展和壮大一批本土的外向型文化企业,在发展对外文化服务贸易方面,形成规模优势。

随着中国成为全球第二大经济体,中国日益深入地介入全球产业链的分工协作,这在文化产业领域也获得了强烈的反应。有鉴于此,要依托上海自贸区建设的良好机遇,形成发展中国对外文化贸易的新空间布局,包括积极开展在境外发展中国文化产业基地和园区的探索,鼓励中国的文化企业通过新设、收购、合作等方式投资境外文化领域,包括投资境外出版社、报刊社、广播电视网、影视节目制作机构和销售机构、电影院线、剧场、演艺经纪公司、艺术品经营机构等。近年来中国企业并购海外优质文化资产的步伐大大加快,比如大连万达与全球第二大院线集团 AMC 签署并购协议,并购总交易金额 26 亿美元,包括购买 100% 股权和承担债务,以此作为万达集团的国际化战略迈出的实质性一步。一年后,万达集团收购的这一院线资产已经升值一倍,显示了中国文化企业进入全球文化产业并购活动的积极前景。万达集团也有望成为全球规模最大的电影院线运营商之一。小马奔腾联手印度媒体巨头"信实媒体"(Reliance Media Works)以 3020 万美元收购美国著名特效制作公司 Digital Domain(数字王国)的核心资产。"小马奔腾美国"和"信实传媒"分别拥有"数字王国"70% 和 30% 的股份。"小马奔腾美国"获得"数字王国"和"航母传媒"旗下所有最核心业务——包括电影、视觉特效、广告制作、虚拟人合成技术、位于美国加州和加拿大温哥华的工作室以及科幻大片《安德的游戏》的联合制作权,从而提高了在特效制作方面的能力。

近年来,中国文化企业的开拓国际文化服务贸易方面做出了诸多努力。比如:五岸传播积极拓展国际节目的发行、代理和合作业务,2012 年国际版权贸易收入达 160 万美元,同比增长 33.3%,国际销售触达 30 个国家和地区,实现了收入与利润的同步增长。名列 2013 年第五届全国文化企业 50 强的百视通抓住国际"电信媒体化"的整体趋势，加大海外业务拓展的步伐，与印尼电信（Telkom Indonesia）签订协议，全面启动 OTT、IPTV、手机电视等新媒体联合运营和服务，为中国文化服务出口进入东南亚市场进行了新的探索。在中国参加服务贸易协定（TiSA）谈判的背景下，中国结合上海自贸区建设，应该努力在本土和全球主要国家，逐步形成以中国投资、中国企业为主的文化产业基地、园区和机构布局，以便充分利用国内和国际两种资源，提升中国文化产品和文化服务在国际竞争中的优势地位。

### 五、利用先行先试优势，开发文化产业新业态

从全球范围看，自由贸易园区是当今世界上开放度和自由度最高、国际贸易集散辐射服务功能最强的地区，成为跨国公司全球配置资源的核心地区，也对自贸园区所在国家和周边区域的经济起到了巨大的推动作用。比如新加坡自由港，实行自由通航、自由贸易、允许境外货物、资金自由进出等，对大部分货物免征收关税，也开设了东南亚地区最大的艺术品保税仓库，吸引了全球大批业主利用该仓库开展艺术品的仓储、展示、洽谈、投资、交易活动。从全球范围看，自由贸易园区的功能越来越趋于综合化，世界上的许多自由贸易园区都具有进出口贸易、转口贸易、仓储、加工、商品展示、金融服务等多种功能，并且在艺术品保税仓库等方面有许多新举措。

根据党中央和国务院的部署，上海自贸区肩负着国家对外开放的战略新期待，将成为引领中国新一轮产业结构升级、为国内企业提供便利化通道、推动更高层次的对外开放、推动更高层次国际交流和合作、引进国际贸易规则、形成全球金融体系、培养兼备软硬实力的中国跨国公司等任务的重要战略平台。有鉴于此，中国文化产业的升级，要充分利用好上海自贸区的这一个战略机遇，采用新的改革、新的尝试、新的业态，寻求新的动力源泉，让它们释放更强大的发展动力。

比如：2013 年在上海自贸区国家对外文化贸易基地中建设和运行的国际艺术品仓储交易中心一期项目，就是一个结合国际规则，推动国际艺术品仓储和交易的新业态，引起了广泛的关注。国际上一些著名的艺术品仓储交易中心，多成为该地区的艺术品评估、艺术品投资、拍卖、艺术品专业物流、艺术品金融服务、保税租赁等的中心，从而形成了强大的辐射能力。根据规划，位于上海自贸区的国际艺术品仓储交易中心（一期）建设项目，由上海东方汇文国际文化服务贸易有限公司建设，并专项委托上海外高桥国际文化艺术发展有限公司负责运营。该公司是以外高桥集团为投资主体组建的艺术品相关业务专业服务公司。国际艺术

品仓储交易中心一期项目建筑面积超过 3000 平方米,集保税仓储和保税展示区域为一体。而它接待的第一位客户就是佳士得拍卖行。2013 年 9 月,佳士得拍卖行顺利完成中国内地的艺术品首拍,经过 2 个多小时拍卖,成交 1.54 亿元人民币,超出之前估价。全场仅一件西方当代画作品流拍,40 件拍品拍卖成交率以项目计算为 98%,以成交额计算为 96%,明显超过今年 5 月份佳士得香港春拍活动中 85% 的成交率,成为中国内地推动艺术品拍卖活动与国际接轨的又一次春讯。该项目的发展目标包括:

初步构建艺术品服务产业链,通过国际艺术品仓储交易中心的运作,引导和培育艺术品评估公司、艺术品投资、拍卖公司、艺术品专业物流公司、艺术品金融服务公司、艺术品专业媒体等一批艺术品投资、交易和管理的经营实体,在自贸区集聚和运营,形成比较完整的艺术品交易服务产业链,服务于中外文化艺术品机构和企业。

初步开展艺术品仓储物流专业服务,艺术品仓储物流服务将依托基地的艺术品保税仓库、保税区物流便捷和政策优势,提供各种专业化、权威性和国际化的艺术品交易服务,包括针对中外艺术品、高端工艺品等提供专业的艺术品保税仓储和物流服务,促进中外艺术品的流通、展示和交易。

初步形成艺术品展示交易功能,艺术品展示交易服务将分设艺术品展示交易、艺术品拍卖、艺术创制服务、艺术交易服务等,针对中国日益增长的巨大艺术品消费市场需求,为中外艺术品和经营者、收藏者、投资者提供一个开放和高效的展示交易服务平台。

中国迈向世界文化强国的步伐不可阻挡,上海自贸区的建设为推动中国更高水平的对外文化开放,创造了良好的机遇。我们期待着:更多双向开放和流通的文化资源将有助于中国文化软实力的增长,让不断强盛的中国文化产业更多地造福于中国人民和世界人民。

# 韩国文化内容产业进军海外市场战略

李美智[*]

文化内容产业的输出不仅能够取得经济上的效果,也可以提高一个国家的国际品牌价值。在一个国家国内文化内容产业会对其他经济领域产生影响,为经济提升做出贡献。在韩国,文化内容产业整体出口所占的比重虽然不多,却呈现高增长态势,其对制造业和服务业出口有着积极的影响,例如可以对电子、汽车、IT等消费品和其他相关产业的出口起到推动作用。特别在以网络为基础的全球化平台,所有人都可以轻松购买国内外文化产品,这就扩大了一国产品进入海外市场的机会。

## 第一节 韩国文化内容产业进军海外市场的现状

尽管经历了全球经济危机,全世界的文化产业市场依然呈现出不断增长的态势。根据普华永道 2013 年 6 月发表的资料显示,2012 年娱乐和媒体产业的世界市场规模约达到 16408 亿美元。按照普华永道的假设,在今后 5 年间,若以年平均增长 5.6% 计算,预计在 2017 年将形成 21,525 亿美元的市场规模。

根据各国在世界市场所占的比重来看,美国(30.4%)、日本(11.7%)、中国(7.0%)、德国(5.9%)、英国(5.2%)等主要国家位居前列,韩国以 2.7% 的比重位居第七,考虑到韩国的 GDP 位居世界前 15,位次已相当靠前。韩国文化内容产业输出额 2009 年为 24 亿美元,到 2011 年急速增长为 41 亿美元,海外市场的需求快速扩大,竞争力得到认可。

---

[*] 作者系韩国文化产业振兴院北京代表处,北京大学艺术学院艺术管理与文化产业方向博士研究生。

**表 1　2012 年各国娱乐和媒体行业市场规模比较**

| 排名 | 国家 | 市场规模<br>（亿美元） | 比重 | 排名 | 国家 | 市场规模<br>（亿美元） | 比重 |
|---|---|---|---|---|---|---|---|
| 1 | 美国 | 4989 | 30.4% | 6 | 法国 | 697 | 4.2% |
| 2 | 日本 | 1916 | 11.7% | 7 | 韩国 | 451 | 2.7% |
| 3 | 中国 | 1153 | 7.0% | 8 | 意大利 | 426 | 2.6% |
| 4 | 德国 | 974 | 5.9% | 9 | 巴西 | 425 | 2.6% |
| 5 | 英国 | 855 | 5.2% | 10 | 加拿大 | 415 | 2.5% |

数据来源：《Global Entertainment and Media Outlook 2013—2017》,普华永道,2013。

美国及日本等大部分主要文化输出国以其强大的国内内需为基础,在文化内容产业生产和消费的过程中,产业的竞争力得到保证,自然带动出口形成良性循环。但是韩国的人口数量及经济规模使内需市场存在局限性,经过十余年的努力,通过出口开拓市场,最终得以持续快速增长。这不仅得益于民间层面的努力,政府层面对打破内需市场的局限进入海外市场的支持也起到了重要的作用。

**表 2　2008—2012 年韩国文化内容产业出口额变化**　　（单位：千美元）

| 行业 | 2008 年 | 2009 年 | 2010 年 | 2011 年 | 2012 年 |
|---|---|---|---|---|---|
| 出版 | 260,010 | 250,764 | 357,881 | 283,439 | 245,154 |
| 漫画 | 4,135 | 4,209 | 8,153 | 17,213 | 17,105 |
| 音乐 | 16,468 | 31,269 | 83,262 | 196,113 | 235,097 |
| 游戏 | 1,093,865 | 1,240,856 | 1,606,102 | 2,378,078 | 2,638,916 |
| 电影 | 21,037 | 14,122 | 13,583 | 15,829 | 20,175 |
| 动画 | 80,583 | 89,651 | 96,827 | 115,941 | 112,542 |
| 影视 | 171,348 | 184,577 | 184,700 | 222,372 | 233,821 |
| 广告 | 14,212 | 93,152 | 75,554 | 102,224 | 97,492 |
| 形象 | 228,250 | 236,521 | 276,328 | 392,266 | 416,454 |
| 知识信息 | 339,949 | 348,906 | 368,174 | 432,256 | 444,837 |
| 内容产业 | 107,746 | 114,675 | 118,510 | 146,281 | 149,912 |
| 总计 | 2,337,603 | 2,608,702 | 3,189,074 | 4,302,012 | 4,611,505 |

数据来源：《2013 文化内容产业统计》,韩国文化产业振兴院（KOCCA）,2013 年。

最近,韩国通过 YouTube、iTunes、K-POP 及电视剧等向世界展现宣传了自己,为国产文化内容产业海外市场的扩张做出了贡献。截至 2013 年 10 月末,《江南 style》在 YouTube 上的点击率为 18 亿次,是 YouTube 所有文化内容视频中点击率最高的视频;《大长今》出口海外 90 个国家;韩国的卡通形象 Pucca（中国娃娃）出口 150 个国家。

韩国进出口银行于 2012 年发布的报告显示，文化商品出口 100 美元，消费品出口就增加 412 美元[①]，大韩商工会议所做出的调查显示，有 51.9% 的企业表示韩流的风靡对企业的销售增长有实质性的帮助[②]。

2012 年韩国的文化内容产业出口额为 46 亿美元，较去年增长 9.3%，其中游戏所占比重最大，达 26.3 亿美元，占总出口额的 57%。按出口地区划分，日本及中国所占比重最大，分别为 30.1% 和 27%，其次为东南亚，占 19%，总体看来，亚洲地区所占比重偏大。

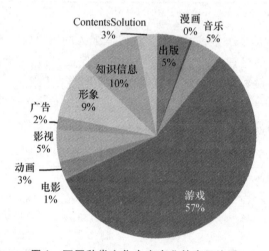

**图 1  不同种类文化内容产业的出口比重**
数据来源：《2013 文化内容产业统计》，韩国文化产业振兴院（KOCCA），2013 年。

由图 1 可见，除游戏产业外，韩国大多数出口文化内容产业种类所占比重都比较小，进军海外市场也仅停留在初级阶段。另外，海外持续性的盗版现象，使得文化内容产业在扩大出口的同时，却未能获得较大收益。对此，未来韩国创造科学部和文化体育观光部在引导文化内容产业进入全球市场的政策规划下，以 2017 年出口扩大到 100 亿美元为目标，重点推进 4 个促进战略下的 10 个课题。

---

① 《韩流出口波及效果分析以及金融支援方案》，韩国进出口银行，2012 年 5 月。
② 《韩流经济效益与我国企业的应用情况调查》，大韩商工会议所，2012 年 3 月。

## 第二节　韩国文化内容产业进军海外市场战略

### 一、灵活迎合不同地域市场

通过建立符合不同地域目标市场条件的差别化战略,推进对当地主体的支援。首先,为了进军南美、中东、非洲等新兴市场,文化内容产业各主体与大韩贸易投资振兴公社等通力合作,开展市场调查,挖掘客户,扩大韩国文化内容宣传中心运营,强化合作,促进亚洲成熟市场上的共同制作及韩流扩大。

强化美国和欧盟等战略市场的业务网络及协作,通过在当地的投资,引导支援韩国文化内容产业,利用国内企业对3D、CG的需求,为进军先进市场打好了基础。强化以当地为中心的市场销售,为扩大文化产品的销售市场,扩建全球流通网络。

支持不同种类和不同地域主要文化产业参与市场,为韩国文化产业出口提供了机会。扩大同海外主要客户、企业和机关的联网支援活动,在当地建立同文化产业消费者间的亲密关系,配备翻译、配音及字幕。尽量利用当地物流为满足文化产业的变化及其多样性提供支持。

### 二、强化文化内容产业的出口竞争力

为扩大出口,提高文化内容产业的竞争力尤为重要。为此,韩国政府采取了以下措施:按照产业领域类别,通过分析竞争力,建立进军海外市场战略;努力提升国内文化内容产业展销会水平;挖掘具有全球普遍性及韩国自身差异性的故事并使其商品化;为提升文化内容产业的竞争力,开办"故事征集大典";提供文化内容产业各领域的制作费用,设立各产业领域专门基金以便其融资,提供市场主体走向海外市场所需的宣传和巡回公演等活动的资金;通过技术开发及引导国际标准,提升文化内容产业价值,强化文化内容产业的竞争力。

### 三、构建进军海外的基础

进军海外行业的主要阻力来自人力和金融等方面的困难,为减少困难,通过和海外企业及机关的联系培养专门人才,通过与海外大学的联系,培训全球化人才,实行海外研修项目,为进军海外打下基础。

对由"全球基金"和"数字文化产业韩国基金"等专用基金投资支持出口电影

的宣传、市场销售等全球化项目,进行积极投资。2013 年,进出口银行对韩流文化内容产业的金融支持达到 1800 亿元,计划到 2017 年扩大为 2500 亿元,贸易保险公司对文化内容产业的出口信用保证计划到 2017 年止扩大为 70 亿元。

为保护韩国文化产品在海外的著作权,按国家类别制定差别化的对策,签订合法性著作权使用协议。为了扩大韩国文化内容产业进军的海外市场,当地的相关韩国政府和商业组织需强化机能,提供当地市场信息,挖掘客户,促进业务间的配合,全方位支持当地市场销售。文化体育观光部下属的韩国文化产业振兴院在美国、欧洲、中国和日本 4 个地区设立海外办事处,提供当地市场信息及企业情报,除此之外,5 个著作权委员会、2 个电影振兴院和韩国观光公社的 30 个海外支社也在运营中。未来创造科学部下属的海外信息支持中心,设立了 3 个海外中心,产业部下属的 KOTRA 运营着 120 个海外贸易馆。其中,韩国文化产业振兴院运营着出口相关市场销售、法律、金融、人力和海外创业等国内线上线下窗口,构建支持进军海外一站式服务体系。

**四、扩大互惠性的交流合作**

为激活全亚洲性的交流合作网络,参与由 Asia Contents Business Summit (ACBS)及 Economic Research Institute for ASEAN and East Asia(ERIA)共同发起的项目,共同进行市场调查,共同举办文化学术活动等,强化亚洲国家间的联系网络,不仅如此,为构建中韩两国间的合作体系,2013 年 11 月韩国文化部同中国文化部共同缔结了谅解备忘录(MOU),使中韩文化产业论坛的召开定期化。

促进韩流的持续性扩散及减少反韩流的双向文化交流,积极参与已进入市场当地的社会性公益活动,开展政府开发援助项目。从 2012 年的蒙古一国计划到 2017 年对 7 个国家开展政府开发援助项目,从匹配型教育文化产业开发到缩小知识财产差距,最终达到扩大韩流的目的。

## 第三节 结 论

为克服韩国文化内容产业内需市场的局限,进军海外市场,为了出口占比低的文化内容产业企业进入海外市场,韩国政府通过部处间的合作,在多方面进行全力支持。全球性文化内容产业大批量涌现,但是检验海外市场成功与否的场所正是内需市场,只有构建健康的内需市场生态环境,其价值才能在全球市场上得以发挥。

与其说文化内容产业是效率性和速度指向,不如说其是趣味性和意义指向,由于是根源于情感的产业,要不断提供给创作者能够自由表达的文化土壤,这虽然看起来缓慢,但从长远角度看,是最快的方法,为此要保证对创作者的产品给予适当补偿,通过制作和流通的良性循环,把壮大内需市场作为首位。

　　经过内需市场的验证,文化内容产业依靠政府的支持,进入全球市场的例子越来越多。为其能在全球市场内公平竞争,政府需率先与各国做好制度层面的交流,创造好宏观环境,如此,今后将会有更多的具有全球普遍性和韩国差异性的文化内容产业在世界各国广受欢迎。

# 自媒体时代的"免费"商业模式探析

## ——以文化内容的展示平台为例

### 王 爽[*]

谢因波曼与克里斯威理斯认为:"We Media 是普通大众经由数字科技强化、与全球知识体系相连之后,一种开始理解普通大众如何提供与分享他们本身的事实、他们本身的新闻的途径。"[①]笔者认为,自媒体是指由使用者自身起主导作用的媒体,它是指以电子化、数字化为手段,以互联网和终端技术为平台,可以从事自主创作、分享、传播和接受的所有新型媒体的总称。互联网是自媒体依托的主要平台,网络自媒体产生于 Web 2.0 互联网应用系统,主要包括博客、播客、微博、QQ、MSN、SNS 社区、飞信、微信等,其特征主要包括:全民参与性、自主性强、传播的即时性以及海量信息等。因此,笔者在本文中将互联网时代也称为自媒体时代。"免费"在互联网运营中运用广泛,笔者在此以文化内容展示平台为例,探讨"免费"商业模式在其运营中的应用。

## 一、"免费"作为一种商业模式

无论是传统产业还是新兴媒体产业中,"免费"作为一种商业模式得到越来越广泛的应用。它是对传统经济学价格观的颠覆,是赢利模式的创新,更代表着经济发展的未来。

### (一)传统经济学价格观

在传统经济学中,商品的价格是其价值的货币表现,要想获得任何一件商品必须以放弃某种东西(货币、劳务或其他)为代价。任何商品都有一个符合市场供需关系、国家调控政策及其价值的价格,"零"价格是不存在的。

传统经济学指导下的文化市场严格遵从其价格观。文化产品拥有与一般物

---

* 作者系山东大学历史文化学院 2011 级文化产业方向博十研究生。

① Chris Willis,Shayne Bowman:"We Media",*The Media Center*,Jaly,2003。

质产品不同的内涵,原创性文化产品的生产过程是非重复性。因此,文化产品的价格取决于精神文化内涵的垄断性、制作成本和智力付出的效益等三个因素。精神文化内涵是文化产品区别于其他产品的特质,它具有独一性,自然也就形成了它的垄断性,原创文化产品的价格更多地取决于垄断性价值。制作成本是指文化内涵具象化所耗费的人力、物力、研发等成本。智力付出效益是指文化生产者从事该项生产活动的预期经济效益和社会效益,其中预期经济效益至少应保证在社会平均经济效益水平之上,社会效益是指口碑效益和品牌建设。文化产品的价格变化和普通商品不同。随着销售时间的推移,一方面,某些文化产品经历的转手次数越多,其使用价值和人们的期待价值就会降低。同时,由于文化产品复品生产成本低,以复品价格来进行的复品交易也会在很大程度上对文化产品价格产生冲击。① 另一方面,原创类文化产品具有较高的艺术价值,它的本原性是独一无二、难以复制的,基于稀缺性原理,这类文化产品的价格会随着时间的推移而变得更高。

因此,在传统经济学下,文化产品的生产和消费都有一定的群体限制,产品的价格主要受市场规律调控,"免费"文化产品是难以实现的。

(二)"免费"作为一种商业模式

这里的"免费"不是以公益为目的,更不是完全无条件的。

生产力的进步是经济发展的根本动力,伴随着物质的极大丰富和人们获取产品或服务的便捷性,产品价格接受了市场调控的严峻考验,产品或服务的大众化、市场竞争的日趋激烈、消费者对价格敏感度的提高等使各行各业都面临着难以突破的困境。在这种环境下,与其以大幅降价给企业带来创伤,不如以"免费"的方式来实现效益,"免费"商业模式应运而生。

网络经济是以信息和知识为主导的经济,它是"免费"商业模式得以运营的重要生态环境,互联网主要通过提供免费的服务,形成和扩大用户群,并利用用户的注意力实现经济效益。因此,在互联网企业运营的初期,"免费"无法为其带来可观的收益,"免费"网络经济模式的实施基础是一定的用户群和点击率。可以说,网络经济是以注意力为卖点的经济,能否吸引到足够多受众的注意力,直接决定了经营主体是否具有经济效益和社会效益。从一定程度来看:

"免费"经济注意力经济

"免费"作为一种商业创新,它最初是作为一种营销模式产生并被广泛应用,

---

① 秦霖、邱菀华:《文化产品价格形成机制探析》,《经济与管理研究》2005 年第 12 期,第 27 页。

如"免费样品""免费试用"等。这种"免费"多数是为了推广某产品、吸引顾客的注意力，形成潜在消费者群体。事实上，"免费"作为一种商业模式与"免费"及"免费"营销是有区别的（如表1所示）。

**表1　"免费""免费"营销与"免费"商业模式的对比**

| | "免费" | "免费"营销 | "免费"商业模式 |
|---|---|---|---|
| 目标 | 公益、慈善 | 卖出更多的产品或服务 | 推广产品、服务和品牌＋经济及社会效益 |
| 战略地位 | 个别的 | 阶段性、临时性活动 | 长期可持续战略 |
| 主体 | 政府、慈善机构或企业 | 企业营销部门或营销专业机构 | 企业决策人或决策团体 |
| 方式 | 无条件完全免费提供产品或服务 | 免费派送少量产品或服务供消费者尝试 | 免费提供商品或服务获取消费者的关注，并以此实现效益 |
| 关键 | 不附带任何条件 | 吸引潜在消费者群体 | 形成注意力聚集 |
| 效果 | 帮助到或扶持一定群体的工作或生活 | 成功推广产品或服务获取收益 | 通过真正的"免费"来赚钱 |

"免费"商业模式是企业整体运营的可持续发展战略，代表着企业的主要盈利手段和发展方向，它的目标不是单一的通过"免费"营销来推广和销售产品或服务，不是一次性效益，而是"如何使企业通过免费获取更多的关注、更多的忠诚"。如果说"免费"营销关注的是一个"点"上的收益，那么"免费"商业模式所关注的就是企业整体的"面"上的效益。而"免费"是指完全无条件地提供产品或服务，它多属于慈善帮扶行为，从经济学角度而言，它与"免费"营销和"免费"商业模式是没有可比性的。

总之，"免费"作为一种商业模式，不仅指的是具体的产品或服务以零价格的方式提供给受众，实现产品的推广，更重要的是将"免费"贯彻始终，通过"免费"获得的受众注意力赢取更大的经济效益。"免费"商业模式对传统经济学中的价格观提出了挑战，它将产品或服务的提供与盈利完全分离，是网络经济中最重要的商业模式。

## 二、文化内容展示平台——文化发展的新动力

网络展示平台的发展为网民从事文化内容生产提供了动力。网络文化生产是指网民利用文化资源在网络经济和网络环境下进行的文化内容生产活动。网络文化生产的主体不再局限于特定的文化工作者或特定群体，所有网民都是网络

文化生产的主体;网络文化生产的内容多表现为:状态描述、评论、网络讨论、网络文学创作、网络视频及网络漫画等的创作、信息补充等。与传统文化生产相比,网络自媒体文化生产具有其独特性,如表 2 所示:

表 2　传统文化生产与网络文化生产比较示意图

|  | 传统文化生产 | 网络文化生产 |
| --- | --- | --- |
| 主体 | 经营性组织和公益组织 | 经营性组织、公益组织、全体网民 |
| 目的 | 盈利、公益 | 盈利、公益、个性表达、娱乐 |
| 内容 | 大众化 | 个性化 |
| 内容来源 | 传统文化资源、创新 | 传统文化资源、创新、网络信息 |
| 地点 | 文化生产单位 | 文化生产单位、随时随地 |
| 过程 | 规划性、程序化 | 移动性、偶发性 |
| 生产者地位 | 传者 | 传者和受者的共同体 |
| 时限 | 有生产时间和过程 | 即时性 |
| 监测、评估 | 消费后进行 | 生产过程中进行、消费后进行 |
| 边际成本 | 较低 | 微乎其微 |
| 推广 | 专业的营销团体 | 专业营销团体、网民 |
| 消费 | 文化消费者 | 文化消费者、网民 |
| 效益 | 经济效益、社会效益 | 经济效益、社会效益、自我效益 |

互联网文化内容展示平台是指以互联网站建设为基础,以"免费"提供展示空间为手段,以吸引众多的网民点击和进入网站,留下文化内容,并自发地进行传播为目的的网络空间。网络文化内容展示平台的发展,推动了我国文化创作与传播的进步。

首先,网民作为新型文化创作的主体,更倾向于满足兴趣及个性表达的需要而从事文化创作。网络展示平台为这种兴趣和个性表达提供了便利,是新时代满足人们精神文化需求的重要途径。正如表 2 所示,网民从事文化内容创作的动机是多样的,这是因为每位网民都有自己的个性。网络文化生产的主体更侧重于个性表达、信息速递、公义传递和文化娱乐。个性表达是出于对生活现状的宣泄,如状态更新;信息速递是为了第一时间扩散信息,比如区域突发事件的微博报道;公义传递,则主要用于舆论监督,这类文化生产者往往是为了公义或自己的价值偏向进行辩护性创作;同时,丰富多彩的网络世界,可以带给人们无限的娱乐享受。网络展示平台的出现和发展,为网民的个性表达、情感宣泄、信息传递及娱乐活动提供了展现空间,为网民的文化内容提供了读者和受众。网络文化内容生产和传播是网络自媒体时代人们精神生活主要内容,网络文化内容展示平台的发展正是满足这一精神文化需求的重要桥梁。因此，从社会发展的角度，网络文化内容展示平台是自媒体公民精神文化建设的关键。

其次，网络展示平台使更多人积极投入到文化内容创作和传播中，有利于全民文化水平的提升。互联网的普及为人们获取信息提供了便利，网络终端的移动化发展，更增强了人们与互联网的关联。通过互联网人们可以随时随地获取任何自己感兴趣的信息和服务，这是一种文化传播的过程，也是网民自我增值的过程。网民从事文化内容创作，离不开通过互联网对广泛信息的获取。原创类的文化内容多是网民根据自己的生活理解结合互联网上获得的相关信息加工而成；评论性的文化内容是网民对特定网络信息的见解。网络平台实现了网民创作文化内容的传播，满足了其自我表达的精神需求，能够见到自己的文化内容被接受、评论和传播，对于创作者而言是莫大的鼓舞，也会促使更多网民在网络平台上实践他们的文化内容创作。因此，网络传播的主动性、广泛性、网络信息的海量性以及网络平台的人性化，鼓舞了网民从事文化内容创作和发表的积极性。这种积极性表现在个体网民身上，就是一种积极的自我增值；而表现在民族这个整体上，就是全民增值和文化素质的提升和社会的进步。

再次，网民创作文化内容作为一种新的文化生产方式，网络展示平台是它赖以生存的基础，更是网络文化产业中的主力军。从产业化角度而言，网民的文化内容创作及网络展示平台的运营是一种新的文化产业模式。网民从事文化内容生产也被称为自媒体文化生产，它包括状态发布、点击行为、上传图片等"DIY"微内容文化生产；各种"百科"及搜索引擎通过网民不断补充信息的信息生产信息的文化生产模式；以及网民作为消费者与生产者合作的文化内容生产模式。而这些网民文化生产方式得以持续发展的基础是网络展示平台，没有网络平台，个人无法基于网站进行便捷的微内容创作；百度百科、维基百科等不可能维护其持续完善的百科信息；基于互联网的"生产与消费"合作的各类传统文化产业和网络文化产业不能获取惊人的利润。网络展示平台是网民文化内容创作的主要阵地，是网络文化生产方式生存和发展的重要生态环境，更是文化产业发展中的一种产业形态。网络平台虽然以"免费"提供"展示"服务的方式进行运营，但它同时也实践着"如何通过免费来赚钱"这种商业模式。可以说，"免费"经济是各类传统产业和文化产业未来发展的主要方向。

最后，网络展示平台的发展为我国各类文化的传播提供了技术支持，文化传播不再拘束于时间和空间的限制，国际文化交流通过互联网平台变得更加常态化，这有助于提升我国的文化影响力和软实力。网络展示平台无论是作为文化产业的一种形态,还是作为文化传播的技术支持和途径,都推动着我国文化软实力的提升。主要表现在,第一,网络文化的发展架起了现实文化和虚拟文化之间的桥梁,为文化力注入新鲜血液;第二,网络展示平台作为网络经济的新的增长点,巩固了文化建设和传播的经济基础;第三,网络平台上传播的文化内容包罗万象,对我国传统文化、影视文化、文学及音乐文化的传统起着重要的推广作用。因此,作为技术手段,网络平台为文化传播提供了中介和桥梁,使更多人更容易接触到各种文化现象和文化内容;作为产业经济形态,网络平台为文化传播提供了物质基础。随着互联网在世界各地的普及,网络展示平台对文化发展的影响也扩展到国际范围。网络展示平台除了可以使网民创作的文化内容得到尽可能广泛的传播外,也是国内信息和文化与国际信息之间对接的桥梁。通过网络展示平台,世界任何角落的网民可以更迅速、更全面地了解任何信息,而没有时间和国别的限制。网络平台作为中外文化交流的最直接、最无限制性手段,有利于国际文化的交流、借鉴和发展,有利于提升我国文化的开放性、文化影响力和软实力。

"互联网平台的创建不仅让更多人能创作自己的内容,就创作内容开展合作;还能让他们可以上传文件,以个人方式或作为自发社区的一部分将这些内容传向全球,不用通过任何传统官僚机构或组织,"[1]这不仅有利于提升全民的精神文化生活水平和文化素质,更有助于推动我国文化的国际传播和交流。同时,作为一种商业形态,网络展示平台是网络文化经济不断进步的基础。

### 三、文化内容展示平台的"免费"商业模式

这里的文化内容主要是指网民自主创作的文化作品,如网络文学、网络音乐、网络视频、网络漫画等,还包括网民在互联网上从事"DIY"微内容生产,包括一张图片、一条状态、一段文字、一个链接、一段视频、一篇网络日志,甚至是一次点击等。本文中的文化内容展示平台就是这些文化内容创作和传播的渠道,如起点中文网、土豆、优酷、有妖气等各类可以展示原创作品的网站;微博、微信、QQ、新闻网站上的讨论社区、论坛等社交网站等,网民依托这样的平台可以自由创作、传播文化内容,并由此获得自我实现的心理满足。

"免费"有两层含义:一是经济学意义上的零价格,二是代表着"自由"。"免费"互联网文化的形成,为网络经济、网络文化乃至社会经济和社会文化的发展带来了契机。经济学意义上的"免费",为网络文化和经济的繁荣带来了网民的关

---

① 〔美〕托马斯·弗里德曼:《世界是平的》,何帆译湖南科学技术出版社 2006 年版,第 73 页。

注和选择;作为"自由"的"免费"体现了网络社会运营的主旨,任何人都有参与、创作、传播、选择、接受和反馈的自由。因此,从这两个意义上来说,网络媒体最适合"免费"生存的环境。文化内容展示平台作为最具代表性的网络媒体形式,是"免费"商业模式的主力军。

(一) 文化内容展示平台的"免费"经济构成

与吉利采用的"刀架——刀片"①免费商业模式一样,文化内容展示平台所采用的"免费"商业模式的根本原理也是:收益来源根本性转移,也就是说文化内容展示平台在运作中提供服务与创造收益的两个过程是彻底分离的。

网络文化内容展示平台作为一种经济形态,"免费"只是其运营的基础和手段,作为企业,其关键还在于相关领域的开拓。正如克里斯·安德森所说"世界就是一个'交叉补贴'的大舞台",网络文化内容展示平台"免费"商业模式的主要动力也是"交叉补贴"。在交叉补贴的世界里,免费模式可以分为四大类②:一是直接交叉补贴,如吉利模式,一种产品或服务的免费,但总有另一种产品或服务可以同时实现交易并最终弥补损失、获取利润;二是三方市场,如网络展示平台,任何人都可以享受它的免费内容、信息、服务及软件等,但赞助商或其他相关领域的产业价值会在维持其运营的同时实现效益;三是免费加收费模式,如网络平台的VIP服务,在基本用户享受其免费提供的服务和文化内容的同时,开辟出VIP用户专享的更高级的服务和内容,通过对VIP用户的收费获取经济收入;四是非货币市场,这不仅是指任何人都可以获取其免费的产品、服务和内容,更重要的是采取这种模式的动机不在经济效益,而是关注度、声誉、品牌、形象等无形的资产,如企业为塑造形象从事的慈善活动和"免费"赠予等。

这四种"免费"商业模式中,网络文化内容展示平台应用最广泛的应该是三方市场模式。文化内容展示平台在实施"免费"商业模式时的具体操作是:平台提供商多免费提供平台吸引网民在其平台上进行内容生产,而后通过文化内容吸引更多的网民注意力,并以此为卖点实现经济效益。网民注意力、点击率和明星效应就是实现其经济效益的关键,这也是网络文化内容展示平台"免费"经济的主要构成(如图1所示)。

需要注意的是,网络文化内容展示平台的"免费"经济结构,与一般的"免费"营销是不同的,它属于网络企业的战略目标,"免费"是其存在和发展的基础,这

---

① 吉利公司通过免费赠送或低于成本价格销售剃须刀刀架的方式,赢得广泛的受众,而后通过大量销售的一次性剃须刀刀片实现赢利。

② 〔美〕克里斯·安德森:《免费》,蒋旭峰、冯斌等译,中信出版社2012年版,第20—27页。

种经济状态和结构也是多数网络平台所采取的主要商业模式。

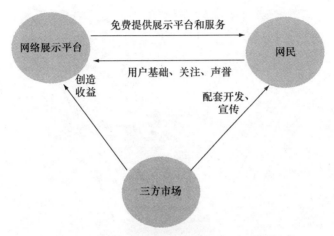

**图1　网络文化内容展示平台的免费经济结构**

（二）展示平台"免费"商业模式的效益来源

在免费经济中，由于提供商品和创造收益的过程是分离的，因此，"在哪里，从谁哪儿，怎样再创造收益"成为决定该商业模式成功与否的关键要素。① 用户的免费决定了必须有平台企业或市场对其进行"补贴"，以保证大量资金，用以维护和改善一个平台的正常运转与优化。② 如上文所述，网络文化内容展示平台所采用的"免费"主要是"三方市场"模式。因此，网络文化内容展示平台的主要经济效益来源就是三方市场。

网络文化内容展示平台的"三方市场"免费商业模式之所以可以持续实施，主要是因为平台所拥有的价值（如图2所示）。

文化内容平台"免费"商业模式运营的价值基础源于平台、文化内容和网民三个方面，这三者之间是互惠互利的关系。网民创造文化内容，同时，文化内容满足网民的个性化需求；网民依靠网络平台进行文化内容创作和传播，并向平台提供其注意力和忠诚度；展示平台是文化内容传播的载体，但同时文化内容丰富了平台的信息和内涵。平台、文化内容和网民相互扶持地构成了网络文化内容展示平台的主体和核心价值，其中展示平台提供的是品牌和影响力价值；文化内容提供了丰富的、有吸引力的资源价值；网民提供的则是流量和注意力价值。这些价

①　〔韩〕罗俊皓：《免费经济学》，金香兰译中国铁道出版社2012年版，第14页。
②　刘琦琳：《免费经济——中国新经济的未来》，商务印书馆2011年版，第65页。

值共同构成了文化内容展示平台的效益关键。

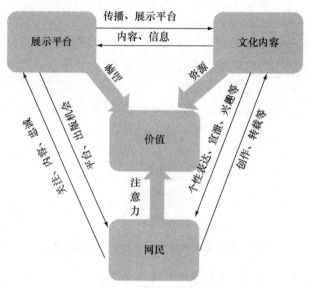

**图 2  "免费"展示平台的效益来源**

　　网络文化内容展示平台以这些价值为卖点吸引第三方市场对其资金投入，获取经济利益。第三方市场最主要的构成是广告商、风险投资者和文化内容的产业开发者等。其中，对于多数网络文化内容展示平台而言，广告商是最主要的经济效益来源，平台拥有的用户基础、流量和注意力越多，就能吸引到越多的广告投入者，并且广告费用也会随着平台流量和注意力的增加而上涨，广告形式主要有竞价排名广告、横幅广告、按钮式广告、插页式广告等。风险投资者通过认同网络平台的价值和发展潜力，往往通过资本注入的方式参与平台的运营，这会扩大平台的经济实力和规模，一般情况下，平台拥有的价值越多，就越容易吸引风险投资者的光顾；文化内容的产业开发者往往是针对网络平台上展示的文化内容进行投资，进行产业化开发，比如网络文学的影视拍摄、网络漫画的动画化、网络歌手的产业化包装等。当然，只有和展示平台签署版权协议的文化内容，在吸引到产业化操作的时候才会为网络平台带来经济效益。

　　对于社交平台的微内容创作和传播，网络平台往往更重视的是注意力价值和品牌价值，而内容多数只是吸引注意力的"引子"而已。社交平台通过"免费"提供创作和传播微内容的空间，以注意力和品牌为价值点获利。以微博为例，微博的盈利方式主要可以分为以下几种：第一，微博运营商与移动通信运营商的协作运营和利润分成;第二,收费的 VIP 账户服务能为微博运营创造一定的收益;第三,通过微内容生产获得高点击率和明星效应是微博实现广告运营的核心要素,也是微博收益中所占份额最大的一份;第四,搜索功能中的竞价排名收费等。

因此,网络文化内容展示平台的"免费"经济多属于三方市场模式,免费加收费模式往往更适用于比较成熟的网络平台,如微博 VIP、网易 VIP 收益等。

### 结语

基于克里斯·安德森的四种"免费"商业模式,笔者认为直接补贴模式更适用于传统市场的"免费"经营,如通信公司的送手机活动、汽车公司的免费送车但按里程收费等;非货币市场模式往往用于公益活动、慈善活动,应用于商业领域则更倾向于获取注意、声誉、认同和关注,属于品牌推广的范畴。自媒体以网络媒体为最突出的代表,自媒体更突出的是用户的主导作用。作为网民自创、自传文化活动的中介,网络文化内容展示平台起着重要的作用。它以"免费"的形式为广大网民提供平台和服务,但这种"免费"更是它获利的关键。正是因为这种"免费",为网络平台带来足够多的用户基础和注意力,构成了网络平台最核心的价值。这种核心价值又可以吸引广告商、风险资金和产业开发的机会,为其赢得客观的经济效益。

综上,"免费"作为一种商业模式,不同于传统经济运作中的商业模式,它颠覆了传统的价格观。网络文化内容展示平台作为自媒体的重要组成部分,所采用的"免费"商业模式为网络文化和自媒体经济的繁荣贡献了力量。但需要注意的是,网络平台作为文化内容的展示空间,不仅需要通过"免费"实现赢利,更需要增强其社会责任的观念,在吸引注意力获取经济效益的同时,应当加强其社会效益的积累。

# 新型城镇化与文化旅游产业联动发展问题研究

王　娜　付　冰*

文化旅游产业实际上是转变经济发展方式、调整产业结构的一个重要途径。相较工业、农业,文化旅游产业作为智力密集、技术密集的类型,以文化创意资源和自然资源为依托,有助于降低能耗、减轻资源短缺和环境的压力,助推生态文明建设,促进城市建设转型。这无疑是新型城镇化的产业发展方向,更是中国经济升级版的重要选项之一。通过正确引导文化旅游产业开发,能够明确文化旅游产业服务于新型城镇化发展以及传统产业升级,增强产业升级对叠加需求的功能定位,可以造福于地方经济发展,为小康社会人们对幸福生活的追求提供多元化选择。因此科学系统地研究新型城镇化与文化旅游产业联动发展问题,既具有现实意义,又具有较强的战略意义。

## 一、新型城镇化带来文化旅游产业发展的重大机遇

近年来,随着社会经济的迅速发展,中国的城镇化已取得突破性进展。相关数据指出:从 1978 年到 2011 年末,中国经济规模的复合增长率近 10%,同期城镇化率由 17.9% 升至 51.27%。有超过半数的中国人口进入了城市。根据国际经验,城镇化率达到 70% 才会稳定下来,与发达国家 80% 左右的城镇化率相比,水平偏低。据预测,到 2030 年中国城镇化率将达到 65% 左右,这意味着还将有 3 亿农村人口进入城镇工作生活。城镇化建设带来了房地产市场的非理性繁荣,却让农民的住房、就业、收入等物质条件尚难满意,更别提社区服务、医疗和文化消费需求了。改革至此,各个层面的问题凸显出来,为了进一步深化改革,党的十八大及时提出:"坚持走中国特色新型工业化、信息化、城镇化、农业现代化道路,推动

* 作者系大连艺术学院文化艺术管理学院讲师,高级职业经理人,大连圣菲传媒有限公司执行副总经理;付冰,大连艺术学院文化艺术管理学院讲师,高级企业培训师,高级酒店管理师,沈阳金易游旅游咨询服务有限公司副总经理,大连神舟旅行社有限公司特聘顾问。

信息化和工业化深度融合、工业化和城镇化良性互动、城镇化和农业现代化相互协调,促进工业化、信息化、城镇化、农业现代化同步发展。"也就明确了今后城镇化发展的道路不再是行政权力主导下的征地、拆迁、盖楼、建工厂,形成"小村合并成大村,大村合并成城镇。简单的"造城",使土地城镇化的速度远远快于人口和产业城镇化,必将导致产业空心和人口聚集速度减缓。缺少产业支撑,"产业空心化"必然导致城镇化后继乏力。因此要实现人与城市的和谐发展,就必须坚定不移地走新型城镇化的道路,大胆尝试工业科技和文化科技融合发展第二次城镇化时代——新型城镇化。

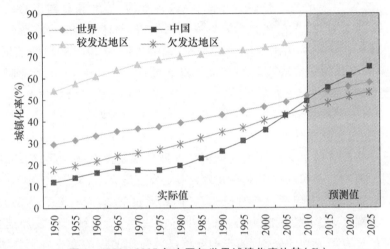

**图1  1950—2025年中国与世界城镇化率比较(%)**
数据来源:人民网2013年04月21日。

新型城镇化建设是以一种更加绿色、更加文明、更加文化的视角去呈现新的发展历程。解读新型城镇化内涵,我们可以清晰地看到,伴随其改革发展的进一步深化的同时,为中国文化旅游产业提供了前所未有的重大机遇:一是新型城镇化高度重视工业化、信息化、城镇化的互动关系和协调发展,成为新兴生产力的培育基地。文化旅游产业对新型城镇化的贡献,必须注重吸收数字化、智能化、网络化的成果,以自主创意和创新的成果发展新兴业态,成为推动产业和城镇双转型的动力。二是新型城镇化注重城市空间拓展与农村人口转移及素质提升的协调发展,文化产业与新型城镇化相互促进,关键在于培育一大批文化旅游产业的企业家和优秀人才,壮大文化旅游生产力的主体。三是新型城镇化必须扩大社会各界参与和共享的资源空间和流通渠道,创造更多平等的发展机会,文化旅游产业要在推动新型城镇化的过程中，打造多层次、多领域的公共服务平台，为社会各界的广泛参与提供机会，让一切文化财富充分涌流。四是新型城镇化要建立集约、智能、生态、低碳的空间布局，使得城镇的空间形态与可持续发展的要求相适应。文化旅游产业与新型城镇化的相互推动，关键在于因地制宜，从发展集聚型的产业园区，到走向综合性的创意社区，再迈向共享型的文化城区。

### 二、文化旅游产业催动新型城镇化改革

按照国家文化产业发展的总体目标要求，2015年后我国的文化产业规模要比"十一五"时期末增长一倍。鉴于此，我国各省、自治区和直辖市纷纷提出了"文化强省、文化强市"的发展目标。据人民网报道，预计到2020年，珠三角地区文化产业增加值将要从现在占GDP的5%提高到8%；到2015年深圳文化旅游产业增加值占GDP的比重将达到11%。可以预见，到2020年，文化产业将在这些地区乃至全国占有一个更为重要的地位。文化旅游产业因其资源消耗低、带动系数大、综合效益好的优势，将对各国经济转型作出重要贡献。

一方面，随着城镇化建设的逐步推进，使得一些传统产业衰退并且外移，有限的城市土地资源客观上又决定了不能再度发展低端制造业。因此，低能耗、污染小的高附加值制造业和现代服务业成为城市主要发展方向，文化旅游产业恰好可以与城市产业转型、旧城区改造有机结合，比如通过对老厂房、老仓库的改造，建成人文旅游项目、艺术品集散中心，既产生经济效益，又让城市焕发新的文化特色。国外已经有了成功的先例，如日本就将已经封闭的煤矿变成一个旅游项目，吸引了大量的家长带着孩子来观摩。与此同时，因地制宜，对历史文化资源开发再利用，促进文化与科技的有机融合，也能成为一个地区实现经济增长的有力抓手。

另一方面，随着劳动力成本的提高及其他行业的结构性调整，对劳动力的需求日益走向高素质及专业化，以往对农村劳动力进行基本技能培训就可以上岗的工业生产模式已经日益退出制造领域，大量农村富余劳动力已经不能被城市所消化。因此，农村富余劳动力的消化只有两条出路：或者提高素质进入新的工业领域；或者就地转化，参与农村现代化的过程。然而前者，需要一个较长的过程；而后者，则可以在就地转化的过程中同时促进农村劳动力素质的快速提升。辽宁省石文县就充分认识到了这一点，并提早起步。走出了一条"建设生态新城，打造轻工园区，做强特色农业，发展商贸物流"的发展思路。目前，石文县"一城两带一区"的空间布局已经形成。"一城"即抚顺县县城，"两带"指工业产业带和农业产

业带,"一区"指旅游集聚区。产业发展方向是:工业以建设 5 平方公里轻工业园区作为县城产业支撑,重点建设年生产能力 118 万吨纯精粉选矿厂。农业发展规模 3000 亩的设施农业生态产业园区,以高新产业发展现代农业,建立融农业试验、成果展示、农事体验、观光采摘、生产加工于一体的设施农业产业园区。旅游业建设集旅游观光、水果采摘、农家乐为一体的"六点一线"旅游观光带。

### 三、新型城镇化与文化旅游产业联动发展的路径

#### (一) 优化农业结构,推进文化旅游产业发展

我国农村人口众多,走向规模化、高效率的现代农业生产经营模式仍有一个漫长的过程,以家庭为单位的模式一段时间内还将存在。这主要体现在我国农村现代化进程受到两方面因素的制约,一是土地的流转与产权变更的限制,二是劳动力的跨行业、跨区域流动的限制。在我国现行的农村土地与城市土地政策二元制及户籍制度对农村发展的限制下,发展特色农业、扩大产业规模、拓展服务业成为必然选择。农村的自然资源禀赋、民间艺术和传统文化等人文资源,使得乡村文化旅游产业的开发成为极具可行性和有良好经济预期的发展方式。在具备文化旅游资源的地区,发展乡村文化旅游产业无疑是极具市场前景的朝阳产业。据统计,仅 2012 年,吉林省在建旅游项目 223 项,项目实际到位资金 214 亿元,同比增长 49%。其中,长吉图区域完成 169 亿元,占总量的 77%。特色旅游产品体系逐步完善。长吉图沿线初步建立了城市休闲旅游、冰雪旅游、生态旅游、边境旅游、乡村民俗旅游等内容丰富、特色鲜明的旅游产品体系。2012 年,长吉图区域实现年接待旅游人数 7082.93 万人次,占全省旅游总人数的 78.94%。年旅游总收入 963.88 亿元人民币,占全省旅游总收入的 81.82%。

1. 以农村为中心的文化业态创新既尊重了农业生产规律,又满足了农民在日常物质生活之外的精神要求。

随着机械化取代大量的人力劳动作业,使我国农村普遍存在 1 年中 3 个月农忙,近 9 个月农闲的情况。在文化消费贫瘠的地区,大量的闲暇时间也带来新的农村问题与消费需求,例如:文化娱乐、精神消遣、情感需求,这些需求长期得不到满足就会导致一些社会问题。文化本来就是以人为主体的,英国诗人 T. S. 艾略特延续了赫尔德尔的理论,他认为文化是涵盖了"一个民族的全部生活方式,从出生到走进坟墓,从清早到夜晚,甚至在睡梦之中"。或者可以说文化是存在于活的生命体中的,文化就是人的生活方式。因此,把文化旅游融入到老百姓的生活中去,才能真正体现文化的精髓,也才能让消费者实现真正的体验消费。在文化旅

游资源丰富的地区大力发展多层级文化旅游产业,既可以充分利用农民闲暇时间,让农民自己发掘和传承祖祖辈辈沿续下来的生活方式,保护自己的家园,又可以发展自己的家乡,甚至打造旅游品牌如巴马旅游项目等,把自己传统的东西展现给四方游客,这当然也是他们最擅长的。

2. 以农村为中心的文化业态创新,并不是盲目地把发展重心转向农村,而是应该把农村作为产业布局的中心,依托县域文化经济的发展,建立起一种多层级的城乡一体化发展的产业模式。

事实上,我国农村地区大多经济基础薄弱、教育落后、公共基础设施差,尽管有的地区具备良好的自然资源条件,但却受制于以上因素无法进行文化旅游产业开发,从当前的现实情况出发,以高效益、无污染、发展可持续的文化旅游产业作为辐射核心,带动周边金融、零售、餐饮、娱乐等行业协调发展,逐步形成一个自然风光秀美、人文环境友善的文化旅游综合体,形成区域经济模式全面协调发展,注重于生活品质提升的人文新城。

(二)整合各方资源,促进产业融合

十七届五中全会通过的我国"十二五"发展规划明确提出要建立起消费主导型经济发展方式。从目前我国的社会结构来看,提振内需关键取决于广大的农村市场,这一点从2008年金融危机过后就得到了国家的充分肯定。农村庞大的消费缺口,为何迟迟不能弥补或者得到有效提升,其根本原因在于农民收入过低,农村消费力明显不足。因此,想要实现国民消费拉动型经济增长方式,关键就在于如何提高农民的人均可支配收入水平,使广大农村首先摆脱贫困,进而步入小康,才能真正打开我国农村消费市场的大门。

乡村文化旅游的发展,可实现以旅游为龙头的第三产业与传统第一产业的完美结合,推进新农村建设,走出一条适合不同地区发展的新模式,特别有利于迅速提升经济欠发达的东部内陆地区的经济活力。发展乡村旅游,可以促进农产品的直销,保护传统的农村建设、农村文化遗产,符合农业收入季节性强的特点,对经济、文化和社会发展都有促进作用。在美国,乡村文化旅游被认为是乡村和城市交流的一座桥梁,得到各级政府的高度重视。发展乡村旅游,也被认为是增加农民,尤其是边远地区农民收入的一个重要途径。在联邦,美国农业部设有多个基金,有适合项目的乡村或个人都可以申请,地方政府制定一个地区的发展规划时,也会有意识地鼓励发展乡村旅游业创造交通、住宿等基础设施的建设。美国的模式值得我们学习与借鉴。

我国的相关研究机构也对发展乡村文化旅游做了大量的调研工作。如 2010 年初对云南泸沽湖少数民族居住地进行实地问卷调查,一个是旅游开发区:落水村及盐源县的泸沽湖镇,另一个是未进行旅游开发的原生态区:永宁温泉村和达坡村,各 100 份问卷,有效问卷 200 份。其中,对两个样本地区农民收入情况的调查发现旅游开发区的农民收入数十倍于原生态地区。在调查中还发现,原生态地区,农业是居民收入的最大来源,占了 92%,有固定工作并成其收入来源的只有 2%,其余少量的收入来源于外出打工或是做生意。在旅游开发区,文化旅游业收入则占了 90%,农业和其他收入只占很小的比例,在文化旅游业开发区旅游收入对当地农民的收入水平提高产生了极大的影响。可见,发展乡村文化旅游,可以有效地促进产业融合,实现资源的合理配置,带动地方城镇经济的快速发展。

(三)突出特色,全力打造"轻城市"

产业结构性矛盾加之传统的观念导致有一定技能和劳动能力的年轻人都愿意来到城市里工作,以谋求改变落后的生活。近十年来我国城镇化增速正在放缓。"十五"期间,中国城镇化率平均增长 1.4 个百分点,"十一五"期间的增长仅为 0.9 个百分点。其原因在于城市的产业结构调整和农村剩余劳动力的增加比例不协调。我国仍有 7 亿多农村人口,需要有 2.5 亿至 3 亿农村人口实现城镇化才能达到我国城镇化 70% 的目标。根据社科院人口与劳动经济研究所蔡昉的研究,单从结构上看,在农村剩余劳动力中,30 岁以下的劳动力占比很低,已十分有限;30 岁以上的则占到了 80%。可以说,农村再无"壮劳力"可供转移了。同时,依靠城市扩张解决剩余农村劳动力从目前来看,可能带来更多的"城市病"。因此我们要摒弃"中心城市工业延伸",而是要大力推进在毗邻工商业发达的中心城市、交通便利、有较好人文生态基础的周边地区,与区域产业结构升级战略相呼应,打造涵盖了文化娱乐、旅游度假、购物休闲等业态在内的文旅新城。

要不断创新营销方式,通过凸显民俗、抗战、山水人文,形成强大的宣传攻势,打造旅游形象片和传播语,努力营造浓厚的旅游氛围,扩大旅游影响力。与此同时还要加强人才培养,造就一支热爱旅游、敬业爱岗的本土旅游服务人才队伍,为文化旅游业发展提供人才保障。美国的"好莱坞和奥兰多",国内正在规划实施中的"万达大连金石国际度假区",都是通过"文化旅游综合体"这种"后工业化时代城镇化"的路径进行"造城",并取得了一定的成功。在新型城镇化道路上,关键在于一是要进行旧城区的科学改造,二是科学规划打造新的城区——总体说来就是"造城"。这种模式不仅仅适合一线大城市的"造城",同时也适用在三、四线中小城市以及农村集镇。

　　我国城市化步伐不断加快,与"新四化"的发展相互交融在一起。我们既要尊重城市和社会发展客观规律,通过传统的城镇化推动农民向产业工人的转化,加速中国工业化进程;同时,更要善于借鉴和利用新型城镇化的发展路径,实现文化产业特别是文化旅游产业发展与新型城镇化的双螺旋交替上升之路,既要善于建设大城市,更要善于发展具有文化内涵的乡村小城市,通过走集约高效创新发展的道路,以县域文化产业为突破口建设一批新型小城镇,积极促进新型城镇化与文化旅游产业联动发展,走出一条富有中国特色的大中小城市和小城镇并举的可持续发展之路。

### 参考文献

[1] 花建:《新型城镇化背景下的文化产业发展战略》,《东岳论丛》2013 年第 1 期。

[2] 杨振之:《旅游城镇化——推动新型城镇化建设的重要途径》,《中国旅游报》2013 年 6 月17 日。

[3] 付湘云:《发展文化旅游业,加快推进城镇化》,《怀化日报》2013 年 1 月 10 日。

[4] 史世光:《文化旅游综合体是推动"新型城镇化"的绝佳途径》,百度文库 2013 年 4 月 17 日。

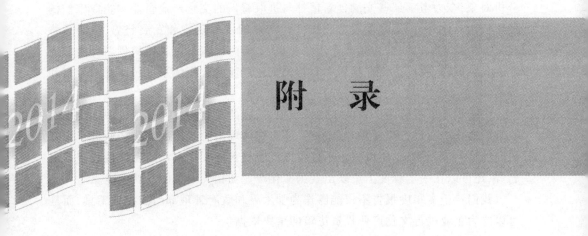

附　录

# 编 写 说 明

　　《中国文化产业年度发展报告(2014)》(以下简称本年度报告)是由北京大学文化产业研究院和国家文化产业创新与发展研究基地为主发起人,联合国内文化产业领域内的众多知名学者和企业家共同编撰而成的年度报告。2014年度的报告秉承以往年度报告的编撰原则,继续以文化产业领域内的微观企业主体为重点分析对象,全力考察那些充满创新精神与进取意识的文化产业企业和企业家们的经营行为。此外,为了全面反映我国文化产业的发展现状和发展趋势,我们还将在报告中重点探讨我国文化产业领域在2013年内比较有代表性的创新行为和商业模式。同时,我们也将在报告中对相关文化产业的政策体系进行系统的考察和分析。

　　由于本年度报告是产业的年度发展报告,因此我们不仅要在报告中体现出对我国的文化产业进行年度盘点的特色,还应该体现出对我国的文化产业进行跟踪研究的特点。为此,本年度报告不仅可以反映出我国文化产业的发展现状和发展趋势,还可以在一定程度上反映出我国文化产业和相关政策的发展轨迹。

　　我们希望本年度报告不仅能够作为学术界和政府管理部门的参考工具,而且可以成为企业进行文化产业投资决策的重要依据。

　　本年度报告是在许多相关研究成果的基础上完成的,报告大量引用了相关研究机构、研究人员和业内机构的数据和研究成果,在此对相关机构和人员表示感谢。限于编写人员的水平和编写时间仓促,本年度报告的不足之处还望读者多多指正,以利于在以后年度报告的编写工作中进一步改进和提高。此外,由于篇幅较大和引用的资料、数据繁多,引用标注如有差错和遗漏之处,还望有关人士批评指正。

　　1. 报告的数据来源。

　　为了更加准确和全面地反映我国文化产业的发展现状和发展趋势,我们在本年度的报告编撰过程中引入了更为多样化的数据采集渠道。此外,间接方式中除了公众公司的各类定期报告外,还包括了非公众公司网站上所披露的数据以及2013年内各种图书、报纸和期刊中的相关数据。此外,本年度报告在编撰过程中还更多地采用了北京大学图书馆的各类专业数据库。由于截稿时还有一些领域尚无法获得截至 2013 年底的数据,从而会对我们的分析和考察带来一定的影响。

本报告主要从内容与渠道的维度来分析文化产业各行业的市场规模、行业发展趋势以及细分行业的运营情况,从而概括各行业的特点、存在的问题以及发展态势,并提出相关的建议。

以下为行业分类方法:

文化产业行业分类(参见表 1),此方法将文化产业所涉及行业按不同产业侧重分为"内容""互动""设计""策划"及"传统"五大类,试图兼顾或解决行业分类中内容与渠道交错的问题。

表 1　文化产业行业类别内容及渠道分布矩阵图

| 渠道＼内容 | 内容_视觉,声音 | | | | | 互动 | 设计 | | 策划 | | | 传统 | |
|---|---|---|---|---|---|---|---|---|---|---|---|---|---|
| 纸媒 | 书报刊 | | | | | | 广告 | 设计 | | | | | |
| 现场 | | 电影 | 演出 | | 音乐 | | | | 旅游 | 会展 | 节庆 | 教育 | 体育 |
| 播出 | | 电视 | 动漫 | 广播 | | | | | | | | | |
| 发行 | | | | | | | | | 艺术品经营 | | | | |
| 网络／手机 | | | | | | 游戏 | 网络／手机 | | | | | | |
| 独立媒介 | | | | | | | | | | | | | |

从横向看,"内容类"包括"视觉"与"声音"两大部类,其核心在于内容原创的能力,即讲故事的能力;"互动类"的核心在于渠道运营、盈利模式创建;"设计类"包括广告和设计,核心在于创意;"策划类"的主要考量核心是其项目创意与流程控制中的运作管理;"传统类"的主要考量核心在于对传统产业的延伸与资源的

整合。

从纵向看,主要归纳了各个部类下各行业的不同实现渠道的运用,由此对应考察产业链环节的运作情况。如从表1中可了解"电影"行业通过"现场""播出""发行"与"网络/手机"几个多元实现渠道进行产业链环节的运作,而相对传统的"图书、报刊"则通过"纸媒"这一主要实现渠道进产业运作。

2. 报告的分析对象。

我们本着突出核心文化产业、兼顾外围文化产业,突出核心产业环节、兼顾外围产业环节的原则,继续围绕着文化产业的几大主要门类进行论述。这些门类主要包括了纸质传媒中的出版产业和报刊产业、影音传媒中的广播电影电视产业和音像产业、网络传媒产业、广告产业、艺术产业中的艺术品经营业和演出产业、文化旅游产业等。

此外各个区域的文化产业发展状况也是我们关注的对象,在本书的区域文化产业年度发展概况中,我们分别考察了北京、东北、华东、华中、西南、西北等区域2013年的文化产业的发展成就和最近发展动向。

3. 上市公司的年度数据来源。

随着经营业绩的不断改善,很多文化产业类公众公司都在本年度报告截稿时公布了自己的年度数据,因此,本课题组在报告中引用的公众公司的年度数据将尽量采用其经过审计的年度报表中的数据。当涉及多家公众公司之间的比较时,如果尚有比较对象还没有公布其年度数据,我们将依然采用上一年度报告中所采用的年度数据计算公式,也就是,该公司的年度数据是根据该公司半年度报告和第三季度报告计算出来的加权数据。这种加权计算方法为:年度加权数据 = (1—6月的数据×2+7—9月的数据×4)/2。当然,这种计算方法将不可避免地会带来一定的误差。

4. 产业政策的选取依据。

由于本年度报告的考察具备一定的连续性,因此,我们在本年度报告的编撰过程中将不再对特定行业的产业政策进行回顾式的分析和考察,而是将分析重点放在2013年内出台的,同时又是全国性的且对整个产业的发展起着重大影响和作用的法律和规章。如果要对某一特定门类的产业政策进行历史比较的话,读者可以参阅以前年度的报告,从而能对该产业内的政策有一个全景式的认识。

5. 行业创新。

无论是行业的发展,还是社会的进步,创新都是其中的核心环节。因此,在探讨我国文化产业的发展过程中,关注来自文化产业行业层面的各类创新活动将对我国文化产业的健康和快速发展发挥出积极的促进作用。为了能对我国文化产业的健康和快速发展做出一点力所能及的贡献,我们继续重点关注文化产业领域内各行业的创新活动。

6. 文化产业企业经营案例的取舍。

在今年《年度报告》的编撰过程中,我们单辟一部分,对具备着一定代表性的文化产业企业进行分析和考察。以增强读者对于相关产业的感性认识,也有助于加强对全行业的了解。

7. 年度报告的编写团队

在本年度报告的编写过程中,既得到了来自国家文化部的领导和国家文化部文化产业司的领导的大力支持,也得到了众多顾问和专家们的帮助和指导(名单请参见本年度报告的课题组名单)。

在年度报告的编写过程中,本课题组采取的分工原则为:特定行业由课题组内的子团队分工负责,然后在团队通力合作的情况下完成各部分的编撰,最后由北京大学文化产业研究院的研究人员完成相关部分的统稿工作。

# 2013 年度文化产业大事记

## 【新闻出版】

2 月 28 日,新闻出版总署正式发布实施了 27 项行业标准。

3 月 10 日,中国第十二届全国人大一次会议第三次全体会议公布,新闻出版总署和广播电影电视总局整合为国家新闻出版广播电影电视总局,并改名为国家新闻出版广电总局。

3 月 15 日,人民教育出版社、北京京都世纪文化发展有限公司、青岛国际版权交易中心、搜狐、腾讯等首批 24 家单位在签约仪式上共同签署了《中国网络版权维权联盟自律公约》。

4 月 2 日,国内首家由报刊发行单位发起设立的跨地区精准投递/直复营销平台公司,在北京签订《发起人协议》。本次协议的签订标志着中国报业发行网络平台转型进入实际操作阶段。

4 月 26 日,中国首个版权保护公益基金会在北京国际版权交易中心成立。

7 月 9 日,《2013 全球出版业 50 强收入排名报告》发布,中国 3 家出版集团跻身全球 50 强。

7 月 10 日,国家新闻出版广电总局公布了《2012 年新闻出版产业分析报告》,2012 年我国出版图书逾 41 万种。

10 月 21 日,联合国教科文组织授予深圳"全球全民阅读典范城市"称号。

12 月 1 日,文化部文化市场管理制度创新的重点——8 月出台的《网络文化经营单位内容自审管理办法》将正式生效。

12 月 3 日,上海 5 家有代表性的实体书店获 2013 年度中央文化产业发展专项资金支持。

## 【电影】

1 月 1 日,《泰囧》跨过 10 亿大关,首部国产 10 亿电影就此诞生。

4 月 9 日,中国电影导演协会在京举行年度论坛,李少红、焦雄屏、高群书等导演到场,就"青年导演的扶持"和"电影市场与创作"展开讨论。

4月16日,第三届北京国际电影节在北京天坛祈年殿开幕。集中推出电影展映、电影魅力·北京论坛、电影市场、精彩在沃·电影嘉年华以及北京民族电影展等相关活动。

5月8日晚,史上第一部仅在网上售票的电影,中国内地首部3D音乐电影——崔健3D音乐电影《超越那一天》8日晚成功开场。

5月22日,中国第一个专业微电影互联网平台——中央电视台微电影频道(http://cctvwdy.cntv.cn)正式上线开播。

6月12日,上海市电影发行放映行业协会昨天正式成立,首批入会的会员超过100余家。

8月12日,乐视影业正式宣布已完成2亿元的首轮融资。

9月27日,国内知名众筹平台"众筹网"高调宣布将协助天娱传媒,推出快乐男声主题电影众筹项目。

10月17日,纪录片蓝皮书《中国纪录片发展报告(2013)》在北京发布,该报告指出2012年中国纪录片发展的突出特点是全面转向产业化实践,但国产纪录电影的产量和票房依然难堪,仅及美国纪录电影票房的1/600。

12月6日晚,德国对外交流学会(IFA)宣布中国导演贾樟柯获得2013年度"跨文化电影奖"。

12月9日,首届伦敦国际华语电影节落下帷幕,颜丙燕凭借在电影《万箭穿心》中的精彩演出斩获最佳女主角。

12月26日,由国家新闻出版广电总局主办的第十五届中国电影"华表奖"、第二十九届中国电视剧"飞天奖"颁奖典礼在北京举行。

## 【广播电视】

2月21日,上海市版权局公布2012年"上海版权示范单位和示范园区(基地)"名单,宣布盛大文学、上海广播电视台等14家单位和6家园区(基地)入选。

3月19日,中国国际广播电影电视节目译制交易平台发布会举办(该平台由中国国际电视总公司/中国广播电影电视节目交易中心创建),本次发布会以"加强合作、促进交流、共同发展"为主题。

4月2日,由北京市广播电影电视局、北京市怀柔区人民政府共同主办、首都广播电视节目制作业协会承办的2013年北京电视节目交易会落幕,各类参展项目共实现交易总额50.28亿元。

5 月 7 日，乐视 TV 举行超级电视发布会。

5 月 29 日，国家广播电视产品质量监督检验中心、中国电子商会联合 TCL 共同发布《4K 超高清电视选购标准》。

6 月 14 日，由中国网移动多媒体广播控股有限公司（中播控股）研发的新一代融合数位广播技术标准（unified broadcasting standard）发布，该标准可望成为下一代美国及全球共享的标准。

7 月 20 日，全国直播卫星户户通实际开通用户达到 1000.68 万户，近 4000 余万农村群众受益，彻底解决了这些地区群众听广播看电视难的问题。

8 月 28 日，江苏卫视《全能星战》节目组与以色列知名国际节目模式公司 Armoza 举行签约仪式，《全能星战》成为国内首个版权模式外卖的音乐节目。

10 月 30 日，国家新闻出版广电总局发布《关于进一步加强卫视频道播出电视购物短片广告管理工作的通知》。

11 月 20 日，中国电信集团公司与爱上电视传媒有限公司在北京正式签署 IPTV 合作协议，将在平台、网络、内容和服务等方面深入合作。

12 月 19 日，ZNDS 推出智能电视行业数据网站，每日自动更新行业里最近 30 天的关注指数和品牌排行榜，并细分用户群体、年龄分布、用户级别和消费层次等用户分布信息。

### 【动漫游戏】

3 月 23 日，第九届中国游戏行业年会在济南召开，发布了 2012 年中国游戏行业市场数据，2012 年游戏行业总收入达 1089 亿元。

4 月 27 日，中国动画学会、北京大学文化产业研究院在中国国际动漫节发布《2013 中国动画产业年度发展辑要》，《辑要》显示 2012 年我国动画产业整体产量增速放缓。

5 月 8 日，在北京 2013 年全球移动互联网大会（GMIC）上，腾讯公司召开媒体发布会，正式宣布将推出"腾讯移动游戏平台"。

9 月 24 日，由中华人民共和国文化部、中国驻俄罗斯联邦大使馆共同举办的"影动梦想——中国当代动漫艺术展"在俄罗斯莫斯科中国文化中心隆重开幕。

10 月 18 日，广电总局向各大卫视发送了文件指示，平均每天早上 8 时到晚上 21 时 30 分要播放不少于 30 分钟的国产动画片。

12 月 5 日，2013 第八届中国作家富豪榜品牌子榜单——"漫画作家富豪榜"再发布，天津漫画家周洪滨以一年 2300 万元的版税蝉联榜首，较去年的 1815 万元有了很大的提升。

12 月 12 日,国家税务总局官网发布了《财政部国家税务总局关于将铁路运输和邮政业纳入营业税改征增值税试点的通知》,新规中动漫和电影放映业获增值税优惠扶持。

12 月 31 日,财政部、国税总局发布通知称,对属于增值税一般纳税人的动漫企业销售其自主开发生产的动漫软件,按 17% 的税率征收增值税后,对其增值税实际税负超过 3% 的部分,实行即征即退政策。

### 【网络新媒体】

1 月 10 日,据优酷发布最新的统计数据称,来自优酷移动终端的日视频播放量(VV)已经突破 1 亿,移动视频商业化元年正在开启。

3 月 5 日,新浪微博在其官方微博宣布,正式发布微博钱包移动版和 HTML5 版。同一天,腾讯首席执行官马化腾表示,该公司在未来几个月将着手实现微信(WeChat)在中国的商业化运营。

4 月 29 日,新浪宣布阿里巴巴将以 5.86 亿美元,购入新浪微博股份,占微博公司总股份的约 18%,同时,允许阿里巴巴未来将这一比例提高至 30%。

5 月 15 日,3G 门户宣布 GO 桌面产品全球用户数突破 2 亿,并正式启动北美商业化运营。

7 月 25 日,工信部表示,上半年我国微信用户超过 4 亿户,微信用户拉动移动互联网流量收入同比增长 56.8%,信息消费正在成为市场新亮点。

8 月 27 日,浙江卫视正式入驻搜狐新闻客户端,成为继央视等电视台之后又一家发力"全媒体平台"的电视媒体。

11 月 28 日,腾讯将携手国内几家规模靠前的基金公司,年底在微信平台上推出微信版"余额宝"。

12 月 5 日,支付宝宣布将大规模"进军"北京出租车支付市场。

12 月 25 日,据影院人士估算,万达网站的出票量目前大约占据了万达院线整体的 15%。

### 【广告设计】

2 月 1 日下午,2013 中国艾菲"3 + 1"实效趋势论坛启动仪式暨新闻发布会,在北京新闻大厦正式召开。期间,国家工商管理总局及中国广告协会相关领导将出席论坛并作重要讲话。

4月15日，中国广告协会秘书长燕军表示，中国已发展为世界第二大广告市场，国际广告界十分关注中国广告市场发展，中国广告亟须提升品质，扩大发展。

7月16日，经国家工商总局批准，全国首批九个国家级广告产业园之一的青岛国家广告产业园首创空港国际中心顺利开园。

8月25日晚，《中国梦之声》总决选广告中标总额高达2843万元，其中2进1的冠军点15秒广告最高拍到137万元，刷新省级卫视节目15秒广告单价纪录。

9月26日，北京国际设计周在北京举办，由来自中国、中国台湾和香港、荷兰、意大利等17个国家及地区的设计师参展，包括200多个项目，展品涉及家居、珠宝首饰、现代手工设计、视觉传达设计等多个领域。

11月6日，《2013中国品牌文化影响力500强》报告揭晓。

11月30日，2013上海艺术设计展（DESIGN SHANGHAI 2013）在上海当代艺术博物馆举行，为期4个月。

## 【艺术品经营】

1月4日，"第二届艺术品投资国际高峰论坛"在广州举行，有与会专家呼吁中国进一步降低艺术品进口关税。

5月9日，胡润研究院近日发布了《2013胡润最畅销中国艺术家》，榜单内容为前100位中国在世和已故"国宝"艺术家按照2012年公开拍卖市场作品总成交额的排名。

5月30日，为期六天的香港佳士得2013春季艺术品展览及拍卖结束，总成交32亿港元/26亿人民币。

8月23日，北京保利拍卖联袂艺典中国网在淘宝网上推出首个艺术品拍卖周——8月保利网拍周。

9月15日，国家文物局发布了《民办博物馆设立标准》（征求意见稿）对民办博物馆准入机制、办馆行为等进行了规范。

9月29日，上海政府网发布《中国（上海）自由贸易试验区外商投资准入特别管理措施（负面清单）（2013年）》，其中显示"禁止外商投资文物拍卖"。

10月8日，苏富比拍卖行为期五天的2013秋季拍卖落幕，总成交额为41.9亿港元，大幅超越估价28.8亿港元，这个成绩刷新了国际拍卖行在亚洲历来最高总成交纪录。

10月21日，业内瞩目的南京文化艺术产权交易所钱币交易中心正式上线运营。

11 月 24 日,作为国内拍卖企业在上海自贸区内的初次尝试,上海国际艺术品交易中心的首场拍卖会在中国(上海)自由贸易试验区内举行。

11 月 27 日,为期五天的香港佳士得 2013 秋拍以总成交额 38.2 亿港元的成绩收官,至此,2013 年全年拍卖总和 9.47 亿美元,创下佳士得亚洲区拍卖纪录。

12 月 21 日,针对《新民晚报》文章称上海博物馆书画部鉴定苏轼《功甫帖》为伪本一事,该作品的收藏者刘益谦表示,《功甫帖》曾获书画鉴定泰斗张珩和徐邦达认可,且在竞拍前请专家做过鉴定,并无真伪之疑。

12 月 30 日,作为上海市"十二五"重点文化设施项目,筹备了三年的上海世博会博物馆开工。

## 【演出】

3 月 28 日下午,"第二届中国演艺交流会"在北京开幕。交流会本着"合作、创新、发展、繁荣"的主题,旨在打造中国音乐——演出的交流盛会。

5 月 8 日,教育部网站消息,今年将开展高雅艺术进校园活动,国家级艺术院团和优秀地方院团将赴 30 个省、自治区、直辖市的高校演出京剧、昆曲、话剧、交响乐、歌剧等经典作品 290 场左右。

5 月 20 日,中国国际演艺产业交易中心与深圳大学文化产业研究院联合推出国内首个演艺票房排行榜"2012 中国演艺票房排行榜"。

6 月 13 日,由上海东方娱乐传媒集团有限公司、上海黄浦区文化局联合承办的"当演播室遇上舞台——电视传媒与在场演艺跨界融合"论坛在上海外滩源举行。

6 月 17 日,从文化部获悉,7 月 1 日起,外国文艺表演团体、个人来华在非歌舞娱乐场所进行营业性演出的审批,由省级文化主管部门负责受理,文化部不再受理相关审批项目。

7 月 16 日,文化部公布的《2012 中国演出市场年度报告》显示,去年我国演出市场继续保持增长态势,全年演出总场次 200.9 万场,比 2011 年增长 10%。

8 月 13 日,中宣部、财政部、文化部、审计署、国家新闻出版广电总局联合发出通知,要求制止豪华铺张、提倡节俭办晚会。

12 月 7 日晚,由北京市文化局主办、国家大剧院承办的"第十一届北京国际戏剧·舞蹈演出季暨 2013 国家大剧院舞蹈节"在历时两个月的异彩纷呈后,圆满落下帷幕。

12 月 20 日,文化部召开新闻发布会,公布全国地方戏创作演出重点院团名单及全国曲艺、木偶戏及皮影戏优秀剧(节)目扶持评审结果。

**【会展节庆】**

3月13日,"千年帝都,牡丹花城"于北京王府井大街开展,由中国摄影家协会、北京市东城区人民政府与洛阳市人民政府共同举办,集结全国15000件以牡丹为题的摄影作品。

4月30日,"2013年艺术北京"博览会于北京农业展览馆登场,展期至5月3日。

5月18日,由教育部、文化部支持,中央音乐学院主办的国家级音乐艺术盛会——2013年北京现代音乐节在京举办。

6月29日,以"文化三晋、美丽山西"为主题的首届山西文化产业博览交易会顺利开幕。

7月10日,东莞市政府常务会议通过了《东莞市重点会展项目认定办法》,将在东莞认定十大展会和五个成长型展会,从政策、资金上予以重点支持。

9月13日,由北京市文资办举办的首届北京惠民文化消费节暨第16届北京艺术博览会在北京展览馆开幕。

10月12日,由德国电影协会与北京德国文化中心·歌德学院(中国)举办的首届德国电影节在北京开幕。

10月18日,为期4天的2013杭州文博会于滨江白马湖生态创意城国际会展中心开幕。

11月6日,由文化部、国家新闻出版广电总局和北京市政府共同主办的第八届中国北京国际文化创意产业博览会在北京首都剧场拉开帷幕。

11月17日,2013年上海艺术博览会落幕,本届观众人次和成交量双双刷新历史纪录。

**【文化旅游】**

3月8日,北京市旅游工作会议圆满召开,今年将通过多种手段将旅游打造成首都经济新增长点,使旅游成为北京市重要支柱产业,预计全年的旅游总收入较去年增长10%以上。

3月13日,由国海证券与北京旅游学会联合会创办的北京旅游投融资研究中心挂牌成立。

5月13日,艾瑞咨询对外发布了《2012年度中国在线旅游度假市场研究报告》。

6月21日,2013北京国际旅游博览会(简称"BITE")将在国家会议中心举办。

11月5日,国家旅游局发布《关于印发2014中国旅游主题年宣传主题及宣传口号的通知》,"美丽中国之旅——2014智慧旅游年"成为2014年旅游宣传主题。

11月20日,北京市旅游发展委员会主任周正宇在向市人大常委会做《关于旅游发展情况报告》时提到,北京将把旅游事业纳入城市总体规划和国民经济发展规划中。

12月3日,第五届"9+10"区域旅游合作会议在北京召开,会上达成"北京共识"并成立"9+10"区域旅游合作四大联盟。

## 【教育】

6月18日,新东方宣布,已经完成了董事会2013年4月授权的5000万美元股票回购项目。

10月22日,北京中高考改革方案征求民意,语文分值再涨30分、英语分值骤降50分的消息让教育市场的很多培训机构闻风而动。

10月25日,在2013年度中国公信力认证颁奖晚会上,高顿财经夺得"中国教育培训示范基地"和"中国教育培训公信力认证单位"两项大奖。

12月4日,一个号称汇聚了"百家机构千名讲师万门课程"的教育平台——"淘宝同学"正式上线,150家国内知名培训机构及在线教育互动平台均已入驻"叫卖",中国教育行业正式跨入"淘宝模式"时代。

12月22日下午,2013年教育培训行业高峰论坛在上海召开,来自全国各地的教育培训机构负责人一同深入剖析教育行业的现状及走势。

12月26日,中国教育在线的第三方教育导学测评及课程推荐平台——易学网(www.jiaoyu.cn)正式上线,标志中国教育行业O2O模式的新尝试。

12月30日,重庆凤凰文化教育投资有限公司与巴南区签订总投资40亿元的合作协议,在巴南区龙洲湾建设凤凰中国西部文化城和重庆凤凰演艺大学,欲打造中国西部文化教育产业基地。

## 【体育】

1月8日,由中国体育报业总社与北京鼎新联合投资管理有限公司共同成立的北京中体鼎新投资管理有限公司正式揭牌,宣告中国体育产业最专业的投资基金正式成立。

4月2日,由中国社科院社会科学文献出版社、首都体育学院共同主办的体育蓝皮书《中国体育产业发展报告(2013)》发布会在京举行。

6月15日,以"国民旅游与休闲体育"为主题的第二届中国休闲体育·北京论坛在首都体育学院召开。

11月3日,2013中国体育文化暨体育旅游博览会闭幕式在安徽芜湖国际会展中心举行,为期三天的"两博会"落下帷幕。

11月21日,由北京市体育局主办的中国(北京)国际体育产业展——北京体育休闲产业论坛举行。

11月28日下午,上海市旅游局、市体育局和市质量技术监督局三部门联合发布了《体育旅游休闲基地服务质量要求及等级划分》地方标准并宣布成立上海市体育旅游休闲基地等级评定委员会。

12月24日,国家体育总局局长刘鹏表示,2012年全国体育及相关产业实现增加值3135.95亿元人民币,占当年GDP的0.6%。